팍스 몽골리카의 동요와 고려 말 왜구

동아시아의 파이렛츠(PIRATES)와 코르세어(CORSAIRS)

이 저서는 2008년 정부(교육부)의 재원으로 한국연구재단의 지원을 받아 수행된 연구임
(NRF-2008-812-A00262)

팍스 몽골리카의 동요와 고려 말 왜구

동아시아의 파이렛츠(PIRATES)와 코르세어(CORSAIRS)

이 영 지음

혜안

책의 구성과 내용

이 책은 2004년 10월부터 2013년 9월까지 약 9년 동안 연구하고 발표한 논문들을 모아 그 내용을 수정하고 정리한 것이다. 2008년부터 학술진흥재단의 인문저술의 지원을 받게 되었는데, 원래 한 권을 예정했다가 도중에 논문이 추가되어 두 권의 책(《팍스 몽골리카의 동요와 고려 말 왜구》, 《팍스 몽골리카의 붕괴와 왜구의 발호》)으로 출간하게 되었다.

'팍스 몽골리카'란 '원(元)제국의 군사력을 바탕으로 성립·유지되어 온 국제사회의 평화와 안정'이라고 간단히 정의할 수 있다. 고려 고종 10년(1223) 왜구가 최초로 역사에 등장한 이래로 1265년까지 약 11건의 왜구 침구가 확인된다. 그런데 그 후 경인년(1350)에 이르기까지의 85년 동안은 사실상 한 건밖에 발생하지 않았다. 그것은 여몽연합군의 일본 침공으로 인해 몽골, 고려와 일본 간의 군사적 긴장관계가 고조되었고 오랫동안 지속되었기 때문이다. 이러한 군사적인 긴장이 바로 '13세기 왜구'를 금압하는 기능을 하여 소위 '왜구의 공백기(空白期)'를 이끌어냈다. 다시 말하자면 팍스 몽골리카의 성립은 동아시아 역사에서는 '왜구의 공백기'로 표출된 것이다. 팍스 몽골리카의 성립기간은 1265~1349년 전후 무렵이라고 할 수 있다.

'팍스 몽골리카의 동요'란 몽골제국의 군사력에 바탕을 둔 동아시아 국제사회의 평화와 안정이 흔들리기 시작하는 것을 의미한다. 그 기간은 대략 1348년부터 시작되는 소위 '한인 군웅(漢人群雄)들의 거병과 1369년의 원(元)의 도주(逃走)까지'로 볼 수 있다. 이 기간 동안 중국대륙은 바야흐로 군웅이 할거하는 무대가 되어 갔다. 그리고 이러한 중국의 혼란상을 목격한

고려는 공민왕 5년(1356) 마침내 1세기에 달하는 원의 간섭과 수탈에서 벗어나기 위한 반원자주(反元自主) 개혁을 단행하기 시작한다. 그리고 일본은 1349년경 중앙정계에서 시작된 간노노조란(觀應の擾亂)이 규슈 지역으로까지 번져서 마침내 1350년 2월부터 전란이 격화되는데, 같은 해 같은 달에 약 80여 년 동안 지속된 왜구의 공백기를 깨고 왜구가 다시 침구하기 시작하고, 이후 시기에 따라 빈도와 규모에서 차이는 있지만 지속적으로 침구해 온다.

한인 군웅들의 반란 때문에 원나라 조정은 공민왕의 반원자주 개혁에 적극적으로 대응할 여유가 없었다. 그리고 고려조정도 원의 군사적 침공에 대비하기 위해 국력을 북쪽 국경에 집중시켜야 했기 때문에 왜구의 침구에 집중할 수 없었다. 따라서 '팍스 몽골리카의 동요기'는 1349년 이후 원나라가 대도(大都: 北京)를 버리고 몽골 초원으로 도주하는 1369년 이전까지 약 20년 동안의 기간에 해당한다.

'팍스 몽골리카의 붕괴'는 명의 홍무제(洪武帝) 주원장(朱元璋)이 원의 대도를 점령한 1369년부터 북으로 도주한 원의 조정(北元)을 완전히 멸망시킨 1388년까지 약 20년 동안의 기간이라 할 수 있다.

이 책은 '팍스 몽골리카의 동요기' 동안 발생한 왜구의 침구 현상을 고려와 일본 양국의 역사에 입각해 고찰한 것이다. 즉 경인년(1350)을 전후해 원제국의 통치 및 지배 질서가 동요하면서 발생하는 혼란이 고려 말에 침구해 온 왜구와 어떤 관련이 있는가라는 문제의식에 입각한 연구들로 구성되어 있다.

제1부 연구사적 검토
제1장 '경인년(1350) 왜구=쇼니 씨 배후'설의 재검토
제2장 여말~선초 왜구의 배후세력으로서의 쇼니 씨
제3장 고려말 왜구='다민족·복합적 해적'설에 관한 재검토－후지타 아키요시(藤田明良)의 〈난수산(蘭秀山)의 난과 동아시아 해역세계〉

를 중심으로-

제4장 '여말~선초의 한반도 연해도서=다민족 잡거지역'설의 비판적
　　　검토

제5장 공민왕 원년(1352)의 동아시아 국제정세와 왜구-'고려 해도민=
　　　왜구의 일원'설에 관한 한 고찰-

제6장 '여말~선초 왜구=삼도(쓰시마·이키·마쓰우라) 지역 해민'설의
　　　비판적 검토

제2부 팍스 몽골리카의 동요와 규슈 내전(=왜구)의 발생

제7장 경인년(1350)~병신년(1356)의 왜구와 규슈 정세-쇼니 요리히사
　　　(少貳賴尚)를 중심으로-

제8장 쓰시마 쓰쓰 다구쓰다마 신사 소재 고려 청동제 반자(飯子)와 왜구

제9장 가라쓰(唐津) 가가미 신사(鏡神社) 소재 고려 수월관음도의 유래

제10장 오호바루(大保原) 전투(1359)와 왜구-공민왕 6~8년(1357~1359)
　　　년의 왜구를 중심으로-

보론(補論)_ 동아시아의 파이렛츠와 코르세어

제1장에서는 1999년 도쿄대학출판회에서 출간한 《倭寇と日麗關係史》[1]
에 대한 일본 연구자들의 비평에 대응해 필자의 반론을 전개하였다.

제2장에서는 경인년(1350) 이후의 왜구의 발생 배후에 쇼니 씨가 있었다고
하는 사실을 여말~선초의 사료를 통하여 입증하고자 했다. 그리고 가마쿠라
시대 초 이래로 쓰시마를 독점적으로 지배하고 있던 쇼니 씨가 규슈 본토에서
의 전란을 앞두고 또는 전투에 패한 뒤 그 휘하 세력이 이키 섬과 쓰시마를
거쳐 '병량미 확보'와 '일시적 도피'를 목적으로 침구해 왔고 그것이 여말선
초 왜구 발생의 메커니즘이었음을 밝혔다.

제3장[2]에서는 현재 일본의 중세대외관계사 연구자들 사이에서 정설(定

---

1) 2011년에 《왜구와 고려·일본 관계사》로 도서출판 혜안에서 번역 출간하였다.
2) 부경역사연구소, 《지역과 역사》 33집(2013. 11)에 수록

說)의 위치를 점하고 있는 여말~선초 왜구의 실체에 관한 후지타 아키요시의 '다민족·복합적 해적'설을 검토해 이 설이 많은 점에서 한국사에 대한 오해와 오류로 점철되어 있음을 밝혔다.

제4장[3])에서는 '**다민족·복합적 해적**'설의 토대를 이루고 있는 소위 '**한반도 도서 연안=다민족 잡거지역**'설을 검토, 이 설이 사료의 오역(誤譯)과 당시 고려사회의 실상에 대한 오해, 그리고 거기에 입각한 논리의 비약으로 인해 역사적 사실과는 거리가 먼 주장임을 확인하였다.

제5장[4])에서는 후지타 아키요시의 '**다민족·복합적 해적**'설의 유일한 문헌적 근거를 이루고 있는《원사(元史)》의 "日本國曰, 高麗賊過海剽掠, 身稱島居民"에 대하여 검토하였다. 그 결과, 후지타가 제시한《원사》의 '일본국'은 바로 경인년 왜구의 배후 조종세력인 쇼니 요리히사였으며, 그가 사절을 파견한 목적은 그해 한반도 중부 서해안 지역에 침구한 왜구에 대한 거짓 정보를 흘리면서 원나라 조정의 반응을 살피는 한편, 왜구 침구에 자신의 관여 사실을 부정하기 위한 것이었음을 밝혔다.

제6장[5])에서는 일본 역사학계에서 왜구의 실체에 관한 학설로 고전적인 위치를 점해 왔던 소위 '**삼도(쓰시마·이키·마쓰우라) 해민**'설에 대하여 검토했다. 그 결과, '삼도'는 다나카·나카무라의 주장처럼 결코 '쓰시마·이키·마쓰우라'를 가리키는 것이 아니라 '막부의 통치와 지배에서 벗어나 대립하던 규슈의 토착 호족세력으로 왜구가 되어 침구해 올 위험이 있는 지역'을 의미하는 것이었음을 밝혔다.

제7장[6])에서는 경인년(1350)부터 병신년(1356)에 걸쳐 고려로 침구해 온 왜구를 동 시기의 쇼니 요리히사를 중심으로 한 중앙 및 규슈 지역의 정세변동과 유기적인 관련 속에서 고찰했다. 그 결과, 당시 왜구의 침구

---

3) 동북아시아문화학회,《동북아문화연구》29, 2011. 12 게재.
4) 중앙대학교 일본연구소,《일본연구》35, 2013. 8 게재.
5) 동아시아 일본학회,《일본문화연구》38, 2011 게재.
6)《한국중세사연구》26, 2009. 4 게재.

양상은 요리히사가 처한 군사 및 정치적 상황과 모순되지 않을 뿐 아니라 밀접하게 상호 대응하고 있었음을 확인했다. 다시 말하자면, 경인년(1350)~병신년(1356)의 왜구는 결코 다민족 복합적인 해적들의 산발적이고 자의적인 약탈 행위가 아니라, 쇼니 요리히사에 의해 통제되고 관리되는 형태로 이루어진 침구였음을 밝히고자 하였다.

제8장7)에서는 쓰시마 쓰쓰의 다구쓰다마 신사 소재 청동제 대형 반자의 원명(原銘)과 추명(追銘)을 검토했다. 그 결과, 반자를 신사에 바친 오쿠라 쓰네타네는 **경인년 왜구**의 배후인 쇼니 요리히사와 밀접한 관련이 있는 인물이었으며 또 반자가 있었던 것으로 추정되는 홍천사에 침구한 왜구의 배후에 역시 요리히사가 있었음을 밝혔다.

제9장8)에서는 일본 규슈의 가라쓰 시 소재 가가미 신사에 전해져 내려오는 고려의 수월관음도가 언제 어떤 경위를 거쳐 제작되고 언제 어떻게 해서 일본으로 건너오게 되었는가에 관하여 고찰하였다. 그 결과, 이 수월관음도는 1357년 9월 왜구가 홍천사에 들어와 충선왕 부처의 초상화와 함께 가지고 간 것임을 밝혔다.

제10장9)에서는 남북조 내란기 규슈에서 일어난 전투 중 최대 규모인 **'오호바루 전투'에 대하여 고찰**하였다. 그 결과, 이 전투를 전후하여 왜구의 침구가 늘어나고 또 침구지역이 한반도의 중부 서해안 지역에 집중되었으며 또 오호바루 전투가 일어나기 바로 전해인 1358년에 최초로 중국에 왜구가 침구한 것, 그리고 이러한 침구의 특징이 오호바루 전투를 앞두고 대량의 병량미를 확보하기 위한 것이었음을 밝혔다.

보론(補論)10)에서는 서양사의 해적 분류에 입각해 왜구를 고찰하였다.

7)《한국중세사연구》 25, 2008. 10 게재.
8)《한일관계사연구》 34, 2009. 12 게재.
9)《일본역사연구》 31, 2010. 6 게재.
10)《한국중세사연구》 34(2012. 12)에 게재한 〈여말~선초 왜구 발생의 메카니즘—왜구의 실체에 관한 용어 분석을 중심으로〉를 수정 보완.

그 결과, 한국사의 왜구 범주 중에서 '13세기의 왜구'와 '경인(년) 이후의 왜구' 중 '완고한 백성'을 파이렛츠로, 그리고 '난신'을 코르세어로 분류했다. 또 이러한 코르세어적인 왜구를 표현하는 것으로 일본의 무로마치 막부가 공식적으로 사용한 외교용어인 '포도(逋逃)'가 있으며, 이것이 왜구의 양면성, 즉 '정치적 성격을 띤 반란세력(포도)이 바다 섬을 근거로 하여 해적행위(왜구)를 자행하고 있었다'는 것을 가장 적확하게 표현해 주는 용어임을 밝혔다.

왜구를 핵심 주제로 하는 현(現) 일본 중세의 대외관계사 연구는 일본 역사학계에서 중요한 비중을 점하지 못하고 있다. 거기에는 여러 가지 원인이 있지만, 중요한 원인 중 하나가 바로 해당 시기의 대외관계사와 일본 중세사의 연구성과를 상호 유기적인 관계 속에서 연관시켜 고찰해 오지 못한 데 있었다. 예를 들어 일본 고대사(古代史)는 율령국가의 성립(일본)을 수당(隋唐) 제국의 성립과 대외팽창, 그에 따른 삼국통일(한반도)과의 상호 유기적인 관련 속에서 고찰하고 있다. 그런데 일본의 중세사는 일본 고대사의 수준에 미치지 못하고 있다. 즉 '팍스 몽골리카의 동요와 붕괴'라고 하는 동아시아 국제질서의 변동의 큰 틀 속에서 당시 일본사회의 변동(남북조 동란의 발발과 합일)을 이해하려는 적극적인 시도가 보이지 않는 것이다.

자국 내의 다양한 역사 현상을 동 시대의 국제 관계 및 교류와의 관련 속에서 그 상호관계 및 영향 등을 고찰하는 것은 대외관계사 연구자의 몫이라고 할 수 있다. 그런데 일본의 중세 대외관계사 연구는 이러한 자신들의 역할을 제대로 수행하지 못해 왔다. 그 근본 원인은 바로 왜구에 대한 잘못된 인식에 있다.

일본의 왜구 연구는 이웃나라의 역사에 대한 편견과 몰이해 때문에 '왜구'라는 역사현상을 역사적 인과관계(因果關係) 속에서 파악하지 못한 채, '삼도 해민'설 같은 국한된 지역의 문제 내지는 '다민족·복합적 해적'설

같은 애매모호한 개념으로 오도(誤導)해 왔다. 그 결과, 해당 시기의 일본 역사를 동아시아 역사라는 큰 틀 속에서 상호 유기적으로 이해할 수 있는 길을 스스로 차단하고 말았으며, 그것이 바로 왜구 연구가 일본 중세사의 주요한 연구테마가 되지 못한 원인을 제공하였던 것이다.

실례로 이 책에서 중점적으로 비판한 '**다민족·복합적 해적**'설은 고려 말~조선 초에 쓰시마(對馬島)를 중심으로 하는 한반도 도서연해 지역에서 고려(조선)인들은 물론 중국인과 일본인들과 잡거(雜居)하면서 집단적으로 '연합'해 왜구활동을 행하고 있었다고 하는 주장이다. 이러한 견해는 이웃 나라의 역사에 대한 무지(無知)와 공상(空想)이 만들어 낸 '허구(虛構)'에 불과하다는 것을 이 책의 도처에서 입증하였다. 그럼에도 불구하고 이러한 허무맹랑한 주장들이, 비단 대외관계사 연구자들은 물론 중세사 연구, 특히 고려 말 왜구와 동시대인 남북조 내란기 연구자들 내지는 그들의 연구에 기반을 둔 역사 소설가들을 이웃 나라의 역사에 대한 편견과 오해로 이끌고 있다.

대표적인 남북조 시대 연구자 중 한 사람인 모리 시게아키는 해당 시기의 동아시아 국제관계를 이해하는 데 도움이 된다고 하면서 기타카타 겐조(北方謙三)의 역사소설 《무왕의 문(武王の門)》(상·하, 新潮社 1993)을 소개하였다.[11] 그런데 그 소설 속에 보이는 고려에 관한 서술은 일본사회의 뿌리 깊은 대(對) 한반도 인식, 즉 식민사관(植民史觀)의 노골적인 표출이었다. 소설 내용 중 일부를 보자.

堀田安秋(가네요시 왕자의 부하) 이 집 주인은 고려왕조의 일족입니다만, 왕조 내에서의 지위는 높지 않습니다. 몰래 고려 수군과 손잡고 원나라의 영해(寧

---

11) 森茂曉, 〈日朝·日琉關係の諸問題〉, 《戰爭の日本史8－南北朝の動亂》, 吉川弘文館, 2007. 이에 관해서는 이영, 〈왜구 다민족·복합적 해적설의 허구와 문제점－식민사관과 관련하여〉, 《동북아역사논총》 26, 2010 참조. 이하 이 소설과 관련된 설명은 본 논문의 내용을 전재한 것이다.

海)나 교주(膠州)를 침구하고 있습니다. 원나라에서 약탈해 온 물건으로 잘 살고 있습니다. 사병(私兵)은 이천 명 정도 거느리고 있어서 고려왕조도 마음대로 하지 못하는 존재입니다.[12]

여기서는 중국과 고려 연해지방을 침구하고 있는 고려 수군의 배후 조종 인물로 고려왕족인 서포(西浦)라는 인물을 내세우고 있다. 그는 불과 2천 명 정도의 사병을 거느리고 있는데, 그런 그를 처벌할 수 없을 정도로 고려왕조가 무능하고 부패한 존재였다고 묘사하고 있다. 즉 작가의 인식에 따르면, 고려조정은 백성들도 이미 등을 돌렸고 겨우 사병 2천 명을 거느린 왕족 내부의 배신자가 고려 수군을 조종해 '왜구' 행위를 저지르고 있음에도 아무런 조치를 취할 수 없을 정도로 몰락한 상태라는 것이다. 다음을 보자.

서포(西浦)라고 불러주십시오. 남포(南浦) 님의 이름을 본떠 지은 일본이름 입니다.
(가네요시 왕자) 일본이름을 가지고 있는 이유는?
(서포) 일본 수군과 친하게 지내기 위해서입니다. 고려는 항상 대륙의 속국이었습니다. 원나라든 송나라든 항상 속국 취급을 받아 왔습니다. 그리고 왕조는 아무말없이 그것을 받아들였습니다. 나는 그것을 용서할 수 없습니다. 작아도 나라는 나라입니다. 고려 백성을 지키기 위해서는 국가는 떳떳하게 자기 다리로 서야 합니다.[13]

위의 서술은 일제강점기 당시의 '창씨개명(創氏改名)'을 연상시킨다. 물론 여기서는 단지 '서포'라는 친일적(親日的)인 인물이 일본 측의 협조를 이끌어 내기 위해서 한 것처럼 서술하고 있다. 그러나 작가가 이야기의 전개와 직접적인 관련이 없음에도 불구하고 이렇게 서술한 것은 일제강점기 당시의 창씨개명이 결코 일제의 강요에 의해서가 아니라, "조선 사람들이 일본과

---

12) 北方謙三, 《武王の門(下)》, 152쪽.
13) 동북아시아문화학회, 앞의 《동북아문화연구》 29, 153쪽.

친해지고자, 스스로 원해서 한 것이다"라는 식의 주장을 배경에 깔고 있다.

작가의 고려사(高麗史)와 전근대 동아시아 국가 간의 국제질서에 관한 무지(無知)와 왜곡된 인식은 "고려는 항상 대륙의 속국이었습니다. 원나라든 송나라든 항상 속국 취급을 받아 왔습니다. 그리고 왕조는 아무말없이 그것을 받아들였습니다"라는 표현에서 극명하게 드러난다. 전근대 동아시아의 국제질서는 중원에 위치한 대륙국가와 주변국가 사이의 소위 '책봉관계'를 매개로 하여 성립되어 있었다. 오늘날과 같이 국가간의 대등한 관계란 존재하지 않았다. 상대적으로 국력이 강한 나라의 책봉질서 속에 편입됨으로써 대외관계를 안정적으로 유지하여 평화를 실현하고 또 책봉국과의 조공무역을 통해 경제적인 실리를 추구하는 것이 당시의 일반적인 국제관계였다. '속국'이라 함은 근대 이후의 소위 '식민지'와는 근본적으로 다른 개념이었다. 작가의 이러한 대(對) 한반도 인식은 소위 '식민사관'에 뿌리를 두고 있음을 확인할 수 있다.[14] 다음을 보자.

ⓧ **(서포)** 원나라는 타도해야 합니다. 그리고 고려왕조도 … 왕족인 제가 말하는 것은 이상하지만, 백성을 불쌍하게 만들어서는 안 됩니다. 다소 가난해도 좋지만 … (고려)왕조가 원나라에 아부하는 한, 백성은 불쌍해집니다. (중략)
— 고맙습니다. 그러나 정말 어렵습니다. 대륙에서 독립한 나라를 우선 만들어야 합니다. 속국 상태로는 백성들은 언제까지나 불쌍할 따름입니다. 일부 사람들만 부유해집니다. 대륙에서부터 독립해도 이 나라만 가지고는

---

14) 식민사관의 주요 내용을 구성하는, 소위 '타율성론'으로 한국사의 주체적인 발전과 한반도 지역의 독립적인 역사와 문화를 인정하지 않는 주장이다. 즉 한반도의 역사가 한반도에 거주하는 사람들의 자발적인 노력에 의해 발전된 것이 아니라 중국·만주·일본 등 주변민족의 자극과 지배에 의해서만 유지되어 왔다는 것이다. 고대에는 일본의 '남한경영'설과 '임나일본부'설을 조작하여 한반도 일부가 일본의 지배 하에 있었다고 하고 중세에는 당(唐), 명(明), 청(淸) 등 중국 여러 왕조의 지배를 번갈아 받았다고 하는 점을 강조함으로써 일본의 조선지배를 합리화 하려는 시도가 '타율성론'의 실체다.

어떻게 해 볼 수 없습니다. 힘을 합칠 상대가 필요합니다.

서포(西浦)가 가네요시를 응시하고 있다. 어디까지 규슈 정세를 알고 있는지 알 수 없었다. 힘을 합치자고 말하고 있는 것 같은 느낌이 든다. 거기에 대하여 뜻을 같이해도 좋을 것 같은 생각도 든다.[15]

"원나라와 고려왕조를 타도해야 한다"고 하면서, 우선은 "대륙에서 독립한 나라를 우선 만들어야 하고", 또 "대륙에서부터 독립해도 이 나라만 가지고는 어떻게 해 볼 수 없으며, 힘을 합칠 상대가 필요하다"고 작가가 설정한 가공의 인물인 서포(西浦)를 통해 주장하고 있다. 거기에 대하여 "가네요시는 서포가 힘을 합치자고 말하고 있는 것 같다"고 하면서 "거기에 대하여 뜻을 같이해도 좋을 것 같은 생각도 든다"고 하고 있다.

이처럼 기타카타(北方)는 왕조 내부에 반역을 꾀하는 서포라는 인물의 입을 통해 고려가 송이나 원과 같은 대륙국가에 맹목적인 사대주의(事大主義) 정책으로 일관하는 허약한 국가이며 백성들을 불쌍하게 하는 왕조라고 매도한다. 그리고 원의 속박에서 벗어나야 하고 그러기 위해서는 고려왕조를 타도해야 하고, 또 일본(정서부)의 원조가 필요하다고 한다. 그리고 정서부는 그러한 고려 내부의 원조 요청에 응해줘도 나쁘지 않을 것이라는 식의 태도를 보인다.[16]

이처럼 식민사관에 근거를 둔 왜곡된 왜구상(倭寇像)이 여전히 일본사 연구자나 역사 소설가들의 14세기 후반~15세기 초 한국사 및 동아시아 역사인식에 큰 영향을 미치고 있는 것이다. '다민족·복합적 해적'설을 견지하는 일본측 연구자들 중 자신은 모리(森)와는 달리, 이러한 식민사관과 무관하다고 생각하는 사람도 있을지 모른다. 그러나 의도적이든 아니든 간에 결과적으로 이웃 나라 역사를 함부로 왜곡한 행동의 결과가 초래할 책임에서 자신들이 자유로울 수 없다는 사실을 명심해야 할 것이다. 여기서

---

15) 동북아시아문화학회, 앞의 《동북아문화연구》 29, 170쪽.

16) 이상의 내용은 앞의 주 11)의 이영의 논문에서 발췌.

도쿄 대학 서양사 교수 다카야마 히로시(高山博)의 다음과 같은 말로 끝맺고
자 한다.

역사는 그것을 공유하는 집단에 있어서 자기들의 관심을 만족시키는 것이
면 충분하며, 이해할 수 있는 것이면 좋다. 그 집단 외부 사람들에 대한
인식은 애매하고 부정확한 경우가 많고 때로는 공상(空想)의 산물이기도
하다. (중략) 오늘처럼 서로 다른 정치 문화 집단이 평화적으로 항상 접촉하
는 상황 하에서는 복수(複數)의 역사 간의 어긋남과 격차가 큰 문제로
부상하게 된다. 다른 집단의 역사 속에 자기들의 인식과는 다른 상(像)을
발견하고 자기들의 이미지나 자기들과 관련된 부분에 관해 그 수정(修正)을
강하게 요구하게끔 된다. 이것이 정치문제화 되면 국가 간의 심각한 대립을
일으킬 것이다.[17]

---

17) 《歷史學, 未來へのまなざし》, 山川出版社, 2002.

목 차

책의 구성과 내용 5

제1부
연구사적 검토 · 21

제1장 '경인년(1350) 왜구=쇼니 씨 배후'설의 재검토 23

　1. 서론 ··· 23
　2. '경인년(1350) 왜구=쇼니 씨 배후'설의 비판에 대한 반론 ············ 26
　　1) 가이즈 이치로(海津一朗)의 견해 ··· 26
　　2) 하시모토 유(橋本雄)의 견해 ··· 32
　　3) 모리 시게아키(森茂曉)의 견해 ·· 40
　3. 결론 ··· 45

제2장 여말선초 왜구의 배후세력으로서의 쇼니 씨 47

　1. 서론 ··· 47
　2. 덴류지(天龍寺)의 승려 도쿠소 슈사(德叟周佐)의 서신 ··············· 48
　3. 대마도주(對馬島主) 소 사다시게(宗貞茂)의 서계(書契) ·············· 58
　4. 쇼군 아시카가 요시미쓰(足利義滿)의 서신 ······························· 67
　5. 규슈 지역의 내란과 왜구 발생의 상관관계 ······························· 75
　6. 결론 ··· 82

제3장 고려말 왜구='다민족·복합적 해적'설에 관한 재검토 85
　후지타 아키요시(藤田明良)의 〈난수산(蘭秀山)의 난과 동아시아 해역세계〉를 중심으로

　1. 서론 ·· 85
　2. 14세기 후반 제주도를 둘러싼 국내외적 상황에 관한 인식의 문제 ······ 86
　3. 14세기 후반의 중국정세와 고려의 대응에 관한 인식의 문제 ············· 95
　4. 결론 ··· 107

제4장 '여말~선초의 한반도 연해도서=다민족 잡거지역'설의 비판적 검토 109

　1. 서론 ·· 109
　2. '다민족 잡거(多民族雜居)'설의 근거와 문제점 ······························ 110
　3. 연해도서민의 유이(流移)와 사민(徙民) ······································ 118
　4. 결론 ·· 130

제5장 공민왕 원년(1352)의 동아시아 국제정세와 왜구 133
　'고려 해도민=왜구의 일원'설에 관한 한 고찰

　1. 서론 ·· 133
　2. 공민왕 원년의 중국정세와 《원사》지정 12년 8월 정미조의 검토 ······· 134
　3. "日本國白, 高麗賊過海剽掠, 身稱島居民"의 일본국의 실체 ··············· 145
　4. 공민왕 원년(1352)의 일본 국내정세와 왜구 침구의 배경 ················· 148
　5. 중부 서해안 지역의 군사 정치적 의미와 사절 파견의 배경 ············· 153
　6. 겐코노란과 간노노조란 당시 쇼니 씨의 행동 ···························· 159
　7. 결론 ·· 165

제6장 '여말선초 왜구=삼도(쓰시마·이키·마쓰우라) 지역 해민'설의 비판적 검토 167

　1. 서론 ·· 167
　2. '삼도 해민'설의 문제점 ··· 169
　3. 삼도(三島)의 용례 ·· 176
　4. 삼도(三島)의 정의 ·· 187
　5. 결론 ·· 196

제 2 부
팍스 몽골리카의 동요와 규슈 내전(=왜구)의 발생 · 199

제7장 경인년(1350)~병신년(1356)의 왜구와 규슈 정세　201
　　쇼니 요리히사(少貳賴尙)를 중심으로

　1. 서론 ……………………………………………………………………… 201
　2. 경인년(1350)~병신년(1356)의 왜구와 일본의 국내정세 ……… 203
　　1) 경인년(1350) ………………………………………………………… 203
　　2) 신묘년(1351)~임진년(1352) ……………………………………… 213
　　3) 계사년(1353)~병신년(1356) ……………………………………… 224
　3. 결론 ……………………………………………………………………… 231

제8장 쓰시마 쓰쓰 다구쓰다마 신사 소재 고려 청동제 반자(飯子)와 왜구　235

　1. 서론 ……………………………………………………………………… 235
　2. 기존 설의 재검토 ……………………………………………………… 236
　3. 일본 전래 시기 및 경위 ……………………………………………… 246
　4. 오쿠라 씨 일족과 쇼니 요리히사 ………………………………… 254
　5. 결론 ……………………………………………………………………… 263

제9장 가라쓰(唐津) 가가미 신사(鏡神社) 소재 고려 수월관음도의 유래　265

　1. 서론 ……………………………………………………………………… 265
　2. 수월관음도의 원주(願主) 숙비(淑妃) ……………………………… 268
　3. 숙비 김씨와 순비 허씨 ……………………………………………… 273
　4. 숙비 김씨와 흥천사 …………………………………………………… 282
　5. 가가미 수월관음도와 흥천사 ……………………………………… 292
　6. 결론 ……………………………………………………………………… 298

제10장 오호바루(大保原) 전투(1359)와 왜구 301
  공민왕 6~8년(1357~1359)의 왜구를 중심으로

  1. 서론 ··· 301
  2. 관련 사료의 검토 ·· 303
  3. 쇼니 요리히사의 거병 시기 ··· 308
  4. 오호바루 전투와 병량미 ·· 316
  5. 결론 ··· 326

보론(補論) 동아시아의 파이렛츠와 코르세어 329

  1. 서론 ··· 329
  2. 한국사에서의 파이렛츠와 코르세어 ···································· 332
  3. 동아시아 삼국 간 외교문서에 보이는 '코르세어'적 왜구-'포도(逋逃)' ······ 336
    1) 14세기 말~15세기 초 동아시아 삼국 사료 속의 '포도' ············· 336
    2) 포도(逋逃)와 해도(海島)의 관계 ·· 340
  4. 결론 ··· 344

참고문헌 ··· 345

저자 후기 ··· 351

찾아보기 ··· 355

제 **1** 부

연구사적 검토

제1장 ─────────────
'경인년(1350) 왜구=쇼니 씨 배후'설의 재검토

1. 서론

왜구 문제는 '여몽연합군의 일본 침공'(이하 일본 침공)과 더불어 중세 동아시아 국제질서를 규정지은 '양대(兩大) 사건'이라고 할 수 있다. 이러한 왜구에 대한 연구는 메이지 시대(明治時代) 이래 일본이 연구를 주도해 왔다. 따라서 현금(現今)의 왜구상(倭寇像) 역시 많은 부분 일본 측 연구에 의거하고 있다고 할 수 있다. 그런데 1999년에 필자는 왜구사(倭寇史)의 큰 획기가 된 **경인년(1350) 왜구**의 배후에 당시 규슈 최고의 명문 호족인 쇼니 씨(少貳氏)의 가독(家督) 쇼니 요리히사(少貳賴尙)가 있다고 주장한 바 있다.[1]

그 내용을 간단히 소개하면 다음과 같다.[2] **경인(庚寅) 이후의 왜구[3]의**

---

1) 이를 '경인년 왜구=쇼니 씨 배후'설이라고 하자. 이에 관해서는 〈'庚寅年以降の倭寇'と內亂期の日本社會〉,《倭寇と日麗關係史》, 東京大學出版會, 1999 /《왜구와 고려·일본 관계사》, 혜안, 2011) 참조.

2) 위의 주 1) 논문 참조.

3) 필자는 한국사에서의 왜구를 13세기의 왜구, 고려 말 왜구, 조선시대의 왜구로 각각 분류하고자 한다. 일반적으로 **경인(년) 이후의 왜구**라 하면 경인년 이후부터 조선 전기까지의 왜구를 지칭한다. 그렇지만 필자는 **경인(년) 이후의 왜구**를 경인년(1350)부터 고려 멸망(1391년)까지의 왜구, 즉 고려 말 왜구로 간주하기로 한다. 그 구체적인 이유에 관해서는 이영, 〈고려 말 왜구의 실상〉(《잊혀진 전쟁,

출발점이 된 '경인년(1350년) 왜구'는 다음과 같은 일본 국내의 정세 변동과 관련되어 있다. 즉 무로마치(室町) 막부(1336~1573)를 세운 초대 쇼군(將軍) 아시카가 다카우지(足利尊氏)[4]의 서자(庶子) 아시카가 다다후유(足利直冬)[5] 가 간노(觀應) 원년(1350) 2월에 쇼니 요리히사(少貳賴尙)[6]의 본거지인 다자이후(大宰府)를 향해 공격해 온다. 이러한 군사적 위기 상황에 처하게 되자 요리히사는 전투에 사용할 병량미를 긴급히 확보하기 위해 휘하의 쓰시마 세력을 동원해 경상도와 전라도 남해안 지방을 습격한 것이라는 내용이다.

'경인년 왜구=쇼니 씨 배후'설은 왜구를 해적들의 단순한 약탈 행위로만 여겨 왔던 기존 인식과는 확연히 구분되는 새로운 주장이었다. 즉 왜구의 발생 배경과 그 주체를 일본의 당시 국내정세와 연결시켜 고찰해 '왜구의 주체=요리히사 휘하의 쓰시마 세력'과 '침구 목적=병량미 획득'이었다고 구체적으로 명시하여 일본학계에 큰 반향을 일으켰다.[7] 즉 최초로 왜구를

왜구》, 에피스테메, 2007) 참조.

4) 이하 '다카우지'로 약칭한다.

5) 이하, '다다후유'로 약칭한다.

6) 쇼니 요리히사(少貳賴尙: 1293~1371, 이하 요리히사로 약칭)는 1333년에 아버지 사다쓰네(少貳貞經)를 좇아 가마쿠라 막부의 규슈 파견기관인 진제이탄다이(鎭西探題) 호조 히데토키(北條英時)를 공격해 이를 토벌했다. 이후 그는 고다이고(後醍醐) 천황의 겐무 신정(建武新政)에 반발한 아시카가 다카우지(足利尊氏)에 호응한다, 규슈 지방으로 쫓겨 내려온 다카우지를 도와 남조(南朝)의 기쿠치 다케토시(菊池武敏)를 다타라하마(多々良浜) 전투에서 격파한다. 그 뒤 상경하는 다카우지를 따라 올라가 1336년의 미나토가와(湊川) 전투에 참가하는 등 전공을 쌓은 요리히사는 지쿠젠(筑前)·쓰시마(對馬)·부젠(豊前)·히고(肥後)의 슈고 직과 새로운 소령(所領)을 획득했다. 그 뒤 간노노조란(觀應の擾亂) 당시 아시카가 다다요시-다다후유 라인에 가세하지만, 다다요시 사후 전세가 불리해지면서 남조에 귀순, 1358년에 다시 북조로 전환해 그 다음 해 여름 지쿠고가와(筑後川) 전투에서 남조의 기쿠치 다케미쓰(菊池武光)에게 패한다. 이후 1360년의 기쿠치 씨를 중심으로 한 정서부(征西府)와의 전투에서 연패하자, 일선에서 은퇴해 1371년 79세의 나이로 교토에서 사망한다.

7) '경인년 왜구=쇼니 씨 배후'설은 발표된 이후, 다음과 같은 비평과 비판이 제기된 바 있다. 高橋公明,〈海域世界の交流と境界人〉,《日本の歷史14-周緣から見た中世日本》, 講談社, 2001 ; 橋本雄,〈書評: 李領著《倭寇と日麗關係史》〉,《歷史學硏究》 758号, 2002. 1 ; 村井章介 編,《日本の時代史10-南北朝の動亂》, 吉川弘文館,

일본의 국내정세와 결부시켜 구체적으로 논증한 것이다. 그렇지만 일본의
대외관계사(對外關係史) 학계에서 필자의 '경인년 왜구=쇼니 씨 배후'설은
아직 하나의 '흥미로운 가설' 수준에 머물러 있다.8)

그리고 일본의 대외관계사학계는 여전히 후지타 아키요시(藤田明良)의
'고려 말·조선 초 왜구=다민족·복합적 해적'설이 정설의 위치를 점하고
있다.9) 그 요점은 한 마디로 "왜구의 구성원은 일본인만이 아닌, 중국인과
고려(조선)인까지 포함된 다국적 집단으로 구성되어 있었다"10)는 것이다.

2003. 3 ; 同,《日本の中世 10－分裂する王權と社會》, 中央公論新社, 2003. 5 ; 海津
一朗,〈元寇·倭寇·日本國王〉,《日本史講座 第4卷－中世社會の構造》, 歷史學硏究
會·日本史硏究會·東京大學出版會, 2004 ; 橋本雄,〈肥後地域の國際交流と僞使問
題〉,《中世日本の國際關係. 東アジア通交圈と僞使問題》, 吉川弘文館, 2005 ; 森茂
曉,《南朝全史－大覺寺統から後南朝へ》, 講談社, 2005. ; 橋本雄·米谷均,〈倭寇論
のゆくえ〉, 桃木至朗 編,《海域アジア史硏究入門》, 岩波書店, 2008.

8) 무라이 쇼스케(村井章介)는 '경인년 왜구=쇼니 씨 배후'설에 대하여 다음과 같이
평가했다. "이영은 북규슈의 전란 상황 속에서 쇼니 씨의 지휘 하에 있는 무사가
병량미를 구하기 위하여 바다를 건너간 것이 왜구의 실체라고 한다. 아주 흥미로운
가설이지만, 1357년에 승천부 흥천사에 난입하여 충선왕 등의 초상을 약탈하거나
1365년에도 창릉을 침범하여 세조(=쿠빌라이)의 초상을 가져갔다는 행동은 정치
성이 뚜렷하며 병량미를 목적으로 하는 무사의 행동이라고는 생각하기 어렵다.
또한 조선반도 전역으로 확산된 행동이 규슈에 사용할 병량미 획득의 수단으로서
어느 정도 합리적이었을까 의심스럽다"고 했다.《日本の時代史10－南北朝の動
亂》, 吉川弘文館, 2003, 85쪽 ; 同,《日本の中世10－分裂する王權と社會》, 中央公論
社, 2003, 175쪽. 한편 이에 대에 필자는 무라이 쇼스케가 '경인년 왜구=쇼니
씨 배후'설에 대한 반론의 근거로 인용한 "창릉을 침범하여 세조(=쿠빌라이)의
초상을 가져갔다"고 하는 사료에서 세조가 쿠빌라이가 아니라 태조 왕건의 아버지
의 능이었는데, 무라이가 이를 잘못 해석하였음을 지적한 바 있다. 이영,〈고려
말 왜구의 실상〉,《잊혀진 전쟁, 왜구》, 에피스테메, 2007.

9) 후지타(藤田明良)의 견해는 다음 논문에서 제시되고 있다.〈中世東アジアの島嶼觀と
海域交流－島嶼論への歷史學的アプローチのために〉,《新しい歷史學のために》222,
1996. 6 ;〈'蘭秀山の亂'と東アジアの海域世界〉,《歷史學研究》698, 1997. 6 ;〈東ア
ジアにおける海域と國家――四～一五世紀の朝鮮半島を中心に〉,《歷史評論》575,
1998. 이하, '고려 말·조선 초 왜구=다민족 복합적 해적'설은 '다민족 복합적
해적'설로 줄이기로 한다.

10) 경상북도 안동의 한국학 연구소가 동북아역사재단 후원으로 2008년 11월에 개최한
국제학술대회에서 규슈 대학의 사에키 고지(佐伯弘次) 교수는 왜구에 관한, 최근

1장에서는 우선 '경인년 왜구=쇼니 씨 배후'설에 대한 일본 연구자들의 비평을 소개하고 아울러 그에 대한 필자의 반론을 제기하고자 한다. 이같은 시도는 '경인년 왜구=쇼니 씨 배후'설의 입론(立論) 가능성 여부를 명확히 함으로써 14세기 후반~15세기 전반에 걸친 동아시아 사회의 일대 전환기에 지대한 영향을 미친 왜구의 실체에 접근하는 좋은 계기를 제공할 것이다.

2. '경인년(1350) 왜구=쇼니 씨 배후'설의 비판에 대한 반론

1) 가이즈 이치로(海津一朗)의 견해

와카야마 대학(和歌山大學)의 교수 가이즈 이치로(海津一朗)의 견해를 살펴보자. 그는 〈'元寇', 倭寇, 日本國王〉에서 '경인년 왜구=쇼니 씨 배후'설에 대하여 다음과 같이 평가하고 비판했다.[11]

일본 학계의 인식 변화에 대하여 다음과 같이 언급하고 있다.

"이와 같은 왜구와 중국 연해지방의 해민(海民)이 연합하여 중국 연해를 침입한 것과 고려를 습격한 것이 어떻게 연관되어 있는지, 이 문제가 앞으로 검토되어야 할 것이다. 왜구는 동아시아 전체 지역에서 활동했기 때문이며, 동아시아적인 규모에서 검토해야 할 때가 되었다." 동북아역사재단 홈페이지 2008년 11월 당시 자료(佐伯弘次, 〈일본침공 이후의 여일관계〉) 중에서 발췌.

이상에서 알 수 있듯이, 일본학계는 고려 말 왜구의 실체를, 일본인으로 구성된 집단과 중국 연해지방의 해민들이 연합해서 침구한 것으로 이해하고 있음을 알 수 있다. 그리고 이러한 후지타의 주장은, 사에키 고지 외에도 하시모토 유(橋本雄)도 인용하고 있다. 〈肥後地域の國際交流と僞使問題〉, 《中世日本の國際關係－東アジア通交圏と僞使問題》, 吉川弘文館, 2005.

11) 《日本史講座 第4卷－中世社會の構造》, 東京大學出版會, 2004年 9月. 이 '일본사강좌' 시리즈는 대략 10년을 주기로 하여 그동안의 주목할 만한 새로운 연구성과를 소개하고 평가하는 역사서라고 할 수 있다.

이영의 '바다를 건너간 〈남북조〉 내란'설

도요토미 히데요시가 〈바다의 평화령(海賊停止令)〉(1588년)을 발포하기에 이르기까지, '중세' 일본열도 해역은 왜구시대였다. ① 왜구는 고려·조선· 명 측의 사료에 나타나는(일본에는 賊船, 海賊 등) 국가적인 여과장치를 거친 통제(統制) 표어(標語)였다. 왜구가 최초로 사료에 나타나는 해(1223년) 부터 15세기 '선린외교(善隣外交)' 시기에 이르는 왜구의 시대(연구사에서 말하는 전기 왜구)를 포괄적으로 분석한 ② 이영의 연구에 따르면, 이 시대는 13세기의 왜구, 왜구의 공백기, 경인년 이후의 왜구의 세 시기로 구분된다고 한다(1223~1265, 1265~1350, 1350~1419). 팍스 몽골리카(몽골제국에 의한 평화 | 역자 주)의 '바다의 평화'에 기인하는 장기간의 공백기를 사이에 두고 서로 이질적인 두 개의 왜구가 존재하고 있다.

이영은 '몽골의 일본 침공'(元寇)을 사이에 둔 두 왜구의 연속(連續)과 단속(斷續)에 주목하면서 왜구는 어디까지나 일본인으로 구성된 전투조직이라는 점을 강조하고, 특히 왜구 중에는 쇼니 씨를 중심으로 하는 남조세력이라는 정치사적인 해석을 하고 있다.

그 다양한 구성에 대해서는 다나카 다케오(田中健夫)의 민족연합설(民族連合說)과 무라이 쇼스케의 '경계적(境界的)인 집단(集團)'설을 인정하지 않고 일본인에 의한 인신약탈 행위(人身掠奪行爲)라고 일관되게 설명하고 있다. 이영의 분석의 공로가 크다고 해야 할 것이다. 일본의 '남북조' 내란과 해역세계(海域世界)의 왜구 문제가 지닌 연관구조를, 이정도까지 구체적으로 제기한 연구성과는 이제까지는 없었다.

그렇지만 ③ 일본에서 아쿠토(惡党)·해적의 문제가 자력구제(自力救濟)를 행하는 집단에 대한 통제였던 것처럼, 해역(海域)의 왜구 문제가 주변국가 내지는 지역권력(특히 한반도의)에게 통제대상이었다는 사실에는 이론(異論)의 여지가 없다.

④ 《고려사》 등 정사(正史)에 나오는 왜구 사례의 분석을 통해, 직접적으로 실태를 추구하고자 하는 것은 일본사 연구자가 반세기에 걸쳐 반복했던 실패(장원 사료에서부터 아쿠토·해적의 실태를 밝히고자 한 것)의 전철을 밟는 일이 될 것이다.

⑤ 이영의 설처럼 규슈 내전(內戰)의 연장선상에서만 동아시아 해역사(海域

史)의 변동을 파악해 버린다면 오히려 일본의 역할을 과대평가하는 일본 중심사관(自民族中心主義)을 부활시키는 것이 아닐까? 오히려 팍스 몽골리카 이후의 해역세계가 변화하면서, 일본 열도 사회도 거기에 따라 규정되어 간다는 것이 실태일 것이다. 에미시(蝦夷)·아쿠토(惡党)·해적 문제는 왜구(해역세계)와 같은 연결고리 상에 있다고 봐야 하는데, 남조의 해적이 그 견인차였다고 하는 것은 과분한 평가다.

일본사에서 '남북조 내란' 연구는 내란 전반기의 고다이고(後醍醐) 천황과 다카우지의 권력다툼에서 비롯된 사회 여러 계층 간의 대립과 갈등이라는 관점에서 주로 다루어져 왔다. 내란 후반기의 동아시아 국제정세와 연동된 일본 국내정세의 상호관련이라는 주제는 거의 도외시되어 왔다고 할 수 있다.12) 그나마 얼마 되지 않은 국제관계에 대한 연구도 대부분 왜구 금압을 둘러싼 대명(對明) 외교교섭 및 명의 홍무제(洪武帝)에 의해 무로마치 막부의 쇼군 아시카가 요시미쓰(足利義滿)가 일본국왕에 책봉된 문제에만 집중되어 왔을 뿐, 왜구의 최대 피해자라 할 고려와의 관계에 관해서는 본격적인 연구가 그다지 많지 않다.13)

---

12) 예를 들어 사토(佐藤和彦)·고바야시(小林一岳)는 "가마쿠라 막부의 평화가 왜 붕괴되었는가", "겐무 정권의 평화는 왜 단기간에 끝나고 말았는가", "왜 60년 동안이나 전쟁이 이어졌는가", "그리고 어떻게 하여 아시카가 요시미쓰에 의한 평화가 형성되었는가" 등과 같은 연구주제가 제기된 지 이미 오래되었지만 여전히 새로운 문제라고 했다. 이처럼 낡았지만 여전히 새로운 그리고 중요한 과제가, 남북조 내란기 당시의 동아시아 국제정세와의 관련을 배제하고 해명될 수 있을까? 두 사람 또한 남북조 내란사 연구가 앞으로 해결해야 할 과제 중 하나로 "일본과 몽골과의 교류·교섭에 대하여 몽골전쟁 직전만이 아니라 전쟁 이후도 포함해 넓은 시야를 가지고 재검토하는 작업이 중요한 과제가 될 것이다. 또 고려사와 몽골사를 전문으로 하는 연구자와의 공동연구 등을 통하여 의논을 보다 폭넓게 해가는 것도 고려하는 것이 좋지 않을까?"라고 했다(〈解說·南北朝內亂をめぐる硏究史と課題の追求〉, 《展望 日本歷史 10－南北朝內亂》, 2000, 2~15쪽). 이러한 지적대로 남북조 내란의 발발·전개·종결은 해당 시기의 동아시아 국제정세 즉 '팍스 몽골리카의 동요와 붕괴' 그리고 '명(明)의 중국통일'과 상호 불가분의 관련을 지니고 있다. 그리고 이 양자를 연결시켜 주는 것이 바로 '경인년 이후의 왜구'인 것이다.

이런 연구 상황 속에서 필자는 14세기 후반의 왜구 문제를 재검토함으로써 남북조 내란이라는 일본사회의 변동 과정을 '동아시아 국제관계' 특히 '고려와의 상호관련' 속에서 고찰하고자 시도했다. 이러한 필자의 연구에 대하여 가이즈가 '바다를 건너간 〈남북조〉 내란'설이라고 정리한 것은 아주 적절한 표현이라고 생각한다.

그러나 가이즈의 왜구 인식과 필자의 그것 사이에는 여전히 큰 간극이 존재한다. 우선 "① 왜구는 고려·조선·명나라 측의 사료에 나타나는(일본에는 賊船, 海賊 등) 국가적인 여과장치를 거친 통제(統制) 표어(標語)였다"는 지적에 대하여 생각해 보자. ①은 가이즈가 왜구를 고려(조선)·명 등과 같은 국가권력이 통제하고자 한, 국내의 반국가적·반정부적 세력으로 이해하고 있음을 보여준다. 즉 그는 고려(조선) 및 명나라 조정이 '왜구'를 국가와 정부의 통제에 따르지 않는 '자국의 해상세력'으로 보았다고 한 것이다. 이는 가이즈 역시 '왜구=다민족·복합적 해적'설을 추종하고 있음을 보여준다. 당연히 '왜구=일본인 해적'이라는 필자의 견해와는 상반된다.

그리고 "③ 일본에서 아쿠토(惡党)·해적 문제가 자력구제(自力救濟)를 행하는 집단에 대한 통제였던 것처럼, 해역(海域)의 왜구 문제가 주변국가 내지는 지역권력(특히 조선반도의)에게 통제대상이었다는 사실에는 이론의 여지가 없다"고 한 지적을 보면 더욱 분명해진다. 즉 일본의 국가권력이

---

13) 왜구 금압을 둘러싼 고려와 일본 간의 외교교섭에 관한 일본 측 연구로는 다음을 들 수 있다. 中村榮孝, 〈《太平記》に見える高麗人の來朝〉, 《日鮮關係史の研究(上)》, 吉川弘文館, 1964 ; 田中健夫, 〈十四~十五世紀の倭寇と武家外交の成立〉, 《日本歷史大系 2 中世》, 山川出版社, 1985 ; 村井章介, 〈建武·室町政權と東アジア〉, 《講座日本歷史 4 中世 2 》, 歷史學硏究會·日本史硏究會 編, 東京大學出版會, 1985 ; 同, 〈庚寅以來之倭賊と日麗交涉〉, 《アジアのなかの中世日本》, 校倉書房, 1988 ; 川添昭二, 〈九州探題今川了俊の對外交涉〉, 《對外關係の史的展開》, 文獻出版, 1997. 한편 한국 측의 왜구 연구는 주로 왜구의 피해상과 그 대책에 집중되어 있으며 여·일 간의 외교교섭을 본격적으로 다룬 한국 측 연구는 이영, 〈14세기의 동아시아 국제정세와 왜구－공민왕 15년(1366)의 금왜 사절의 파견을 중심으로〉, 《한일관계 사연구》 26, 2007 ; 同, 〈원명의 교체와 왜구－공민왕 15년(1366)의 금왜 사절에 대한 일본의 대응을 중심으로〉, 《일본사연구》 33, 2011. 정도를 들 수 있다.

자국의 반(反)권력·반체제적인 무력집단을 '아쿠토' 또는 '해적'이라고 했듯
이, 고려(조선)의 국가권력 역시 반권력·반체제적인 무력집단을 '왜구'라고
불렀다는 것이다.

그런데 '왜구'에 관한 그의 견해는 자신의 아쿠토 인식의 연장선상에
있는 것으로 보인다. 즉 가이즈는 아쿠토(惡党)의 실상(實像)을 추구하는
것이 아니라, 국제(國制)의 측면에서 파악하려는 시각에서 고찰한 야마카게
가즈오(山陰加春夫)[14]와 곤도 시게카즈(近藤成一)[15]의 관점을 계승했다. 즉
그는 "대외(=對 몽골)전쟁 중에 평화령(神領興行法)을 집행하자, 검단(檢斷)
시스템으로서의 아쿠토가 성립한 것"이라고 했다. 즉 '아쿠토'를 국가적
통제의 표어로서 이해한 것이다.[16]

그러나 이러한 그의 아쿠토 인식은 고바야시 가즈타케(小林一岳)가 "가이
즈 이치로 등의 연구를 따른다면, 아쿠토의 실상을 추구하는 것은 무의미한
일이 되고 만다. 오로지 국가에 의한 통제만이 중요한 것이다. 이는 '아쿠토'
를 허상으로 보는 견해라 할 수 있다"[17]고 비판한 것처럼, 다양한 측면을
지닌 아쿠토라는 사회현상을 지극히 단순화시킨 견해다. 다시 말하면 가이즈
는 왜구를 자신의 아쿠토 인식과 동일선상에서 이해하려고 한 것이다.

그리고 설사 일본 중세사의 중요 논쟁거리인 '아쿠토'에 대한 가이즈의
이해가 옳다고 하더라도, 중세 일본인이 같은 민족에 대하여 '아쿠토'라고
지칭한 것과 동시대 고려인이 이민족(異民族)을 '왜구'라 부른 것을 같은
차원에서 취급해서는 안 될 것이다. 즉 가이즈는 당시 고려(조선)정부가
'자국민의 반체제 행위'와 '이민족의 침구 행위'조차 식별할 수 없을 정도로

---

14) 그는 아쿠토를 '막부의 소송용어(訴訟用語)'로서 분석 연구했다(〈'惡党'に關する基
礎的考察〉, 《日本史硏究》 178, 1977).

15) 그는 아쿠토의 실태를 '시대를 초월한 것으로 아쿠토의 검단 시스템이야말로
시대에 고유한 존재'라고 했다(〈惡党召し捕りの構造〉, 永原慶二 編, 《中世の發見》,
吉川弘文館, 1993).

16) 海津一朗, 《中世の變革と德政》, 吉川弘文館, 1994.

17) 小林一岳, 〈惡党と南北朝の戰爭〉, 《歷史評論》 583, 1998.

무능한 존재로 평가하고 있는 것일까?[18] 이렇게 본다면 ④의 "《고려사》 등 정사(正史) 기록을 그대로 신뢰해서는 안 된다"는 그의 지적 역시 위와 같은 오류에서 비롯된 것이라 할 수 있다.

이어서 ⑤에 대하여 생각해 보자. 필자는 '왜구'를 결코 '일본 중심사관'에서 파악하는 것이 아니다. 가이즈도 위의 ②에서 지적하고 있듯이, 필자는 '팍스 몽골리카'를 왜구의 금압 및 재침의 주요 원인으로 지목하였으며 결코 규슈 내전의 연장선상에서만 동아시아 해역사의 변동을 파악하고 있는 것이 아니다.

필자는 이미 **13세기의 왜구**의 발생을 억제해 **왜구의 공백기**를 초래하게 한 것은 몽골의 일본 침공이었음을 밝힌 바 있다.[19] 즉 왜구 발생은 직접적으로 일본의 국내 상황에 그 원인(原因)이 있다. 그렇지만 원인(遠因)으로 '여몽연합군의 일본 침공'을 들 수 있다. 일본 침공에 대한 대책의 하나로 국내 해적에 대해 엄격한 통제가 가해졌고, 이것이 왜구 발생을 억제시켜 소위 **왜구의 공백기**를 이끌어냈던 것이다.

그리고 남북조 내란의 발발과 장기화(長期化), **경인(년) 이후의 왜구**가 대규모화·장기화된 것 역시 **팍스 몽골리카의 동요·붕괴**와 밀접한 관련이 있다. 즉 '몽골의 일본 재침공 위협'이 더 이상 현실성을 지니지 못하게 되자, 대외 긴장감이 사라지게 된다. 그리고 그것은 몽골의 재침 위협을 명분으로 내세워 전제권력화한 호조(北條) 정권이 억압해 왔던 일본 국내의 여러 사회적 모순이 한꺼번에 분출하여 남북조 내란으로 표출되었던 것이다.

다시 말해서 필자의 견해는 결코 가이즈가 지적한 것처럼 '일본의 역할을 과대평가하는 일본 중심적인 사관'에 입각한 것이 아니라, 남북조 내란의 발발과 왜구의 장기화를 '팍스 몽골리카의 동요와 붕괴'라는 동아시아 국제질서의 재편 과정에서 발생한 사회현상과의 상호 관련 속에서 이해하고

---

18) 《高麗史》는 '일본'과 '왜'를 명확하게 구별해 기록하고 있다. 이에 관해서는 이영, 〈高麗末期倭寇の實像と展開〉, 앞의 주 1) 책 참조.

19) 이영, 〈倭寇の空白期〉, 앞의 주 1) 책 참조.

자 하는 것이다.

2) 하시모토 유(橋本雄)의 견해

홋카이도(北海道) 대학 교수 하시모토 유(橋本雄)의 견해를 검토하기로 하자. 그는 "**전기 왜구**가 병량미를 구하기 위한 침략행위였다고 하는 가설은 아주 매력적이다"[20]라고 하면서도, "⑥ 13세기 전반까지 왜구 토벌에 노력하였던 쇼니 씨가 경인년 이후 갑자기 왜구의 두목이 되었다고 하는 이영의 주장에는 선뜻 찬동하기 어렵다"[21]고 하였다. 그리고 이어서 최근 발간한 저서에서 다음과 같이 본격적인 비판을 가하고 있다.[22]

> 또한 주지하는 바와 같이 ⑦ 1350년, 전기 왜구가 조선의 연안부에서부터 중국의 산동(山東) 방면에 걸쳐 갑자기 활발하게 침구한다(《고려사》, 《고려사절요》), ⑧ 류큐(琉球) 방면을 침구한 왜구를 '고찰'(=想定)한 이나무라(稻村賢敷)나, 전기 왜구의 정체를 일본인만으로 구성된 집단이라고 논한 이영이 "왜구란 일본 국내로 군수물자를 공급하는 것을 목적으로 하는 일본인 무장집단이었다"고 함께 주장한다(그리고 이나무라는 왜구의 통솔자를 기쿠치(菊池) 씨라고 본 데 대해 이영은 쇼니 씨로 추측했다).
> 필자도 일본 국내의 전란과 전기 왜구가 전혀 무관한 것이었다고는 생각지 않는다. 당시의 해상(海商) 및 해구(海寇) 집단이 전시(戰時=남북조 동란)의 높은 수요(好景氣)를 이용해 '왜구' 활동을 전개하는 것은 오히려 자연스러운 일일 것이다. ⑨ 단 그것이 일본 국내와 일본과 조선 사이에서만 완결되는 문제인가 하면, 단순히 그렇게 단정할 수는 없지 않을까.
> 1342년 이후 중국에서는 황하가 자주 범람하여 하남(河南)·산동(山東)·회북

---

20) 橋本雄, 〈書評: 李領著《倭寇と日麗關係史》〉, 《歷史學研究》 758, 2002. 1.

21) 위의 주 20) 橋本雄의 서평 참조.

22) 橋本雄, 〈肥後地域の國際交流と僞使問題〉, 《中世日本の國際關係－東アジア通交圈と僞使問題》, 吉川弘文館, 2005.

(淮北) 등 각지에서 기아 상태가 만연, 1351년에는 유명한 홍건적의 난이 발발해 장사성(張士誠)이나 방국진(方國珍), 뒷날 태조가 되는 주원장(朱元璋) 등이 난립해 할거하는 내란 상태에 빠졌다. (중략)

그들이 바다를 건너 귀국하기로 생각한 1368년(洪武 원년)이란 주산열도에 떠 있는 난산(蘭山)·수산(秀山)이라는 두 섬을 거점으로 해구(海寇) 세력이 대규모 반란사건을 일으킨 해이기 때문이다. 이 '난수산(蘭秀山)의 난'을 상세히 검토한 후지타 아키요시(藤田明良)에 의하면, 반란의 수반(首班)인 난산(蘭山)의 왕씨(王氏), 수산(秀山)의 진씨(陳氏)는 해상에서 거대한 세력을 지닌 방국진의 영향이 미치는 존재였으며, 또 ⑩ 반란군에는 주산열도의 다른 섬 주민들만이 아니라 제주도나 고려 연안의 해상세력이 포함되어 있었을 가능성이 높다고 한다. 이러한 '국경을 초월한' 해상세력의 활동 상황을 상정하는 입장에 서면, 전기 왜구의 '정체'를 일려관계사(日麗關係史 =二國史)의 틀만 가지고 해명하는 것 - 일본인인가, 조선인인가라고 추론 (論斷)하는 것 - 이 타당하다고는 생각하기 어렵다. ⑪ 중국대륙의 정세나 일본 국내에서의 '간노노조란'이 전기 왜구를 일으키는 계기가 된 것은 틀림없다고 생각하지만, 군수물자를 약탈·공급하는 다민족(多民族)·복합적(複合的)인 해구(海寇)야말로 전기 왜구의 정체였다고 봐야 할 것이다.

첫째, 하시모토가 언급한 ⑥에 대하여 생각해 보자. 필자는 이미 "쇼니 씨와 소(宗) 씨가 **13세기의 왜구**를 철저히 금압하고 또 **왜구의 공백기를** 초래한 주역이었다"고 한 바 있다.[23] 따라서 일본의 국경 방어를 책임지고 있으며 그 일환으로 왜구를 금압해 온 그들이 **경인년 왜구**의 배후 조종세력이 었다고 하는 필자의 주장이 모순된다고 하시모토가 의문을 제기한 것은 당연하다. 그러나 두 차례에 걸친 여몽연합군의 일본 침공으로 초래된 **왜구의 공백기** 동안 일본사회는 내부적으로 크게 변화한다. 즉 몽골의 재침에 대비한다는 명분을 내세워 호조(北條) 도쿠소(得宗) 권력은 전제화(專制化)되 어 갔고 이에 대한 반작용으로 세상은 '아쿠토(惡党)·해적의 시대'로 변해

---

23) 주 1) 논문 참조.

갔다.[24] 구체적인 사례로 간겐(寬元) 3년(1245)에 반체제 무사들인 '아쿠토' 를 단속해야 할 슈고(守護)와 지토(地頭) 같은 고케닌(御家人) 무사들이 오히려 아쿠토를 숨겨주고 보호하는 현상이 나타난 것을 들 수 있다.[25] 또 겐노(元應) 2년(1320)에는 빈고노구니(備後國) 슈고(守護) 나가이 사다시게(長井貞重)가 세토나이카이(瀨戶內海)의 오타노쇼(大田庄) 구라시키(倉敷) 오노미치우라 (尾道浦)에 슈고다이(守護代) 이하 수백 명의 아쿠토를 난입시켜 큰 배 수십 척을 준비해 '佛聖人供已下, 資産財物'을 약탈하는 일이 발생한다.[26] 이는 그로부터 30년 뒤, 고려에 침구해 인명을 납치하고 물자를 약탈하는 왜구의 행동과 일치한다.

이처럼 아쿠토를 단속해야 할 슈고와 지토 고케닌들이 아쿠토와 똑같은 행동을 하게 된 것이 **왜구의 공백기**를 사이에 두고 나타난 큰 사회적 변화였다. 이러한 경향은 세토나이카이 지역에만 국한된 것이 아니었다. 모든 수상(水 上) 및 육상 교통로에서 도쿠소(得宗) 미우치비토(身內人)·슈고·지토 및 고케닌들이 모두 이런 방향으로 움직이고 있었다.[27] 예전에 막부가 체제 밖으로 밀어내고자 했던 아쿠토나 해적과 같은 경향이 체제 내부로 도도히 침투해 체제 그 자체가 그것과 동질화되어 가고 있었다.[28] 사실 슈고 나가이 사다시게의 오노미치우라 난입은 놀랍게도 '아쿠토 추포(追捕)'를 명분으로 내세우고 있었다.[29]

이상과 같은 일본 국내의 일반적인 경향을 고려할 때, 쓰시마의 슈고 쇼니 요리히사와 슈고다이 소 쓰네시게(宗經茂)가 휘하세력을 동원해 고려를 침구한다고 해도 조금도 이상하지 않다. 아쿠토의 약탈 및 납치 행위가

---

24) 網野善彦,〈鎌倉末期の諸矛盾〉,《惡党と海賊》, 法政大學出版局, 1995.

25) 佐藤進一·池內義資 編,《中世法制史料集 1卷》鎌倉幕府法, 追加法 253조.

26) 주 24) 網野善彦 논문 참조.

27) 주 24) 網野善彦 논문 참조.

28) 주 24) 網野善彦 논문 참조.

29) 주 24) 網野善彦 논문 참조.

국경을 넘어 전개되면 고려·중국인 등 피해자들에 의해 '왜구'로 불렸던 것이다. 더욱이 과거 쓰시마와 고려 사이에 존재한 진봉관계[30]도 이미 소멸되었다. 따라서 쇼니 씨가 예전처럼 왜구를 적극 금압해야 할 필요성이나 도덕적인 의무감을 느낄 필요도 없었다. 오히려 쇼니 씨는 두 차례에 걸친 여몽연합군에 의한 일본 침공의 최대 피해자였다. 여몽군의 주 침공지였던 쓰시마와 이키 섬(壹岐島), 그리고 지쿠젠(筑前), 히젠(肥前) 지방이 쇼니 씨의 관할지역이었던 것이다. 그리고 침공 이후, 호조 정권은 몽골의 재침 위협을 명분으로 내세워 쇼니 씨의 부젠(豊前)과 히젠(肥前)의 슈고직(守護職)을 박탈했다. 따라서 쇼니 씨 입장에서 보면, 약 1세기 전의 침공에 대한 보복이라는 점에서도 고려에 대한 침구 명분은 충분했다. 실제로 일본 침공 직후인 겐지(建治) 2년(1276)에 다자이쇼니(大宰少貳) 무토 쓰네스케(武藤經資)를 중심으로 기나이(畿內) 지방의 아쿠토들까지 동원해 고려를 공격할 계획을 세운 사실이 있다.[31]

둘째, 하시모토는 "㉯ 1350년 전기 왜구가 조선의 연안부에서부터 중국의 산동 방면에 걸쳐 갑자기 활발하게 침구한다"고 하면서 《고려사》와 《고려사절요》를 그 근거로 들었다. 그러나 중국에 최초로 왜구가 침구한 것은 경인년(1350) 이후 9년째에 해당하는 1358년의 일이다. 그리고 이 사실은 위의 두 사료가 아닌 《원사(元史)》에 기록되어 있다.[32] 단순한 착각인지 아니면 의도적인 기술인지 확인할 수 없지만, 위와 같이 서술하면 고려 말 왜구가 마치 하시모토의 주장대로 '다국적 복합적인 집단'이었다는

---

30) 이영, 〈中世前期の日本と高麗〉, 주 1)의 책 참조.
31) 이 문제에 관해서는 주 24) 網野善彦 논문 참조.
32) 《元史》卷46, 順帝本紀9, 至正 23年(1363) 8月 丁酉朔條에 다음과 같이 보인다.
   "倭人寇蓬州, 守將劉暹擊敗之, 自十八年以來, 倭人連寇瀕海郡縣, 至是海隅遂安." 즉 지정 18년 이래로 왜구가 연년 원나라 해안지방을 침구하고 있었는데, 수장 유섬이 봉주(산동성)에 침구한 왜인을 격파하기에 이르러 평온을 되찾았다고 하는 것이다. 이로써 왜구가 중국에 침구하게 된 것은 원나라 말기 지정 18년(1358)부터임을 알 수 있다.

오해를 초래하기 쉽다.

셋째, 하시모토가 "⑧ 류큐 방면을 침구한 왜구를 '고찰'(=想定)한 이나무라(稻村賢敷)나, 전기 왜구의 정체를 일본인만으로 구성된 집단이라고 논한 이영이 왜구란 일본 국내로 군수물자를 공급하는 것을 목적으로 하는 일본인 무장집단이었다고 함께 주장한다"고 언급한 것에 대하여 생각해 보자. 우선 14세기 후반의 왜구 활동의 배경을 당시 일본 국내의 내란 상태와 결부시켜, 침구 동기를 **병량미의 확보**라 하고, 왜구의 배후에 쇼니 씨 같은 지방호족이 존재했다고 주장한 것은 필자만이 아니고, 또 필자가 최초도 아니었다. 이미 1939년에 아키야마 겐조(秋山謙藏)는 다음과 같이 언급했다.

> 여기서 우리들이 생각하기에, 아시카가 다카우지(足利高氏)가 일단 규슈로 내려온 뒤 다시 규슈의 대군을 이끌고 동쪽으로 올라갈 때, 마쓰라토(松浦党) 이하 고쿠진(國人)들에게 무기 및 병량미의 보급을 부담시킨 사실이다. 당시처럼, 생산되는 쌀의 양이 한정되어 있고 또 이를 경작하는 농민이 일단 유사시 곧바로 무기를 들고 싸워야 하는 시대에는, 규슈 지방에서 많은 청년이 전투에 참가하기 위해 긴키 지방으로 보내지면, 그 보급을 대륙에서 해결하고자, 더욱이 비상수단—약탈에 의해 보급하기에 이르렀던 것도 오히려 자연스러운 일로 생각해야 할 것이다. (중략)
> 고려에 침구해 간 왜구가, 그 대장은 큰 쇠로 만든 투구를 쓰고, 손과 발에는 모두 보호구를 착용하고, 좌우에는 보병을 거느리며 말을 달려 앞으로 나아갔다고 기록되어 있으며, 또 이성계가 쏜 화살이 적의 두꺼운 갑옷을 뚫고 사람과 말을 쓰러뜨렸다고 기록되어 있는 등, 이 왜구가 결코 단순한 폭민(暴民)집단이 아니라 강한 통제를 유지한, 따라서 그 배후에는 강력한 지도자—오우치(大內)·오토모(大友)·마쓰라토(松浦党) 그 외의 다른 존재가 있었음을 보여준다고 할 것이다.[33]

여기서 보듯이, 아키야마와 필자의 견해는 구체적인 부분에 들어가면

---

33) 秋山謙藏, 〈倭寇の進出と農民の掠取〉, 《日支交渉史研究》, 岩波書店, 1939.

많이 다르지만, **침구의 동기=병량미의 보급**과 그 **배후세력=강력한 지도자**에 관해서는 일치하고 있음을 알 수 있다.[34] 다른 예를 보자.

남북조 내란 연구의 대가로 평가받는 사토 신이치(佐藤進一)도 사료적 근거는 제시하지는 않았지만 "그들(왜구)이 항상 대량의 쌀과 인간의 약탈을 목표로 하였다고 한다면, 그 행동은 반드시 군사력의 보급, 보강을 목적으로 하는 것으로 국내 쟁란과 깊은 관련을 지니고 있었음에 틀림없다"[35]고 하였다.

또 다무라 히로유키(田村洋幸)도 "왜구의 주체로 강력한 군사력을 지닌 무장집단과 북규슈 변경지역의 세민(細民) 등이 쌀과 콩 그리고 노예를 획득하기 위해 침구했다"고 하였다.[36] 심지어는 역사학자가 아닌 민속학자 미야모토 쓰네이치(宮本常一)도 "무라카미(村上)·이마오카(今岡)·구쓰나(忽那) 등의 제씨(諸氏)가 세토나이카이에서의 북조에 대한 항전을 정지하고 있는 기간에, 왜구의 한반도에 대한 습격이 집중적으로 발생하는 것은 관련이 있다"고 추론하고 있다. 즉 다음에 있을 북조 측에 대한 항전에 대비하여 반도에서 **병량미**를 구하기 위해 갔다고 보는 것이다. "왜구에게서 볼 수 있는 조직과 전술, 그리고 무력은 상당한 수준 이상의 것으로, **상당히 큰 통솔력과 연합세력**이 없으면 불가능한 행동이고 또 단순히 일상생활에 필요한 식량을 약탈하기 위한 것만이라고는 생각할 수 없을 정도의 규모다" 라고 했다.[37]

일본 대외관계사 연구자들과는 달리,[38] 일본 중세사 연구자들은 왜구의

---

34) 아시카가 다카우지가 다타라하마(多々良浜) 전투에서 승리하고 동상(東上)한 것은 1336년 4월 3일이고, '경인년 왜구'가 발생한 것은 1350년이니 아키야마의 생각은 시기적으로 일치하지 않는다. 그리고 오우치 씨와 오토모 씨를 왜구의 실체로 파악한 점 역시 필자의 생각과 다르다.

35) 佐藤進一, 〈倭寇の後援者〉, 《南北朝の動亂》, 中央公論社, 1965.

36) 田村洋幸, 〈倭寇はなぜこの時期から起こったか〉, 兒玉幸多·豊田武·齋藤忠 編, 《日本歷史の視点2－中世》, 日本書籍, 1974.

37) 宮澤常一, 《旅の民俗と歷史》, 八坂書房, 1987.

발생 배경을 무엇보다 먼저 남북조 내란과의 관련 속에서 구하고 있다.[39]

넷째, 또한 하시모토는 "⑨ 단, 그것이 일본 국내와 일본과 조선의 사이에서만 완결되는 문제인가 하면, 단순히 그렇게 단정할 수는 없지 않을까"라고 한 뒤, 1368년(洪武 원년)에 중국에서 발생한 소위 '난수산(蘭秀山)의 난'을 언급해 "⑩ (난수산의)반란군에는 주산열도(舟山列島)의 다른 섬 주민들만이 아니라 제주도나 고려 연안의 해상세력이 포함되어 있었을 가능성이 높다"고 한 후지타 아키요시(藤田明良)의 연구[40]를 인용하였다. 후지타 연구가 지닌 문제점에 관해서는 별도의 기회를 빌려 구체적으로 검토하기로 한다. 여기에서는 일단 당시 고려에는 '해상세력'이라고 불릴 만한 집단이 존재하지 않았다[41]고 하는 사실을 지적해 둔다. 만약 존재했더라면 그들을 수군으로 즉시 활용하였을 것이다. 그렇다면 왜구 때문에 그렇게 장기간에 걸쳐 곤란을 당하지도 않았을 것이다.[42]

---

38) 일본 대외관계사 연구자들은 왜구의 발생 및 발호의 원인을 고려(조선) 측의 토지제도 붕괴에 기인한 군비(軍備)의 미비(未備)에서 구하는 것이 일반적이다. 예를 들면 다무라 히로유키(田村洋幸)의 '왜구 발생의 원인=고려의 토지 문란'설을 들 수 있다. 상세한 내용은 이영, 〈고려 말 왜구의 허상과 실상〉,《대구사학》 91, 2008. 5) 참조.

39) 위에서 언급한 연구자들의 견해도 구체적인 사료에 입각한 본격적인 검토를 토대로 한 입론(立論)이 아니었으며 단지 아마도 '∼가 아닐까'라는 식의 단순 추정에 지나지 않았다. 반면 필자는, 왜구 이전의 10세기 무렵부터 고려와 일본 간 교류를 매개한 쓰시마와, 그 쓰시마를 지배한 쇼니 씨와 소(宗) 씨에 주목해 《고려사》 등의 사료를 근거로 제시하면서, 구체적으로 왜구의 배후(쇼니 씨)·침구의 시대적 배경·목적 등을 특정하였다.

40) 藤田明良,〈'蘭秀山の亂'と東アジアの海域世界〉,《歷史學硏究》 698, 1997. 6.

41) 신라 하대(下代)에는 장보고나 강주(진주) 지방에서 독립적 세력을 누리면서 후당(後唐)과 통교까지 했던 왕봉규나 송악(개성) 지방을 근거로 활동했던 왕건의 조부 작제건 등 해상세력의 존재가 확인되지만 고려 말 당시에는 찾아보기 어렵다. 이에 관해서는 박용운,〈나당의 교체와 호족〉,《고려시대사(상)》, 일지사, 1985 참조.

42) 고려에도 물론 연해 도서지역에 거주하는 다수의 백성들이 있었다. 예를 들어 이색은 공민왕 원년(1352)에 왜구 대책으로 그들을 수군으로 활용할 것을 주장했다. 즉 "우리나라는 3면이 바다를 끼고 있으니 섬에 주민이 무려 백만은 될 것인데 그들은 배를 부리고 헤엄치는 것이 그들의 장기이며 또한 그들은 농사를 짓지

마지막으로 하시모토의 "⑪ 전기 왜구의 정체가 다민족·복합적 해구(海寇)였다"고 하는 지적 또한 이를 뒷받침할 일체의 근거 사료가 없는 허구다. 이에 대해서는 다음과 같은 점을 지적하고자 한다. 일본 학계에서는 왜구를 전기 왜구와 후기 왜구로 나누어 다음과 같이 이해해 왔다.

〈표 1〉 일본학계의 왜구 분류

		전기 왜구	후기 왜구
1	활동 시기	13~14세기 후반	16세기
2	활동 지역	주로 한반도, 중국 일부 지방	주로 중국대륙
3	주체	일본인 중심	중국인 중심, 일본인은 20~30%에 불과

만약 이 당시의 왜구가 **다민족·복합적**인 해적이었다면, 다음 사실은 어떻게 설명할 수 있을지 의문스럽다. 즉 후기 왜구의 경우, 활동지역이 주로 대부분 중국대륙이었고 한반도에는 거의 나타나지 않았다고 하면서, 그 이유로 일본학계에서는 조선정부가 대마도주(對馬島主)를 통해 소위 **전기 왜구**의 침구를 통제하는 데 성공했다는 것을 들었다.[43] 만약 전기 왜구가 **다민족·복합적**인 집단이었다면, 대마도주를 통한 왜구 통제라는 단선적(單線的)인 방법으로는 손쉽게 해결될 수 없는 것이어야 하지 않는가? 즉 일본

않고 어로와 제염을 생업으로 삼고 있습니다. 그런데 그들은 근래에 왜적 때문에 직업을 잃고 집을 떠나 생활방도를 잃게 되었으므로 적을 원망하는 마음이 육지 사람에 비하여 어찌 열배만 되겠습니까?"(《高麗史》卷115, 列傳28, 李穡傳). 배를 부리고 헤엄을 잘하는 연해 도서민들이 육지에서 생활하는 일반인들보다는 수군으로서의 자질을 지니고 있었을 것임은 틀림없지만, 그렇다고 해서 그들이 즉시 왜구에 대항할 만한 해전 능력을 지닌 존재는 아니었다. 어민과 해적의 차이는 농민과 산적의 그것만큼이나 컸다고 할 수 있을 것이다.

43) 다나카 다케오(田中健夫)는 "이는 조선이 경제적으로 빈곤한 쓰시마에 식량을 줘서 환심을 사고 왜구를 금압하게끔 하기 위한 것이었다. 실제로 이 시기에는 왜구활동이 현저하게 줄어든다. 그것은 이조실록의 기사에서 왜구가 사라져 가고 있는 상황을 보더라도 쉽게 납득이 갈 것이다"고 했다〈朝鮮との通交關係の成立〉, 《中世對外關係史》, 東京大學出版會, 1959, 112쪽).

측 주장에 따르자면 왜구 집단의 구성은 다민족·복합적이고, 따라서 침구 루트도 쓰시마 내지는 일본에서만 오는 것이 아니라, 중국 쪽에서도 침구해 와야 할 것이고, 그렇다면 쓰시마만 통제해서는 전기 왜구의 침구를 막을 수 없어야 하지 않겠는가 하는 것이다.

또 만약 당시 왜구가 그의 주장대로 다민족으로 이루어진 집단이었다면, 그로 인해 발생하는 다양한 문제에 대한 합리적인 설명이 수반되어야 할 것이다. 예를 들면, 조직의 원리·이동 및 전투작전 수행 시의 지휘 체계·약탈 물의 분배방법·근거지·연합의 동기 등이다. 이러한 문제들에 대한 합리적 인 해명 없이는 하나의 학설로 성립하기 어렵다.

3) 모리 시게아키(森茂曉)의 견해

후쿠오카 대학(福岡大學)의 모리 시게아키는 '경인년 왜구=쇼니 씨 배후' 설에 대해 다음과 같이 언급하고 있다.

> 왜구 활동에 종사한 세력은 ⑫ 쇼니 씨의 지령에 반드시 따르지 않았다. 임기응변으로 그때 그때 지배적인 세력에 가담하는, ⑬ 자연발생적인 성격이 강한, ⑭ 훨씬 더 광범위한 지역의 해상 무장집단으로 보는 것이 실태에 맞을 것이다. 왜구는 그러한 성격의 해적이었기 때문에 바로 ⑮ 정서부(征西府)의 황금시대에는 정서부 배후에서 정서부의 군사력의 일익 을 담당할 수 있었다고 생각한다.[44]

모리의 견해인 "⑫ 쇼니 씨의 지령에 반드시 따르지 않았다"와 "⑭ 훨씬 더 광범위한 지역의 해상 무장집단"에 대해서는 다음과 같이 반론을 할 수 있다. 즉, 고려 말의 왜구는 경인년 이후 약 40년 동안이나 지속되었다. 따라서 이처럼 장기간 활동한 왜구를 모두 단일한 성격의 것으로 단정할

---

44) 森茂曉, 《南朝全史－大覺寺統から後南朝へ》, 講談社, 2005.

수 없음은 당연하다.[45] 고려 말의 왜구가 쇼니 요리히사 휘하의 세력만이 아니라, 마쓰라토(松浦党)·정서부의 수군도 포함한 다양한 세력이었음은 필자도 이미 지적한 바 있다.[46] 즉 남북조 시대에 들어온 뒤부터는 당시 '아쿠토(惡党)'로 불리던 존재만이 아니라 해상 이동수단을 가진 무장집단이라면 누구든지 일시적인 피난처 내지는 병량미를 구하기 위해 이웃 나라인 고려에 침구하는 일이 충분히 가능했던 것이다.[47] 따라서 쇼니 요리히사의 지령에 따라 왜구가 침구했던 시기는, 그가 규슈 현지에서 정치·군사적 활동을 하고 있던 기간(1350~1362)을 중심으로 생각해야 한다.

또한 쓰시마의 지리적 성격(한반도와 일본열도를 연결하는 징검다리 같은 역할)을 고려할 때, 마쓰라토나 정서부의 수군들도 쓰시마를 경유했을 가능성이 크다. 예를 들어 〈표 2〉에서 보듯이 1372년부터, 특히 1376~1385년 사이의 왜구는 쇼니 씨 이외에도 다양한 세력이 가세하고 있었다고 생각된다.

그리고 모리의 지적, "⑬ 자연발생적인 성격이 강한"에 대해서 생각해 보자. 앞에서 이미 언급한 것처럼, 중국에 최초로 왜구가 침구한 것은 1358년이었다. 이미 1351년과 1352년에 한반도의 중부 서해안 지역을 침구하였음에도 불구하고[48] 중국대륙에는 침구하지 않았던 사실을 보면 중국대

---

45) 고려 말의 왜구는 일본의 중앙정계 및 규슈 정세와 연동시켜 보다 세분되고 구체적으로 분류해서 고찰해야 할 것이다. 필자는 별고에서 **고려 말의 왜구**를, 쓰시마와 북규슈 지방의 군사·정치 상황과 왜구의 침구 상황을 근거로 하여 다음과 같이 시기 구분을 시도한 바 있다.
① 1350~1361년 ② 1362~1371년 ③ 1372~1375년 ④ 1376~1383년 ⑤ 1384~1391년. 구체적인 내용에 관해서는 이영, 〈고려 말 왜구의 허상과 실상〉,《대구사학》91, 2008 참조.

46) 이영, 〈경인년 이후의 왜구와 내란기의 일본 사회〉, 앞의 주 1) 책 ; 同, 〈경인년 이후의 왜구와 마쓰라토－우왕 3년(1377)의 왜구를 중심으로〉,《일본역사연구》24, 2006 ; 본서 제7장 참조.

47) 위의 주 46) 〈경인년 이후의 왜구와 내란기의 일본 사회〉.

48) 충정왕 3년(1351) 8월에는 왜선 130여 척이 자연도(紫燕島)·삼목도(三木島)를《高麗史》卷37, 忠定王 3年 秋8月 丙戌日條. 자연도는 현재의 영종도·삼목도는 영종도와

륙에 대한 침구가 초래할 영향을 충분히 고려한 것으로 생각할 수 있다. 아울러 이는 당시의 왜구 침구가 결코 무계획적·산발적으로 이루어진 것이 아니라, 국제정세를 고려할 정도의 능력을 지닌 정치세력이 배후에 존재하였음을 의미한다. 무엇보다도 왜구가 태풍이나 지진 같은 자연현상이 아닌 이상 "자연발생적"이라는 표현은, 역사 현상의 인과관계를 밝히는 역사가의 발언으로 어울리지 않는다.

또 "⑮ 정서부(征西府)의 황금시대에는 정서부의 배후에서 정서부의 군사력의 일익을 담당할 수 있었다"라고 하는 부분을 보자. 여기서 정서부는 정서장군(征西將軍) 가네요시(懷良) 왕자를 필두로 하는 규슈 지역의 남조 세력을 가리킨다. 그리고 소위 '정서부의 황금시대'란 정서부가 다자이후(大宰府)를 점령하고 있던 1362~1371년에 해당하는 시기다. 이 기간 중에 정서부는 규슈 지역의 대부분을 장악하여 전투는 크게 줄어들었다. 즉, 1359년 8월의 지쿠고가와(筑後川) 전투에서 패한 요리히사와 아들 후유스케(冬資)는 본거지 다자이후를 상실하자 분고(豊後)의 오토모(大友) 씨에게 의지한다. 그리고 곧 규슈를 벗어나 출가(出家), 일선에서 물러나 교토에 체재하였다. 또 요리히사의 심복 소 쓰네시게(宗經茂) 역시 주인을 좇아 출가해 소케이(宗慶)이라는 법명(法名)으로 《고려사》에 등장한다.[49] 그는 1361년 무렵, 그동안 동생 소 소코(宗宗香)에게 맡겨두었던 쓰시마로 돌아와 직접 통치하였다.[50]

용유도 사이에 있었던 작은 섬인데 인천 국제공항을 건설하기 위해 세 섬 사이의 바다를 매립하면서 소멸되었다), 그리고 남양부(南陽府)와 쌍부현(雙阜縣)에 침구 했다(《高麗史》 卷37, 忠定王 3年 秋8月 己丑日條. 쌍부현은 현재의 남양반도와 우정면, 장안면 일대다). 그리고 다음 해인 공민왕 원년(1352) 3월부터는 고려의 중부 서해안 지역을 본격적으로 집중 침구해 왔다.

49) "대마도 만호 숭종경이 사자를 파견하여 입조(入朝)하였으므로 숭종경에게 쌀 1천 석을 주었다"(《高麗史》 卷41, 世家41, 恭愍王 17年 11月 丙午日條).

50) "康安 元年(1361) 12月 13日, '本通書下'('代々例'に任せて對馬嶋住人家時の'公事'を 免許する旨,'存知'すべし)－宗刑部入道(經茂)." 여기서 '本通'은 쇼니 요리히사를 의미하며, 문서를 받는 소 쓰네시게도 '入道'라고 보인다. 이 문서는 요리히사－쓰

쇼니 씨의 오랜 영지인 쓰시마는 슈고다이(守護代) 소 쓰네시게의 관리 하에 변함없이 슈고(守護) 쇼니 씨와 동일한 정치적인 입장(北朝)을 취했기 때문에, 남조(정서부)가 지배하고 있던 기간 동안에 규슈 본토의 정세와는 분리되어 있었다. 그 후 소 쓰네시게의 쓰시마가 다시 남조로 돌아서는 것은 오안(應安) 원년(1368) 8월 13일 이후, 그 다음 해 4월 6일의 약 8개월 사이의 일이다.[51]

그렇다면 과연 모리의 지적대로 정서부의 황금시대에 왜구는 정서부 군사력의 일익을 담당하였을까? 당시의 침구 상황에 대해서는 아래의 〈표 2〉를 보자.

〈표 2〉 경인(년) 이후의 왜구 침구표

	연도	지역	횟수	집단		연도	지역	횟수	집단
1	1350	8	6	5	22	1371	4	4	3
2	1351	5	4	3	23	1372	18	11	5
3	1352	13	10	7	24	1373	10	6	4
4	1353	1	1	1	25	1374	15	13	7
5	1354	1	1	1	26	1375	13	5	3
6	1355	2	2	1	27	1376	50	15	6
7	1356	0	0	0	28	1377	58	32	7
8	1357	3	3	2	29	1378	51	23	7
9	1358	12	10	2	30	1379	31	22	5
10	1359	4	4	2	31	1380	40	14	5
11	1360	19	5	1	32	1381	33	14	6
12	1361	11	4	2	33	1382	25	8	5
13	1362	2	2	1	34	1383	55	13	6

네시게 두 사람의 출가를 보여주는 최초의 사료이며, 두 사람은 때를 같이해서 출가했다고 말할 수 있다(山口隼正, 〈對馬國守護〉, 《南北朝期九州守護の研究》, 文獻出版, 1989 참조).

51) 소 쓰네시게가 북조의 일원으로서 발급한 문서 중 확인되는 가장 마지막의 것은 오안(應安) 원년(1368) 8월 13일자 〈소케이가키쿠다시(宗慶書下)〉가 있다. 위의 주 51의 山口隼正 논문. 그리고 남조로의 전환을 보여주는 현존하는 최초의 문서가 쇼헤이(正平) 24년(1369) 4월 6일자 〈소케이가키쿠다시(そう慶書下)〉다. "正平二十 四年, 四月六日 'そう慶書下'." 여기서 쇼헤이(正平)는 남조의 연호다.

14	1363	2	1	1	35	1384	19	12	8
15	1364	12	8	5	36	1385	17	11	5
16	1365	6	3	1	37	1386	0	0	0
17	1366	3	3	2	38	1387	7	4	3
18	1367	1	1	1	39	1388	23	9	4
19	1368	0	0	0	40	1389	9	5	3
20	1369	5	2	3	41	1390	7	3	3
21	1370	2	2	1	42	1391	1	1	1

*《고려사》와 《고려사절요》의 왜구 침구 기사를 토대로 하여 작성한 것이다.

〈표 2〉의 통계에 입각해 정서부의 황금시대를 기준으로 해서 전후 각 10년씩의 기간으로 나누어 왜구가 침구한 지역, 침구 횟수, 침구집단의 수를 각각 표로 만들어 보면 다음과 같다.

〈표 3〉 10년을 단위로 한 각 기간별 왜구의 침구 상황

	기간	지역(%)	횟수(%)	집단(%)
1	1352~1361	66(11.7%).	40(13.9%)	19(14.8%)
2	1362~1371	37(6.5%)	26(9%)	16(12.5%)
3	1372~1381	299(52.9%)	155(54%)	55(42.9%)
4	1382~1391	163(28.8%)	66(22.9%)	38(29.6%)

이 〈표 3〉을 보면, 소위 정서부의 황금시대(1362~1371) 10년 동안에 왜구가 침구한 지역은 전체의 약 6.5%, 침구 횟수는 9%, 그리고 침구한 집단의 숫자는 12.5%에 지나지 않음을 알 수 있다. 정서부의 황금시대에 규슈 지방은 정서부에 의해 군사·정치적으로 안정을 유지하고 있었다. 이에 비례하듯이 이 시기 왜구의 침구 빈도 역시 경인년 이후 고려 멸망 때까지 가장 적은 빈도를 기록하고 있음을 알 수 있다.

반면에 막부의 새로운 규슈탄다이(九州探題) 이마가와 료슌(今川了俊)이 규슈 현지에 부임함으로써 남조와 북조 간의 전투가 격렬해지는 1372년 이후부터 절정에 도달하는 1381년까지 10년 동안은, 왜구의 침구지역이

무려 52.9%, 침구 횟수는 54%, 그리고 침구한 집단은 42%에 달했다. 이는 각각 6.5 대 52.9(약 8배), 9 대 54(약 6배), 12.5 대 4.2(약 3.4배)에 달한다. 그리고 1372~1381년의 시기는, 약 40여 년 동안의 왜구 침구기간 중 4분의 1에 해당하지만, 전체의 절반에 해당하는 왜구들이 이 10년 동안 집중적으로 침구해 왔다. 이 시기는 그야말로 왜구의 침구가 극에 도달한 시기였음을 알 수 있다. 이러한 사실 또한 **경인(년) 이후의 왜구** 침구가, 북규슈 지방의 전란과 불가분의 관계에 있었음을 보여준다.

3. 결론

필자의 '경인년 왜구=쇼니 씨 배후'설에 대하여 가이즈 이치로는 '바다를 건너간 〈남북조〉 내란'설이라고 정의해, 일정 부분 이 설에 적극적인 의미를 부여했다. 그렇지만 가이즈는 일본 국내에서 같은 일본인에 대하여 사용한 '아쿠토'와, 고려인이 이민족(異民族)인 일본 해적에 대하여 사용한 '왜구'라는 용어를 같은 차원에서 고찰하는 논리적인 모순을 범했고 그 결과 '경인년 왜구=쇼니 씨 배후'설에 대해서도 유보적인 자세를 취하였다.

하시모토 유 역시 '경인년 왜구=쇼니 씨 배후'설에 일정 부분 찬동하면서도 후지타 아키요시의 '왜구=다민족·복합적 해적'설에 의거해 비판적인 견해를 견지하였다.

마지막으로 모리 시게아키의 견해는, 기존의 애매모호한 왜구상을 답습한 것으로 왜구 발생의 메커니즘, 즉 규슈 지역의 군사적 긴장의 고조와 충돌이 왜구의 침구 빈도와 비례한다는 인식이 결여되어 있다고 할 수 있다.

이상의 검토를 통해 위 세 사람은 여전히 '왜구=다민족·복합적 해적'설, 또는 기존의 왜구상에 의거하고 있음을 알 수 있다. 그것은 그들의 전공이 각각 '아쿠토'(가이즈), '15세기 일본 대외관계사'(하시모토), '남북조 내란사'(모리)로서 전문적인 왜구 연구자가 아닌 데서 하나의 원인을 구할 수 있다.

　그렇지만 '경인년 왜구=쇼니 씨 배후'설이 정설로서 확고하게 자리매김하기 위해서는 무엇보다도 이를 뒷받침할 사료적 근거가 제시되어야 하는 것도 사실이다. 또 아울러 '왜구=다민족·복합적 해적'설이 입론(立論) 가능한지의 여부에 대해 철저한 검증이 수반되어야 할 것이다. 왜냐하면 '경인년 왜구=쇼니 씨 배후'설과 '왜구=다민족·복합적 해적'설은 양립할 수 없기 때문이다. 따라서 다음 장에서는 우선 쇼니 씨가 고려 말~조선 초 왜구와 어떻게 관련되어 있는지에 대해 검토하기로 한다.

제2장 ─────────────────────
여말선초 왜구의 배후세력으로서의 쇼니 씨

1. 서론

제1장에서는 '경인년(1350) 왜구=쇼니 씨 배후'설에 대한 일본 연구자들이 제기한 여러 비판을 제시하고 이에 대한 반론을 펼쳤다. 제2장에서는이 설을 뒷받침할 문헌적 근거에 대하여 생각해 보기로 한다. 물론 '경인년(1350) 왜구=쇼니 씨 배후'설을 직접적으로 보여주는 사료를 제시하기란쉽지 않다. 왜냐하면 **여몽연합군의 일본 침공** 이후 오랫동안 고려와 일본양국은 일체의 외교적 접촉이 없었으며, 특히 경인년 이후 양국 간 최초의외교적 접촉은 16년이 지난 공민왕 15년(1366) 때의 일이기 때문이다.[1)

그렇지만 쇼니 씨가 고려 말~조선 전기 왜구의 배후세력이었음을 보여주는 사료는 적지 않다. 따라서 본 장에서는 관련 사료의 분석을 통해 '경인년(1350) 왜구=쇼니 씨 배후'설의 타당성 여부에 대해 생각해 보기로 하자.

---

1) 이해에 왜구 침입에 항의하는 금왜요구사절(禁倭要求使節)을 파견함으로써 약
   1세기 만에 최초의 외교적 접촉이 이루어졌다. 이에 관해서는 이영, 〈14세기의
   동아시아 국제질서와 왜구-공민왕 15년(1366)의 금왜사절의 파견을 중심으로〉,
   《한일관계사연구》 26, 2007 참조.

2. 덴류지(天龍寺)의 승려
도쿠소 슈사(德叟周佐)의 서신

《고려사》에서 왜구의 실체와 발생 배경에 관해 서술한 사료를 살펴보자. 우왕 2년(1376) 10월에 고려 출신의 일본 승려 양유(良柔)와 함께 일본에서 귀국한 고려 사신 나흥유[2]가 일본 덴류지(天龍寺)의 승려 도쿠소 슈사(德叟周佐)의 편지를 전한다. 거기에 다음과 같은 내용이 기록되어 있다.

> 1. ㉠ 서해도 일로(一路)의 구주(九州) 지역에 반란을 일으킨 신하들이 할거하여 공부(세금)를 바치지 않은 지 이미 20년이 지났다. ㉡ 서변 해도의 완고한 백성들이 이 틈을 타 (고려를) 침구하고 있는데, 이는 우리들의 소행이 아니다. ㉢ 조정이 장수를 그곳(구주지방)에 파견해 들어가서 매일 싸우고 있으니, ㉣ 바라건대 구주만 평정된다면 해적은 금지시킬 수 있을 것임을 하늘과 태양에 두고 맹세한다.[3]

이 〈사료 1〉은 일본이 보낸 외교문서인 첩장(牒狀)의 원문을 그대로 인용한 것인지, 아니면 그 내용을 고려 측이 정리해서 기술한 것인지는 알 수 없다. 그렇지만 '서해도' '구주(九州: 규슈)' 같은 일본지명을 구체적으로 들고 있는 점, 그리고 ㉢의 "조정(북조)이 장수를 파견해 구주에 가서 매일 싸우고 있으니"라는 구절과, 당시 무로마치 막부가 1372년 이후 규슈탄다이(九州探題) 이마가와 료슌(今川了俊)을 파견해 규슈에서 남조와 격전을

---

2) 나흥유는 경서(經書)와 역사를 많이 공부해 전대(前代)의 고사(故事)에 밝았으며 중국과 고려의 지도를 편찬하기도 하였으며 우왕의 국에 손수 간을 맞춰주기도 한 측근 중의 측근이었다. 그리고 그와 함께 고려로 온 일본의 승려 양유는 본래 고려의 중이었다(《高麗史》卷114, 列傳27, 羅興儒傳).

3) "其國僧周佐寄書曰, ㉠惟我西海道一路九州亂臣割據, 不納貢賦, 且二十餘年矣, ㉡西邊海道頑民觀釁出寇, 非我所爲, ㉢是故朝廷遣將征討, 架入其地, 兩陣交鋒, 日以相戰, ㉣庶幾克復九州, 則誓天指日, 禁約海寇"(《高麗史》卷133, 列傳46, 禑王 2年 10月).

치르고 있었던 점 등으로 미루어 첩장의 내용을 충실히 반영한 것으로 보인다. 가와조에 쇼지(川添昭二)는 〈사료 1〉에 대해 "이 편지는 교토 덴류지(天龍寺)의 승려 도구소 슈사(德叟周佐)의 이름으로 보내진 것으로, 내용으로 보아 막부의 뜻을 전하고 있음은 분명하다"고 했다.4)

그런데 이 〈사료 1〉은 오안(應安) 4년(1371)에 새로 규슈탄다이로 임명된 이마가와 료슌이 다자이후(大宰府)와 하카타(博多)는 물론, 히젠(肥前) 지방과 이키 섬(壹岐島)을 장악하고 쓰시마(對馬)까지 자기 영향 아래로 편입시키려 하던 때(1376년) 작성된 것이기에5) 왜구의 실체와 배경에 대해 구체적인 내용을 담고 있다. 〈사료 1〉을 구체적으로 분석해 보기로 하자.

이 사료에서는 왜구 발생의 배경으로 '㉠ 구주의 반란을 일으킨 신하들(난신)'의 존재를 들고, 왜구의 주체로는 '㉡ 서변 해도의 완고한 백성들'을 들고 있다. 여기서 우선 문제가 되는 것은, 왜구 발생의 배경을 조성한 ㉠의 '서해도 일로의 구주 지역에 반란을 일으킨 신하들'이 구체적으로 누구를 가리키는 것인가 하는 점이다. 이 문제와 관련해서 "서해도 일로의

---

4) 또한 가와조에 씨는 이 사료를 가지고 다음과 같이 언급하고 있다.

　"이는 막부가 규슈탄다이(九州探題) 이마가와 료슌(今川了俊)을 파견해 규슈 경영에 임하게 하고 그 성과를 대(對) 고려 교섭에 이용하고자 하고 있음을 이야기하고 있다. 이마가와 료슌은 오안(應安) 5년(1372) 8월 다자이후(大宰府)를 함락시켜 가네요시(懷良)=기쿠치(菊池) 씨를 지쿠고(筑後) 고라산(高良山)으로 몰아내고 히고(肥後) 기쿠치(菊池)를 봉쇄, 에이와(永和) 원년(1375) 8월 쇼니 후유스케(少貳冬資)를 히고(肥後) 미즈시마(水島)에서 유살(誘殺)했다. 이에 반감을 품은 시마즈 우지히사(島津氏久)가 배반했음에도 불구하고 규슈 경영은 상당히 진척되고 있었다. 이마가와 료슌의 왜구 대책도 그만큼 진척되고 있었던 것으로 해구(海寇)를 금압하겠다는 약속도 공언(空言)만은 아니게끔 되어 가고 있었다"(川添昭二, 〈今川了俊の對外交涉〉, 《九州史學》 75, 1982. 10).

　전반적으로 볼 때 이러한 지적은 타당하다. 그러나 이마가와 료슌의 규슈 경영과 왜구대책이 구체적으로 어떠한 상관관계가 있었는지에 대한 언급은 보이지 않는다. 그리고 왜구대책이 진척되고 있었다고 하는 그의 지적과는 달리 〈사료 1〉이 작성된 1376년이야말로 왜구가 가장 빈번하게 침입한 해 중 하나였다. 〈왜구 침구표〉 참조.

5) 山口隼正, 〈對馬國守護〉, 《南北朝期九州守護の研究》, 文獻出版, 1989.

구주 지역에 반란을 일으킨 신하들이 세금을 바치지 않은 지 이미 20년이
지났다"고 한 것에 주목해 보자. 여기서 남북조 내란이 시작된 이후 〈사료
1〉이 기록된 1376년 이전까지 규슈 지역에서 발생한 주요 사건을 살펴보기
로 한다.

〈표 1〉 1336~1375년까지의 규슈 지역의 주요 사건

	시기	사건	내용
①	1336. 2.	多々良浜(다타라하마) 전투	足利尊氏와 九州의 남조세력 간의 전투
②	1342. 5.	懷良親王, 薩摩에 도착	征西府 활동 시작
③	1348. 1.	懷良親王, 菊池 도착	懷良親王과 菊池武光의 연합
④	1350. 3.	觀應の擾亂(간노노조란)	足利直冬와 少貳賴尙의 연합
⑤	1352.11.	古浦城 전투	親王·武光軍, 少貳賴尙를 도와 一色 공격
⑥	1352.11.	足利直冬, 九州를 떠남	九州에서 長門으로 도주
⑦	1355.10.	一色範氏 歸京	九州探題一色範氏가 九州 떠남
⑧	1359. 8.	筑後川 전투	菊池武光와 少貳賴尙가 싸움
⑨	1361. 8.	정서부, 大宰府 점령	征西府의 大宰府 시대 시작
⑩	1372. 8.	今川了俊, 大宰府 점령	懷良親王, 筑後高良山으로 철수
⑪	1375. 8.	水嶋의 變	今川了俊, 少貳冬資 誘殺

〈표 1〉에서 1376년을 기점으로 '20여 년 전에 구주 지역에서 반란을
일으켜 공부(貢賦)를 바치지 않은 상황'이라 함은, 간노노조란(觀應の擾亂:
1350)에서부터 규슈탄다이 잇시키 노리우지(一色範氏)가 마침내 25년간의
규슈 체재를 포기하고 귀경한 때(1355)까지의 상황을 지칭함을 알 수 있다.
1376년에서부터 정확히 20년 전이라면 잇시키 노리우지의 귀경(1355)에
해당한다. 그리고 그를 규슈에서 쫓아낸 것이 바로 '쇼니 요리히사와 기쿠치
(菊池) 씨를 중심으로 한 정서부의 연합세력'이므로 난신(亂臣)이란 바로
이 양자를 지목한다.
더욱이 공민왕 16년(1367)에 교토에 도착한 고려의 금왜(禁倭) 요구 사신
김일 일행이 전달한 첩장 내용 중에 경인년(1350)을 왜구가 침구해 오기
시작한 해로 지목했던 것6)과 이 〈사료 1〉이 고려로 보낸 첩장이었음을

생각하면, 20여 년전부터 "공부(貢賦)를 바치지 않는 상황"을 초래케 한 것은 바로 '간노노조란' 이후 잇시키 노리우지의 축출에 이르는 일련의 사테를 지목하는 것이라 할 수 있다.[7]

이상을 정리하면 〈사료 1〉의 ㉠ '구주의 반란을 일으킨 신하'는 규슈 지역에서 간노노조란의 핵심 인물인 쇼니 요리히사 및 그와 연합한 '기쿠치 씨를 중심으로 하는 남조(=정서부)세력'을 지칭한 것이라고 할 수 있다. 즉 이들이 왜구가 침구해 오는 배경을 조성하였으며 왜구의 실체는 '서변 해도의 완고한 백성'이었음을 알 수 있다.

그런데 왜구의 주체에 관해 〈사료 1〉과 유사하면서 다른 내용을 담고 있는 사료가 있다. 다음의 〈사료 2〉를 보자.

2. 나흥유가 가지고 온 귀국(일본)의 서신에 의하면, (고려를) 침구하고 있는 해적들은 우리 서해 일로 구주의 난신(亂臣)들이 서쪽 섬에 할거하여 행하고 있는 것이지, 우리의 소행이 아니다. (따라서) 아직 감히 즉시로 금지시킬 수 있다고 약속할 수 없다.

去後據羅興儒齎來貴國回文言稱, 此寇因我西海一路九州亂臣, 割據西島, 頑然作寇, 實非我所爲, 未敢卽許禁約[8]

---

6) 첩장 내용의 일부를 보면 다음과 같다. "황제의 명령에 따라서 정동행중서성(征東行中書省)은 일본과 본성이 관할하는 고려의 경계가 수로(水路)로 서로 접하고 있음을 조사하여 확인하였다. 대개 귀국의 표류민을 여러 차례 인도적인 입장에서 호송해 왔다. 그런데 생각지도 않게 지정(至正) 10년 경인년부터 많은 해적선이 침구해 왔다. 이는 모두 귀국의 영토에서 나와 본성(本省)의 합포(合浦) 등과 같은 곳에 와 관청을 불지르고 백성을 괴롭혔다. 극단적인 경우에는 살인까지도 서슴지 않았다. (하략)"(《太平記》 卷39, 〈高麗人來朝事〉).

7) 만약 정서부만을 '규슈의 난신'으로 생각했다면 〈표 1〉의 ② 또는 ⑨ 즉 가네요시 친왕이 사쓰마에 도착해 활동을 시작한 1342년이나 다자이후를 점령한 1361년을 그 기준으로 잡았을 것이다. 그렇다면 그것은 각각 '30여 년전'과 '10여 년전'이 된다.

8) 《高麗史》 卷133, 禑王 3年(1377) 6月 乙卯日條.

이 〈사료 2〉는 1377년 6월 안길상을 사절로 파견하였을 때 보낸 고려의 서신으로,[9] 거기에는 나흥유가 가지고 온 승려 도쿠소 슈사의 서신(〈사료 1〉)의 내용 일부가 포함되어 있다. 그런데 그것을 보면 '왜구의 주체'에 대하여 약간 다르게 기술하고 있음을 알 수 있다. 즉 〈사료 1〉에서는 왜구 행위의 직접적인 주체를 '서변 해도의 완고한 백성들(頑民)', 〈사료 2〉에서는 '구주의 난신(亂臣)'이라고 하고 있는데, 〈사료 1〉과 〈사료 2〉는 모두 나흥유가 전달한 승려 도쿠소 슈사의 서신 내용이다.

같은 《고려사》에서 그것도 동일 인물의 서신 속에서 '왜구의 주체'에 대해 다른 내용이 기록되어 있는 것을 어떻게 해석해야 할 것인가? 어느 한 쪽이 사실과 다르게 기록된 것일까? 아니면 《고려사》를 편찬하는 과정에서 잘못 기록된 것(誤記)일까? 그렇다면 〈사료 1〉과 〈사료 2〉 중 어떤 것을 더 신뢰할 수 있을까?

우선 이 두 사료 중 어느 하나가 잘못 기술되었을 가능성에 대해 생각해 보자. 그 가능성 중 하나로, 당시 왜구 행위의 주체는 '구주의 난신'이고

---

9) 나흥유가 귀국한 것이 1376년 10월(《高麗史》 卷133, 列傳46, 禑王 元年 2月條 ; 《高麗史》 卷133, 禑王 2年 10月條)이니 〈사료 2〉가 작성된 시점은 같은 해 후반기로 생각된다. 이 당시의 규슈 정세를 보면, 전년도(1375년) 8월에 규슈탄다이 이마가와 료슌이 규슈 남조(征西府)의 중심적인 존재인 기쿠치(菊池) 씨의 본거지인 기쿠치 시(菊池市)에서부터 불과 4km 서쪽에 위치한 미즈시마(水島)까지 밀고 들어와 진을 치고 대립하고 있었다. 그런데 뜻밖에 '미즈시마의 변(水島の變)'이 일어나 료슌은 졸지에 수세(守勢)로 몰리게 된다. 바로 그해 12월에 나흥유가 왜구 금압을 요구하기 위해 일본에 왔다. 그리고 다음 해(1376)가 되면서 기쿠치 씨의 대장인 기쿠치 가가마루(菊池賀々丸=菊池武朝)가 요시나리 친왕(良成親王)과 함께 히젠 고쿠후(肥前國府: 佐賀縣佐賀市)에까지 출병하고, 같은 해 2월에는 기쿠치 다케쿠니(菊池武國)가 료슌의 동생(今川仲秋)을 하카타(博多)에서 격파하는 등, 료슌은 규슈탄다이로 부임해 온 이후 최초로 수세에 몰리고 있었다. 즉, 료슌이 수세에 몰리게 된 계기는 바로 쇼니 후유스케의 유살(誘殺)이었던 것이다. 〈사료 1〉은 바로 이런 상황 속에서 작성된 것으로, 이 점에서도 20여 년전의 규슈 지방에서의 혼란을 초래한 배경으로 쇼니 요리히사와 아시카가 다다후유의 연합(규슈의 간노노 조란) 이후 잇시키 노리우지의 귀경에 이르기까지의 규슈 지역의 군사 정세를 언급한 것으로 보인다.

'서변 해도의 완고한 백성'이 아닐 경우다. 그러나 그렇다면 '틈을 타서 침구한다'는 표현이 필요하지 않았을 것이다. 반대로 왜구의 실체는 '서변 해도의 완고한 백성'이며 '구주의 난신'은 아니라고 할 경우인데, 그렇다면 '서쪽 섬에 할거하여 행하고 있는 것'이라고 구체적으로 기술하지 않았을 것이다. 그런데 무라이 쇼스케는 이 〈사료 2〉를 다음과 같이 해석하고 있다.

(고려를) 침구하고 있는 해적들은 우리 서해 일로 규슈에 난신들이 할거하고 있기 때문에 서쪽 섬이 침구하는 것으로 우리의 소행이 아니다.[10]

즉 무라이는 〈사료 2〉는 "〈사료 1〉과 거의 같은 문장으로 되어 있으며 〈사료 1〉을 요약한 것"이라고 했다.[11] 즉 필자와 무라이의 견해를 사료 원문으로 대조해 보면 다음과 같다.

이영　：此寇因我西海一路九州亂臣割據西島 頑然作寇, 實非我所爲
무라이：此寇因我西海一路九州亂臣割據, 西島頑然作寇, 實非我所爲

즉 필자는 '因'이 '頑然作寇'까지 걸린다고 보았고, 무라이는 '亂臣割據'까지만 해당하는 것으로 보았던 것이다. 무라이는 다음과 같이 자신의 논거를 제시하고 있다.[12]

이영 설의 핵심을 이루고 있는, '서도(西島)'를 '할거'의 목적어로 읽는 것도 잘못된 것이다. 〈사료 1〉은 슈사(周佐) 서신의 원문에 가까운 것, 〈사료 2〉는 그것을 고려 측이 요약한 것이지 결코 (이영의 주장처럼) 상호보완적인 것이 아니다. 그리고 이 두 사료 모두 '할거'까지의 문장이

10) 村井章介, 〈倭寇とはだれか〉, 《日本中世境界史論》, 岩波書店, 2013, 131쪽 참조.
11) 위의 주 10) 村井章介의 책, 146쪽 참조.
12) 위의 주 10) 村井章介의 책, 146쪽 참조.

거의 동문(同文)이라는 것 등 두 가지 점에서 선입관을 버리고 허심탄회하게 사료를 읽는다면 〈사료 1〉의 "西邊海道頑民觀釁出寇"와 〈사료 2〉의 "西島頑然作寇"가 대응하는 대구(對句)임은 자명하지 않은가?

물론 〈사료 2〉를 무라이의 주장대로 읽어도 문법적으로는 아무런 문제가 없으며 〈사료 1〉과 내용적으로 일치하는 것도 사실이다. 그러나 다음과 같은 의문은 어떻게 해결할 것인가? 우선 무라이의 주장대로 "西海道一路九州亂臣"과 "西海一路九州亂臣"이 동일한 표현이라고 하는 데에는 이견이 있을 수 없을 것이다. 그러나 "西邊海道頑民"과 "西島"를 동일한 존재로 볼 수 있을 것인가? 〈사료 1〉과 〈사료 2〉의 원문을 보자.

〈사료 1〉 惟我西海道一路九州亂臣割據, 不納貢賦, 且二十餘年矣, 西邊海道頑民觀釁出寇, 非我所爲

〈사료 2〉 此寇因我西海一路九州亂臣割據, 西島頑然作寇, 實非我所爲

〈사료 2〉가 〈사료 1〉과 같은 의미라면 '서해도일로 구주난신=서해일로 구주난신'으로 그 표현이 완전히 일치하는 데 반해, '서변해도 완민'은 왜 '서도'라고 표현하였을까? '서변해도'와 '서도'는 동일한 의미라고 할 수 있는가?13) 만약 같은 의미로 사용했다면 〈사료 1〉에서 '西邊海島'라 하지 않고 '西邊海道'라고 하였을까? 〈사료 2〉에서도 똑같이 '西邊海道'라고 했다면 이런 혼란은 없지 않았을까?

그렇다면 '西海道一路九州亂臣'의 '서해도일로 구주'와 '서변해도'의 관계는 어떠할까? 무라이는 이 표현에 대해서도 동일한 의미로 생각하는지 물어보고 싶다.

서변해도는 서도를 포함하는 개념이라 할 수 있다. 슈사가 자신이 거주하

---

13) 이에 관해서는 " '할거'까지가 거의 같은 문장"이라고 한 것에서 보듯이, 무라이 자신도 '서변해도'와 '서도'는 동일한 의미가 아님을 인정했다고 할 수 있을 것이다.

는 덴류지(교토)를 기준으로 '서변해도'라고 서술한 것을 생각한다면, 서변해도는, 규슈(九州)는 물론 혼슈(本州)의 서부 내지는 시코쿠(四國) 지방까지도 포함시킬 수 있을 넓은 지역이라고 할 수 있다. 따라서 면적의 크기로 따진다면, '서도(西島)〈 서해도 구주일로〈 서변해도'의 순서가 될 것이다.

그런데 설사 무라이 주장대로 "此寇因我西海一路九州亂臣割據, 西島頑然作寇, 實非我所爲"로 읽는다 하더라도 '서해일로구주난신'과 '서도'는 상호 무관한 것이 아니었다. 다음의 〈사료 3〉을 보자.

> 3. 왜적으로 말하면 온 나라가 모두 도적인 것이 아니고 그 반란을 일으킨 사람들이 대마(對馬)·일기(一岐) 등 여러 섬에 근거지를 두고 있는데, 이는 우리나라 동쪽 변방에 인접해 있어서 수시(無時)로 침범해 옵니다.
> 倭非擧國爲盜, 其叛民據, 對馬一岐諸島, 近我東鄙, 入寇無時[14]

여기서 '반란을 일으킨 백성들(叛民)'이 쓰시마(對馬)와 이키(一岐)에 '거(據)' 즉 두 섬을 근거지로 삼아서 침구해 온다고 하고 있다. 또 같은 사안에 대하여 《고려사절요》에서는 다음과 같이 서술하고 있다.

> 4. 왜적으로 말하면 온 나라가 모두 도적인 것이 아니고 그 반란을 일으킨 사람들이 대마·일기 등 두 섬에 나누어 근거지를 두고 있는데(分據), 대마·일기의 두 섬이 합포와 인접해 수시로 침구해 온다.
> 倭非擧國爲盜, 其國叛民分據對馬一岐兩島, 隣於合浦, 入寇無時[15]

'其叛民據對馬一岐諸島'(〈사료 3〉)와 '其國叛民分據對馬一岐兩島'(〈사료 4〉)에서 보듯이 '據'와 '分據', 그리고 '諸島'와 '兩島'의 차이는 있지만 〈사료

---

14) 《高麗史》卷113, 列傳26, 鄭地傳.
15) 《高麗史節要》卷32, 禑王 13年 秋8月條. 여기에서는 "대마·일기 두 섬이 합포와 인접해 수시로 침구해 온다"고 하여 약간 그 표현에 차이가 보인다.

2〉의 '割據西島'와 같은 의미로 해석되는 것을 알 수 있다. 즉 〈사료 2〉의 '西島'는 쓰시마와 이키가 고려의 동쪽 변방에 인접해 있는 섬이므로 일본의 입장에서 보면 당연히 '서쪽 끝에 있는 섬(서도)'이 된다. 따라서 무라이처럼 〈사료 2〉의 '因'이 '割據'까지 걸린다고 보더라도 '서도'는 '서해일로구주난신'과 동일한 '반란을 일으킨 사람들'(叛民)이 근거지를 두고 있는 쓰시마와 이키가 된다.

즉 위의 〈사료 1〉과 〈사료 2〉를 조합하면 왜구가 침구하게 된 배경을 이루고 있는 것은 '서해도 일로 구주의 난신들의 할거'인데 왜구의 실체는 '서변 해도의 완민'들과 '서도에 할거하고 있는 서해도 일로 구주의 난신들'이 된다.

그러면 이 두 사료의 관계는 어떻게 이해해야 할까? 이를 〈표〉로 표시하면 다음과 같다.

〈표 2〉 〈사료 1〉과 〈사료 2〉에 나타난 왜구의 발생 배경과 그 실체

	〈사료 1〉	〈사료 2〉
발생 배경	구주 난신의 할거	?
실체	서변해도(西邊海道)의 완고한 백성	서도(西島)에 할거하는 구주 난신

〈사료 2〉에는 왜구의 발생 배경에 관한 서술이 없다. 그렇지만 이 두 사료는 모두 도쿠소 슈사의 서신 내용이므로 〈사료 2〉의 발생 배경도 '구주 난신의 할거'로 볼 수 있다. 즉 이를 다시 정리하면 다음과 같이 된다.

쇼니 씨(少貳氏: 쇼니 요리히사)와 기쿠치 씨(정서부)의 반란으로 인해 서도(西島)에 할거하는 규슈의 난신(쇼니 씨 및 정서부)들과 서변해도(西邊海道)의 완고한 백성들이 침구해 가는 것이다.

　이상과 같은 해석을 통해 경인년(1350) 당시의 왜구의 실체를 직접 논증한
것은 아니지만, 경인년 이후 1355년을 전후한 시기에 침구한 왜구의 배후에
쇼니 씨가 존재하였음을 확인할 수 있다. 그러면 '서변해도의 완고한 백성'과
'서도에 할거하는 구주 난신'의 관계는 어떤 것일까? 여기서 서변해도가
서도(西島)보다 더 넓은 지역을 의미하며, 완고한 백성은 규슈의 난신보다
더 넓은 계층을 가리키는 개념이라고 할 수 있다. 또한 〈사료 1〉이 왜구의
침구가 대폭 증가하기 시작하는 우왕 2년(1376)의 사료라는 점에 주목할
필요가 있다.16) 즉 규슈 난신 중 일부가 서도(西島)에 할거하면서 왜구로
침구해 오지만, 그것이 왜구의 전부가 아니며, 서변해도의 완고한 백성들도
'ⓛ이 틈을 타고' 왜구 행위에 가세하였음을 의미한다. 이는 달리 말하자면
왜구가 발생하는 배경을 조성한 것도, 왜구의 핵심적인 실체도 '구주(규슈)의
난신'이었음을 의미하며, 규슈의 반란만 진압하면 왜구는 금압할 수 있다고
한 덴류지 승려 도쿠소 슈사의 서신 내용(〈사료 1〉의 ⓔ)과 일치한다.
　이상의 내용을 정리하면 '서도에 할거하는 구주 난신'이 고려 말 왜구의
핵심적인 존재(core)이며 '서변해도의 완고한 백성'들은 그 외연부(外緣部)를
형성하고 있었으며, 따라서 고려 말 왜구의 구성을 그림으로 표시하면
다음과 같이 된다.

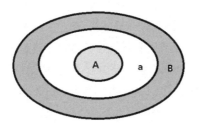

A:규슈 난신의 할거 a:서도(西島)에 할거하는 규슈 난신 B:서변해도의 완고한 백성

---

16) 제1장 3절의 〈표 2. 경인(년) 이후의 왜구 침구표〉를 보면, 우왕 2년(1376)부터
　왜구의 침구지역과 빈도와 집단이 대폭 증가하기 시작함을 알 수 있다.

고려 말 왜구의 발생 배경과 그 실체가 이 도식과 같았음은 다음 3절에서 검토하는 대마도주 소 사다시게의 서계를 통해서도 재확인된다.

3. 대마도주(對馬島主) 소 사다시게(宗貞茂)의 서계(書契)

여말선초 왜구의 배후에 쇼니 씨가 있었음을 보여주는 또 하나의 사례로 대마도(쓰시마) 도주(島主) 소 사다시게(宗貞茂)의 서계(書契)를 들 수 있다. 조선 정종 원년(1399) 7월, 도주(島主) 소 사다시게가 조선의 의정부 정승에게 자신이 대마도(쓰시마)의 지배자가 되었음을 알리는 다음과 같은 내용의 서계를 전해 왔다. 다음 〈사료 5〉를 보자.

> 5. (A) 일본국 대마도 도총관 종정무(宗貞茂: 소 사다시게)가 사자를 보내 방물과 말 6필을 바쳤다. 그 글에서 다음과 같이 아뢰었다. "배신 형부시랑 종정무는 정승 각하께 삼가 글을 올립니다. 오래도록 덕화를 앙모하였으나 참배할 길이 없었습니다. 50년 전 우리 할아버지가 일찍이 이 땅의 장관이 되었는데, 말하기를 '감히 귀국의 큰 은혜를 저버릴 뜻이 없다'고 했습니다.
>
> (B) 그 뒤에 관(官)이 혹리(酷吏)를 파견해 오로지 탐욕스러운 생각을 제 마음대로 하여 좌우에 큰 죄를 지었습니다. 어찌 부월(鈇鉞)의 베임을 면하였겠습니까? 이러한 무리들이 작년에 하나도 남김없이 죽었으니 하늘이 패망하게 한 것입니다. 이제 불초(不肖)로써 할아버지의 직책을 맡기었으므로, 이에 저의 역량을 헤아리지 못하고 외람되이 정성을 바칩니다.
>
> (C) 대개 관서(關西)의 강한 신하들이 조정의 명령을 거역하고, 함부로 날뛰는 군사를 써서 바다와 육지에 침략함이 극심하였습니다. 관(官)의 법이 미치지 못하여 변방 백성(邊民)들이 해마다 마음대로 적선(賊船)을

놓아 귀국 연해(沿海)의 남녀를 노략질하고, 불사(佛寺)와 인가(人家)를
불태웠습니다. 이것은 국조(國朝)에서 시킨 것이 아닙니다.

(D) 지금은 국토가 통일되어 바다와 육지가 평온하고 조용하여, 조정의
명령으로 엄하게 금하고 인민들이 법을 두려워합니다. 금후로는 귀국
사람들의 배가 거리낌 없이 내왕하고, 연해의 사찰과 인가가 전처럼
아무 탈 없이 경영하게 되는 것이, 배신(陪臣)의 마음으로 원하는 바입니다.
하늘의 해가 밝으니 감히 식언(食言)하지는 못합니다. 삼가 단충(丹衷)을
다하고 우러러 불쌍히 여기심을 바랍니다."17)

〈사료 5〉를 이해하기 위해서는 정종 원년(1399)을 전후한 북규슈 지방의
정세에 대해 검토해 볼 필요가 있다. 1395년 이마가와 료슌(今川了俊)의
갑작스러운 규슈탄다이 해임 이후18) 규슈 지역의 질서가 동요되고 쇼니
씨 – 소 씨 및 기쿠치 씨 등 규슈의 토착 호족 대(對) 새로운 규슈탄다이
시부카와 미쓰요리(澁川滿賴)와 이를 후원하는 오우치 요시히로(大內義弘)
의 대립이 표면화된다.19) 그런데 1399년 7월은 이러한 대립구조의 내부에서

---

17) "日本國對馬島都摠管宗貞茂遣使來獻方物及馬六匹, 其書曰, 陪臣刑部侍郞宗貞茂
拜書政丞閣下, 久仰德化, 無由瞻拜, 五十年前吾祖曾爲此地之宰曰, 不敢有負貴國鴻
恩之義. 爾後, 官差酷吏事縱貪婪之心, 獲罪於左右者, 豈免鈇鉞之誅乎, 此輩去歲曾
無噍類天敗之也, 今以不肖補祖之職, 玆者不喘已(己?)量叨濫納疑. 盖以關西强臣拒
朝命, 用縱橫之兵, 侵掠旁午海陸, 無官法, 邊民每歲縱放賊船, 虜掠貴國沿海男女,
燒殘佛寺人屋, 此非國朝所使也. 今則國土一統, 海陸平靜, 朝命嚴禁, 人民懼法, 今後
貴國人船來往, 無碍沿海寺宇人家, 依舊經營, 則陪臣心願也, 天日明矣, 不敢食言,
謹馨丹衷, 仰冀憐禁"(《定宗實錄》元年 7月 1日(기사) 네 번째 기사).

18) 이에 관해서는 本多美穗, 〈室町時代における少貳氏の動向 – 貞賴, 滿貞期〉,《九州史
學》91, 1988 및 荒川良治, 〈今川了俊の失脚とその歷史的條件 – 大友親世との關係
をめぐって〉(《九州史學》110, 1994. 6) 참조.

19) 오우치 요시히로는 1372년부터 규슈탄다이 이마가와 료슌을 도와 정서부의 타도에
나서서 공을 세웠고 1392년에는 남조와 막부의 중재역을 맡아 남북조 내란의
종식에도 기여한 인물이다(료슌의 규슈탄다이 임명과 현지 부임에 관해서는 이영,
〈14세기의 동아시아 국제 정세와 왜구 – 공민왕 15년(1366)의 금왜 사절의 파견을
중심으로〉,《한일관계사연구》26, 2007 참조). 요시히로는 고려 말과 조선 초에
여러 차례에 걸쳐 사람을 파견해 자신이 왜구 토벌에 협력하고 있음을 알려 왔다(《高
麗史》卷134, 禑王 5年(1379) 5月 ;《高麗史》卷114, 列傳27, 河乙沚傳, "한국주가

미묘한 변화가 진행되고 있던 시기였다.

즉 무로마치 막부의 제3대 쇼군 아시카가 요시미쓰(足利義滿)가 세력이 강대해진 오우치 요시히로를 경계하여 그를 제거하기로 함으로써 양자의 대립은 1399년 12월의 소위 '오에이노란(應永の亂)'을 향해 발전해 가고 있었다.[20] 그 대신 요시미쓰는 그동안 적대시하던 쇼니 씨와 소 씨를 자기 휘하로 끌어들였다.[21] 당시 이러한 변화는 소 사다시게(宗貞茂)가 (D) "지금은 국토가 통일되어 바다와 육지가 평온하고 조용하여 조정의 명령으로 엄하게 금하고 인민들이 법을 두려워합니다"라고 한 것에서도 엿볼 수 있다. 즉 그는 공권력(公權力) 즉 막부의 입장에서 해명하고 있는 것이다.

한편 이 〈사료 5〉에서 왜구의 실체와 관한 서술이 눈길을 끈다. 즉 〈사료 5〉는 (A)(B)와 (C)(D)의 두 부분으로 나누어 생각할 수 있는데, 우선 (C)와 (D)를 보면 〈사료 1〉의 내용과 아주 유사하다. 이를 정리하면 〈표 3〉과 같다.

표를 보면, 양자는 거의 동일한 구조와 내용을 보이고 있음을 알 수 있다. 즉 두 사료가 23년이라는 시간적 간격과, 도쿠소 슈사의 서신(왜구를 토벌해야 할 공권력인 무로마치 막부의 입장)과 왜구의 소굴인 쓰시마 도주 소 사다시게의 서신이라고 하는 극단적인 입장 차이에도 불구하고, 내용에서 큰 차이가 없는 것이다.[22] 차이점을 지적하자면 〈사료 1〉이

일본에서 돌아왔는데 대내전 의홍이 박거사를 보내어 그 군사 186명을 거느리고 함께 오게 하였다"). 또 정종 원년(1399)에는 자신이 왜구 토벌에 공이 있음을 내세워 정종에게 조선 국내의 토전(土田)을 하사해 줄 것, 그리고 자신이 백제 왕족의 후손임을 입증할 수 있는 세계(世系)를 작성해 보내 줄 것을 요청해 오기도 했다(《定宗實錄》卷2, 定宗 元年 7月 10日 條).

20) 오에이노란(應永の亂)은 오에이 6년(1399)에 오우치 요시히로가 쇼군 요시미쓰에 대하여 반란을 일으켜 사카이(堺)에서 농성하다가 멸망당한 사건이다.

21) 아시카가 요시미쓰와 오우치 요시히로의 갈등과 대립의 배경에 관해서는 松岡久人, 〈應永の亂〉, 《日本の武將 20－大內義弘》, 人物往來社, 1976 참조.

22) 당시 사다시게는 막부의 입장에서 왜구 문제를 해명하였기 때문으로 생각할 수 있다.

왜구의 침구가 절정에 달한 우왕 2년(1376)의 시점에서의 왜구 금압에 관한 향후 전망을, 〈사료 5〉의 (D)는 정종 원년(1399) 현재의 상황을 서술하고 있는 정도다. 즉 (D)에는 왜구가 완전히 금압된 것은 아니지만 남북조 내란이 종식(1392)되기 전과는 상당히 상황이 달라졌다고 기록하고 있는 것이다.

〈표 3〉 여말~선초 왜구 집단의 외연부의 비교

	덴류지 도쿠소 슈사의 서신 (〈사료 1〉) (1376년)	쓰시마 도주 소 사다시게의 서계 〈사료 5〉의 (C) (D) (1399년)
발생 배경	규슈 난신의 할거	관서(關西)의 강한 신하들의 할거
실체	서변해도의 완고한 백성	변방 백성(邊民)
공권력 관여 여부	우리(막부)의 소행이 아니다.	이는 우리나라 조정(國朝)이 시킨 것이 아니다.
향후 전망 및 결과	규슈만 평정된다면 해적은 금지시킬 수 있을 것임을 하늘과 태양에 두고 맹세한다.	지금은 국토가 통일되어 바다와 육지가 평온하고 조용하며 조정의 명령으로 엄히 금하고 인민들이 법을 두려워한다.

또 다른 차이점은 앞에서 본 것처럼, 고려 말에 침구해 온 왜구의 외연부를 형성하던 것이 '서변해도의 완고한 백성'들인데 이는 소 사다시게의 서계에서 '변방 백성'으로 기록되어 있다. 그런데 지금은 "조정의 명령으로 엄히 금하니 '변방 백성(인민)'들이 법을 두려워한다"고 하는 것이다. 실제로 조선시대 초에 들어와서는 과거 우왕 2년(1376)~우왕 9년(1383) 때에 비하면 침구 빈도도 적었고 그 규모도 1척에서 3척이 보통이었다. 다음의 〈표 4〉를 보자.

<표 4> 조선시대 초(1393~1423)의 왜구 침구표

연도	침구 횟수	연도	침구 횟수	연도	침구 횟수	연도	침구 횟수
1393	11	1403	7	1413	1	1423	2
1394	14	1404	7	1414	0	1424	3
1395	5	1405	0	1415	0	1425	2
1396	14	1406	10	1416	0	1426	3
1397	12	1407	6	1417	0	1427	0
1398	0	1408	17	1418	1	1428	1
1399	4	1409	4	1419	5	1429	0
1400	0	1410	0	1420	0	1430	1
1401	4	1411	0	1421	1	1431	0
1402	4	1412	0	1422	0	1432	0

또 다른 차이점으로 덴류지의 도쿠소의 서신이 왜구의 발생 배경을 '규슈 난신의 할거'라고 한 데 반해, '쓰시마 도주 소 사다시게의 서계'는 '관서의 강한 신하들의 할거'로, 그리고 '완고한 백성'을 사다시게의 서신은 그냥 '변방 백성'이라고 표현하고 있는 점을 들 수 있다. 다시 말해 사다시게의 서계에는 '반란' '완고한' 등과 같은 부정적인 뉘앙스가 담긴 표현이 없다. 이런 차이는 왜구를 토벌하는 측에 있었던 무로마치 막부의 외교승(外交僧)과 쓰시마 도주인 소 사다시게의 입장 차이에서 기인한다고 할 수 있다.

그런데 <사료 5>의 (A)와 (B) 부분을, 오사 세쓰코(長節子)는 다음과 같이 해석하였다.[23]

예전에 사다시게의 조상이 쓰시마의 지배자였는데, 그 뒤 '관(官)'이 파견한 '혹리(酷吏)'로 바뀌어 악정이 행해졌다. 그런데 그들은 '지난해'에 전멸당하고 사다시게가 조상의 자리를 계승하였다는 것이다. 이에 따르면, 도내(島內)의 지배권이 우선 사다시게의 조상으로부터 '혹리'로 옮겨갔고 또 그것을 사다시게가 다시 빼앗아 왔다고 하는 두 차례의 정변이 있었다는 이야기가 된다.

---

23) 長節子, 〈十四世紀後半の二度の政變〉, 《中世日朝關係と對馬》, 吉川弘文館, 1988.

오사는 (B) "그 뒤에 관이 혹리를 파견해 오로지 탐욕스러운 생각을 제 마음대로 하여 좌우에 큰 죄를 지었습니다"(爾後, 官差酷吏, 專縱貪婪之心, 獲罪於左右者)라는 구절을 단순히 '악정(惡政)'으로 해석하였다. 그러나 이 구절은 (A) "50년 전에 우리 할아버지가 일찍이 이 땅의 장관이 되었는데, 말하기를 '감히 귀국의 큰 은혜를 저버릴 뜻이 없다'고 했습니다"(五十年前, 吾祖曾爲此地之宰, 曰不敢有負貴國鴻恩之義)와 대구(對句)를 이룬다. 따라서 위의 구절을 보다 명확히 해석한다면 다음과 같은 뜻이 된다.

> 50년 전(1349년)에 나의 조상(사다시게의 조부 쓰네시게)은 이 땅(쓰시마)의 행정책임자가 되어 귀국(고려)의 '큰 은혜를 입은 의리를 배반할 뜻이 없었지만', 이후 관이 혹리를 (쓰시마)에 파견하여 오로지 탐욕스러운 생각을 제 마음대로 하여(왜구 행위를 자행함으로써) 좌우(고려와 막부?)에 큰 죄를 지었다.

이 문장은 쓰시마 도주인 소 사다시게가 ('관'이 '혹리'를 파견해, 즉 비록 자신이나 자신의 조상의 소행은 아니지만) 고려에 대하여 쓰시마가 왜구 행위를 자행한 것을 인정하고 잘못을 사죄하는 의미의 문장이라고 단언할 수 있다. 그렇지 않다면 "감히 귀국의 큰 은혜를 저버릴 뜻이 없다"라고 할 이유가 없는 것이다.

〈사료 5〉는 쓰시마 도주 소 사다시게가 적대세력인 니이 소 씨(仁位宗氏)를 지목한 것으로, 이는 고려 말 왜구 행위의 배후에 소 씨가 있었음을 확인시켜 주는 최초의 사료라 할 수 있다. 그리고 그것은 앞에서 고찰한 '서변해도의 완고한 백성' 외에도 쓰시마(서도)를 근거지로 삼는 소 씨가 왜구의 실체였음을 확인해 주는 사료이기도 하다. 즉 이 〈사료 5〉는 〈사료 1〉과 〈사료 2〉 모두 포함한 것으로, 무라이의 문제제기에 대한 논란을 종식시킬 수 있는 좋은 해답을 제시한다고 할 수 있다.

그렇다면 이러한 소 씨의 왜구 행각에 쇼니 씨는 어떻게 관여하고 있었을까? 소 사다시게의 서계 내용이 사실을 반영한다면, 왜구 행위를 자행한 것은 다음의 소케 계도(宗家系圖)[24]에서 보듯이 소코(宗香: 法名)와 ⑤ 스미시게(澄茂)와 ⑥ 요리시게(賴茂) 등 소위 니이나카무라(仁位中村)의 소 씨 서류(庶流)가 이에 해당한다.[25] 〈소케 계도〉를 보자.

〈소케(宗家) 계도〉

①宗資國…②右馬太郎…③盛國-④經茂(쓰네시게)-靈鑑(法名)-⑦貞茂(사다시게)-⑧貞盛

③盛國-宗香(法名: 소코)-⑤澄茂………⑥賴茂(요리시게)

여기에서 주목하고 싶은 것은 소 씨의 상관(上官)이 혹리를 파견해 고려에 침구하도록 했다는 사실이다. 즉 (A)와 (B) 부분에서 소 사다시게는 고려로 침구해 간 왜구의 배후인물로서 '관'이 파견한 '혹리'를 지목하였다. 오사 세쓰코는 사다시게가 언급한 '혹리'란 소코(宗香: 法名)의 후손인 ⑤ 스미시게(澄茂)와 ⑥ 요리시게(賴茂) 계열을 의미하며, 그 배후세력인 '관'으로는 초기에는 쇼니 요리즈미(少貳賴澄)와 정서부, 미즈시마의 변(水島の變: 1375년) 이후에는 규슈탄다이 이마가와 료슌을 상정하였다.[26] 사다시게는 오사의 지적대로 '관'을 이마가와 료슌으로 상상했을 것이다.

그러나 왜구를 금압하는 입장이었던 규슈탄다이 이마가와 료슌이 실제로 왜구의 배후(官)가 될 수는 없다. 왜냐하면 그가 규슈탄다이로 임명되어 현지로 내려오게 된 계기 중 하나가 왜구 금압이었기 때문이다.[27] 그러면 왜구의 배후세력인 '관'으로 무엇을 상정할 수 있을까?

---

24) 위의 주 23) 長節子 논문 참조.

25) 이를 '니이 소 씨(仁位宗氏)'라고 부른다.

26) 앞의 주 23) 長節子의 책, 61쪽 참조.

27) 이에 관해서는 이영, 〈14세기의 동아시아 국제정세와 왜구-공민왕 15년(1366)의 금왜 사절의 파견을 중심으로〉, 《한일관계사연구》 26, 2007 참조.

그런데 〈사료 5〉의 (A)에서처럼, 경인년 이후 왜구 침구에 소 사다시게의 조부인 소 쓰네시게는 아무런 관련이 없었을까? 이 문제에 대해 생각해 보기로 하자.

소 씨와 쇼니 씨 양자(兩者)의 관계를 경인년(1350) 당시로 돌아가 생각하면, 쓰시마의 슈고(守護)는 쇼니 요리히사(少貳賴尙), 슈고다이(守護代)는 소 쓰네시게(宗經茂)였다. 쓰네시게는 경인년 전후 무렵, 규슈 현지의 요리히사 측근으로 있으면서 군사업무를 전담하였다. 쓰네시게가 쓰시마로 돌아간 것은 1362년 이후의 일로 생각된다.[28] 경인년 당시 쓰시마 현지의 행정을 맡아본 것은 쓰네시게의 동생으로서 총대관(總代官)이었던 소 소코(宗宗香)이며[29] 따라서 실제로 쓰시마 현지에서 경인년 왜구의 침구를 배후 조종한 인물도 그였다고 생각된다.

그런데 다음 〈사료 6〉을 보면 쓰네시게 역시 동생 소코와 다름없이 왜구의 실체이면서 배후 조종자였음을 알 수 있다.

6. 11월 병오일. 대마도 만호 숭종경(崇宗慶)이 사자를 파견하여 입조하였으므로 숭종경에게 쌀 1천 석을 주었다.[30]

공민왕 17년(1368) 당시 대마도(쓰시마) 만호는 숭종경, 즉 소 쓰네시게였다(宗慶은 법명). 그런데 다음 해(1369) 가을에 거제도와 남해도에 와 있던 왜인들이 돌아갔고,[31] 같은 해 11월 1일[32]과 27일[33]에 또 다시 왜구가

---

28) 이에 관해서는 山口隼正, 〈南北朝期の筑前國守護について〉, 《中世九州の政治社會構造》, 吉川弘文館, 1983 참조.
29) 그는 요리시게의 조부(祖父)에 해당하는 인물로 여겨진다. '총대관'에 대해서는 《對馬嚴原町史》의 중세의 역사(남북조 시대) 참조.
30) 《高麗史》 卷41, 恭愍王 17년 11月 丙午日條.
31) "(가을 7월) 신축일(9일). 거제·남해현에 있는 투화(投化)한 왜인들이 배반해 자기 나라로 돌아갔다"(《高麗史》 卷41, 恭愍王 18년 秋7月 辛丑日條).
32) "11월 1일(임진) 아주(牙州: 충남 아산)에서 왜적의 배 3척을 포획하고 포로 2명을 바쳤다"(《高麗史》 卷41, 恭愍王 18년 11月 壬辰日條).

침구해 온다. 거제·남해현에 투화한 왜인들은 전년도에 있었던 쓰시마와 고려와의 교류(영원히 화친관계를 맺고자 한) 결과, 거제도와 남해도에 살 수 있게 된 쓰시마의 왜인들이었다.[34] 이러한 거제·남해현 거주 왜인들이 쓰시마로 귀환한 것과 왜구의 재침이 쓰시마 만호인 소 쓰네시게의 명령 내지 인지(認知) 없이 이루어졌다고는 생각하기 어렵다.[35] 따라서 (A) "50년 전에 우리 할아버지가 일찍이 이 땅의 장관이 되었는데, 말하기를 '감히 귀국의 큰 은혜를 저버릴 뜻이 없다'고 했습니다"고 한 사다시게의 언급 즉, 왜구의 침구에 사다시게의 조부 쓰네시게는 무관하다고 한 것은 진실이라고 할 수 없다.

사다시게는 경인년 이후의 왜구 침구에 자신의 조부 쓰네시게는 아무런 관련이 없고 적대세력인 니이 소 씨의 소행으로 떠넘기고 싶었을 것이다. 그렇지만 경인년 이후의 왜구 행위의 배후에 소 쓰네시게와 동생 소 소코가 모두 관여하고 있었다. 그리고 두 사람 모두 '관' 즉 쇼니 요리히사의 부하였다. 다시 말해 〈사료 5〉의 (B)는 경인년 이후 왜구가 쓰시마의 소 씨에 의해 자행되었음을 보여주며 또 그 배후에 쇼니 씨(관)가 있었음을 보여주는 사료라 할 수 있다.

본 장의 제1절에서 고려 말의 '서변해도의 완고한 백성'과 조선 초의 '변방 백성'이 왜구 집단의 외연(外緣)을 형성한다고 했다. 그러면 여말선초 왜구의 핵심적 실체에 관해 〈사료 2〉와 〈사료 5〉의 (A)(B)를 비교해 보면 어떻게 될까? 다음의 〈표 5〉를 보자.

---

33) "11월 27일(무오) 왜적이 영주(寧州)·온수(溫水)·예산(禮山)·면주(沔州)의 양곡 운송선을 약탈했다. 이에 앞서 왜인들이 거제도에 거주하면서 영원히 화친관계를 맺고자 하므로 조정에서 그것을 믿고 허락하였는데 이때에 와서 도적이 되어 침입한 것이다"(《高麗史》 卷41, 恭愍王 18年 11月 戊午日 條).

34) 거제도가 쓰시마에서 가장 가까운 곳에 위치한 섬이라는 점에서도 거제·남해현에 투화한 왜인들이 쓰시마 사람들이었으며, 아울러 경인년(1350) 이후 왜구의 주역들 역시 쓰시마 사람들이었음을 보여준다.

35) 이에 관해서는 이영, 〈원명(元明)의 교체와 왜구 ─ 공민왕 15년(1366) 금왜 사절에 대한 일본의 대응을 중심으로〉, 《일본역사연구》 33, 2011. 6 참조.

〈표 5〉 여말선초 왜구의 핵심에 관련된 사료 비교

	덴류지의 도쿠소의 서신(사료 2)	쓰시마 도주 소 사다시게의 서계(A)(B)
발생 배경	서도(西島)에 할거하는 규슈 난신	관(官)이 혹리(酷吏)를 (쓰시마에) 파견해
실체	쇼니 씨와 기쿠치 씨(정서부)	쇼니 씨와 소 씨
공통점	쓰시마와 쇼니 씨	

이상 검토한 바와 같이, 조선 정종 원년(1399) 당시 쓰시마 도주 소 사다시게가 보내온 서계에서도 왜구의 배후세력으로서 '관(官)', 즉 쇼니 씨의 존재가 확인된다.

4. 쇼군 아시카가 요시미쓰(足利義滿)의 서신

〈사료 1〉·〈사료 2〉·〈사료 5〉는 각각 고려(조선)조정에 대하여 왜구의 실체와 발생 배경이 무엇인지 해명하기 위해 일본이 보낸 일종의 '외교문서' 성격을 띤 사료였다고 할 수 있다. 따라서 이 두 사료에 보이는 왜구의 실체에 관한 서술에, 정치적 목적에서 비롯된 의도적 왜곡이 개재할 가능성을 완전히 배제할 수 없다.[36] 이에 반해 다음 〈사료 7〉은 3대 쇼군 아시카가 요시미쓰(足利義滿)가 오우치 요시히로(大內義弘)에게 보내는 서신이다. 즉 국내용이다. 따라서 앞서 검토한 외교문서와는 달리 완전히 신뢰할 수 있는 사료라고 할 수 있다.

7. 오에이(應永) 5년(1398), 조선에 알리는 글.
　오우치사쿄다이후(大內左京大夫)에게 알린다. ⓐ 조선국의 사자가 멀리

---

36) 예를 들면 〈사료 1〉과 〈사료 2〉의 경우에는 북조의 입장에서 왜구의 실체를 '남조'의 소행으로, 〈사료 5〉는 소 사다시게가 적대세력인 니이 소 씨를 왜구의 배후로 지목한 것이라고 생각할 수도 있다.

나라의 명령을 받들어 바다를 건너 찾아왔다. 예물(幣)이 아주 많고 예의 또한 지극 정성을 다하였다. 아주 가상(嘉尙)하게 여길 만하다. ⓑ 이제 자기 나라로 돌아가 귀국 보고를 하려고 한다. 예물을 주어서 돌아가게 해 조금이나마 (조선의) 후의에 답하고 우호를 증진하도록 하라. ⓒ 요즈음 규슈(九州)의 명령을 어긴(違命) 소추(小醜)는 이미 그 죄를 받았다. ⓓ 이어서 이제 편사(偏師: 군대)를 보내어 해도(海島)의 남은 도적(殘寇)들을 섬멸해 왕래하는 배들을 통하게 해 양국의 환심(歡心)을 연결하도록 해야 한다. 그대가 이를 위해 노력하라. (후략)

오에이(應永) 5년 8월일[37]

〈사료 7〉은 오에이(應永) 5년(1398, 조선 태조 7, 明 洪武 31, 戊寅) 8월에 무로마치 막부의 3대 쇼군(將軍) 아시카가 요시미쓰(足利義滿)가, 스오(周防) 의 슈고다이묘(守護大名) 오우치 요시히로(大內義弘)에게 왜구의 추포(追捕) 를 명(命)하고 아울러 조선에 대하여 대장경(大藏經)을 요청하게 한 문서다.[38]

여기서 'ⓒ 규슈의 명령을 어긴 소추'란 구체적으로 무엇을 가리킬까?[39] 'ⓐ 조선국의 사자'는 약 8개월 이전인 전년도(1397) 12월 23일 회례사(回禮 使)로 파견된 박돈지를 가리킨다.[40]

---

37) 足利義滿書 大內義弘充 應永5年8月日付. 田中健夫 編,《譯注 日本史料〈善隣國宝記, 新訂 續善隣國宝記〉》, 集英社, 1995.

38) 전문(全文)은 조선에서 왜구 금압을 요청하기 위해 파견한 사자의 예물과 정성에 감사하고 그 노고를 치하하는 내용, 조선의 요청에 답해 우호를 증진하기 위해서 왜구를 토벌해야 할 것과 이를 위해 노력할 것을 오우치 요시히로에게 지시하는 내용, 대장경의 청구와 동종(銅鐘) 및 약물 청구를 지시하는 내용으로 구성되어 있다. 〈사료 7〉에 보이는 아시카가 요시미쓰의 의도를 요약하면 다음과 같다. "규슈의 소추는 이미 토벌되었으니 조선국 사자가 귀국하기 전에 해도의 남은 도적들을 토벌해 조선의 환심을 사서 대장경과 동종 등을 받을 수 있도록 하라."

39) 엄밀히 논하자면 오우치 요시히로가 '소추'를 토벌하기 위해 규슈 현지로 내려간 것은 1398년 10월 16일이며, 그 전에는 요시히로의 동생 미쓰히로(滿弘)가 현지에서 싸우다가 전사하는 등 토벌에 성공한 것은 아니었다. 그럼에도 불구하고 〈사료 7〉에서 "ⓒ 요즈음 규슈(九州)의 명령을 어긴(違命) 소추(小醜)는 이미 그 죄를 받았다"고 한 것은 왜구를 토벌하게 해 조선의 환심을 사서, 대장경을 받고자 하는 쇼군 요시미쓰의 조급한 마음에서 비롯된 것으로 볼 수 있다.

〈사료 7〉의 "ⓑ 이제 자기 나라로 돌아가 귀국 보고를 하려고 한다"고 한 것을 보면, 1398년 8월 시점에는 아직 박돈지가 일본에서 귀국하지 않았음을 알 수 있다. 박돈지가 실제로 귀국한 것은 정종 원년(1399) 5월 16일 무렵이었다. 다음 〈사료 9〉를 보자.

9. 정종 원년(1399) 5월 16일조

ㄱ 통신관 박돈지가 일본에서 돌아왔는데, 일본국 대장군이 사신을 보내어 방물(方物)을 바치고 피로(被擄)되었던 남녀 1백여 인을 돌려보냈다. (중략) 무인년에 태상왕(太上王)이 명하여 박돈지를 일본에 사신으로 보냈는데, 박돈지가 명령을 받고 일본에 이르러 대장군과 더불어 말하였다.

"우리 임금께서 신에게 명하기를, 우리 중외(中外)의 군관 사졸들이 매양 청하기를, '육지에는 진수(鎭戍)를 두고 바다에는 전함을 준비하여 지금 우리들이 목숨을 시석지간(矢石之間)에 붙여 초췌(憔悴)하고 고통스럽기가 이처럼 극도에 도달하게 된 것은, ㄴ <u>삼도 왜구(三島倭寇)</u> 때문에 그렇게 된 것이니, 신 등은 원하옵건대 크게 군사를 일으켜 삼도를 쳐서 도적의 남은 무리가 없게 하고 우리 국가에 다시는 근심이 없게 하소서' 했다. 과인이 군관과 사졸의 희망에 따라 군사를 일으켜 죄를 토벌하고자 하나, 대장군이 오랫동안 병권(兵權)을 장악하여 평소에 위엄과 덕망이 있어 <u>삼도지경(三島之境)</u>에 미치니, 감히 군사를 가만히 행하여 지경에 들어가지 못하는 것이다. 그러므로 먼저 신하를 보내어 좌우에 고하는 것이다. 또 대장군이 정예로운 병갑(兵甲)과 엄한 호령으로 어찌 <u>삼도의</u>

---

40) 다음의 〈사료 8〉을 보자.

8. 일본국 육주목(六州牧) 의홍(義弘)의 사자 영범(永範)과 영확(永廓)이 돌아가니, 임금이 전 비서감(秘書監) 박돈지를 회례사로 삼아 보냈다. (《太祖實錄》 卷12, 太祖 6年(1397) 12月 23日條)

같은 해(1397) 11월 14일에 의홍(義弘)의 사자 영범(永範)과 영확(永廓)이 조선에 왔는데 ["일본국 육주목(六州牧) 의홍(義弘)이 승려 영범(永範)과 영확(永廓)을 파견해 토산물을 바쳤다"《太祖實錄》 卷12, 太祖 6年 11月 14日條)], 한 달여 뒤 그들이 일본으로 귀국할 때에 박돈지를 딸려서 파견한 것이다.

도적을 제압하여 이웃나라의 수치를 씻지 못하겠는가? 대장군은 어떻게 생각하는가?"

대장군이 흔연히 명령을 듣고 말하기를, "제가 능히 제어하겠습니다" 하고 곧 ⓒ 군사를 보내어 토벌하게 하였으나 여섯 달이 되어도 이기지 못하였다. ⓔ 대장군이 대내전(大內殿)으로 하여금 군사를 더하여 나가서 공격하게 하니, 적이 무기와 갑옷을 버리고 모두 나와서 항복하였다.[41]

태조 6년(1397) 12월 23일에 일본으로 출발해 정종 원년(1399) 5월 16일경에 귀국하였으니 박돈지는 약 1년 반 정도 일본에 체재하였다.

그런데 〈사료 9〉의 박돈지의 보고(1399년 5월)에 의하면, ⓒ 대장군(將軍)이 군사를 '삼도지경'에 파견했지만, 6개월이 지나도 성공하지 못해 대내전(大內殿: 오우치 요시히로)을 원군으로 가세(加勢)하게 함으로써 마침내 토벌에 성공하였다고 한다. 여기서 1399년 5월 이전에 요시히로에게 토벌당한 '삼도의 도적'이란 일본의 어떤 존재(세력)를 가리키는 것일까? 그리고 그것은 〈사료 7〉의 '규슈의 소추'와 어떤 관계가 있을까? 오우치 요시히로의 '삼도지경'에 대한 토벌작전은 정종 원년(1399) 5월 16일로부터 적어도 6개월 이전에 이루어졌다(ⓒ)고 볼 때, 그 시점은 1398년 12월 이전의 일이다. 즉 1398년 8월과 12월 사이에 일어난 토벌작전이었다고 할 수 있다.

'ⓑ 삼도 왜구(三島倭寇)'가 '삼도지경', '삼도의 도적'과 밀접한 관련이 있음은 두말할 필요가 없을 것이다. 또 '삼도의 도적'이 대장군(쇼군)과 대내전(오우치 요시히로)의 토벌 대상이었다고 하는 점에서 1398년 8월의 '규슈의 소추'와 관련이 있는 것으로 생각된다.

여기서 〈사료 7〉의 "ⓒ 규슈의 명령을 어긴 소추는 이미 그 죄를 받았다"라고 한 것으로 볼 때, 이 〈사료 7〉이 작성된 1398년 8월의 시점에 규슈의 반란세력들은 이미 막부 측의 군사적 공격을 받았던 것으로 보인다. 그러면 막부의 공격을 받았다고 하는 'ⓒ 규슈의 소추'는 구체적으로 무엇을 지칭하

41) 《定宗實錄》 卷1, 定宗 元年(1399) 5月 16日 條.

는 것일까? 이 문제와 관련해서 정종 원년(1399)을 전후한 규슈 정세에 대하여 살펴보기로 하자.

남북조 내란이 끝난 지 3년째 되던 해인 오에이(應永) 2년(1395), 규슈 정세는 또 다시 동요하기 시작했다. 쇼군 아시카가 요시미쓰가 갑자기 이마가와 료슌을 규슈탄다이에서 해임한 것이다. 그런데 료슌의 해임은 단순히 료슌 한 개인의 문제로 그치지 않았다.[42] 이 소환에 대하여 규슈의 구(舊) 남조 측 세력이 또 다시 무로마치 막부에 반대하는 움직임을 보이기 시작한 것이다. 료슌에게 귀순해 있던 원래 남조(宮方)의 여러 씨족들은, 사실은 료슌의 인물과 정치적 수완에 일시적으로 공순한 태도를 보이고 있었을 뿐, 막부에게 완전하게 장악당하고 있었던 것은 아니다.[43]

오에이 3년(1396) 4월 새로운 규슈탄다이 시부카와 미쓰요리(澁川滿賴)는 하카타(博多)에 부임해 규슈 경영에 착수했지만, 뜻대로 진전을 보지 못했다. 그것은 규슈의 토착 호족인 쇼니 사다요리(少貳貞賴)와 기쿠치 다케토모(菊池武朝)가 명령에 따르지 않고 대항했기 때문이다.[44]

오에이 4년(1397) 9월, 기쿠치 다케토모가 쇼니 사다요리와 함께 군사를 일으키자, 지바 씨(千葉氏)와 오무라 씨(大村氏) 등 원래 전(前) 규슈탄다이 료슌의 세력이었던 자들도 대거 이들에게 가세했다.[45] 이런 상황 속에서 시부카와 미쓰요리를 지원한 것이 오우치 씨(大內氏)였다. 쇼니 씨와 시부카와 씨 그리고 무엇보다도 시부카와 씨의 배후에서 지쿠젠 지방으로의 진출을 꾀했던 오우치 씨와의 항쟁이, 오에이 4년(1397) 9월의 봉기를 계기로 시작되었던 것이다.[46]

시부카와 미쓰요리는 이러한 규슈 지역의 반대세력을 제압하지 못하고

---

42) 앞의 주 18) 本多美穗의 논문.
43) 앞의 주 18) 本多美穗의 논문.
44) 앞의 주 18) 本多美穗의 논문.
45) 앞의 주 18) 本多美穗의 논문.
46) 앞의 주 18) 本多美穗의 논문.

있었다. 그래서 막부는 오우치 요시히로를 파견해 시부카와 미쓰요리를 지원하게 했다. 요시히로는 우선 동생 히로시게(弘茂)를 파견해 돕게 했다. 〈사료 7〉의 "ⓒ 규슈의 명령을 어긴 소추는 이미 그 죄를 받았다"(1398년 8월)는 이 사실을 의미한다. 그러나 그들을 완전히 진압한 것은 아니었다〈사료 9〉의 ⓒ). 그래서 곧이어 오에이 5년(1398) 10월 16일에 요시히로 자신도 직접 교토를 출발해 규슈로 내려가 쇼니와 기쿠치 군을 치게 한다.[47] 다음 날 10월 17일, 쇼군 아시카가 요시미쓰가 여러 신사에 전승을 기원하고 있다. 다음 〈사료 10〉을 보자.

> 10. かけまくもかしこき伊勢二所太神宮, 神祇官, 石清水八幡大菩薩, 賀茂下上, 平野, 春日, 住吉, 日吉, 吉田, 祇園, 北野, 御靈の廣前に沙門(義滿)恐み恐みも 申賜はくと申事のよしハ, 近年四海靜謐, いよいよ神慮をたのみたてまつる者 也, 爰菊池藤原武朝, 少貳藤原貞賴, 鎭西を押領し, ややもすれば下知に應せ ず, 御退治をくはへんため, 官軍をさしつかはす. 國家の安全ハ神明の誓約なり, はに血ぬらすして, 賊虜ことことくほろふるハ, 神國の草創, 我國の佳蹟なり, 彼 凶徒等不日に廢亡せしめ, 與力同心の輩, たちまち頓滅して, 天下弥靜謐, 息災 の運命をたもつへきものなり, 此條專冥助を加たまへ, (後略)[48]

"기쿠치 다케토모(菊池藤原武朝)와 쇼니 사다요리(少貳藤原貞賴)가 진제이(鎭西: 규슈)를 어지럽히고 명령에 따르지 않기에 이를 토벌하기 위해 관군을 파견했다"(밑줄친 부분)고 쇼군 요시미쓰가 언급한 것이 오에이 5년(1398) 10월 17일의 시점이다. 이렇게 봤을 때 대내전(오우치 요시히로)이 1398년 10월 17일 이후 12월 사이에 토벌했다고 하는 '삼도의 도적'이란 쇼니와 기쿠치 군, '삼도지경'이란 진제이(鎭西) 즉, 규슈를 의미한다.

이상과 같은 규슈의 정세를 토대로 할 때, 규슈의 소추와 〈사료 9〉의

---

47) "十月十六日, 戊午, 晴, 小雨降, (中略) 今朝大內入道(義弘)下向鎭西, 合戰以外之間, 爲退治云々"(《迎陽記》, 應永五年十月十六日條).

48) 《伯家雜記》, 應永五年十月十七日條.

"ⓒ 군사를 보내어 토벌하게 하였으나 여섯 달이 되어도 이기지 못하였다"고
한 대상은 동일한 존재였다. 여기서 '소추(小醜)'는 '소추(小酋)'와도 발음이
통한다. 즉 규슈 지역의 호족(小酋)인 기쿠치 다케토모와 쇼니 사다요리를
소추(小醜)라고 표현한 것이다. 따라서 〈사료 7〉의 ⓒ '규슈의 위명 소추'는
쇼니 사다요리와 기쿠치 다케토모를 위시한 지바 씨(千葉氏)와 오무라 씨(大
村氏) 등을 포함한 규슈의 호족들을 가리킨다. 그리고 쇼군 요시미쓰가
언급한 '규슈 위명 소추'(〈사료 7〉)를 박돈지는 '삼도의 도적'(〈사료 9〉)이라
고 표현한 것이다.

그런데 〈사료 7〉의 ⓓ 해도(海島)의 남은 도적(殘寇)들을 섬멸해 왕래하는
배들을 통하게 해 양국의 환심(歡心)을 연결하도록 해야 한다고 하는 것의
'양국'에서, 이 해도의 남은 도적들이란 바로 왜구를 지칭하는 것임을 알
수 있다.

그러면 이러한 ⓒ 요즈음 규슈의 명령을 어긴(違命) 소추(小醜)와 ⓓ
해도(海島)의 남은 도적(殘寇)들은 어떤 관련이 있을까? ⓒ와 ⓓ의 상호
관련성과 '남은 도적'이라는 표현을 볼 때, '해도의 남은 도적'이란 규슈의
명령을 어긴 소추의 일부 세력으로 볼 수 있다. 양자의 관계를 구체적으로
살펴보자.

11. 정종 원년(1399) 7월 10일.

일본의 좌경대부(左京大夫) 육주목(六州牧) 의홍(義弘)이 구주(九州)를
정벌해 이기고 사자를 보내어 방물(方物)을 바치고 또 그 공(功)을 아뢰었
다. (중략) 지금 육주목 의홍이 적(賊)을 토벌한 공이 있으며 백제 고씨(高氏)
의 후손이라고 칭한다 하여, (중략) 지금 의홍이 적(賊)을 토벌한 공을
내세우고 특별히 백제의 후손이라 일컫는다고 해서 토전(土田)을 주면,
후세에 쟁란의 단서가 여기에서 시작될까 두렵습니다.[49]

---

49) 《定宗實錄》卷2, 定宗 元年 7月 10日條.

〈사료 11〉은 정종 원년(1399) 7월 10일의 기사로, 〈사료 7〉이 작성된 1398년 8월에서부터 약 1년이 지난 시점의 기록이며 또 〈사료 9〉의 박돈지가 귀국한 지 약 두 달 뒤의 사료다. "구주의 소추는 이미 그 죄를 받았다"와 "구주(九州)를 정벌해 이기고"는 동일한 사건, 즉 오우치 요시히로가 쇼니 사다요리와 기쿠치 다케토모를 토벌한 사실을 가리킨다. 규슈의 소추가 쇼니와 기쿠치 씨를 지칭한다는 것은 이미 앞서 확인한 바와 같다. 따라서 '삼도지경'과 '삼도의 도적' 그리고 '구주(규슈)의 소추'와 '구주'는 각각 동일한 실체에 대한 다른 표현이라 할 수 있다.

이는 다음과 같은 사실에서도 확인된다. 즉, 〈사료 11〉에서 오우치 요시히로가 "구주(九州)를 정벌해 이기고" 그 공을 (조선조정에) 아뢰었다고 했다. 오우치 요시히로가 조선에 보고한 공(功)이란 '구주를 정벌해 이긴 공'이다. 그리고 그 공을 가리켜 또한 '도적(賊)을 토벌한 공'이라고도 했다. 즉 요시히로가 정종 원년(1399)을 전후해서 정벌한 규슈의 '적'은 바로 '도적(賊)', 즉 '왜구'와 동일한 존재임을 의미한다. 만약 '구주를 정벌한 것' 그리고 '적을 토벌한 것'이 왜구와 관련이 없다면, 구태여 요시히로가 조선조정에 그 '공'을 보고할 필요도, 또 조선조정이 그의 공로를 치하할 필요도 없을 것이다.

〈사료 7〉의 ⓐ 규슈 위명 소추와 ⓑ 해도(海島)의 남은 도적(殘寇) 즉 왜구는 동일한 집단이었던 것이다. '해도의 남은 도적(海島殘寇)들'의 '남은(殘)'이라는 표현에서도 이러한 점을 발견할 수 있다. 이상을 정리하면 쇼군 요시미쓰가 서신에서 왜구의 실체로 지목한 '규슈 위명 소추'는 기쿠치·쇼니 씨이며 그리고 박돈지가 언급한 '삼도의 도적' 역시 기쿠치·쇼니 씨였다. 그리고 '해도잔구'는 규슈 위명 소추(=삼도의 도적) 세력의 일부를 지칭하는 것이었다. 또한 규슈 위명 소추(=삼도의 도적)와 해도잔구의 관계는 〈표 2〉의 발생 배경(규슈 난신의 할거)과 왜구의 실체(서도에 할거하는 규슈 난신), 그리고 〈표 5〉의 내용과 일치한다.

5. 규슈 지역의 내란과 왜구 발생의 상관관계

여말선초 왜구의 배후에 쇼니 씨가 있었음을 보여주는 사례는, 일본 국내 사정에 관한 정보가 많아지는 조선 전기에 들어오면 크게 늘어난다. 남북조 내란이 종료된 지 20년 이상 지난 조선 태종 17년(1417, 應永 24) 12월 19일의, 병조판서 김한로(金漢老)와 도진무(都鎭撫) 이원(李原)이 건의한 왜구대책이 기록되어 있는 다음 〈사료 12〉를 보자.

> 12. 신 등이 지금 들으니, 대내전(大內殿) 왜인이 장차 대마도 왜인 종정무(宗貞茂:소 사다시게)를 토벌한다 하니, 신 등은 종정무가 이기지 못하면 반드시 쫓겨 떠돌아다니다가 필경은 의지할 곳이 없어 우리 변방을 도둑질해 백성이 그 해를 받게 될까 두렵습니다. (후략)[50]

이 해에 실제로 오우치(大內) 씨가 소 사다시게와 싸웠다는 것을 보여주는 확실한 사료는 없지만, 조선의 국방을 담당하는 최고 관리인 병조판서가 왜구 발생의 원인을 규슈 본토에서 쓰시마의 도주 소 사다시게(宗貞茂)가 오우치 씨와 전투를 벌여 패한 것, 그리고 왜구의 실체를 소 사다시게의 병사로 인식하고 있었음을 알 수 있다.

그런데 본토에서 발생한 전투로 인해 왜구가 발생하는 것을 실제로 보여주는 사료도 확인된다. 세종 9년(1427, 應永 34) 7월, 쓰시마의 실권자 소타사에몬타로(早田左衛門太郎)가 소긴(蘇緊)을 파견해 당시 규슈 지역의 정세를 조선에 전한 것이 그것이다. 〈사료 13〉을 보자.

> 13. 병조(兵曹)가 아뢰옵기를, 대마도 도만호 좌위문태랑(左衛門太郎)이 사신

---

50) "庚子兵曹判書金漢老都鎭撫李原, 上備倭之策啓曰, 臣等今聞大內殿倭人將伐對馬島倭宗貞茂, 臣等恐貞茂不勝則必被逐流離, 竟無所依, 寇我邊鄙, 民受其害 (後略)"《太宗實錄》卷34, 太宗 17年 12月 19日 條).

으로 보낸 상관인(上官人) 승려 소긴(蘇緊)이 전하는 바에 의하면 '일본 대내전(大內殿)과 소이전(小二殿)이 서로 싸웠는데, 종언육(宗彦六)은 원 래 소이전(小二殿)의 관하(管下)로 군사를 거느리고 들어와 구원했습니다. 군사들 중에서 굶주리고 피곤한 자는 중로(中路)에서 돌아와 귀국(貴國)에 양식을 구걸하기도 하고, 혹은 전투에 나가서 이기지 못한 자는 귀국의 내륙 깊숙이까지 침구할까 매우 두렵습니다'라고 하오니, 청컨대 각 도의 감사·절제사·처치사와 각 진(鎭)·포(浦)에 공문을 보내어 방어를 더욱 엄중히 하게 하소서, 하니 그대로 따랐다.[51]

쓰시마의 실권자 사에몬타로가 조선에 보고한 내용에서도 왜구 발생의 원인을 오우치 씨와 쇼니 씨의 전투로,[52] 소 히코로쿠(宗彦六)의 군사들이 왜구 행위를 할 우려가 있다고 언급하고 있다. 소 히코로쿠는 소 사다시게의 아들 소 사다모리(宗貞盛)다.[53] 여기서도 왜구의 실체로 소 히코로쿠의 부하 '군사들 중 굶주리고 피곤한 자'와 '전투에 나가서 이기지 못한 자'를 지적하고 있다. '전투에 나가서 이기지 못한 자'를 왜구의 실체로 든 것은 앞의 〈사료 12〉와 완전히 일치한다. 소 히코로쿠는 쇼니 씨의 부하로서 오우치 씨와 싸웠다. 여기서 〈사료 3〉의 '관'과 '혹리'의 관계를 확인할 수 있다.

세종 24년(1442) 6월 15일(갑진)에도 위와 유사한 기사가 확인된다.

---

51) "兵曹啓, 對馬島都萬戶左衛門大郞使送上官人僧蘇緊云, 日本大內殿與小二殿相戰, 宗彦六原是小二殿管下領兵入救, 其軍人飢困者, 或中路還來乞粮貴國, 或赴鬪不勝 者, 侵掠貴境深, 可疑畏, 請行移各道監司節制使處置使及各鎭各浦益嚴防禦, 從之" (《世宗實錄》卷37, 世宗 9年 丁未 7月條). 아라키 가즈노리(荒木和憲)는 "1428년 3월에 소 모리구니(宗盛國: 宗貞盛의 동생)가 조선에 규슈 군관 50여 명분의 병량을 요구해 쌀 80석을 지급받은 것으로 봐서 소긴의 증언은 신빙성이 높다. 따라서 1427년에서 28년 사이에 쇼니 씨와 오우치 씨가 항쟁하고 있었던 것, 사다모리가 쇼니 씨를 구원하기 위해 친히 출진한 것은 사실이라고 인정할 수 있을 것이다"라고 했다. 〈對馬島主宗貞盛の政治的動向と朝鮮通交〉, 《朝鮮學報》 189, 2003. 10.

52) 일본의 문헌사료에 의해 확인되는 양자의 전투 사례는 다음과 같다. 佐伯弘次, 〈室町時代における大內氏と少貳氏 −蜷川家文書〈大內敎弘條書案〉の檢 討〉, 《史淵》 130, 九州大學文學部, 平成 5年 참조.

14. 경상 좌·우도 병마도절제사(兵馬都節制使)와 수군도안무처치사(水軍都
按撫處置使)에게 전지(傳旨)하기를, "지금 온 왜인 돈사문(頓沙文)의 말에,
"소이전(小二殿)이 전쟁에 패하여 영토를 잃고 군사 5천여 명을 거느리고
대마도에 와서 머물러 있다"고 하는데, 만약 양식이 모자라 굶주리게
된다면 혹시 쳐들어올 이치가 있을 것이니54) (후략)

〈사료 14〉는 소이전(小二殿) 즉 소 씨의 주군(主君)에 해당하는 쇼니
씨(少貳氏)가 규슈 본토에서 오우치 씨와의 전투에 패배해 부하 5천여 명을
이끌고 쓰시마에 들어와 있으며, 그들이 양식(병량미)이 부족하면 조선으로
침구해 올 것이라고 하는 내용을 담고 있다.

〈사료 14〉의 전해(1441)에 쇼니 노리요리(少貳教賴)가 오우치 노리히로(大
內教弘)와 싸운 사실이 확인된다(〈표 6〉). 따라서 이 사료의 내용은 신뢰할
수 있다. 여기서도 규슈 본토에서의 패전 결과, 쇼니 노리요리가 소 씨를
의지해 쓰시마로 도주해 왔다는 사실이 확인된다. 당시 조선에서는 쓰시마로

〈표 6〉 무로마치 시대의 오우치 씨와 쇼니 씨의 전투

年代	西曆	大內氏	少貳氏	備考
應永 4	1397	미쓰히로(滿弘, 戰死)	사다요리(貞賴)	
應永 5	1398	요시히로(義弘)	사다요리(貞賴)	足利義滿願文, 少貳 對治御教書
應永32	1425	모리미(盛見)	미쓰사다(滿貞)	
永享 3	1431	모리미(盛見, 戰死)	미쓰사다(滿貞)	
永享 5	1433	모치요(持世)	미쓰사다(滿貞, 戰死)	少貳治罰御教書와 旗를 하사함.
永享 7	1435		요시요리(嘉賴)	
永享 8	1436		요시요리(嘉賴)	
嘉吉元	1441	노리히로(教弘)	노리요리(教賴)	少貳治罰御教書를 하사함.

53) 앞의 주 23) 長節子의 논문 참조.
54) "甲辰傳旨慶尙左右道兵馬都節制使水軍都按撫處置使曰, 今來倭頓沙文言小二殿兵
敗失土, 將卒五千餘人來對馬島留居, 若之糧餞饉則或有人寇之理, 卿之此意防禦之
事, 曲盡措置, 勿爲賊人所侮, 且因往來倭人詳問聲息眞僞"(《世宗實錄》卷96, 世宗
24年 6月 甲辰條).

도주해 온 쇼니 씨의 휘하 병력이 왜구가 되어 침구해 오지 않을까 우려하고 있었던 것이다.〈사료 7〉의 '규슈 위명 소추'와 '해도잔구'의 상관관계가 여기서도 확인된다.

규슈 본토에서의 전투에 대비하여, 또는 전투 결과 패하여 쓰시마로 도주해 온 쇼니 씨(소 씨)의 병력이 왜구의 실체임을 알고 있던 조선조정이 그들의 왜구 행위를 미연에 방지하기 위해 고안해 낸 것이 바로 소 씨에게 경제적인 혜택을 부여해주는 정책이었다.《세종실록》세종 21년(1439) 5월 11일과 9월 10일조에도 이와 유사한 내용의 기사가 있다.

> 15. 첨지중추원사(僉知中樞院事) 이예(李藝)가 아뢰기를, "종정성(宗貞盛)이 대내전(大內殿)에게 구주를 빼앗기고 대마도에 도망해 와서, 오로지 성상의 은덕을 입으면서 안심하고 붙어서 생활하고 있습니다. 이것을 돌아보지 아니하고 많은 폐단을 일으켜 한 달 동안에 보내는 사람이 거의 수천 명에 이르니, 한도 있는 물건으로 한정 없는 사절을 대접하자면 장래가 걱정스럽습니다." (후략)[55]

이예는 조선 세종대에 쓰시마와 일본을 여러 차례 왕래하면서 대일(對日) 외교의 틀을 세운 일본통(日本通)이었다. 그런데 이예의 보고 역시 대내전과 소 씨의 대립으로 소 사다모리가 쓰시마로 도주해 왔고 그의 휘하 세력이 왜구가 되어 조선에 침구하는 것을 막기 위해 한 달 동안 수천에 달하는 사람을 파견해 막대한 물자를 받아갔다는 것이다. 그뿐만이 아니었다. 다음 사료를 보자.

> 16. 첨지중추원사(僉知中樞院事) 이예(李藝)가 아뢰기를, " '종정성(宗貞盛) 등이 본도(本島)에 편안히 살면서 그 생(生)을 즐기는 것은 오로지 우리나라의 은덕인데, 이것을 돌보지 않고 석견주(石見州) 등처의 잡인(雜人)을

---

55)《世宗實錄》卷85, 世宗 21年 5月 11日 戊午條.

모두 서계(書契)를 주어서 보내니, 이것은 장원(長遠)한 계책이 아니요,
또 종공(宗公)이 혹 본도(本島)에 편안히 살지 못할까 염려된다' 하였더니,
(진강차랑이) 대답하기를 '우리 섬이 대내전의 박해를 받아 돌아갈 곳이
없어 오로지 성상(聖上)의 덕택만 쳐다보는 것이요, 또 왜인들이 도망하여
숨어서 나와 우리 육지로 오므로, 도주(島主)가 도로 내쫓지 못하니,
서계를 발급하는 것은 사정상 부득이한 것이다'라고 하였습니다." (후
략)[56]

쓰시마로 도주해 온 '석견주(石見州) 등처의 잡인(雜人)'들에게까지 소
사다모리는 서계를 주어 조선으로 보내 조선의 경제적 부담을 가중시켰는데,
조선은 쓰시마의 왜인들만이 아니라, 석견주, 즉 쓰시마로 도주해온 혼슈(本
州) 지역의 왜인들에게까지 물자를 주어 그들의 왜구 행위를 미연에 방지해
야만 했던 것이다.

이상 〈사료 12〉~〈사료 16〉까지의 검토를 통해 조선시대에 들어와서도
왜구의 발생 원인은 오우치 씨와 쇼니 씨의 전쟁이었고, 또 그 실체는
쇼니 씨의 부하인 쓰시마 소 씨의 휘하 병력이었음을 확인할 수 있다.

지금까지 규슈 위명 소추·삼도의 도적·해도 잔구 등의 실체를 검토해
본 결과, 규슈 지역 호족들이 정치적인 이유로 공권력인 막부의 쇼군에
저항하면서 그 연장선상에서 고려(조선)로 침구해 온 사실을 확인할 수
있었다. 이처럼 왜구는 '정치적 성격의 군사집단'과 '해적'이라는 양면성을
띤 존재였던 것이다.[57] 이러한 여말선초 왜구의 양면성을 확연하게 보여주

---

56) 《世宗實錄》 卷86, 世宗 21年 9月 10日 乙卯條.

57) 사토 가즈오(佐藤和夫)는 해적과 정치적 성격을 지닌 군사집단(수군)에 관하여
다음과 같이 서술하였다. "바다를 생활 터전으로 삼는 민족의 활동은 그 행동이
국가체제가 정비되어 가는 과정에서 어떤 때에는 '해적'이라고 불리고 또 어떤
때에는 '수군'이라고 불려 현대에는 '해군'이라고 칭하여지게끔 되었다. (중략)
해적 행위가 사적(私的)인 것에서 공적(公的)인 것으로 그 목적이 전환되면 해적은
수군으로 성격을 바꾼다. 공(公)=국가 또는 권문(權門)의 사익(私益) 목적을 위해
공헌함으로써 수군으로서의 존재가 공인되고 보증된다. 공인, 보증되어 가기 때문
에 공권력에 충성을 맹세해야만 한다. 공(公)은 정복되고 통일되어 가는 과정에서

는 것이 바로 다음의 《단종실록》에 실린 기사다.

17. 대마도 경차관(對馬島敬差官) 첨지중추원사 원효연(元孝然)이 보고 들은 사건을 치계(馳啓)하였다. 정월 29일 묘시(卯時)에 배를 출발하여 유시(酉時)에 대마도에 이르러 시심포(始深浦)에 정박하였는데, 2월 초2일에 ⓐ 도주(島主) 종성직(宗盛職)이 후루가와(侯樓加臥)를 시켜 와서 말하기를, (중략) 22일에 ⓑ 피상의가 대관(代官) 종성직(宗盛直)에게 예물을 주며 말하기를, (중략) 3월 초3일에 ⓒ 박유생을 시켜 도주(島主)를 간지쇄문(看知灑文)의 집에 청하니, 도주가 말을 타고 장검을 가진 자 80여 인과 수종자(隨從者) 30여 인을 앞뒤로 열을 지어 거느리고, 모두 보행(步行)으로 그 집에 이르러 서로 만났는데, 객(客)은 동쪽에 주인은 서쪽에 대관은 남쪽에 앉아서 잔치를 베풀었습니다.

11일에 피상의(皮尙宜)가 후루가와의 집에 가서 묻기를, "등구랑(藤九郎)이 이제 이곳에 이르면 장차 우리들과 같이 갈 것인가 아닌가?" 하니 ⓓ 후루가와가 비밀리 말하기를, "본도(本島)와 일기도(一岐島), 상송포(上松浦)와 하송포(下松浦)의 여러 도적 두목(賊首)들과 장차 배 30여 척을 가지고 강남으로 도둑질하러 가려고 오늘 처음 후나곶(侯那串: 船越)에서 회의를 해, 이번 3월 안에 출발하려 하는데, 오직 등구랑만은 뒤를 따라 귀국에 가려고 합니다"고 했다. 그래서 말하기를 "전에는 적선(賊船)이 모두 구주(九州) 이남의 5도(島)에서 출발했는데, 지금은 이 섬에서 바로 출발하려고 합니다" 하니 피상의가 대답하기를 "우리 국경을 범하려는 것이 아닌가?" 하니, 대답하기를 "아닙니다" 하였습니다. (중략)

18일에 ⓔ 피상의가 지쇄문(知灑文)의 집에 가 보니, 중이 앉아 있으므로 다른 곳에 데려가서 비밀리 말하기를, "행차(行次)가 처음 이르렀을 때에 구류(拘留)하려 하였으나 의논이 분분하였는데, 이제는 기꺼이 자고 쉴 수 있습니다" 하고 또 말하기를 ⓕ "저 객승(客僧)은 소이전(小二殿)이 보내어 병사(兵事)를 청하러 온 자입니다" 하므로, "무슨 까닭에 병사를

한층 더 상위(上位)의 공(公)으로 통합되고 또 흡수되어 가기 때문에 수군도 또한 그러한 정세 변화에 따라가야만 한다"(《海と水軍の日本史 上卷》, 原書房, 1995, 6~7쪽).

청하는가?" 하니 대답하기를 ⓖ "소이전이 일찍이 대내전에게 추방을 당하여 싸우려고 한 지가 오랩니다. ⓗ 지금 대내전의 신료(臣僚)들이 모반한 사실이 발각되어 모신(謀臣)과 지장(智將)이 많이 죽었습니다. 그러므로 소이전이 이 틈을 타서 공격하려고 하는 것입니다. 지금 본도(本島)의 적수(賊首)들이 모두 강남으로 가서 도둑질을 하려 하니, 가을에 군사를 보내겠다고 대답하였습니다"라고 하였습니다.[58]

피상의는 쓰시마 출신의 역관(譯官)으로,[59] 그가 들은 바 "강남에 약탈하러 간다"고 하는 이야기를 피상의에게 전했던 후루가와는 도주의 부하였다 (ⓐ). 간지쇄문(看知灑文)은 쓰시마 경차관 원효연이 그 집에 체재하면서 도주를 초청해 연회를 열 정도로 도내(島內)의 유력자였다. 따라서 이 〈사료 17〉의 내용은 신뢰할 수 있는 것으로, 요점을 정리하면 다음과 같다.

대마도(쓰시마)와 일기도(이키), 상송포당(가미마쓰라토), 하송포당(시모마쓰라토)의 여러 적수(賊首)들과 함께 중국 강남지방으로 약탈하러 가려고

---

58) 《端宗實錄》 卷14, 端種 3年(1455) 4月 7日條.
　○壬午/對馬島敬差官僉知中樞院事元孝然馳啓聞見事件：
　一, 正月二十九日卯時發船, 酉時至對馬島, 泊于始深浦. 二月初二日, ⓐ島主宗成職使侯樓加臥來言曰, (중략)
　一, 二十二日, ⓑ皮尙宜將禮物贈代官宗盛直曰, (중략)
　一, 三月初三日, ⓒ使朴遺生請島主于看知灑文家, 島主騎馬率持長劍者八十餘人, 隨從者三十餘人分列前後, 皆步行至其家相會, 客東主西, 代官坐南設宴. (중략)
　一, 十一日, 皮尙宜到侯樓加臥家, 問, "藤九郎今到此, 將與吾等偕行乎否?" ⓓ侯樓加臥密語曰, "本島與一岐, 上松, 下松浦諸賊首等, 將船三十餘艘, 欲作賊于江南, 今日始會議于侯那串, 今三月內發行, 唯藤九郎欲隨後往貴國." 仍曰, "在前賊船, 皆於九州以南五島發船, 今欲於此島直發." 尙宜答曰, "無乃欲犯我境乎?" 答曰, "否."(중략)
　一, 十八日, ⓔ皮尙宜往看知灑文家, 有僧在坐, 引至他處密語曰, "行次初到時欲拘留, 議論紛紜, 今寢息可喜." 且曰, "ⓕ彼客僧, 乃小二殿使送, 以請兵事來者也." 問 "何故請兵?" 答曰, "ⓖ小二殿曾見逐於大內殿, 欲與戰久矣. ⓗ今大內殿臣僚謀反事覺, 謀臣, 智將多致死亡, 故小二殿乘此隙欲攻耳. 今本島賊首, 皆往江南作賊, 答以待秋送兵." (후략)

59) 그는 태종대에 귀화한 왜인이었다. 《成宗實錄》 卷6, 成宗 1年(1470) 6月 3日條.

할 때(ⓓ), 소이전(小二殿: 쇼니 씨)이 대내전(大內殿: 오우치 씨)과 싸우려고
대마도에 병사 파견을 요청해 왔다(ⓕ). 이에 대하여 대마도 도주는 적수(賊
首)들이 강남에 가서 약탈을 마치고 돌아오면 가을에 군사를 보내겠다(ⓗ).

즉 중국 강남지방으로 약탈하러 떠나는 왜구의 적수들은, 한편으로는
도주의 주군(主君)인 쇼니 씨로부터 병력 지원 요청이 있을 때에는 규슈
본토에 파견되어 오우치 씨의 군세와 전투를 벌인 병력이었음을 이 〈사료
17〉이 확실하게 보여준다.

6. 결론

본 장에서는 경인년 왜구의 발생 배후가 쇼니 씨였다는 사실을 여말~선초
의 사료를 통하여 입증하고자 했다. 즉 1376년에 작성된 덴류지(天龍寺)의
승려 도쿠소 슈사(德叟周佐)의 서신을 재검토하여 그가 왜구의 실체로 지목
한 '규슈의 난신'이 쇼니 씨와 기쿠치 씨임을 밝혔다.

또 1399년의 쓰시마 도주(對馬島主) 소 사다시게(宗貞茂)의 서계(書契)의
재해석을 시도해 고려 말 왜구의 배후에 쇼니 씨가 존재함을 규명하였다.
그리고 1398년의 쇼군 아시카가 요시미쓰(足利義滿)의 서신과 관련 사료를
검토하여 조선시대 초 왜구에도 도쿠소 슈사의 서신에서와 같이 쇼니 씨와
기쿠치 씨가 관여하고 있었음을 밝혔다.

이상의 사료에서 드러난 여말선초 왜구의 실체는 다음과 같이 정의할
수 있다.

〈표 7〉 여말선초의 문헌사료에 보이는 왜구의 실체

사료	왜구의 실체(핵심부)	왜구의 실체(외연부)
도쿠소 슈사의 서신	규슈 난신(쇼니·기쿠치 씨)	서변해도의 완고한 백성
소 사다시게의 서계	쇼니 씨와 소 씨	변방 백성
아시카가 요시미쓰의 서신	쇼니·기쿠치·지바·오무라 씨 등	

　이상의 모든 사료에서 왜구의 핵심적인 실체로서 공통으로 확인되는 것이 쇼니 씨다. 또한 세종 9년(1427)과 세종 24년(1442) 사료에서도 왜구 발생의 배후에 쇼니 씨와 소 씨가 존재하고, 단종 3년(1455) 사료에서는 중국 강남으로 약탈하러 가는 왜구가 쇼니 씨의 휘하 전력이었음을 확인하였다.

　여말선초 왜구의 발생은 경인년, 즉 간노(觀應) 원년(1350)에 발생한 간노노조란(觀應の擾亂) 이후 규슈 지역에서 일어난 내란과 밀접하게 관련되어 있었다. 그리고 그 내란에는 쇼니 씨가 거의 빠짐없이 관여하고 있었다. 가마쿠라 시대 초 이래로 쓰시마를 독점적으로 지배하고 있던 쇼니 씨가 규슈 지역에서의 전란을 앞두고 또는 전투에 패한 뒤 그 휘하 세력이 이키 섬과 쓰시마를 거쳐 '병량미 확보'와 '일시적 도피'를 목적으로 침구해 온 것이 여말선초 왜구 발생의 메커니즘이었다.

제3장

고려말 왜구='다민족·복합적 해적'설에 관한 재검토

후지타 아키요시(藤田明良)의 〈난수산(蘭秀山)의 난과 동아시아
해역세계〉를 중심으로

1. 서론

고려 말~조선 초 왜구의 실체에 관한 일본의 학설 중에 후지타 아키요시(藤
田明良)의 '여말~선초 왜구=다민족·복합적 해적'설이 있다. 그것은 여말~
선초에 한반도를 침구해 온 왜구집단이 '일본인만이 아니라 중국인과 고려
(조선)인까지 가세한 연합세력이었다'는 주장이다. 일본의 중세 대외관계사
연구는 이 설에 의거하여 해당 시기의 동아시아 국제관계를 이해하고자
하는 경향이 강하다.[1]

이러한 '다민족·복합적 해적'설의 전제가 되고 있는 것이 '한반도 도서연
해 지역=다민족 잡거지역'설[2]과 '고려 해도민(高麗海島民)=왜구 일원(倭寇
一員)'[3]설이라 할 수 있다. 그런데 '다민족 잡거지역'설이 성립하기 위해서는
우선 한반도에 한·중·일 세 나라 사람들이 잡거하면서 서로 협력해 왜구를

---

1) 이에 관해서는 본서 제1장 주 10)의 내용 참조.
2) 이에 관해서는 이영, 〈'여말-선초의 한반도 연해도서=다민족 잡거지역'설의 비판
   적 검토〉,《동북아문화연구》29, 2011. 12 참조.
3) 이에 관해서는 본서 제5장의 내용 참조.

자행하고 있었다는 1차적인 전제가 성립되어야 한다. 그리고 이 전제가 성립하더라도 고려(조선)조정 등 한반도의 공권력은 이를 전혀 깨닫지 못하고 있었다고 하는 두 번째 전제가 성립해야 한다.

이러한 '다민족 잡거지역'설은 후지타 아키요시의 〈난수산의 난과 동아시아 해역세계〉[4]와 〈동아시아 해역과 국가, 14~15세기의 한반도를 중심으로〉[5]라는 논문에 의거하고 있다. 그 중에서도 특히 '난수산의 난' 관련 논문이 핵심적인 주장을 담고 있다.

그러므로 우선 '난수산의 난' 관련 논문에 대하여 구체적으로 살펴보고 '고려 해도민=왜구 일원'설에 관해서는 제5장에서 다루기로 하자.

필자의 이러한 시도는 현재 일본의 중세 대외관계사학계가 왜구의 실체에 관해 정설 중 하나로 수용하고 있는 '다민족·복합적 해적'설의 허구성을 입증해 줄 것이다. 또 일본의 왜구 연구가 오랫동안 거듭해 온 오류를 바로잡아 왜구의 실체에 대한 올바른 이해를 가능케 하는 의미있는 연구가 될 것이다.

2. 14세기 후반 제주도를 둘러싼 국내외적 상황에 관한 인식의 문제

우선 논문의 구성에 관하여 살펴보기로 하자. 이 논문은 다음과 같은 구성으로 이루어져 있다.

서론
1. 난수산의 난
(1) 봉기와 결전

---

4) 藤田明良, 〈蘭秀山の亂と東アジアの海域世界〉, 《歷史學研究》 698, 1997. 6.
5) 藤田明良, 〈東アジアにおける海域と國家, 一四～一五世紀の朝鮮半島を中心に〉, 《歷史評論》 575, 1998.

　(2) 탐라 그리고 고려로

　(3) 난수산·방국진·왜구

2. 주산군도(舟山群島)의 해상세력

　(1) 주산군도의 생활

　(2) 해상세력의 결합형태

　(3) 무역과 도서(島嶼)

3. 고려 연안과 제주도

　(1) 중국 무역과 고려 연안

　(2) 제주도와 고려 해구(海寇)

4. 명의 해금(海禁)과 주산군도

결론

　지면 관계상, 그리고 필자의 중국사(中國史)에 대한 지식 부족으로 인해 후지타 논문의 전편(全篇)에 대한 검토는 어렵다. 그러므로 우선 위 논문의 구성에 관해 개략적으로 서술한 다음, 논리 전개상의 문제와 《고려사》의 사료 해석 그리고 후지타의 고려사 이해 및 14세기 후반 제주도가 처한 상황에 대한 그의 인식의 문제점 등을 중심으로 검토하기로 한다.

　우선 후지타는 〈1. 난수산(蘭秀山)의 난〉에서는 홍무(洪武) 원년(1368)에 발생한 이 난의 발생 및 전개 과정에 관해 서술하면서, 난에 가담했던 사람들 중 일부(진씨 일족 100여 명)가 탐라(제주도)로 도주한 뒤, 거기서 다시 본토인 전라북도 고부(古阜)로 건너가 2년여 동안 체재한 사실에 주목했다. 그리고 다음과 같이 언급했다.[6]

　　a 난수산의 난에 참가한 해상세력에는 제주도와 고려 연안에 도피한 사람들
　　이 있었다. 따라서 그들 중에는 별도로 고토(五島)와 이키(壹岐)·쓰시마(對
　　馬) 등 일본의 여러 섬들로 항해한 사람들이 있었다고 해도 이상하지
　　않다. 거꾸로 그들이 규합한 '도이(島夷)'에는 제주도와 고려 연안의 해상세

---

6) 이하 후지타가 언급한 부분은 알파벳으로, 관련 사료는 아라비아 숫자로 표기한다.

력이 포함되어 있었을 가능성도 생각할 수 있을지 모른다.[7]

위의 첫 행 문장의 내용은 사료에서도 확인된다. 그런데 두 번째 문장은 추정이다. 세 번째 문장은 두 번째 문장의 추정 위에 추정을 거듭한 것이다. 그 결과 후지타는 여말의 왜구 속에 제주도와 고려 연안의 해상세력이 포함되어 있었다고 주장한다. 다시 말해 난수산의 난에 참가한 중국의 해상세력(海島民)들이 제주도와 전라북도 고부 등 한반도로 도피해 일시 체재했다는 이유만 가지고 제주도와 고려 연안에 거주하는 사람들을 '도이' 즉 왜구의 일원으로 추정한 것이다. 그의 주장은 그대로 수긍하기에는 논리적 비약이 너무 심하다. 성급한 결론을 내리기에 앞서, 우선 중국의 해도민들이 어떻게, 그리고 왜 제주도와 고부로 도피하여 체재하였는지에 관해 구체적으로 고찰할 필요가 있다.

〈2. 주산군도의 해상세력〉에서는 난수산 섬이 속해 있는 주산군도 일대에 거주하는 주민들이 어업·제염·주즙(舟楫) 등을 생업으로 하는 소위 해상세력들이었다는 점, 그리고 그들 중 임보일(林宝一)이란 자가 제주도에 와서 미역을 구입했으며, 고부로 온 진씨 일족이 자신들을 숨겨준 고려 사람 고백일에게 주었다는 물품에 고려산(高麗産)으로 여겨지는 '백저포(白苧布)'가 포함되어 있었다는 사실에 착안해 그들이 고려와 중국을 왕래하던 무역상인들이었다고 했다. 그러나 임보일 등 중국인이 제주도 등 한반도 현지에서 필요 물품을 구입했다고 해서 그들이 제주도를 왕래하던 중국의 무역상인이었다고 단정할 수 없다.

이어서 신안 해저 침몰선의 선원들이 일본·중국·고려라고 하는 '다국적' 사람들로 편성되어 있었다고 하는 추정을 근거로 해, 당시 왜구 또한 이러한 다국적민(多國籍民)으로 구성되었을 것으로 재차 추정하고 있다. 신안선은 원래 중국과 일본 하카타(博多)를 왕래하던 무역선이었다. 따라서 그 배에

---

7) 앞의 주 4) 藤田明良의 논문.

하카타 거주 중국인과 일본인 선원이 승선하는 것은 지극히 당연한 일이라 할 수 있다. 후지타의 논리 전개는 '왜구=무역상인', '무역상인=왜구'라는 전제 위에 성립하고 있다고 할 수 있다. 그러나 무역상인과 해적은 양립하기 어렵다고 해야 하지 않을까? 무역의 안정성을 확보하는 데 왜구(해적)는 큰 장애물이 되기 때문이다.

또 신안선에 승선한 고려 선원이 언제 어디서 어떤 사유로 승선하게 되었는지도 확실하게 알 수 없는 상황에서, 단지 처음부터 한 배에 세 나라 사람이 타고 있었을 것이라는 추정 위에 왜구들의 선박 또한 그러했을 것이라고 추정하는 것 또한 위험한 논리적 비약이다. 이러한 여러 차례 반복된 추정을 근거로 해서 중국인과 제주도인들을 왜구의 실체로 규정하는 후지타의 주장은 납득하기 어렵다.

〈3. 고려 연안과 제주도〉에서 후지타는 "주산군도의 해상(海上)세력들을 비롯한 중국의 해상(海商)들이 반드시 예성강에 기항해야 함에도 불구하고 전라도 해안지방에 와서 현지인들과 빈번하게 무역을 행하고 있었다"고 주장했다. 또 고려정부는 이 사실을 전혀 깨닫지 못하고 있었다고도 했다. 그의 주장은 중국 상인들이 전라도 해안지방에 와서 무역을 했다고 하는 1차 전제와 고려정부가 이를 전혀 깨닫지 못했다고 하는 2차 전제 위에 성립하고 있다. 즉 두 전제의 성립 가능성이 확인되어야만 그의 주장은 일정한 설득력을 지닐 수 있다고 해야 할 것이다.

또한 제주도의 경우, 고려 중앙정부 세력이 전혀 미치지 않는 지역이었다고 전제한다. 후지타는 이곳에 난수산의 난에 가담했다가 도주한 잔당들이 모여서 제주도(및 한반도 도서 연해지역)의 해상세력과 연합해 중국 연해를 침구했다고 추정했다.

이상의 후지타 논문의 공통된 문제점으로 확인되는 것이 당시 제주도가 처한 국내외 상황에 관한 후지타의 인식이라 할 수 있다. 즉, 그는 논문의 각 장에서 제주도(및 한반도 도서 연해지역) 사람들에 의한 해적 행위를 고려 공권력이 전혀 인지하지 못하고 있었다는 것을 공통 전제(前提)로 내세우고 있다. 따라서 후지타의 주장이 성립하려면 다음과 같은 전제가 모두 성립되어야 한다.

> 첫째, 제주도(또는 한반도의 도서 연해지역)에 국가 공권력의 지배에서부터 자유로운 해상(海上)세력이 존재한다.
> 둘째, 제주도(또는 한반도 도서 연해지역) 내의 해상세력이 중국 해상(海商)들과 결탁하여 왜구 행위를 자행하고 있었다.
> 셋째, 제주도(또는 한반도 도서 연해지역) 내의 해상세력과 중국 해상들의 왜구 행위가 실제히고 있었음에도 고려조정은 양자의 연합을 전혀 인식하지 못하고 있었다.

첫째 전제에 관하여 살펴보자. 당시 제주도(및 한반도 도서 연해지역) 내에 국가공권력의 지배로부터 자유로운 해상(海上)세력이 존재했다고 하는 어떠한 사료나 정황도 확인되지 않는다. 해상세력을 어떻게 정의하느냐 하는 문제가 있지만, 당시 명나라의 장사성(張士誠)이나 방국진(方國珍)과 유사한 해상세력, 즉 곡물이나 조세를 중앙으로 수송하거나 또는 해상 유통에 종사해 막대한 부를 축적하고 이를 바탕으로 사병 조직을 지닌 '호족세력'을 해상세력으로 본다면, 이러한 해상세력이 제주도는 물론 한반도 내 어디에도 존재했다고 하는 흔적은 없다.[8]

해상세력은 아니지만 고려정부의 통치에 저항하는 제주도의 세력은 있었다. 몽골계 목호(牧胡)들이었다. 제주도의 주요 특산물인 말의 사육과 수송 등을 이들 몽골계 목호가 장악하고 있었다. 당시 제주도에는 이 몽골계 목호를 제외하면 공권력에 대항할 만한 '재지(在地)세력'의 존재를 상정하기 어렵다.

---

8) 이 문제에 관해서는 김일우, 《고려시대 제주사회의 변화》(서귀포문화원 연구총서 I), 2005 참고.

해상세력의 존재는 확인되지 않지만 한반도 삼면이 바다이기에 반드시 제주도가 아니라도 바다를 생업의 장으로 삼는 연해도서민(沿海島嶼民)은 존재했다. 여말~선초의 유명한 문인(文人) 학자이면서 고관(高官)이었던 목은 이색은 공민왕 원년(1352)에 임금에게 다음과 같은 상서(上書)를 올렸다.

1. 근년에 왜적이 우리 강토로 침범하여 전하께서 끊임없이 걱정하시게 됩니다. (중략)

   해전(海戰)의 방책을 말한다면 제 생각으로는 우리나라는 삼면이 바다를 끼고 있으니 섬 주민이 무려 백만은 될 것인데(海島居之民無慮百萬), 배를 부리고 헤엄치는 것이 그들의 장기(長技)이며 또한 그들은 농사를 짓지 않고 어로와 제염을 생업으로 삼고 있습니다. 그런데 그들은 근래 왜적 때문에 직업을 잃고 집을 떠나 생활방도를 잃게 되었으므로 적을 원망하는 마음이 육지 사람에 비하여 어찌 열 배만 되겠습니까?[9]

'해도민이 백만은 될 것'이라는 이색의 상소 내용이 얼마만큼 정확한지는 확인하기 어렵지만 수영과 항해에 익숙하고 어로와 제염에 종사하는 백성들이 다수 존재하고 있었음을 알 수 있다. 그런데 고려에 다수의 해도민이 있었다고 해서 그들 중에 왜구와 연합해 해적 행위를 한 사람들도 있었을 것이라고 보는 것은 성급한 추정이다. 무엇보다도 왜구는 선박과 말을 활용한 기동력을 바탕으로[10] 게릴라 전술을 구사하면서[11] 약탈·살해·납치·강간·방화 그리고 고려 정규군과의 정면 대결도 불사하는 전문적인 전투집단이었다.[12] 따라서 이러한 왜구집단을 상대하기 위해서는 고려도

---

9) 《高麗史》 卷115, 列傳28 李穡條.

10) 이에 관해서는 이영, 〈'庚寅年以降の倭寇'と內亂期の日本社會〉, 《倭寇と日麗關係史》, 東京大學出版會, 1999 /《왜구와 고려·일본 관계사》, 혜안, 2011 번역 출간) 참조.

11) 이에 관해서는 이영, 〈게릴라전 이론을 통해서 본 왜구―조선 왕조의 대마도의 영유권 주장을 중심으로〉, 《일본연구》 31, 2011. 8 참조.

12) 이에 관해서는 이영, 〈손자병법을 통해 살펴본 왜구사 최대의 격전(황산전투)〉,

이와 유사한 조직, 즉 해도민(海島民)들을 휘하에 거느린 해상세력을 활용하거나 그렇지 않으면 해도민들을 국가의 공적인 무력(수군)으로 조직하고 동원하든지 하는 것이 바람직했다.

만약 당시 고려에 해상세력이 존재했더라면 중앙의 공권력은 그들을 파악하기도 쉬웠을 것이고 또 비교적 짧은 기간 내에 그들을 수군으로 편성할 수 있었을 것이다. 그러나 고려가 수군을 본격적으로 조직해 활용하게 되는 것은 이색의 건의가 있은 지 무려 20년이 지난 공민왕 23년(1374)의 일이었다.[13]

이때 수군을 재건하였지만 그렇다고 해서 곧바로 해전에 숙달된 왜구와의 싸움에서 고려 수군이 승리해 제해권을 되찾아올 수 있었던 것은 아니다. 그것은 최무선의 건의로 화통도감을 설치하고 화포를 함선에 장치에 사용함으로써 비로소 가능해졌다.[14]

두 번째 전제, 즉 제주도 내 해상세력들이 중국 해상(海商)들과 결탁하여 본토(本土)의 타 지역에 왜구 행위를 자행했다는 전제는 더더욱 성립하기 어렵다. 제주도 내 해상세력의 존재가 확인되지 않기에 당연히 성립하기 어려운 것이다. 《고려사》 등 당시의 사료에는 해상세력의 존재는커녕 이 시기 제주도인들의 산발적인 해상 활동에 관한 사료도 없다.

세 번째 전제, 즉 제주도 내의 해상세력과 중국 해상들의 연합에 의한

《잊혀진 전쟁, 왜구─그 역사의 현장을 찾아서》, 에피스테메, 2007 ; 동, 〈남북조 내란기 일본 무사와 왜구의 전술〉, 《일본문화연구》 47, 2013 참조.

13) 이에 관해서는 권영국, 〈고려말 지방군제의 변화〉, 《한국중세사연구》 1, 1994 ; 박한남, 〈공민왕대 왜구 침입과 우현보의 '上恭愍王疏'〉, 《軍史》 34, 1997 ; 이영, 〈왜구의 단계별 침구 양상과 고려의 대응〉, 《동북아 문화연구》 31, 2012 참조.

14) 화통도감 설치 이후 고려 수군과 왜구의 해상 충돌 사례를 살펴보면, 총 16번 싸워 우왕 10년(1384) 9월에 "고려병선 2척이 서해도의 노도에서 불타버린 것" 한 번을 제외하면 모두 이기고 있다. 이는 약 94%의 승률에 해당한다. 경인년 이후부터 화통도감의 설치 이전까지 왜구와의 해전에서 고려수군의 승률이 불과 25%정도였는데 화통도감을 설치한 이후에는 무려 94%의 승률을 기록하였던 것이다.

왜구 행위가 실재하고 있었음에도 고려조정이 이를 전혀 인식하지 못하고 있었다는 지적에 대하여 생각해 보자. 설사, 제주도 내에 해상세력이 존재했고 또 그들이 중국 해상들과 연합해 왜구 행위를 자행했다고 하더라도 고려조정이 이 같은 사실을 전혀 인식하지 못했다고 본 것은 더더욱 설득력이 없다.

이 시기, 제주도에서는 다수의 반란이 발생했다. 그런데 고려조정은 ① 가을적(加乙赤)·홀고탁(忽古托), ② 독불화(古禿不花)와 석질리필사(石迭里必思)와 ④ 제주 사람 차현유 등 반란 수모자의 이름을 《고려사》에 정확하게 남기고 있으며 또 그러한 반란을 진압하고 있다.

이것을 표로 작성해 보면 다음과 같다.

〈표 1〉 14세기 후반 고려정부와 제주도의 반란과 귀속(항복·토벌)[15]

	연 월	사건
1	공민왕 5년(1356) 6월	전 찬성사 윤시우를 제주 도순문사로 임명함.[16]
2	동년 9월	제주도 사람을 서북면 수비를 위한 병졸로 동원함.[17]
3	동년 10월	제주에서 가을적(加乙赤)·홀고탁(忽古托) 등이 반란. 도순문사 윤시우와 목사 장천년, 판관 이양길을 살해함.[18]
4	동왕 6년(1357) 2월	제주가 항복해 방물을 바침.[19]
5	동년 7월	제주의 성주(星主)가 와서 말을 헌납함.[20]
6	동왕11년(1362) 8월	목자(牧子) 몽골인 고독불화(古禿不花)와 석질리필사(石迭里必思) 등이 성주(星主) 고복수을 내세우고 반란을 일으킴.[21]
7	동년 10월	제주가 원에 예속할 것을 청함. 원은 문아단불화(文阿但不花)를 탐라만호로 임명함. 만호 박도손을 살해함.[22]
8	동왕12년(1363) 6월	문아단불화가 동생 인부를 보내 양과 말을 바침.[23]
9	동왕15년(1366) 10월	전라도 도순문사 김유가 100척으로 제주 토벌, 패전함.[24]
10	동왕16년(1367) 4월	전교령(典校令) 임박을 파견해 제주를 선무(宣撫)함.[25]
11	동왕18년(1369) 9월	제주가 항복함. 박윤청을 목사로 임명함.[26]
12	동왕21년(1372) 4월	탐라가 유경원과 목사 이용장을 살해하고 반란 일으킴.[27]

15) 이에 관해서는 이영,〈고려 말기 왜구의 실상과 전개〉,《왜구와 고려·일본 관계사》, 혜안, 2011 참조.

13	동년 6월	제주 사람들이 반란자를 살해하고 항복함.[28]
14	동왕23년(1374) 8월	최영이 탐라를 평정함.[29]
15	우왕 원년(1375) 11월	제주 사람 차현유 등이 반란. 문신보 등이 반란자 살해함.[30]
16	우왕 2년(1376) 5월	제주 만호 김중광이 역적 합적 등을 살해함.[31]

이러한 사실은 제주도가 고려의 중앙권력에 대하여 이반(離叛)과 항복을 반복하던 혼란 상태에서도 고려조정이 제주도 실상을 정확하게 파악하고 있었음을 보여준다.[32]

공민왕 5년(1356)부터 약 20년 동안 되풀이된 반란이 평정되고 제주도의 반란세력이 완전히 붕괴한 것은 공민왕 23년(1374) 8월이다. 20년 동안 특히 제주도인이 왜구와 연합한 사실을 입증할 사료는 하나도 없다. 만약

16) 《高麗史》 卷39, 世家39 恭愍王 5年 6月 庚申條.
17) 《高麗史》 卷39, 世家39 恭愍王 5年 9月 庚申條.
18) 《高麗史》 卷39, 世家39 恭愍王 5年 10月 丙寅條.
19) 《高麗史》 卷39, 世家39 恭愍王 6年 2月 辛亥條.
20) 《高麗史》 卷39, 世家39 恭愍王 6年 7月 壬寅條.
21) 《高麗史》 卷40, 世家40 恭愍王 11年 8月 丙申條.
22) 《高麗史》 卷40, 世家40 恭愍王 11年 10月 癸巳條.
23) 《高麗史》 卷40, 世家40 恭愍王 12年 6月 戊申條.
24) 《高麗史》 卷41, 世家41 恭愍王 15年 11月 壬辰條.
25) 《高麗史》 卷41, 世家41 恭愍王 16年 4月 庚申條.
26) 《高麗史》 卷41, 世家41 恭愍王 18年 9月條.
27) 《高麗史》 卷43, 世家43 恭愍王 21年 3月 庚戌條.
28) 《高麗史》 卷43, 世家43 恭愍王 21年 6月 戊戌條.
29) 《高麗史》 卷43, 世家43 恭愍王 23年 8月 辛酉條.
30) 《高麗史》 卷46, 列傳46 禑王 元年 11月條.
31) 《高麗史》 卷46, 列傳46 禑王 2年 5月條.
32) 고려는 원의 직할령이 되었던 제주가 환속되는 충렬왕 20년부터 지배력 강화 조처를 취해 나가기 시작해 충렬왕 21년에는 탐라라는 명칭을 버리고 제주목으로 행정단위를 개편했다. 그 결과, 이전에 3명의 외관이 중앙에서 파견되던 것에서 모두 7명이 파견되게 되는 등 고려는 제주도에 대한 지배력을 강화시키는 조치를 취했다. 고려조정이 제주도 내의 실상을 정확하게 파악할 수 있었던 것도 바로 지배력이 강화된 결과라고 생각된다. 이에 관해서는 앞의 주 8) 김일우 논문 참조.

양자가 연합해서 고려를 습격하는 일이 실현된다면 고려에 큰 위협이 되리라는 점은 바다 건너 명나라 홍무제도 충분히 예상할 수 있었고 또 주목하고 있었다. 공민왕 21년(1372) 9월 명 황제의 교서에 다음과 같은 언급이 보인다.

2. 탐라의 목자들이 만약 이 도적들(왜구 I 역자 주)과 서로 연합하면 섬멸하기가 어려울 것이다.[33]

만약 제주도인이 왜구와 연합해 제주도가 왜구집단의 중요 소굴이 되었다면, 공민왕 23년(1374)에 고려 정부군이 제주도를 공격할 때 어떠한 형태로든 왜구집단과의 접촉(예를 들면 해전 등)이 있었을 것이다. 그리고 당시 제주도의 귀속 문제와 제주도산 말에 대한 조공 요구를 둘러싸고 명나라와 외교적 대립을 반복하던 고려조정이 그러한 일을 알아차리지 못했을 리가 없다.[34]

3. 14세기 후반의 중국정세와 고려의 대응에 관한 인식의 문제

후지타는 《원사(元史)》의 "고려 해도민들이 바다를 돌아다니면서 약탈을 했다"는 기사를 제시한 뒤,[35] 원·명 교체기(元明交替期)에 중국을 침구한 '왜구(島夷)'의 실체는 주산군도의 해상세력 및 그들과 결합한 고려의 해상세력이었다고 주장하였다. 이하, 후지타가 자신의 논문에서 서술한 내용을 구체적으로 검토해 보자.

---

33) 《高麗史》卷43, 世家43 恭愍王 21年 9月 壬戌條.

34) 김순자, 〈元·明의 교체와 중국과의 관계 변화〉, 《한국 중세 한중 관계사》(연세국학총서 76), 혜안, 2007.

35) 이에 관해서는 앞의 주 3) 이영 논문 참조.

b. 1357년 이후, 장사성·방국진 등이 빈번하게 고려에 사절을 파견해 공물을
바치고 있다. (중략) 장사성 등의 사절 파견에는 그 외에도 다양한 인물이
사절을 함께 보내고 있는데 그 중 한 사람으로 '강절해도방어만호(江浙海
島防禦萬戶)'라는 직함을 가진 정문빈(丁文彬)이라는 자가 있었다. 직함으
로 본다면 강남(江南)의 해도(海島)를 기반으로 한 세력인데, 정문빈의
상서에는 "商賈往來, 以通興販"이 "惠民之一"이라면서, 요구하는 바가
고려정부와의 무역진흥에 있었음을 노골적으로 드러내고 있다.
또 주목되는 것은 그러한 사절 파견이 그의 휘하에 있던 '大邦(高麗)治下'
즉 고려인 황찬의 권유에 의한 것으로 고려 측 인물도 당시 중국 연안의
해도(海島)에 출입하고 있었던 것이다.

위 문장에서 후지타는 고려인 황찬을 '강절해도방어만호' 정문빈의 부하
로 간주하고 있다. 과연 그럴까? 위의 내용과 관련 있는 다음의 《고려사》의
기사를 보자.

3. 또 강절해도방어만호 정문빈이 이 글을 보내오기를, "(중략) 이번에
귀국 치하의 황찬이 이곳에 왔으므로 당신의 안부를 들을 수 있었다.
지금 우리는 여전히 같은 문화와 제도 아래 살고 있으므로 만약 상인이
왕래하여 교역을 하게 되면 이 역시 백성을 도울 수 있는 한 가지 일이
될 것이다. 황찬이 돌아가는 편에 친욱(親郁)과 문정(文政)을 보내어 우선
토산물을 헌납하고자 한다고 하였다.[36]

〈사료 3〉에서 정문빈이 '귀국(고려) 치하의 황찬'이라고 했지, 자기 부하
라고는 하지 않았다. 후지타는 사료를 자의적으로 왜곡한 것이다. '황찬'은
《고려사절요》에는 보이지 않고 오직 《고려사》의 이 기사에만 나타난다.

---

36) "又江浙海島防禦萬戶丁文彬通書曰, 文彬, 眇處海邑, 欽仰大邦, 久欲一拜殿下, 以覲
耿光, 惜乎微役所縈不果, 兹因大邦治下黃贊至此, 故得聞安吉, 今車書如舊, 儻商
賈往來, 以通興販, 亦惠民之一事也, 黃贊廻, 令親郁文政進拜, 聊獻土宜"(《高麗史》
卷39, 世家39 恭愍王 7年(1358) 7月 甲辰日條).

그런데 황찬은 '공민왕의 안부를 전달했다'고 한 것으로 보건대 왕이 파견한 사람으로 생각된다.[37] 또 정문빈의 부하 친욱과 문정이 귀국할 때에 전달하게 한 답서는 당시 우부승선한림학사(右副承宣翰林學士) 이색이 작성했다.[38] 그러므로 고려정부가 공식적으로 중국 지방관청의 장관에게 외교행위의 일환으로서 황찬을 파견한 것이라 할 수 있다. 계속하여 후지타의 언급을 살펴보자.

c. 고려에서도 무역에 대한 국가관리가 이루어지고 있었으며 그 아래에 해상(海商)이 입항할 수 있는 것은 개경과 바다로 연결되는 예성강에 한정되어 있었다. 그렇지만 14세기 중엽에는 그 외에도 해상이 왕래하는 항구가 있었다. 예를 들면 당시 고려의 문신 윤진(尹珍)은 전라도 나주 해변을 노래한 시에서 "有時賈客通吳越"이라고 하여 때때로 오월(吳越= 江南) 지방을 왕래하는 해상이 기항하고 있다고 했다.

그렇다면 위의 c의 밑줄친 부분은 어떻게 생각해야 할까? 그가 인용한 고려의 문신 윤진(尹珍)은 우왕 14년(1388)에 우현보·안종원과 더불어 문하찬성사(門下贊成事)에 임명된 인물로 생각된다.[39] 《신증동국여지승람》에 실려 있는 윤진의 시(詩)의 전문(全文)은 다음과 같다.

---

37) 김순자는 황찬에 관해 다음과 같이 서술하고 있다. "공민왕이 반원개혁을 단행한 바로 다음 해 장사성은 고려에 사신을 파견해왔고 그를 통해 고려는 양자강 일대 한인군웅(漢人群雄)의 실태와 원나라와의 관계, 원의 국방 상태, 한족의 민심 동향 등에 관한 정보를 얻을 수 있었다. 따라서 고려는 처음 한인군웅의 사신을 맞이한 공민왕 6년 7월 이후 멀지 않은 시기에 사신을 파견하였다. 장사성과 정문빈은 2차로 공민왕 7년 7월에 다시 사신을 파견해 오는데, 이때 고려가 파견했던 황찬이 함께 귀국했다." 즉 황찬을 고려가 파견한 사신으로 이해하고 있는 것이다(〈元·明의 교체와 중국과의 관계 변화〉, 《한국 중세 한중 관계사》, 혜안, 2007, 28~29쪽).

38) 앞의 주 36) 사료 참조.

39) "경인에 우왕이 (중략) 최영으로 문하시중으로 삼고 우리 태조(이성계)로 수문하시중, 이색으로 판삼사사, 우현보, 윤진, 안종원으로 문하찬성사로 (중략) 삼았다"(《高麗史》 卷137, 列傳50 禑王 14年 正月 庚寅條).

4. 바다에 가깝고 산으로 둘러싸인 옛 금주(錦州),
   앞마을 곳곳에 어주(漁舟)를 내놓았구나.
   한때는 장사꾼이 오월(吳越) 지방과 통했거니,
   사람들은 물고기와 새우를 얻어 주루(酒樓)로 들어가도다.[40]

이 윤진의 시를 근거로 내세워 후지타는, 중국 해상(海商)들이 고려 연안에 와서 교역을 하면서 해당 지역의 고려인들과 연합해서 해적 행위를 했을 것이라고 추정하였다. 그런데 윤진이 "한때는 장사꾼이 오월(吳越)지방과 통했거니"라고 한 것은, 한반도 서남지방에 위치한 전라도 나주지방에서 바닷길을 통해 중국의 오월지방으로 왕래했다, 즉 나주지방이 오월지방으로 통하는 해로(海路) 상에 위치하고 있다는 의미다.[41] 후지타의 사료 인용과 해석이 얼마나 심각한 오류에 입각하고 있는지를 잘 알 수 있다.

또 중국 해상들이 예성강이 아니라, 교역을 위해 일부러 전라도 등 지방의 연안에 기항(寄港)했다고 하는 확실한 사료도 없다. 당시 중국 해상들이 고려에 가지고 오는 주요 교역품이 생활 필수품이라기보다는 서적·향료·설탕 같은 귀족들의 사치품이었다[42]는 점을 고려할 때, 그들이 처음부터 연안지방에서의 교역을 목적으로 기항했을 가능성은 적었으리라 생각한다. 물론 신선한 식수나 식료 등을 얻기 위해 소지품 중 일부를 현지 주민들과 교역했을 가능성이 전혀 없지는 않다.[43] 그렇지만 이런 것을 가지고 '무역'이라고 할 수 있을까? 그들이 배에 실어서 가지고 올 수 있는 상품의 양과 부피는 제한되어 있었기 때문에 당연히 부피가 작고 가벼우면서 부가가치가 높은 서적, 향료, 설탕 등과 같은 물품들이 주요 상품이었고, 그러한 물품의 주된 고객은 역시 개경을 중심으로 한 수도권 일대의 국왕, 귀족, 사찰

---

40)《新增東國輿地勝覽》卷35, 羅州牧 題詠條.

41) 김문경,《장보고 연구》, 연경문화사, 1997, 108~117쪽 참조.

42) 이에 관해서는 森克己,《日宋貿易の硏究》, 國立書院, 1948 참조.

43) 예를 들면《宣和奉使高麗圖經》卷33, 供水條.

등이었다. 따라서 중국 해상이 입항할 수 있는 것은 예성강에 한정되어
있었다라고 하기보다는, 무역거래의 주요 대상이 개경에 거주하는 왕족과
귀족, 대사찰 등이었기에 예성강으로 오는 것이 효율적이었다고 해야 할
것이다.

그리고 설사, 중국 해상들이 다수 고려 연안에 와서 현지 주민들과 교역을
했다 하더라도 그 사실을 곧바로 양자가 연합해서 해적 행위를 한 근거로
간주하는 것은 지나친 논리의 비약이다. 예를 들어, 고려 문종대(1047~1082)
를 정점으로 해서 11~12세기에 많은 송나라 상인들이 고려에 내항해 왔다.[44]
그의 주장이 옳다면, 송나라 상인들이 대거 왕래하던 11세기 말의 문종대에
도 해적이 발생했어야 한다는 논리가 성립한다. 그런데 이 시기, 해적에
관한 기사는 《고려사》에 전혀 보이지 않는다. 이를 어떻게 설명할 것인가?

무역의 연장선상에서 해적 발생의 기원(起源)을 추구하는 것은 서양사(西
洋史)에서는 보편적인 인식이다. 그러나 활발한 무역활동이 반드시 해적의
발생으로 귀결되는 것은 아니다. 그것은 송나라 상인들과 일본 상인들이
빈번하게 내왕하던 고려 문종대에 해적이 단 한 건도 발생하지 않고 있다는
사실을 봐도 잘 알 수 있다. 다시 말하면 특정 해역에서의 활발한 무역활동은
해적 발생의 '필요조건' 중 하나일 수는 있어도 '충분조건'은 되지 못하는
것이다.

후지타는 또 다음과 같이 서술하고 있다.

d. 임보일(林宝一)이 진괴팔(陳魁八)을 살해한 것을 숨기기 위해 그의 행선지
를 고백일(高伯一)에게 전한 진포(鎭浦)는 주도(州島)가 리아스식 해안을
이루고 있는 하구(河口) 일대인데, 여기서도 당시 해상이 입항하고 있었던

44) 송나라 상인들의 경우, 고려 현종 3년(1012)부터 충렬왕 4년(1278)까지 약 5천
명이 약 120여 회에 걸쳐 고려에 왔다(이영, 〈院政期の日本·高麗交流に關する一考
察〉, 《倭寇と日麗關係史》, 東京大學出版會, 1999 / 《왜구와 고려·일본 관계사》,
혜안, 2011).

것 같다. 역시 당시 저명한 문신 이색(李穡)이 중국 유학 당시의 동창이었던 명주 출신의 학우를 그리워하며 지은 시에 "鏡湖鎭浦非他水, 月艇風檣似近鄉, 焉我苧根煩海賈, 送君綿實托鄉人"라는 부분이 있다. 이색의 〈영목면포(詠木綿布)〉라는 시(詩)로, 백저(白苧)의 뿌리와 면(綿)의 씨를 주고받으며 귀국 후에도 변하지 않는 우정을 기원하는 뜻이지만, 경호(鏡湖: 明州의 서쪽, 紹興의 호수)와 수로로 연결되어 있다는 진포는 해가(海賈)나 향인(鄉人: 明州 사람으로 역시 해상)의 입항지로 인식되고 있었다고 말해도 좋을 것이다. 실은 이 이색은 앞에서 언급한 정문빈에게 보낸 답서를, 국왕의 명령을 받아 작성한 인물이다. 의외로 그는 당시의 중국무역과 연안의 실정을 잘 알고 있었을지도 모른다.[45]

후지타는 "진포(鎭浦)는 주도(州島)가 리아스식 해안을 이루고 있는 하구(河口) 일대인데, 여기서도 당시 해상이 입항하고 있었던 것 같다"고 하여 진포, 즉 금강 하구 일대가 리아스식 해안을 이루고 있어서 마치 고려정부가 현지 사정을 제대로 파악하지 못하던 무법지대였다고 하는 자신의 인식을 드러내고 있다. 그러나 금강 하구 일대는 '리아스식 해안을 이루고 있다'고 할 정도로 복잡한 지형이 아니다.

그런데 '진포'는 고려 말 당시 고관이며 문장가인 목은 이색의 고향인 충남 서천군 한산면(韓山面)의 앞바다이기도 하다.[46] 이색(1328~1396)은 시에서 자주 고향을 노래하였다. 예를 들면 다음과 같은 것이 있다.

5. (전략) 한산(韓山)은 긴 강가에 우뚝 자리했고
   진포의 물은 큰 바다로 흘러 들어가네.
   향리에서 그 뉘 집이 숨은 덕을 쌓았던고,
   문장은 우리 이씨가 중원 문풍을 지녔다오.

---

45) 앞의 주 4) 藤田明良의 논문.
46) '진포'는 금강 하구 일대에 해당하는 충청남도와 전라북도 지역을 가리킨다. '진포'에 관해서는 이영, 〈진포구(鎭浦口)전투의 역사지리학적 고찰〉, 《잊혀진 전쟁, 왜구》, 에피스테메, 2007 참조.

민가는 촘촘하나 지경은 더욱 후미지고
곡식은 구름처럼 쌓여 해마다 풍년인데
문득 왜구를 만나 지금 다 탕진했기에
액운이 장차 다하리라고 모두들 말 하누나.[47]

따라서 이색이 "鏡湖鎭浦非他水"라고 노래한 것은 친구가 있는 곳(鏡湖)과 내가 있는 곳(鎭浦)이 서로 멀리 떨어져 있지만 같은 물로 연결되어 있다고 하는, 돈독한 우정을 표현한 시어(詩語)이지 결코 '진포'가 중국 해상들의 입항지라는 의미로 쓴 것이 아니었다. 후지타는 "이색은 앞에서 언급한 정문빈에게 보낸 답서를, 국왕의 명령을 받아 작성한 인물이다"라 했지만, 진포가 '이색의 고향 앞바다'라는 사실을 알지 못한 것 같다. 이색은 또한 국방(國防) 특히 왜구대책으로 이미 공민왕 원년(1352)에 수군의 재건을 건의한 적이 있을 정도로 왜구 문제에 정통한 인물이었다.[48] 그런 그가 이 시에서 풍요로웠던 자신의 고향 한산이 왜구 때문에 황폐해진 것을 한탄하고 있다. 자기 고향이 왜구 때문에 피폐해져 가는 모습을 노래한 이색이, 당시 왜구의 실체가 일본인만이 아니라 중국인과 고려인도 가세한 연합해적이라는 사실을 죽을 때까지 전혀 깨닫지 못했던 것일까? 이색은 같은 상소에서 불온한 대륙정세에 대해 우려를 표하면서 다음과 같이 건의했다.

6. 더욱이 우리나라는 동쪽에 일본이 있고 북쪽에 여진이 있으며 남쪽으로는 강절(江浙: 중국 강소성과 절강성 | 역자 주)의 배가 왕래하고 원나라로 가는 한 갈래 길이 서쪽으로 연경(燕京)으로 뻗어 있습니다. 앞서 왜적이 침범하자 당황하여 어쩔 줄을 모르고 원나라에 출병을 요청한 바 있었습니다. 앞으로 만일 강절의 적이 배로 침입하고 또 만일 여진 사람들이

---

47) 〈진관사로부터 맹동(孟童)이 돌아와서 밤에 이야기를 나누다가 느낌이 있어 짓다〉, 《목은시고》 제10권, 민족문화추진회판 번역 참조.
48) 앞의 주 9) 사료.

기병을 몰아 남쪽으로 오면 농사짓던 농민들이 어찌 갑자기 국가를
보위하는 군인이 되기를 기대할 수 있겠습니까?[49]

이 사료는 공민왕 원년(1352)의 것으로 고려가 아직까지 반원자주 개혁
노선을 천명하기 이전의, 중국정세의 동요와 그 영향으로 인해 앞으로
전개될 한반도 주변 정세에 대한 이색의 뛰어난 상황 예측을 보여준다.
이처럼 이색은 당대 최고의 지식인답게 원나라 내부의 정치사회적 동요가
미구(未久)에 초래할지도 모를 한반도 정세에 대하여 밝았던 인물이었다.[50]
당시 고려의 고관으로 국가의 안위를 걱정하던 이색의 경계대상 중에는
왜구와 여진족 외에 '강절(江浙)의 도적'도 포함되어 있었다.

후지타도 "의외로 그는 당시의 중국무역과 연안의 실정을 잘 알고 있었을
지도 모른다"고 했듯이, 그는 동아시아 국제정세는 물론 국내외의 상황에
대하여 꿰뚫고 있었다. 당시 고려 최고의 지식인으로서, 그의 해박한 지식과
정보는 자신의《목은시고(牧隱詩藁)》에 실려 있는 6천여 수의 시에 잘
드러나 있다. 그 중에는 왜구와 관련된 시도 약 50여 수 정도 포함되어
있다. 따라서 임보일 등 난수산의 잔당들이 고려 연안에서 해적 행위를
했더라면 당연히 그의 기록에도 남아 있지 않았을 리 없다. 그런데 당시
왜구가 중국인과 일본인, 그리고 심지어 고려인까지 포함된 다국적 해적집단
이었다고 하는 것은 이색의 언급 어디에도 찾아볼 수 없다.

후지타는 또 다음과 같이 서술하고 있다.

---

49) 앞의 주 9) 사료.
50) 이색은 1348년(충목왕 4)에 원나라에 가서 국자감(國子監)의 생원(生員)이 되어
성리학을 연구하였고 1351년(충정왕 3)에 아버지 상을 당해 귀국하였다. 1352년(공
민왕 1) 전제(田制)개혁, 국방계획, 교육의 진흥, 불교의 억제 등 당면한 여러
정책의 시정개혁에 관한 건의문을 올리기도 했다. 그 뒤에 또 원나라에 가서
1354년 제과(制科)의 회시(會試)에 1등, 전시(殿試)에 2등으로 합격해 원나라에서
응봉 한림문자 승사랑 동지제고 겸국사원편수관(應奉翰林文字承事郞同知制誥兼
國史院編修官)을 지냈다.

e. 나주나 진포로 무역선이 출입하는 것은 단순히 순풍을 기다리기 위한 것이 아니다. 전라도 등 반도 서부는 해안선이 굴곡이 많아서 많은 섬과 더불어 복잡한 지형을 이루어 항행이 어려운 장소이다. 《고려도경(高麗圖經)》에 실려 있는 송의 사신이 탄 배의 항로를 보면 흑산도를 통과한 뒤에도 육지에는 접근하지 않고 군산도 등 상당히 육지에서 멀리 떨어져 있는 여러 섬들에 기항하고 있다. 곧바로 개경으로 갈 것 같았으면 무역선도 같은 항로를 취하였을 것이지, 상당히 깊숙한 장소에 있는 나주와 진포에 교역 이외의 목적으로 일부러 기항할 필요는 없었을 것이다.[51]

후지타는 "전라도 등 반도 서부가 항행이 어려운 장소"라고 했지만, 진포에 고려 13 조창(漕倉) 중 하나인 진성창(鎭城倉)이 있었으며 그 이외에도 전라북도 부안군에 안흥창(安興倉), 전라남도 영광군에 부용창(芙蓉倉), 무안군에 해릉창(海陵倉) 등 전라도 서해안에만 4곳의 조창이 있었다는 사실을 잘 모르는 것 같다. 《고려도경》의 송나라 사절이 탄 배는 수도 개경으로 가는 빠른 항로를 선택했기 때문이다. 또 다음의 언급을 보자.

f. 1358년의 일이지만, 전라도의 조세 운송이 고려정부로부터 '한인(漢人) 장인보(張仁甫)' 등의 도강(都綱)에 위탁된 일이 있었다. 중국 해상 중에 이 해역의 수로에 대하여 숙지하고 있는 사람이 있었음을 알 수 있는데, 그것은 평소 교역을 행하기 위해 전라도 내를 출입하고 있었기 때문이 아닐까?

그들이 통과하는 반도 연해에는 당시, 국가의 규제가 미치기 어려운 지역이 각지에 존재하고 있었다. 남송이 존립하고 있던 1270년, 그 상선이 출입하고 있는 것을 원에 의해 추궁당한 고려정부는 "私地發遣"이라고 변명하고 있다.[52] 이미 이 무렵에도 국가의 통제가 불가능한 무역이 있었음을 알 수 있는데 이 사지(私地)란 국가 관리 이외의 땅, 즉 왕족과 귀족 등의 농장을 지칭한다.[53]

---

51) 앞의 주 4) 藤田明良의 논문.
52) 《高麗史》 卷26, 元宗 1年 12月 乙卯條.

후지타는 14세기 후반의 고려사회를, 같은 시기 즉 일본 남북조 내란기의 지방분권적인 사회와 비슷한 사회로 오해하고 있는 것 같다. "그들이 통과하는 반도 연해에는 당시, 국가의 규제가 미치기 어려운 지역이 각지에 존재하고 있었다"고 한 것이 그것이다. 그렇지만 '북로남왜(北虜南倭)'의 혼란 속에서도 당시 고려조정은 지배체제에 도전하는 움직임을 확실하게 파악하고 여기에 유효하게 대처하고 있었다. 예를 들어 사회적 범죄에 대한 단속이 이루어지던 대상 지역 중에는 수도(개경) 부근과 서북면(중국과의 국경지대)은 말할 것도 없고 강원도의 간성군·충청도의 면주(현 당진군)·해도(정확한 위치는 불명) 등과 같이 왜구가 빈번히 침구하고 있던 연해지역까지 포함되어 있다.[54] 또 단속 대상은 지방관(지간성군사·해도만호)·전직 관리(전판서)와 그 가족 성원은 물론 승려와 사노(私奴)·상인까지 포함된 사회 모든 계층에 걸쳐 있다.[55] 그리고 단속 내용은 지방관의 가혹한 수탈과 민구(民口)의 은닉, 오직(汚職), 사노(私奴)의 선동, 승려의 풍기문란, 양반의 딸과 노비의 남편과의 간통, 외국과의 밀무역 등 다양하고 구체적이다.[56]

특히 전라도 서해안은 국가재정의 근간을 이루는 조운선이 통과하는 해역이다. 이 해역의 안전을 위협하는 것은 왜구 이외에 없었다. 중국 해상이 해안의 안전을 위협하던 왜구의 일원이었다면, 고려정부가 한인(漢人) 장인보(張仁甫) 등의 도강(都綱)에게 전라도의 조세 운송을 위탁할 리가 없다.[57] 이러한 중국인 도강의 존재는 후지타 설의 근거가 될 수도 있겠지만,

---

53) 앞의 주 4) 藤田明良의 논문.

54) 앞의 주 16) 이영 논문.

55) 앞의 주 16) 이영 논문.

56) 앞의 주 16) 이영 논문.

57) "임술, 왜가 금모포(전북 부안)에 침구해 전라도의 조운선을 불태웠다. 이때 왜구 때문에 조운이 통하지 못하였기 때문에 한인(漢人) 장인보 등 여섯 명으로 하여금 도강(都綱)으로 삼아 각각 당선(唐船) 1척과 전졸(戰卒) 150명을 주어 전라도의 조세를 운송하게 하였는데 왜적이 바람을 타고 불을 놓아 태우자 우리 군사가 패하여 사상자가 아주 많았다"(《高麗史》 卷39, 恭愍王 7年(1358) 7月 壬戌條).

앞에서 "항행이 어려운 장소이다"라고 한 지적과 모순된다.

후지타는 또한 "남송이 존립하고 있던 1270년, 그 상선이 출입하고 있는 것을 원에 의해 추궁당한 고려정부는 "私地發遣"이라고 변명하고 있다"라고 서술한 부분의 사료적 근거가 《고려사》 권26, 원종 원년 12월 을묘일조임을 밝히고 있다. 그러나 원종 원년은 1260년이며 12월에는 을묘일조에 해당하는 기록이 없다. 1270년은 원종 11년인데 12월에 을묘일조에 기록이 있다. 그런데 이 "私地發遣"은 "사유지에서 선박을 출발시켰다"라는 의미가 아니다. 해당 사료의 앞뒤 문장을 살펴보면 다음과 같다.

> 8. 전년에 어떤 사람이 나(세조 | 역자 주)더러 고려가 남송, 일본과 교통을 한다고 하기에 당신에게 물었더니 당신은 그때에 소인에게 현혹되어 "그런 일이 없다"고 하였다. 그런데 금년에는 남송에서 상선이 온 것을 <u>당신이 몰래 떠나보냈다</u>. 나중에 행성에서 힐문하게 되어서야 비로소 "행성에 알리지 못하게 하였는데 이것은 잘못이다"라고 하였다.[58]

"경(원종)이 몰래(=私地) 송나라 상선을 떠나보냈다"라는 의미를 지닌 사료를, 전후 문맥을 거두절미한 채 왜곡한 것이다. 이처럼 사료의 오역 위에 후지타의 논지는 앞으로 더 나아간다. 다음의 언급을 보자.

> g. 어쨌든 [수산(秀山)의 진씨 일족] 100명 이상의 집단이 2년 가까이나 생활하는 것은 부근의 주민 및 지방관리와 양호한 관계가 없어서는 불가능하다. 그뿐 아니라 진씨는 고려정부의 중추부에도 커넥션을 지니고 있었다. <u>1372년 5월 난수산의 적들로부터 배를 구입한 고려정부 고관이 있었음이 발각되어 고려는 홍무제로부터 질책을 당하고 배의 반환을 명령 받는다.</u> 중국무역의 성황은 외국인이 자유롭게 출입하는 사태를 연안지역에 초래함으로써 고려의 '국가 원칙(あるべき姿)'을 크게 뒤흔들

---

58) "有人言, 高麗與南宋·日本交通, 嘗以聞卿, 卿, 惑於小人之言, 以無有, 爲對, 今年, 却有南宋商船來, <u>卿, 私地發遣</u>, 迨行省致詰, 始言不令行省知會, 是爲過錯."

고 있었던 것이다.[59]

후지타의 언급 중 밑줄친 부분을《고려사》에서 확인하면 다음과 같다.

9. 정당문학 한중례가 난수산 도적의 배를 샀다. 명나라 황제가 이것을
듣고 "재상이 도적의 배를 산다는 것은 부당하다. 빨리 돌려보내야 한다"
고 말하였다. 배가 이미 부서졌으므로 6월 정축일에 한중례를 순군옥에
가두고 그 수리를 엄명하였다.[60]

정당문학(政堂文學)은 중서문하성(中書門下省)의 재신(宰臣: 종2품 관직)
으로 국정을 논의하는 일을 맡았다. 한중례는 본관이 청주(淸州)[61]로 공민왕
이 친히 그의 집에 찾고[62] 계성군(繼城君)에 봉해질 정도로[63] 왕의 측근
중 한 사람이었다. 따라서 고려의 재상 한중례가 난수산의 도적에게서
배를 구입했다고 하는 사실에서 진씨 일행의 고려 이주는 고려정부의 허가와
묵인 하에 이루어진 것으로 봐야 한다든가, 진씨 일족이 '부근 주민 및
지방관리와의 양호한 관계'를 유지하고 있었을 것이라는 후지타의 추정도
이런 관점에서 접근해야 한다.[64] 즉 고려조정이 진씨 일족의 국내 체재를
용인해 준 것으로 봐야 한다. 고려는 무엇 때문에 그들의 국내 체재를
용인하였을까?

---

59) 앞의 주 4) 藤田明良의 논문.
60)《高麗史》卷43, 恭愍王 21年 5月 甲戌.
61)《高麗史》卷107, 列傳20 韓康條.
62)《高麗史》卷38, 恭愍王 元年 11月 壬申條.
63) 앞의 주 61) 사료.
64) 또한 후지타(藤田明良)는 정문빈이 무역을 위해 고려에 사람을 파견했다고 했지만,
고려가 왜 이러한 한인 군웅들의 요구에 응했는지에 대한 언급은 찾아볼 수 없다.
이처럼 장사성과 방국진, 정문빈 등의 사절 파견에 고려가 적극 대응한 것은
중국대륙의 정세에 관한 정보를 수집하기 위한 것이었다. 앞의 주 34) 김순자의
책 참조.

〈사료 9〉는 공민왕 21년(1372)의 기록으로 명 홍무 5년에 해당한다. 홍무제가 중원을 제패한 지 불과 5년밖에 안 된 시점으로 아직 명나라의 중원 지배가 안정적이라고 할 수 없었다. 앞으로의 상황은 얼마든지 유동적일 수 있었다. 따라서 고려정부는 진씨 일족과 같은 중국인들을 보호하고 활용해 양자강 일대 한인 군웅(漢人群雄)의 실태와 원나라와의 관계, 원의 국방 상태, 한족의 민심 동향 등에 관한 정보를 얻고자 했던 것이다.

4. 결론

여말~선초 왜구의 실체에 관한 일본의 선행 연구 중에 후지타 아키요시의 소위 '다민족·복합적 해적'설은 현재 일본의 중세 대외관계사 연구자들 사이에서 정설(定說)로 자리잡고 있다. 그러나 일본학계에서 중요한 위치를 점하고 있는 이 후지타 설은 많은 부분이 한국사에 대한 오해와 오류 위에 추정에 추정을 거듭한 것이었음이 밝혀졌다.

특히 제주도를 비롯한 한반도 도서 연해지역에, 국가 공권력의 지배로부터 자유로운 해상세력이 존재했다고 하는 그의 주장은 전혀 근거가 없다. 그가 근거로 제시한 고려사에 대한 역사상(歷史像)은 사료의 오독(誤讀)과 왜곡으로 점철된 것이다. 그러한 수많은 오류 위에 추정과 추정을 더해 성립한 후지타의 '다민족·복합적 해적'설은 하나의 학설로서 성립하기 어려운 것임을 확인했다고 할 수 있다.

대외관계사 내지 국제교류사에 관한 연구를 위해서는 적어도 상호 인접하는 2개 국 이상의 1차 사료를 정확하게 해독할 수 있어야 하며 그러기 위해서는 양국의 지리 및 지형에 대한 이해, 그리고 양국의 해당 시기의 역사 연구성과에 대한 올바른 이해 등 다양한 조건이 요구된다.

그러한 면에서 14세기 후반~15세기 초까지의 동아시아 국제질서 및

교류의 중심축을 이루는 왜구의 실체에 관한 학설로서 '다민족·복합적
해적'설은 설득력이 없다고 해야 할 것이다.

제4장

'여말~선초의 한반도 연해도서=다민족 잡거지역'
설의 비판적 검토

1. 서론

왜구 문제는 '여몽연합군의 일본 침공'(이하 일본 침공)과 더불어 중세 동아시아 국제질서를 규정지은 '양대(兩大) 사건'이라고 할 수 있다. 그런데 현재 일본 역사학계에서는 소위 후지타 아키요시(藤田明良)의 '고려 말~조선 초 왜구=다민족·복합적 해적'설이 정설의 위치를 점하고 있다.1) 그 요점은 한 마디로 "왜구의 구성원은 일본인만이 아닌, 중국인과 고려(조선) 인까지 포함된 다국적 집단으로 구성되어 있었다"2)는 것이다. 이러한 왜구 인식은 물론 한국학계의 그것과는 대치된다. 그런데 이러한 '다민족·복합적 해적'설은 후지타의 소위 '한반도 도서연안=다민족 잡거지역'설을 토대로 하고 있다.3) 따라서 '다민족 복합적 해적'설의 입론(立論) 여부를 검증하기

---

1) 후지타의 견해는 다음 논문에서 제시되고 있다. 〈中世東アジアの島嶼觀と海域交流 －島嶼論への歷史學的アプローチのために〉, 《新しい歷史學のために》 222, 1996. 6 ; 同, 〈蘭秀山の亂と東アジアの海域世界〉, 《歷史學研究》 698, 1997. 6 ; 同, 〈東アジア における海域と國家——一四～一五世紀の朝鮮半島を中心に〉, 《歷史評論》 575, 1998. 이하에서는 '고려 말·조선 초 왜구=다민족 복합적 해적'설은 '다민족 복합적 해적'설로 줄이기로 한다.

2) 이에 대해서는 제1장의 각주) 10 참조.

위해서는 '다민족 잡거'설의 타당성 여부가 우선 확인되어야 한다.[4]

제4장에서는 우선 '다민족 잡거'설이 지니고 있는 제반 문제점에 대하여 검토한다. 그리고 고려(조선) 백성들의 유이(流移)와 정부의 사민(徙民)정책 및 해당 시기의 연해 도서지역의 실상에 대하여 고찰한다.

이상과 같은 검토를 통해 고려 말~조선 초 왜구의 침구 양상과 고려(조선) 측의 대응, 그리고 한반도 연해 도서지역의 실상에 접근해 감으로써 '다민족 복합적 해적'설의 허구성을 논증하고자 한다.

2. '다민족 잡거(多民族雜居)'설의 근거와 문제점

후지타는 한반도 남부 연안 도서지역에서의 소위 '다민족 잡거(多民族雜居)' 현상의 존재와 그 의미에 대하여 다음과 같이 언급하고 있다.

> a. 1368년 몽골제국은 분열되어 옛 수도 카라코룸으로 옮겨가고, 대도(大都＝
> 현재의 북경 | 역자 주)에는 주원장이 이끄는 명나라 군대가 입성했다.
> ① 대원(大元) 시대와 같은 해상교역(海上交易)은 부정되고 왜구를 단속할
> 수 있는 일본국왕을 필요로 하는 해금(海禁)의 시대가 되었다. ② 때를
> 같이해서 고려에서도 연해(沿海)·도서(島嶼) 지역에서의 여러 민족(諸民
> 族)이 잡거(雜居)하는 상태를 해소하기 위한 '공도화(空島化)'(섬주민들의
> 강제 이주)가 시도되고, 왜구 지배지역에 대한 군사침공이 이어졌다.[5]

---

3) 이하 '다민족 잡거'설이라고 하자.

4) 필자는 이미 별고〈'왜구＝다민족·복합적 해적'설의 허구와 문제점－식민사관과 관련하여〉(《동북아역사논총》 28, 2010. 6)에서 이 문제에 관하여 검토한 바 있다. 그러나 그 근거가 되고 있는 소위 '다민족 잡거'설에 대하여는 본격적으로 검토하지 못했다.

5) 藤田明良, 〈東アジアにおける海域と國家――一四～一五世紀の朝鮮半島を中心に〉, 《歷史評論》 575, 1998.

먼저 ①에 주목해 보도록 하자. 명대(明代)에 들어와 해상교역을 부정하는 해금(海禁)정책이 시행된 것은 왜구 때문이지 해상교역이 부정되었기 때문에 왜구가 침구한 것이 아니다.[6] 이것은 전후(前後) 인과관계(因果關係)가 뒤바뀐 서술이다. 역사 연구자의 일차적인 역할은 역사적 사실(事實)을 밝히고 역사 현상의 배후에 있는 인과관계(因果關係)를 규명하는 데 있다.

후지타는 또 ②에서 여말선초 당시 한반도 도서 연해지역 백성들이 왜구와 결합하는 것을 막기 위해 '공도화(空島化) 정책'을 추진했다고 주장한다. 과연 그럴까? 그의 주장이 성립하기 위해서는 다음과 같은 상황이 전제되지 않으면 안 된다.

첫째, 한반도 연해 도서지역에서 왜인과 고려(조선)인 또는 중국인들이 항시적으로 잡거하고 있었다.

둘째, 이를 위해서는 한반도 연해 도서지역 주민들이 왜구들을 두려워하지 않고, 양자가 상호 친밀한 관계를 유지하면서 협조하고 있었다.

셋째, 고려(조선)정부는 이러한 **다민족 잡거 현상**을 전혀 모르고 있었거나 아니면 알고 있었어도 세종 원년의 쓰시마 정벌 이전에는 이를 해결할 능력이 없었다.

이상의 세 가지 전제에 대해 구체적으로 검토해 보기로 하자. 후지타의 고려정부의 공도화 정책의 의도에 대한 잘못된 인식은 세종대의 쓰시마 정벌의 목적에 대한 오해로 이어진다. 즉 그는 세종 원년(1419)에 조선조정이 추진한 쓰시마 정벌[7]의 진짜 목적은 역시 '쓰시마의 공도화' 즉 왜인과

---

6) "연해의 간교한 백성들이 왜구와 결탁하는 것을 막기 위해 주민을 해변에서 이전시키는 시책을 시행함과 동시에, 명조 정부는 해방과 표리관계에 있는 해금정책을 취했다. 해금정책은 주로 왜구의 발호에 대한 방지책이라고 말할 수 있다"고 고 하는 것은 중국학계의 일반적인 인식이다. 熊遠報, 〈倭寇と明代の海禁－中國學界の視点から〉, 大隅和雄·村井章介 編, 《中世後期における東アジアの國際關係》, 山川出版社, 1997 참조.

조선인·중국인들의 잡거 상태를 해소하기 위해서였다는 것이다. 이를 뒷받침하기 위해 그는 다음과 같이 언급하기도 했다.

> b. 이처럼 조선 남부에서는 왜인과 조선 인민과의 교류와 잡거가 문제가 되고 있었다. 이 잡거 상황에는 당인(唐人)이라 불리는 중국인도 포함되어 있었다. (중략) 쓰시마는 이러한 당인의 거점이기도 했다. (쓰시마) 정벌 당시에 '보호'받고 있었던 ⓒ 중국인 피납자들은 142명에 달하지만 그들 모두가 실제로 납치당해서 온 것은 아니다. 쓰시마의 당인들 중에는 외교문서를 담당하는 중요한 지위에 있던 진성행(秦盛幸) 같은 인물도 있었던 것이다.
>
> ② 이러한 자국 연안과 도서지역에서의 '여러 국민들'의 잡거 상태를 해소하기 위해서는 그들의 귀속을 명확하게 하고, 국가지배 속에 편입시킬 수밖에 없다. 그 때문에 교류의 한 거점이었던 쓰시마에 대하여 이루어진 것이 '오에이(應永)의 외구(外寇)'였다. 정벌을 실시해 압력을 가함으로써 쓰시마에 모여드는 사람들을 국가(조선, 일본 또는 명나라)에 명확하게 귀속시키는 것, 그것이 이 대규모 파병의 본래 목적이 아니었을까?[8]

ⓒ에 대하여 생각해 보자. 후지타는 당시 왜구들은 외교문서를 담당할 수 있는 유식한 사람은 납치하지 않았다고 말하고 싶은 것인지, 아니면 유식한 중국인들은 납치당하지 않고 스스로 일본에 왔다고 생각하는 것인지 알기 어렵다. 그런데 납치하는 입장에서 본다면 유능한 인물이 효용성이 더 크기 때문에 진성행 같은 인물을 오히려 더 선호하지 않았을까? 고려 말의 고관이었으며 유종(儒宗)이었던 목은(牧隱) 이색(李穡) 역시 왜구에게 납치당할 위험에 처한 적이 있다.[9] 그는 왜구에게 잡히지 않으려고 "잡목

---

7) 일본에서는 이를 '오에이(應永)의 외구(外寇)'라고 한다.

8) 藤田明良, 〈東アジアにおける海域と國家——四～一五世紀の朝鮮半島を中心に〉, 《歷史評論》 575, 1998.

9) 《목은시고(牧隱詩藁)》에 수록되어 있는 왜구 관련 시(詩) 수십여 수(首)는, 일본의 연구자들이 조선 초기에 정치적 의도를 가지고 편찬된 사료라 하여 신뢰하기를

숲속에 숨어서 배고픔과 공포의 고통을 겪음으로써 고려 백성들의 고통을 이해하게 되었다"고 서술해 왜구로 인한 수난을 생생하게 전하고 있다.[10] '진성행'이 피랍(被拉)되지 않고 자발적으로 일본에 왔다고 하는 확실한 근거의 제시가 없는 한, 후지타의 견해에 따를 수 없다.

㉣에 대하여 생각해 보자. 만약 후지타의 주장이 옳다면 다음 사실은 어떻게 설명할 수 있을까? 쓰시마 정벌을 앞두고 조선정부는 연해지역에 살게 한 일본인들을 모두 내륙지방으로 이동시켰다.[11] 이는 후지타가 주장하는 '잡거 상태의 해소'와는 정반대가 아닌가? '여러 민족의 잡거 상태'가 왜구의 발생 요건이라면, 조선 국내에 있던 일본인들은 다 죽이든가 아니면 일본으로 돌려보냈어야 하지 않을까?

후지타는 또 조선 세종 원년(1419)에 있었던 쓰시마 정벌의 목적에 대하여 다음과 같이 언급하였다.

> c. 조선정부의 당초 의도는 조선으로 모두 이주해 오든지(卷土來降) 권토귀국 (卷土歸國), 즉 도민(島民)들을 조선 본토나 일본 내지(內地)로 이주시켜 쓰시마를 '공도화'하는 것에 있었다. 이것이 교섭 과정에서 쓰시마의 경상도 주군화(州郡化)로 변화하고 나아가 쓰시마 측의 저항으로 인해 쇼(宗) 씨의 조선에 대한 형식적인 복속(印信의 受理)으로 낙착된 것이다.[12]

조선조정이 쓰시마의 '공도화'에서 '경상도 주군화(州郡化)'로 방침을

주저하는《고려사》와는 달리 당대 최고의 문장가이며 정부 고관이었던 이색이 지방에서 올라오는 상세한 보고에 입각해 기록한 왜구 관련 1차 사료라 할 수 있다.

10) 〈山中謠〉,《牧隱詩藁》卷26, "我幸竄伏榛灌中. 僅保性命無留存. 忍飢忍苦日復日. 始知濱海多呼冤. 呼冤三十又一年."

11)《世宗實錄》卷4, 世宗 元年 7月 初6日條, "박은과 허조가 계하기를, '섬에 있는 왜인은 우리나라 민족과 종류가 다르오니, 서울과 경상, 전라도에 많이 두는 것은 마땅하지 않으니 빌건대, 나누어 깊고 궁벽한 곳에 두소서' 하고 청하니, 임금이 말하기를, '그렇다. 마땅히 상왕에게 아뢰어라'고 하였다."

12) 앞의 주 1) 藤田明良, 1998 논문.

전환하게 된 과정에 대한 후지타의 지적은 틀리지 않다.13) 그러나 문제는, 후지타가 조선이 쓰시마 '공도화'를 추진한 이유에 대하여, "당시 한반도 남부 연안지역에서는 왜인과 조선인, 그리고 당인(唐人)들이 교류하면서 잡거하고 있었으며, 그들이 당시 왜구의 실체였기 때문에 조선정부는 이러한 자국 연안과 도서지역에서의 '여러 국민들의 잡거 상태'를 해소하기 위하여 쓰시마 정벌을 단행하였다14)"고 한 것이다. 다시 말하면, 교류의 거점 중 한 곳이었던 쓰시마를 정벌해 군사적 압력을 가함으로써 거기에 (자발적으로) 모여드는 사람들을 국가(조선, 일본 또는 명나라)에 명확하게 귀속시키는 것, 그것이 대규모 파병의 목적이었다15)는 것이다.

이러한 후지타의 견해는 관련 사료에 대한 다음과 같은 잘못된 해석에 근거하고 있다.16)

> d. 정토(征討: 쓰시마 정벌ㅣ역자 주) 이후의 조선정부와 쓰시마와의 교섭과정을 통하여, 거꾸로 거제도를 위시한 반도 남부의 연안 및 도서(島嶼)가, 쓰시마 민의 일상적인 생활권이었음이 선명하게 떠오른다. ㉤ 거제도에 병선(兵船)을 집결시켜 쓰시마 민의 경전(耕田)·포어(捕魚)·자염(煮鹽)을 저지한다면 쓰시마 측은 비명을 올릴 것이라고 하는 태종의 발언은 ㉥ 거제도 이북의 바다 섬(海島)들이 경작·어업·제염 장소로, 도민(島民)들의 생계에 있어서 불가결한 것이 되어 있었다는 것을 조선정부도 인식하고 있었음을 보여준다.
>
> 정토 직전에 정보 누설을 꺼려하여 조선 연안에 있는 왜인의 체포와 구류를 실시했지만, 이 당시 '해변의 여러 섬'들도 그 대상이 되고 있다.17)

---

13) 이미 필자는 조선의 쓰시마에 대한 공도화 정책 및 그 이후의 속주화(屬州化) 정책으로의 변화 과정과 그 목적에 관해 고찰한 바 있다. 이영, 〈계릴라전 이론을 통해서 본 왜구─조선 왕조의 쓰시마의 영유권 주장을 중심으로〉, 《일본연구》 31, 2011. 8 참조.

14) 앞의 주 1) 藤田明良, 1998 논문.

15) 위의 논문.

16) 위의 논문.

이상과 같이 ㊉ 쓰시마 민에게 있어서 거제도 등 반도 연안의 여러 섬들은 출어와 교역만이 아니라, 출작(出作)과 제염도 포함한 농밀한 관계를 지닌 생활권이 되어 있었다.

태종의 발언인 ㊁의 밑줄친 부분의 원문은 다음과 같다.

1. 上王曰 : "日本國王責我國用永樂年號, 不足數也. 小二殿欲侵我邊邑, 熊壽又言 : '今後不令興利船出去.' 其絶交之意已著. 吾欲遣水軍都節制使, <u>大備兵船, 聚于巨濟等處要害之地, 使對馬島倭不得耕田, 捕魚, 煮鹽</u>, 則必與小二殿請降, 如其不降, 則令諸將, 更迭入攻可也." 明日, 召三議政, 卞三宰, 許判書.[18]

상왕(태종)이 말하기를, "일본국왕이 우리나라가 영락(永樂) 연호(年號)를 쓰는 것을 책망하고 있으나, 이것은 거론할 필요도 없다. 소이전(小二殿)이 우리 변방을 침략하려 하고, 도도웅수(都都熊壽)가 또 말하기를, '금후에는 흥리선(興利船)을 나가지 못하게 하리라' 하니, 그들이 절교할 뜻이 이미 드러났다. 나는 수군도절제사(水軍都節制使)를 보내어 병선을 크게 대비하여 거제(巨濟) 등지의 요해(要害)한 곳에 모아 두고, 대마의 왜인들이 농사짓기와 고기잡이와 소금 굽는 일들을 못하도록 한다면 반드시 그들이 소이전과 같이 항복하기를 청할 것이고, 만약 항복을 아니하면 여러 장수를 시켜 번갈아가면서 들어가 공격함이 옳을 것이다. 내일에 삼의정(三議政)과 변삼재(卞三宰)와 허판서(許判書)를 부르라" 하였다.

이 〈사료 1〉은 쓰시마 정벌이 이루어진 바로 다음 해(1420) 10월 21일의 것으로, 여기서 상왕(태종)의 의도는 거제도와 같은 요해처(要害處)에 병선을 집결시켜 (또 다시 쓰시마를 쳐들어갈 것처럼) 위협한다. 그래서 쓰시마의 왜인들이 (쓰시마 내에서 행하는) 농사, 어로 및 제염을 방해하면 (쓰시마의 영주) 쇼니 씨(小二殿)가 항복을 청해 올 것이다. 만약 항복하지 않으면

---

17)《世宗實錄》卷4, 世宗 元年 6月 丁丑條.

18)《世宗實錄》卷10, 世宗 2年 10月 丙辰(21)日條.

여러 장수들로 하여금 교대로 쓰시마를 공격해 들어가게 한다는 것이다.[19]

그런데 후지타는 이 〈사료 1〉을 "거제도와 같은 요해처에 병선을 집결시켜 (대마의 왜인들이 거제도 등지에 와서) 농사, 어로 및 제염하지 못하도록 한다면"으로 이해하였던 것이다. 만약 쓰시마의 왜인들이 거제도에 와서 농사·어로·제염에 종사하고 있었다면, 쇼니 씨가 조선을 침구하겠다고 하고 또 '도도웅수'가 '흥리선'이 조선으로 나가지 못하게 하겠다고 하는 등 절교 의사를 표시할 수 있었을까?

그리고 만약 후지타의 해석대로 "대마 왜인들이 (조선에) 와서 농사, 어로 및 제염을 하지 못하게 한다"는 의미라면, "使對馬島倭不得(來)耕田, 捕魚, 煮鹽"이 되어야 할 것이다. 후지타는 〈사료 1〉의 이 부분을 잘못 해석하여 "거제도 이북의 바다 섬(海島)들이 경작, 어업, 제염 장소로 도민들의 생계에 있어서 불가결한 것이 되어 있었음을 조선정부도 인식하고 있었음을 보여준다"고 한 것이다. 짧은 시간 동안에도 가능한 어로 행위는 별도로 치더라도 경작이나 제염은 일정 시간 이상 작업에 종사하는 사람들이 안정적으로 현지에 체재해야만 가능하다. 따라서 후지타의 견해는 거제도 이북 바다 섬 일대에 조선의 공권력이 미치지 못하였다는 것을 전제로 해야 한다. 과연 그럴까? 그렇다면 다음 사료는 어떻게 해석해야 할까?

2. 예조에서 계하기를, "대마의 도도웅와(都都雄瓦)의 부하 시응계도(時應界都)가 와서 웅와의 말을 전달하기를, '대마는 토지가 척박하고 생활이 곤란하오니, 바라옵건대 섬사람들을 가라산(加羅山) 등 섬에 보내어 주둔하게 하여, 밖에서 귀국을 호위하며 백성으로는 섬에 들어가서 안심하고 농업에 종사하게 하고, 그 땅에서 세금을 받아서 우리에게 나누어 주어 쓰게 하옵소서' (중략)"[20]

---

19) ( ) 안의 내용은 필자의 해석.
20) 《世宗實錄》 卷7, 世宗 2年(1420) 閏1月 10日(己卯) 6번째 기사.

〈사료 2〉는 세종 2년(1420) 윤1월 10일조 기사로, 〈사료 1〉보다 약 9개월 정도 이전 시기에 해당한다. 여기서 당시 쓰시마는 조선에 대하여 '가라산'에 거주할 수 있게 해달라고 청원하고 있다. 여기서 가라산은 거제도 최남단에 위치한 산으로, 당시 쓰시마 측은 거제도를 '가라산'으로 부르고 있었음을 알 수 있다. 이는 '거제도 이북의 바다 섬'은 물론 거제도 최남단에서조차 쓰시마 인들은 안정적으로 거주하지 못하였음을 보여준다. 후지타의 해석이 옳다면, 〈사료 1〉에서 '들어가서 공격'(入攻)이라고 표현하지도 않았을 것이다. 왜냐하면 이미 거제도에 병선들이 주둔해 있는 상태에서 더 들어가 공격한다면, 쓰시마밖에 없기 때문이다.

바로 전해의 쓰시마 정벌로 인해 적지 않은 피해를 입은 쓰시마 왜인들이 아무런 경계도 하지 않고 태연하게 거제도에 와서 농사와 제염 등을 할 수 있었을까? 쓰시마 정벌을 전후하여 조선군에게 의해 붙잡혀 억류당한 쓰시마 사람들의 안전 문제[21]는 당시 쓰시마 측에 큰 타격을 주었고 조선군의 쓰시마 재침공 가능성은 엄청난 위협이 되었음에 틀림없다.

쓰시마 정벌 당시, 이미 거제도에는 조선 백성들의 거주가 확인되고 있으며 그들을 왜구로부터 보호하기 위해 조선조정은 구체적인 대응책을 논의하고 있었다. 따라서 "거제도 이북의 바다 섬(海島)들에서의 대마 민들의 경작·어업·제염"이라는 해석은 명백한 사료의 오독(誤讀)이며 ㉂의 거제도 등 한반도 남해안 일대의 여러 섬들이 쓰시마 민의 농밀한 생활권이 되어 있었다는 주장 또한 잘못되었음을 알 수 있다.

고려의 쓰시마 정벌 목적이 후지타의 주장과 전혀 무관하다는 것은 또 다른 점에서도 확인할 수 있다. 후지타의 다음 견해를 살펴보자.

e. 주지(周知)의 사실이지만, 조선은 고려에서 조선왕조로 교체된 이후 '국토

---

21) 《世宗實錄》卷16, 世宗 4年 7月 12日(丁卯)日 2번째 기사, "일본구주절도사 원의준이 사절을 파견해 방물을 바치고 대마도 사람으로 억류되어 있는 자들의 송환을 청하였다(日本九州節度使源義俊遣使獻土宜, 且請發還對馬島人被留者)."

회복'을 내걸고 영역을 확대해 많은 '이민족'을 자국의 백성으로 수용하게 되었다. 북부에서는 평안·함경도가 신설되고, 남부에서는 제주도(濟州島: 탐라)가 편입되어 제주도(濟州道)가 된다. 그렇지만 반도 남부에서는 왜구 때문에 혼란해져 있었다는 연해의 지배를 '재건'하는 것 또한 '조종 (祖宗)의 토지' 회복이라는 국가지배의 대상이 확대된 것이었음을 잊어서 는 안 된다.

여기서 후지타는, 당시 조선의 조정이 평안도와 함경도 그리고 제주도를 '이민족'으로 인식하였다고 이해하고 있다. 그러나 평안도와 함경도 일대는 원래 고려 땅으로서 원이 쌍성총관부를 설치해 이 지역을 강탈했던 것을 수복한 것이다. 후지타가 이들 지역에 살고 있는 사람들을 이민족이라고 본 것은 그의 한국사 인식에 큰 문제가 있음을 보여준다. 또 하나 치명적인 오류는, 그가 제주도(濟州島)가 제주도(濟州道)로 된 시기를 조선시대 초라고 본 점이다. 제주도(濟州島)가 전라남도에서 분리되어 제주도(濟州道)로 승격 된 것은 1946년 8월 15일이다.

이상과 같이 《고려사》나 《조선왕조실록》 등 한국 측 사료에 대한 많은 곡해와 자의적 해석이 발견된다. 따라서 그의 **다민족 잡거**설은 이러한 많은 오류 위에 기초하고 있는, 역사적 사실과는 무관한 공상의 산물이라고 해야 할 것이다.

3. 연해도서민의 유이(流移)와 사민(徙民)

후지타의 **다민족 잡거**설은 앞에서 언급한 것처럼, "한반도 연해 도서지역 주민들이 왜구를 두려워하지 않고 왜구들과 친밀한 관계를 유지하면서 상호 협조하고 있었다"는 또 하나의 전제를 토대로 하고 있다. 과연 그럴까? 이하, 이 문제에 관하여 검토하고자 한다.

후지타는 왜구가 침구하던 고려 말의 '백성의 유이(流移)'라고 하는 사회적 현상에 대하여 다음과 같이 서술하고 있다.

> f. 이처럼 연해지역에서는 고려 말기 이후 대토지사유, 대경영이 전개되고 있었는데, 거기에는 또 부동(浮動) 노동력을 흡수하는 장소가 되어 있었다. 당시의 유이(流移)가 '반도 북부에서부터 남부로'라는 경향을 보이고 있었음과 동시에 '내륙에서 연해지방(沿海地方)으로'라는 인구의 흐름을 만들고 있었던 것은 그 때문이었다. 이러한 동향은 조선반도에서의 계층 분화와 인구 유동화, 지역 격차의 확대 등의 큰 요인이 되어 간다.

여기서 후지타가 인용한 바 "대토지사유, 대경영이 전개되고 있었다"는 것은 **경인년(1350) 왜구**가 침구하기 이전 상황을 가리킨다. 왜구가 횡행하던 시기에 연해지방에 대토지경영이 활발히 전개되고 있었다고 한 그의 견해는 명백한 오류다. 그리고 "당시의 인구의 유이(流移)가 내륙에서 연해지방으로 이루어지고 있었다"고 하는 것 역시 당시 사회의 실상을 완전히 왜곡한 것이다. 이 두 가지 사안과 관련해서《목은시고》를 통해 이를 확인하기로 한다.[22] 이하, 관련 사료를 정리한 것이 다음〈표 1〉이다.

〈표 1〉《목은시고》에 보이는 관련 사료

제 목	내 용
① 암관음(岩串吟)[23]	"어이해 해적이 가끔 뭍에 올라서 노약자들이 깊은 산중으로 숨게 되었는고."
② 해구(海寇)가 강교(江郊)에 침범[24]	"강 위의 배들은 깊이 피하여 숨고 성 안의 집들은 모두가 텅 비었네. 부녀자들은 피란갈 일을 걱정하고"
③ 해적이 기전(畿甸) 가까이 침입[25]	"경인년에 처음 좀도둑질을 하고 해마다 점점 더욱 포악을 떨치니 해안 고을엔 쑥이 성하게 자라고 산마을엔 새

---

22)《고려사》나《고려사절요》에도 당시 백성들의 유이에 관한 사료는 많이 있지만, 일본 연구자들은 이들 사료가 조선조에 들어와 편찬된 사료라 하며 그 신뢰성을 의심하고 있다. 따라서 일본 연구자들의 견해를 최대한 수용해 당대 사료라 할 수 있는 목은 이색의 시를 통해 확인하는 작업이 필요하다.

		짐승이 숨어들었네.”
④	일을 기록하다.[26]	“면천의 근해는 바로 왜구들의 마당이라 농촌들이 연래(年來)에 또 모두 황폐해졌기에, 우리 하인이 오랫동안 그곳에서 살다가 지금 백발 나이에 타지로 유망(流亡)하려 하네.”
⑤	세 원수의 개선 소식을 듣고[27]	“천지의 주인이 바뀌고 백성도 안정된 이때 섬지방에 백성은 없고 해적만 횡행하다니”
⑥	해적의 평정을 하례하고 돌아오다.[28]	“삼십일 년 동안을 바다 물결이 거세어 강촌과 산마을이 왜놈에게 시달렸기에”
⑦	산중요(山中謠)[29]	“내 일찍 들으니 해적이 출몰하여 때때로 수촌을 공격한다 하였네. 맨 처음엔 밤이면 해안을 올라와 담장 넘어 서절구투에 그쳤는데, 중간에 교만을 떨며 안 물러가고 벌건 대낮에 평원을 횡행하다가 점차 우리 관군과 감히 서로 맞대항하여 새벽부터 황혼까지 북치며 함성을 질러댔지.”
⑧	이웃 늙은이[30]	“바닷가에는 묵은 토전도 많은데 너는 다행히도 적현(赤縣)[31]에 살고 있어 안심하고 조석을 지낼 뿐만 아니라”
⑨	문생 김소경이 임주(林州)에서 왔기에[32]	“가림은 바로 마산 동쪽 가까이에 있는 고을. 최근 몇 년 사이에 마을이 텅 비었네. 적을 피해 살아남은 백성이 남아 있지만, 농사를 잘 짓게 보살펴주는 관리는 볼 수 없네.”
⑩	문생이 해주(海州) 풍경을 말하다.[33]	“멀리 높이 바다와 산 유람을 해 보게나. 섬에는 봉황불이 잇따라 타오르고 논밭은 태반이나 쑥대로 뒤덮인 때”
⑪	판관 이전이 안동에서 와 왜적의 침입 소식을 전하다.[34]	“왜적이 해마다 해안에 올라온 탓으로 강마을 곳곳마다 예외없이 쑥밭으로 겨울에 들어서는 또 산속에 들어가서 도처에 출몰해 약탈하고는 내빼누나.”

23) 《牧隱詩藁》 卷10.
24) 《牧隱詩藁》 卷11.
25) 《牧隱詩藁》 卷11.
26) 《牧隱詩藁》 卷20.
27) 《牧隱詩藁》 卷25.
28) 《牧隱詩藁》 卷26.
29) 《牧隱詩藁》 卷26.
30) 《牧隱詩藁》 卷27.
31) “수도에서 관할하는 고을”이라는 의미.
32) 《牧隱詩藁》 卷28.
33) 《牧隱詩藁》 卷29.
34) 《牧隱詩藁》 卷30.

위의 인용에서 알 수 있듯이 《목은시고》에는 노약자들이 깊은 산중으로 숨는다든지(①) 부녀자들이 피난갈 일을 걱정하는 등(②), 왜구 때문에 괴로워하는 민중들의 고통이 생생하게 묘사되어 있다. 또 해적들의 빈번한 침구로 인해 해안 고을에는 쑥이 성하게 자라고(③), 면천(충남 당진군)은 바닷가에 위치한 탓에 모두 황폐해졌으며, 이 지방에 토지를 소유하고 있던 이색의 늙은 하인은 왜구를 피해 타지로 유망하게 되었다(④⑤⑧⑨⑩ ⑪).

또 문하생인 김소경이 떠나온 임주(林州)는 목은의 고향인 한산(韓山)과 바로 지척에 있는 고을로, 충청도 임천의 옛 이름인데 가림이라고 불리기도 했다. 마산은 이색의 고향인 한산의 옛 이름이다. 이 가림이 왜구 때문에 마을이 텅 비었다는 것이다(⑨).

왜구들은 강가나 바닷가 마을뿐만 아니라 왜구를 피해 산으로 숨은 사람들을 쫓아 산속까지 침입해 왔다(③⑥⑪). 이색은 왜구의 침입이 점점 심화되어 가는 과정을 '맨 처음', '중간에', '점차'라는 3단계로 나누어 설명하기도 했다(⑦).

이처럼 목은 이색의 시를 통해서 우리는 왜구에 대한 공포감에 사로잡혀 연해지방에서 내륙으로 유이(流移)하는 백성들의 모습을 생생하게 엿볼 수 있다. 따라서 후지타가 "연해지방에서 대토지경영이 활발하게 전개" 운운과 또 "한반도 연해 도서지역 주민들이 왜구들을 공포의 대상으로서가 아니라, 상호 친밀한 관계 속에서 협조하고 있었다"는 전제는 어불성설이라 할 수 있다. 내륙에서 연해지방으로 이동해 온 고려 백성들이 바다를 건너온 왜인·중국인 해상들과 연합해 왜구 행위를 한다는 것은 역사적 사실(史實)과 전혀 상반되는 허상인 것이다.[35]

---

35) 후지타(藤田明良)의 고려 측 문헌에 대한 틀린 해석은 다른 연구자들에게서도 자주 발견된다. 예를 들어 무라이(村井章介)는 "왜구가 창릉에 침구하여 세조의 진영(眞影)을 가져갔다"(《高麗史》 卷41, 恭愍王 14年 3月 己巳日條)라는 사료에 보이는 '세조'를 원의 세조 즉 쿠빌라이로 해석했다. 그러나 이 창릉의 주인인

그런데 이색의 시는 그가 생존해 있던 시기(1328~1396)에 침구해 온 왜구의 상황을 기록한 것이기에, 혹자는 이색이 인식하지 못한 또 다른 왜구의 모습이 있을 수 있다고 생각할 수도 있다. 따라서 이 문제(연해 도서민들의 유이와 사민정책)를 바라보는 관점과 시기를 보다 확대할 필요가 있다.

그러면 고려 말의 왜구로 인한 백성들의 '유이 현상'은 언제부터 시작되었을까? 또 고려조정이 왜구대책으로서 연해 도서지역 주민들을 대상으로 시행한 '사민정책'은 언제부터 시작되었고 이러한 유이 현상과 어떤 관련이 있을까? 이 문제와 관련해서 다음의 〈사료 3〉에 주목하고자 한다.

> 3. 성준득이 명나라로부터 돌아왔다. 황제가 옥새를 찍은 친서를 보냈었는데 그 글에 이르기를, "근자에 사신이 돌아가므로 당신의 정치에 대한 일을 물으니, '왕은 불도(佛道)에만 힘을 쓰고 있으며 바닷가로부터 50리 혹은 30~40리 가는(떨어진) 지대에서야 백성이 편히 살 수 있다'고 한다. 내가 그 이유를 물으니 왜놈의 침노를 받기 때문이라고 말했다. (중략) 백성은 먹는 것을 하늘로 삼는 것인데 지금 당신은 해변 땅을 경작하지 않으니 백성의 식량 사정이 위태할 것이다."[36]

〈사료 3〉은 공민왕 19년(1370) 4월에 명의 홍무제(洪武帝)가 고려에 보낸 편지의 내용으로, 왜구로 인해 고려가 바닷가 토지에 대한 경작을 포기하고 있음을 보여준다. 경작 포기가 고려의 정책 때문이었는지 아니면 백성들이

세조는 고려 태조 왕건의 아버지다. 또 그가 "세조의 진영을 가져간 것은 정치성이 뚜렷하며 병량미를 목적으로 하는 무사의 행동으로 생각하기 어렵다"고 한 부분에서도 일본 연구자들이 지닌 공통된 문제점을 지적할 수 있다. 즉 무라이는 당시 왜구의 실체를 '고려인' 또는 '고려인과 연합한 왜인'으로 상정하였기 때문에 그들이 '세조(쿠빌라이)의 진영'을 가져간 것은 원의 지배에 저항하는 정치적인 행동이었다고 주장한 것이다. 이에 관한 자세한 내용은 이영, 〈고려 말 왜구의 실상〉, 《잊혀진 전쟁 왜구》, 에피스테메, 2007, 24~29쪽 참조.

36) 《高麗史》 卷42, 世家42 恭愍王 19年(1370) 夏4月條.

안전을 위해 자발적으로 피난했기 때문인지에 대해서는 이 사료만으로는
알 수 없다.

그리고 이미 공민왕 19년 이전부터 해안가에 거주하던 백성들이 바닷가에
서 30~40리 내륙으로 이동해 거주하고 있었음을 알 수 있다. 물론 이러한
상황이 전국적으로 일반적인 것이었는지 아니면 일본과 가까운 경상도와
전라도에만 국한된 것이었는지는 알 수 없다. 그런데 이와 유사한 사료는
또 확인된다.

> 4. 명나라 황제가 왕에게 약재를 주면서 친히 장자온 등에게 다음과 같이
> 말하였다. "(전략) 또 내가 들으니 그대들의 그 지방에서는 왜적이 도처에
> 서 약탈하고 있어서 해변 백성들이 먼 곳으로 도피하고 있으나 진수(鎭戍)
> 하지 못하고 있다고 한다."37) (중략)

〈사료 4〉는 〈사료 3〉에서부터 약 2년여의 시간이 흐른, 공민왕 21년(1372)
9월의 상황을 보여주는 것으로 여기서도 백성들이 해안가에서 멀리 내륙으
로 도피하고 있음을 알 수 있다. 물론 이상의 사료를, 홍무제가 고려에
외교적 압력을 가하기 위해 왜구의 침구 상황을 실제보다 과장해서 표현했다
고 해석할 수도 있다. 그렇지만 해안지역에 거주하는 백성들의 왜구에
대한 불안은 다음 〈사료 5〉의 고려조정의 행정명령을 통해서도 확인된다.

> 5. 바다에 가까운 각 고을의 수령들이 백성을 잘 다독거리지 못하므로
> 안집별감(安集別監)을 나누어 보냈다.38)

이것은 공민왕 22년(1373) 봄 정월의 일로, 여기서 '안집별감'의 역할은
해안가 백성들의 유이(遊移) 현상을 막고 그들의 생활안정을 도모하는 것이

---

37)《高麗史》卷43, 世家43 恭愍王 21年(1372) 9月 壬戌日條.
38)《高麗史節要》卷29, 恭愍王 22年(1373) 春正月條.

었다고 생각할 수 있다. 따라서 위 〈사료 3〉의 공민왕 19년(1370) 4월 이전, 어느 시점에서부터 시작된 해안가 백성들의 유이 현상은 고려조정의 사민정책의 결과가 아님을 알 수 있다. 다음 〈사료 6〉을 보자.

> 6. (중략) 내가 들으니, 왜적은 2백~3백 리나 농토를 침입하여 들어가도 방임하여 두고 다 부서진 성은 버려둔 채 성벽과 성지를 수축하지 않는다.[39)

이는 공민왕 22년(1373) 가을 7월, 홍무제가 고려에 보낸 국서 내용 중 일부로, 이제 왜적들은 이미 해안가에서 200~300리 내륙까지 침구해 가고 있음을 알 수 있다.[40) 10리를 약 4km로 본다면 200리는 약 80km, 300리는 120km가 된다. 즉 〈사료 6〉에 의하면 1373년경에는 해안가에서 80~120km 되는 내륙까지 왜구들이 침구해 오고 있었다. 위의 '안집별감의 파견'도 별 효과를 거두지 못한 것으로 보인다. 그것은 백성들이 있는 곳에 식량도 있으며, 따라서 왜구가 이전보다 더 내륙으로 침구해 왔다는 것은 백성들이 더 내륙지방으로 이동했기 때문으로 생각할 수 있다. 이를 확인시켜 주는 것이 《신증동국여지승람》에 있는 다음의 서술이다.

> 7. (이문화)공이 말하기를, "내가 김해에서 벼슬을 그만둔 후에 진주목이 되었고 다시 계림윤이 되었을 때 모두 병마사를 겸해 맡아서 백성들을 다스리고 적을 막는 방법에 감히 나의 작은 의견을 폈었다. 이때 처음에는 적의 일을 잘 알지 못하므로 그들이 필시 바닷가로, 석권해 올 것이라 하여 모든 고을을 깊고 먼 곳으로 옮겨가지고 적으로 하여금 아무런

---

39) 《高麗史》 卷44, 世家44 恭愍王 22年(1373) 秋7月 20日條.
40) 이런 상황은 우왕 13년(1387)의 사료에서도 확인된다. 즉 "설장수가 명나라에서 돌아왔는데 전달하여 온 황제의 조서에 이르기를, '(중략) 그런데 당신들의 해변 30~50리 어간에는 집에서 연기가 나지 않고 밭갈이하는 사람을 볼 수 없다' 하며"(《高麗史》 卷136, 禑王 13年(1387) 5月條).

계교도 쓸 수 없게 한다면 편안해질 것이다, 했다, 그런데 근래에 보니 적의 기세가 성하여 먼 데도 가지 않은 곳이 없으니, 백성들을 옮겨놓은 것이 무슨 유익함이 있겠는가."[41]

백성들을 내륙으로 이주시키는 소위 '사민(徙民)정책'은 백성들을 왜구들의 납치로부터 안전한 곳으로 피신시키는 데 그 일차적인 의미가 있었다. 또한 왜구들이 약탈할 대상을 없앤다는 목적도 있었다. 그런데 이 정책은 별로 효과가 없었던 것 같다. 오히려 청야(淸野: 사민)정책은 왜구들을 내륙 깊숙한 곳으로 끌어들이는 더 나쁜 현상을 초래했던 것이다. 이 〈사료 7〉을 통해 **왜구의 침공－연안 도서지역 백성들의 내륙으로의 유이－왜구를 내륙으로 유인**이라는 연쇄반응이 초래되었음을 확인할 수 있다.

그러면 연해지역 백성들의 자발적인 유이 현상과 정부가 공식적으로 추진한 사민정책은 각각 언제부터 시작되었을까? 연해지역에 거주하는 백성들의 내륙으로의 유이 현상은 앞의 〈사료 5〉의 존재를 고려할 때, 해당 행정관청이 내륙으로 이전하기 이전에 이미 일어나고 있었다고 생각한다. 행정관청의 이전은 해당 지역 주민들에 대한 사민정책과 거의 동시에 이루어지는 것으로 보인다. 즉 '왜구의 침구－백성들의 유이－관청의 이전(사민정책의 실시)' 순서로 전개되는 것이다. 그런데 고려정부의 공식적인 사민정책이 구체적으로 확인되는 것은 우왕 2년(1376) 7월이다.

　8. 교동현 백성들을 근방 다른 곳으로 옮겨 왜구의 변을 피하게 하였다.[42]

그러나 이것은 수도권에 위치한 교동도 백성들에 대한 사민정책이고 남해안 도서 연해지역에서의 사민은 그보다 훨씬 이전부터 실시되었을 것으로 생각된다. 예를 들어《신증동국여지승람》권37, 진도군(珍島郡)조를

---

41)《新增東國輿地勝覽》卷22, 蔚山郡條.
42)《高麗史》卷133, 禑王 2年(1376) 7月條.

보면 "충정왕 2년(1350)에 왜구로 말미암아 내지(內地)로 옮겼다"는 기술이
있다. 그러나 이해(경인년)의 왜구 침구지역 중 가장 서쪽 지역은 전라남도
장흥으로,43) 진도군의 동쪽에 위치하고 있다. 그리고 당시의 왜구 침구는
아직 산발적으로 이루어지고 있었다.44) 따라서 해당 지역은 물론 인근지역
주민들을 이주시켜야 될 정도로 심각한 상황은 아니었다. 이러한 사실과
아울러 진도보다 쓰시마에 더 가까운 경상남도 남해군이 진양(晉陽)으로
이주한 것이 1357년인 것을 볼 때,45) 진도군이 내지로 이주한 것도 남해군과
비슷한 시기이거나 이보다 조금 뒤의 일로 생각된다.46)

〈표 2〉《신증동국여지승람》에 보이는 여말선초 연해지역 관청의 이전·복귀(축성·안정)

	지명	왜구의 침구 및 대응	축성·안정	사료
1	태안	1373년 임시 서산군에 의존. 83년 다시 예산현으로	1427년(축성)	권19
2	남포	우왕 때에 왜구 때문에 인민들이 사방으로 흩어짐.	1390년 진성설치	권20
3	보령	경인년(1350)부터 왜구가 침구함.	1400년에 축성	권20
4	흥해	경신년(1380), 왜구가 고을을 함락함.	1389년에 평화	권22
5	동래	경인년 이래로 왜구들이 침구함.	1387년 축성	권23
6	영일	경신(1380), 신유(1381) 두 해 동안 심각한 피해.	1390년 축성	권23
7	영해	신유년(1381)과 계해년(1383)에 왜구가 격렬해짐.	1384년 축성	권24
8	영덕	왜구 때문에 백성들이 마을과 성터에서 사라짐.	1391년 축성	권25
9	남해	정유년(1357)에 진양으로 이주함.	1405년 축성	권31
10	거제	거창으로 이주함.	1422년 축성	권32
11	장흥	철치현으로 이주함(1379). 보성군에 병합함(1389).	1392년 축성	권37
12	진도	1409년에 해남현과 합쳐 해진군으로.	1438년 분리복귀	권37

43) 《高麗史》卷37, 忠定王 2年 6月 辛丑日條.
44) 〈표 3〉 경인 이후의 왜구 침구표 참조.
45) 《新增東國輿地勝覽》卷31, 南海縣條.
46) 여기서 옮긴 것은 행정관청이지만 관청의 이전은 주민의 이주를 공식화하는
　　것으로 볼 수 있다. 왜구 때문에 관청을 이전하면서 백성들은 현지에 남으라고
　　할 리는 없기 때문이다.

위의 〈표 2〉는《신증동국여지승람》에 기록된 여말선초 연해지역 관청의 이전·복귀(축성·안정) 기사 가운데 그 시기를 확실하게 알 수 있는 것이다. 이 〈표 2〉를 보면 여말선초의 연해 도서지역 주민들의 거주 실태를 조감할 수 있다.

이상의 내용에 따라, 도서 연해지역의 행정관청이 원래의 위치로 돌아오거나 또는 축성하는 시기를 순서대로 정리해 보면 다음과 같다.

①영해(1384년)－②동래(1387년)－③영일(1390년)－③남포(1390년)－
⑤영덕(1391년)－⑥장흥(1392년)－⑦보령(1400년)－⑧남해(1405년)－
⑨거제(1422년)－⑩태안(1427년)－⑪진도(1438년)

그리고 〈표 2〉를 통해 다음과 같은 점을 그 특징으로 지적할 수 있다.

첫째, 이른 시기의 경우에는 1384년부터, 늦어도 1438년까지 약 50여 년 동안 연해 도서지역이 안정되어 갔음을 알 수 있다.[47] 이 사실은 본서 제1장의 〈표 2. 경인년 이후의 왜구 침구표〉에서 보듯이 왜구의 침구가 1376~1380년을 절정으로, 그리고 1383년을 마지막 피크(정점)로 하여 1384년부터 점차 줄어드는 추세와 일치한다. 즉 왜구의 침구 상황과 연해 도서지역이 안정을 찾기 시작하는 시점이 서로 상응하는 것을 알 수 있다.

둘째, 도서 연해지역 백성들이 유이를 시작해 고향에 복귀할 때까지 지방에 따라 차이가 있지만 대략 50~80년이 소요되었다. 예를 들어, 남해현의 경우 이미 1357년에 내륙에 위치한 진양으로 이주했다. 아마 거제도도 이와 비슷한 시기에 백성들이 이주하였을 것이다. 따라서 남해현의 경우 1357년부터 성을 쌓은 1405년까지 대략 반세기 가까이 사람들이 거주하기에

---

47) 물론 영해(1384년), 동래(1387년), 영일(1390년)의 축성은 쓰시마와 가깝다고 하는 지리적인 이유로 일찌감치 이루어진 것으로 봐야 한다. 따라서 축성과 동시에 곧바로 이 지역이 안정을 회복했다고는 보기 어렵지만, 축성이 해당 지역의 안정에 긍정적인 작용을 하였음은 부정할 수 없다.

는 불안정한 지역으로 남아 있었다고 할 수 있다. 거제도는 1422년에, 진도군은 1438년에 복귀했다. 따라서 거제도는 약 60여 년 동안, 그리고 진도군은 약 80여 년 넘게 행정관청이 현지를 떠나 있었던 것이다.

셋째, 쓰시마와 가까운 한반도의 남동부에 해당하는 경상도 지역, 즉 영해·동래·영일·영덕 지방과 서해 중부지역(남포, 현재의 충남 보령시), 그리고 전남의 장흥지역이 비교적 이른 시기에 축성되었다. 이는 지리적으로 가장 근접한 지역(남동부) 등 해당 지역이 그만큼 국방(國防)에서 중요한 지역으로 인식되고 있었음을 알 수 있다.

넷째, 남해·거제·진도 등 섬 지역은 다른 연해지방보다 비교적 뒤늦게 축성되었다. 이것은 이들 지역이 한반도 남동부지역이나 서해 중부지역, 전남의 장흥지역보다 국방에서 덜 중요하다는 것을 의미하는 것이 아니다. 일단 경상도 연해지역의 축성이 우선적으로 이루어진 뒤 섬(도서)지역의 축성이 추진되었기 때문으로 생각된다. 섬지역의 주민과 관청의 내륙으로의 이전이 본토의 연해지역보다 이른 시기에 진행된 것처럼 그 복귀도 뒤늦게 이루어진 것은 어쩌면 당연하다 할 수 있다.

그러나 50~80년 동안 남해안의 섬지역이 백성들이 거주하기에 위험한 지역으로 남아 있었다고 해서 이들 지역이 왜구들의 통제 하에 놓여 있었음을 의미하는 것은 아니다. 앞의 〈사료 2〉에서 보았듯이, 세종 2년(1420), 거제도에서도 쓰시마 왜인들은 안정적으로 거주하지 못하였음을 보여준다. 후지타의 생각과 달리, 고려는 우왕 3년(1377)경부터 한반도 연해지역에서 제해권을 회복하기 시작했다. 그것은 조선 세종 원년(1419)의 쓰시마 정벌보다 훨씬 이전인 고려 우왕 3년(1377) 10월에 화통도감을 설치함으로써 시작되었다.[48] 즉, 화약과 화포(火砲)를 선적(船積)하여 왜구 토벌에 활용하면서부터 고려는 왜구들에게 빼앗겼던 한반도 해역에서의 제해권을 서서히 회복하기 시작한 것이다.[49]

---

48) 《高麗史》 卷133, 禑王 3年 10月條.

이상,《목은시고》와《신증동국여지승람》등을 통해서 남해안 섬지역 주민들의 내륙지방으로의 유이, 그리고 그들의 고향으로의 복귀까지에는 약 50~80년이라는 긴 시간이 소요되었음을 확인하였다.

물론 위의〈표 1〉의 ⑨와 같이, 마을 사람 전원이 고향을 등진 것이 아니라 그 중 일부는 남아서 농사를 짓기도 했을 것이다. 또 해당 행정관청이 타지로 옮겨갔다고 해서 해당 지역에 주민들이 전혀 거주하지 않았다고 단정할 수도 없다. 이런 사실은《신증동국여지승람》권22, 흥해군조에서 확인할 수 있다.

> 9. 마을은 빈 터만 남았고 무성한 나무들만 길을 가리니 이 고을 원이 된 사람도 먼 마을에 가서 살고 머리를 움추려 감히 고을 속에 들어오지 못한 지 수년이 되었다. 정묘년(1387)에 이르러 국가에서 군(郡) 남쪽에 병선을 두어 바다와 포구를 통하게 하여 적들이 오는 것을 막은 연후에 떠돌던 백성 중에 고향을 생각하던 자들이 차츰 돌아오기 시작했다. 그러나 성지(城池)의 견고함이 없었기 때문에 모여서 살지 못하고 왕왕히 산골짜기 속에 굴을 파고 살면서, 그 자취를 감추었다가 때로 나와서 농사도 짓고 물고기도 잡았으며 왜적이 이르고 보면 능히 서로 구하지 못하고 도망해 숨을 뿐이었다.

왜구의 침구가 어느 정도 소강 상태에 접어든 정묘년(1387) 이후에 백성들이 고향으로 차츰 돌아오기 시작했지만, 여전히 마을 안이 아닌, 가까운 산골짜기에 굴을 파고 은둔하는 생활을 하고 있었다. 흥해군에 지방관이 다시 들어온 것은 무진년(1388)이고 다음 해에는 정사도 닦아지고 백성들도 화평하게 되었다고 한다.[50] 따라서 고려 공권력이 현지에 복귀하는 1388년 이전에는 후지타와 무라이(村井) 등 일본 연구자들의 주장대로, 현지에

---

49) 이 문제에 관해서는 별고를 통해 구체적으로 고찰할 예정이다.
50)《新增東國輿地勝覽》卷22, 興海郡條.

남아 있던 고려인들과 왜인들이 '연합'할 가능성이 전무(全無)하다고 단정할 수는 없을 것이다.

그러나 일반적으로 '연합'이라고 할 때, 그것은 조직과 조직의 결합을 의미한다. 그런데 위의 〈사료 9〉를 보면, 현지인들은 왜구의 침입에 대해서 조직적인 대응을 취하지 못하고 우선 도망하고 숨을 곳을 찾기에 급급했다. 이런 상황 속에서 도서 연해지역 주민들이 왜구들과 '연합'이라고 하는 말에 어울리는 자신들의 조직을 형성하고 있었다거나 또는 거기에 기반을 둔 집단적인 행동을 할 수 있었다고는 생각하기 어렵다.

4. 결론

일본사의 중세 대외관계사 학계에서 정설의 위치를 점하고 있는 '여말~선초 **왜구=다민족·복합적 해적**'설은 소위 '**한반도 도서 연안=다민족 잡거지역**' 설을 토대로 하고 있다. 본 장에서는 이 다민족 잡거설이 근거로 내세우고 있는 문헌사료를 다시 검토하여 비판적인 관점에서 고찰해 보았다. 그 결과, 이 주장은 사료의 오역과 당시 고려사회의 실상에 대한 오해, 그리고 거기에 입각한 논리의 비약으로 인해 역사적 사실과는 완전히 상반된 것임을 확인하였다.

'다민족 잡거'설은 연해 도서민의 내륙으로의 유이 현상과 정부의 사민정책을 통해서 확인된다. 《목은시고》에서 이색이 "맨 처음 밤에 몰래 해안가를 습격하던 왜구들이 나중에는 약탈을 마친 뒤에도 물러가지 않고 점차 관군과 전투를 전개하게까지 되었다"고 언급하였듯이, 바닷가에서 120km나 되는 내륙까지 침구하고 있었던 것이다. 그런데 이러한 내륙지방에 대한 왜구들의 침구는, 해안가에 침구한 왜구를 피해 백성들이 내륙으로 유이하고 뒤이어 행정관청들도 옮겨가자, 왜구들이 이들을 쫓아서 더욱 깊숙이 침투했기 때문이다. '다민족 잡거'설의 주장대로, 도서 연해지역에 백성들이 다수 거주하고 있었다면 왜구들이 구태여 내륙 깊숙이까지 침투해 올 필요도 없었을 것이다.

《신증동국여지승람》에 의하면 도서 연해지역 백성들이 유이를 시작해 고향으로 복귀할 때까지 지방에 따라 차이가 있지만 대략 50~80년 정도 걸렸다. 그리고 육지보다는 섬 지역의 복귀가 뒤늦게 이루어졌다. 연해 도서지방의 안정은 1384년부터 1438년 사이에 이루어졌는데, 1384년은 왜구의 침구가 절정기를 지나 진정되어 가기 시작하던 때였다.

고려 말~조선 초에 거제도 등 한반도 도서 연해지역에, 중국인들은 물론 고려(조선)인들이 일본인들과 잡거하고 있었고 그들이 집단적으로 '연합'하여 왜구 활동을 하였다는 주장은 이웃 나라의 역사에 대한 무지와 공상이 만들어 낸 '허구(虛構)'라고 할 수 있다.

제5장

공민왕 원년(1352)의 동아시아 국제정세와 왜구
'고려 해도민=왜구의 일원'설에 관한 한 고찰

1. 서론

현재 일본의 대외관계사학계는 '고려 말~조선 초 왜구의 실체'를 **다국적·
다민족적 집단**으로 이해하고 있다. 그런데 이 주장은 주로 후지타 아키요시(藤
田明良)의 '**고려 말~조선 초 왜구=다민족·복합적 해적**'설에 근거를 두고
있다. 이 주장의 허구성에 관해서는 이미 별고에서 밝힌 바 있다.[1] 그러나
'**다민족·복합적 해적**'설이 이로써 완전히 부정되었다고는 할 수 없다. 후지타
설의 핵심적 근거가 되고 있는 《원사(元史)》의 "日本國白, 高麗賊過海剽掠,
身稱島居民"이라는 사료가 있기 때문이다. 후지타가 이 사료에 근거해 주장
하는 것은 '**고려 해도민(海島民)=왜구의 일원(一員)**'설이라 할 수 있는 것으로,
이는 그의 '**여말선초의 한반도 연해도서=다민족 잡거지역**'설과 더불어 '**다민
족·복합적 해적**'설의 양대 지주라 할 수 있다. 그런데 지금까지 이 사료에
관해서는 구체적으로 검토된 바가 없다. 본 장에서는 이에 대한 검토를
통해 후지타의 '**다민족·복합적 해적**'설의 성립 여부에 대하여 다시 한 번
더 생각해 보기로 한다.

---

1) 본서 제3장과 제4장 참조.

이를 위해서는 이 사료가 당시 동아시아 삼국의 국내정세 및 국제정세 속에서 어떻게《원사(元史)》에 서술되게 되었는가 하는 관점에서 고찰할 필요가 있다. 우선 공민왕 원년 당시의 동아시아 삼국의 국내정세에 대하여 살펴보기로 하자.

2. 공민왕 원년의 중국정세와 《원사》 지정 12년 8월 정미조의 검토

후지타는 '**다민족·복합적 해적**'설의 근거로서《원사》의 다음 기록을 제시하고 있다. 그의 견해를 구체적으로 살펴보자.

'수적(水賊)'이라고 불리는 조선인 해적이 15세기가 되면 정부에 의해 문제시되고 있었던 사실이 근년에 알려지게 되었지만, 당시에도 고려인 해구(海寇)가 있었던 사실이《원사(元史)》에 보인다. ① 일본국이 알리기를, 고려의 도적들이 바다를 지나다니면서 약탈 행위를 일삼으면서 스스로 섬에 거주하는 백성들이라고 한다. 고려 국왕 백안첩목아가 군대를 동원해 그들을 소탕하고 있다고 해서 금구요(金口腰) 1개와 초(鈔) 2천 정(二千錠)을 하사했다. ② 당시에도 일본과 원나라를 왕래하는 해상(海商)이나 선승(禪僧)들이 많아서, 일본으로부터 이런 정보가 원나라에 도착했어도 이상하지 않다. 백안첩목아(바얀테무르, 즉 공민왕)에 대한 하사품에 대해서는 ③《고려사》에도 상응하는 기사가 있어서 내용의 신빙성은 낮지 않다. 13세기 이후, 고려는 자주 쓰시마와 마쓰우라(松浦) 주민들에게 습격당했는데, 거꾸로 ④ 고려의 해도민(海島民)들이 일본을 습격하는 일도 있었던 것이다.[2]

---

2) 藤田明良, 〈東アジアにおける海域と國家――一四～一五世紀の朝鮮半島を中心に〉, 《歷史評論》575, 1998.

이상은 후지타 논문의 내용 중 일부다. 위에서 ①의 원문은 다음과 같다.

1. 日本國白, 高麗賊過海剽掠, 身稱島居民, 高麗國王伯顔帖木兒調兵勦捕之, 賜金繫腰一, 鈔二千錠.[3]

그리고 후지타가 "③ 《고려사》에도 상응하는 기사가 있어서 내용의 신빙성은 낮지 않다"라고 한 것은 다음의 〈사료 2〉를 가리킨다.

2. 원나라가 직성사인 보사니를 보내어 왕에게 금띠와 초(지폐) 2천 정을 주었다.
   戊午, 元遣直省舍人普思泥, 賜王金帶及鈔二千錠.[4]

〈사료 1〉의 "賜金繫腰一, 鈔二千錠"과 〈사료 2〉의 "賜王金帶及鈔二千錠"은 내용이 동일하다. 〈사료 1〉과 〈사료 2〉가 11일이라는 간격을 두고 있는데,[5] 이는 당시 원의 수도 북경에서 개경까지 오는 데 걸리는 시간으로 생각할 수 있다. 따라서 두 사료는 같은 사안에 대한 원나라와 고려의 기록임을 확인할 수 있다. 아울러 〈사료 1〉의 "賜金繫腰一, 鈔二千錠"의 주어는 '원나라'임을 알 수 있다.

그러면 〈사료 1〉의 '日本國白'의 술부(述部)는 어디까지일까? '일본국'은 "高麗國王伯顔帖木兒調兵勦捕之"까지 걸리는 것일까? 즉, 일본국이 "고려국왕 백안첩목아(공민왕)가 군대를 동원해 이를 토벌하고 있다"고 원나라에 알린 것일까? 그런데 두 차례에 걸친 여몽연합군의 일본 침공 이후, 공민왕 15년(1366)까지 고려와 일본 양국 사이에는 사절 교환이 단 한 차례도

---

3) 《元史》 卷42, 至正 12年 8月 丁未(7日)條.
4) 《高麗史》 卷38, 恭愍王 元年(1352) 8月 戊午日(18)條.
5) 〈사료 1〉이 원(元) 순제(順帝) 지정(至正) 12년(1352) 8월 정미일, 즉 7일조이고, 〈사료2〉는 같은 해 같은 달 무오일, 즉 18일조이므로 11일 뒤의 기록임을 알 수 있다.

없었다.[6] 외교접촉이 전혀 없었던 양국관계를 생각하면, 당시 일본이 공민왕의 몽골식 이름(바얀테무르)을, 또 공민왕이 군대를 동원해 토벌하고 있다는 것도 알았을 리가 없다. 물론 "高麗賊過海剽掠, 身稱島居民"의 주어인 '고려의 도적'이 일본에 의해 붙잡혀 자백한 것으로 생각할 수도 있을 것이다. 그러나 '섬에 거주하는 도적'들이 당시 국왕(공민왕)의 몽골식 이름을 알고 있었다고 생각하기는 어렵다. 따라서 '일본국'이 주어로서 기능하고 있는 것은 "高麗賊過海剽掠, 身稱島居民"까지만 해당한다고 생각한다. 이상의 검토를 통해 후지타가 인용한 〈사료 1〉은 몇 개의 단문(單文)으로 구성된 복문(複文)이며, 각각의 주어(主語)는 다르다는 사실을 확인할 수 있다. 〈사료 1〉을 분석하면 다음과 같다.

① 일본국이 알리기를, 고려의 도적들이 바다를 지나다니면서 약탈 행위를 일삼으며 스스로 섬에 거주하는 백성들이라고 한다.
② 고려 국왕 백안첩목아(伯顏帖木兒)가 군대를 동원해 그들을 소탕하고 있다.
③ (원의 황제 또는 조정이) 금구요(金口腰) 1개와 초(鈔) 2천 정(二千錠)을 (공민왕에게) 하사했다.

그러면 "高麗國王伯顏帖木兒調兵勦捕之"라고 하는 고려 측의 상황을 원나라는 어떻게 알고 있었을까? 이와 관련해서 주목하고 싶은 것이 공민왕 원년 3월 윤달에 원나라 황제의 생일을 축하하기 위해 홍언박과 이성서를 사신으로 파견했다고 하는 기사다.[7] 그런데 이들 일행이 출발하기 17일 전의 《고려사》에 다음과 같은 기사가 보인다.

---

6) 여몽연합군의 일본 침공 이후 고려가 일본에 최초로 외교사절을 파견한 것은 공민왕 15년(1366)이었다. 이에 관해서는 이영, 〈14세기의 동아시아 국제정세와 왜구―공민왕 15년(1366)의 금왜 사절의 파견을 중심으로〉, 《한일관계사연구》 26, 2007 참조.
7) 《高麗史》 卷38, 恭愍王 元年 閏3月 辛卯日條.

3. (공민왕 원년) 윤3월 초하루 갑술일. 재상(宰相)에서부터 서리(胥吏)에
이르기까지 사람마다 활 하나, 화살 50대, 칼이나 창 한 자루씩을 준비하게
하고 숭문관(崇文館)에서 이것을 검열하였다.[8]

공민왕 원년(1352) 윤3월, 모든 관리들에게 무기를 준비시키고 검열한
이유는 무엇일까? 그것은 충정왕 2년(경인년, 1350)에 다시 침구하기 시작한
왜구가 전년인 충정왕 3년(1351) 8월부터는 왜선 130여 척이 자연도(紫燕島)·
삼목도(三木島)를,[9] 그리고 남양부(南陽府)와 쌍부현(雙阜縣)에 침구하더
니,[10] 공민왕 원년(1352) 3월부터는 고려의 중부 서해안 지역을 본격적으로
집중 침구하는 등 왜구의 위협이 심각한 수준에 달했기 때문이다. 그러자
고려는 원에게 출병을 요청했던 것 같다. 다음《고려사》기사를 보자.

4. 공민왕 원년에 이색은 복중(服中)에 있으면서 상서하기를 "(중략) 앞서
왜적이 침범하자 당황하여 어쩔 줄을 모르고 원나라에 출병을 요청한
바 있었습니다."[11]

《고려사》세가(世家)에는 보이지 않지만, 열전(列傳) 이색 조에는 원나라
에 원병을 요청한 사실이 확인된다. 이에 대해 원나라는 병력을 보내지는
않았지만 대신에 무기를 보내주었다. 다음 사료를 보자.

5. (공민왕 원년) 여름 4월 정미일에 원나라가 왕에게 활 3백, 화살 3만,
검 3백을 주었다.[12]

---

8)《高麗史》卷38, 世家38 恭愍王 元年 3月 閏月 甲戌日條.
9)《高麗史》卷37, 忠定王 3年 秋8월 丙戌日條. 자연도는 현재의 영종도, 삼목도는
   영종도와 용유도 사이에 있던 작은 섬인데 인천국제공항을 건설하기 위해 세
   섬 사이의 바다를 매립하면서 소멸되었다.
10)《高麗史》卷37, 忠定王 3年 秋8月 己丑日條. 쌍부현은 현재의 남양반도와 우정면,
   장안면 일대다.
11)《高麗史》卷115 列傳28 李穡條.

6. (공민왕 원년) 6월 기유일, 원나라가 우리나라가 요구한 병기(兵器)를 주었다.13)

약 두 달여라는 시간적 간격을 두고 원나라는 두 차례나 고려에게 무기를 제공해 주고 있다. 〈사료 1〉에서 "高麗國王伯顔帖木兒調兵勦捕之"에 이어 원나라가 공민왕에게 금띠 1개와 초(鈔) 2천을 주었다고 서술한 것도 이러한 일련의 동향 속에서 이해해야 할 것이다.

〈사료 1〉이 작성된 시점, 즉 지정(至正) 12년(1352) 8월 정미(7)일의 2~4개월 전인 4월과 6월에 이미 원나라는 왜구가 고려를 침구하고 있다는 정보를 접하였다. 두 차례나 고려에 병기를 제공한 사실을 보면 원나라가 왜구들의 고려 침구를 진지하게 받아들이고 있었음을 알 수 있다.

그런 가운데 "① 고려의 도적들이 바다를 지나다니면서 약탈 행위를 일삼고 스스로 섬에 거주하는 백성들이라고 한다"고 '일본국'이 알려온 정보는 원나라 조정으로서도 혼란스러웠을 것이다. 그런데 공민왕 원년(1352) 당시의 원나라 조정은 그 실태를 확인할 여유도 없을 정도로 전국이 소란스러웠다. 당시 원나라의 국내 정세에 대하여 개관해 보자.

공민왕 원년이라면 원의 순제(順帝) 지정(至正) 12년에 해당한다. 그보다 4년 전인 지정 8년(1348)에 거대 제국 원나라는 크게 동요하기 시작한다. 절강(浙江)지방을 근거로 염상(鹽商)과 해운업에 종사하고 있던 방국진(方國珍)이 궐기한 것을 필두로 한인 군웅(漢人群雄)들의 난이 시작된 것이다 그리고 지정 11년(1351)이 되자 이는 대규모 난으로 발전한다. 이 난을 일반적으로 '홍건(紅巾)의 난'이라 하며 반란군을 홍건적이라고 부른다.14)

---

12) 《高麗史》 卷38, 恭愍王 元年 夏4月 丁未日條.
13) 《高麗史》 卷38, 恭愍王 元年 6月 己酉日條.
14) 홍건적은 동계(東系) 홍건군와 서계(西系) 홍건군으로 나뉘는데 동계는 하북(河北)의 남부 출신인 한산동(韓山童), 서계는 호북(湖北)의 동부, 기주(蘄州) 출신의 서수휘(徐壽輝: ?~1360)라는 인물이 각각 중심이었다. 三田村泰助, 《中國文明の歷史8-明帝國と倭寇》, 中公文庫, 2000.

다음 해인 지정 12년, 즉 공민왕 원년은 특히 서수휘의 반란이 크게 확산된 해였다.[15] 또 이해 봄에는 안휘성(安徽省) 정원현(定遠縣)을 근거지로 하는 토호 곽자흥(郭子興)이 수천 명을 끌어모아 반란에 가세했다.[16] 이해(1352년) 1월부터 '일본국'의 사절이 왔던 8월까지 중국 각지에서 발생한 주요 반란 및 토벌 상황을 살펴보면 다음과 같다.

〈표 1〉 지정 12년(1352) 1~8월의 중국 국내 주요 반란 및 토벌 상황

월	중국 국내의 주요 반란 및 토벌 상황(《원사》 권42, 본기42)
1	*竹山縣賊(戊申, 竹山縣賊寇攻陷襄陽路, 總管柴肅戰死. 這天, 荊門州也失陷了.). *徐壽輝 휘하 세력(丙辰, 徐壽輝遣僞將丁普郎·徐明遠陷漢陽. 丁巳, 陷興國府. 己未, 徐壽輝遣鄒普勝陷武昌, 威順王寬徹普化·湖廣行省平章政事和尙棄城走. 刑部尙書阿魯收捕山東賊, 給敕牒十一道, 使分賞有功者. 辛酉, 徐壽輝僞將曾法興陷安陸府, 知府丑驢戰不勝, 死之. 辛未, 徐壽輝兵陷沔陽府. 壬申, 中興路陷, 山南宣慰司同知月古輪失領兵出戰, 衆潰, 宣慰使錦州不花·山南兼訪使卜禮月敦皆遁走.) *統領兩淮召募鹽丁五千討徐州(是月). *四川行省右丞長吉討興元, 金州等處賊(是月).
2	*鄒平縣馬子昭作亂(甲申). *서수휘 휘하 세력(乙酉, 徐壽輝兵陷江州, 總管李黼死之, 遂陷南康路. 丙戌, 徐壽輝兵陷岳州. 房州賊陷歸州.). *鄧州賊王權, 張椿陷澧州(辛丑). *賊侵滑·濬, 命德住爲河南左丞, 守東明. 徐壽輝僞將歐普祥陷袁州(是月).
3	*서수휘 휘하 세력(丁未, 徐壽輝僞將許甲攻衡州. 徐壽輝僞將陶九陷瑞州. 甲子, 徐壽輝僞將項普略陷饒州路, 遂陷徽州·信州.). *河南左丞相太不花克復南陽等處(壬子). *命親王阿兒麻以兵討商州等處賊(辛丑). 以江浙行省左丞相亦憐眞班爲江西行省左丞相, 領兵收捕饒, 信賊(戊辰). *方國珍復劫其黨下解, 入黃嚴港, 台州路達魯花赤泰不花率官軍與戰, 死之(是月).
윤3	*以大理宣慰使答失八都魯爲四川行省添設參知政事, 與本省平章事咬州討山南, 湖廣等處賊(壬午). 서수휘 휘하 세력(乙酉. 以大理留守兀忽失爲江浙行省添設右丞, 討饒, 信賊(壬辰). 阿速愛馬里納勿台擒滑州, 開州賊韓兀奴罕有功, 授資用庫大使.(丙申). *湖廣行省參知政事鐵傑, 以湖南兵復岳州(丁酉).
4	*江西臨川賊鄧忠陷建昌路. 乙卯, 鐵傑及萬戶陶夢楨復武昌·漢陽, 尋再陷. 丙辰, 江西宜黃賊塗佑與邵武建寧賊應必達等攻陷邵武路. 辛酉, 四川行省參知政事桑哥失里復渠州. 甲子, 翰林學士承旨歐陽玄以湖廣行省右丞致仕, 錫玉帶及鈔一百錠, 給全俸終其

---

15) 서수휘는 직물행상인이었다. 서수휘가 관련된 반란 및 전투 기사만 해도 지정 12년 1월(6건), 2월(4건), 3월(3건), 윤3월(1건), 7월(1건) 등이 확인된다.

16) 뒷날 명(明)을 건국하게 되는 주원장(朱元璋)은 곽자흥의 일개 병졸로 출발했다. 壇上寬, 《中國歷史人物選9－明の太祖 朱元璋》, 白帝社, 1994.

	身. 戊辰, 諸王禿堅帖木兒·平章政事也先帖木兒討和州有功, 各賜金繫腰幷鈔一千錠. 辛未, 荊門知州聶炳復荊門州. 是月, 永懷縣賊陷桂陽. 咬住復歸州, 進攻峽州, 與峽州總管趙余禠大破賊兵, 誅賊將李太素等, 遂平之. … 知樞密院事老章討襄陽·南陽·鄧州賊.
5	*戊寅, 命江南行臺御史大夫納麟給宣敕與台州民陳子由·楊恕卿·趙士正·戴甲, 令其集民丁夾攻方國珍. *庚辰, 監察御史徹徹帖木兒等言:"河南諸處羣盜, 輒引亡宋故號以爲口實. *是月, 答失八都魯至荊門, 增募兵, 趨襄陽, 與賊戰, 大敗克之. 命左答納失里仍守蕪湖險隘.
6	*丙午, 中書省臣言, 大名路開·滑·濬三州·元城十一縣水旱蟲蝗, 饑民七十一萬六千九百八十口, 給鈔十萬錠賑之. *乙丑, 宣讓王帖木兒不花, 諸王乞塔歹·曲憐帖木兒及淮南廉訪使班祝兒並平賊有功, 賜金繫腰·銀·鈔有差. *丙寅, 紅巾周伯顔陷道州. 修太廟西神門.
7	*庚辰, 饒·徽賊犯昱嶺關, 陷杭州路. 辛巳, 命通政院使答兒麻失里與樞密副使禿堅不花討徐州賊, 給敕牒三十道以賞功. 己丑, 湘鄕賊陷寶慶路. 庚寅, 以征西元帥幹羅爲章佩添設少監, 討徐州. 脫脫請親出師討徐州, 詔許之. 辛卯, 命脫脫台爲行樞密院使, 提調二十萬戶, 賜金繫腰一·銀鈔幣帛有差. 是月, 徐壽輝僞將王善·康壽四·江二蠻等陷福安·寧德等縣.
8	癸卯, 命中書參知政事數理帖木爾·淮南行省右丞蠻子供給脫脫行軍一應所需. 方國珍率其衆攻台州城, 浙東元帥也忒迷失·福建元帥黑的兒擊退之. **丁未, 日本國白高麗賊過海剽掠, 身稱島居民, 高麗國王伯顔帖木兒調兵勤捕之, 賜金繫腰一·鈔二千錠.** 己酉, …並從脫脫出師征徐州, 錫金繫腰及銀·鈔·幣·帛有差. 丁巳, 以同知樞密院事雪雪出軍南陽, 同知樞密院事禿赤出軍河南, 皆有功, 各進階榮祿大夫. 丁卯, 詔:"脫脫以答剌罕·太傅·中書右丞相分省于外, 督制諸處軍馬, 討徐州.…"

이처럼 공민왕 원년 정월부터 서수휘 세력을 위시한 홍건적들과 방국진 등의 한인 군웅들이 각지에서 궐기하자, 원나라 조정은 여러 장수들을 파견하여 이를 토벌하기 위한 군사작전을 전개했고, 그 결과 중국의 정세는 극도로 혼란해져 갔다. '일본국'이 사절을 파견한 8월에 한해서 보더라도 방국진의 태주성 공격에 대응해 공방전이 전개되었고 탈탈(脫脫)이 서주(徐州)를 향해, 동지추밀원사 설설(雪雪)은 남양(南陽)으로, 독적(禿赤)은 하남(河南)으로 각각 출정했다.

이런 상황 속에서 "日本國白, 高麗賊過海剽掠, 身稱島居民"이라는 예전에 고려가 알려온 것과 완전히 상반되는 왜구의 정보를 '일본국'으로부터

접한 원나라 조정은 혼란스러웠을 것이다. 그럼에도 당시 자국의 긴박한
국내정세 때문에 이 정보의 사실 여부 내지는 그 실태를 규명할 여유가
있었을 것 같지는 않다. 중요한 것은 공민왕이 군대를 동원해 그들을 진압하
고 있다는 사실이었다. 그래서 단지 '일본국'의 보고를 그대로 인용해 기술하
는 것으로 그친 것이 아닐까? "高麗國王伯顔帖木兒調兵勦捕之"라고 하는
것은 〈사료 4〉, 〈사료 5〉, 〈사료 6〉에서 보듯이, 고려의 상황을 알게
된 원나라의 해당 관사가 조정(황제)에 보고한 것으로 생각된다.

이상의 사료와 당시 원나라의 국내 상황을 토대로 〈사료 1〉과 〈사료
2〉를 정리해 보면,《원사》지정 12년(1352) 8월 정미조의 사료는 다음과
같은 문장이 된다.

> 일본국이 고하기를, 고려의 도적들이 바다를 건너 약탈을 행하고 있는데
> 스스로 칭하기를 섬에 거주하는 백성이라고 한다. (고려국의 보고에 입각해
> 원나라의 해당 관사가 아뢰기를) 고려 국왕 백안첩목아(공민왕)가 군대를
> 동원해 이들을 소탕하고 있다고 한다. (그래서 황제 또는 조정이) 금계요
> 1개와 초 2천 정을 하사했다.

그러면 앞에서 후지타가 언급한바, ①의 내용에 대하여 생각해 보자.
그는 "高麗賊過海剽掠"의 '바다(海)'를 '대한해협'으로 해석해 "③ 고려의
해도민(海島民)들이 바다를 건너와 일본을 습격하는 일도 있었던 것이다"고
해석했다. 그런데 공민왕 원년(1352) 8월 이전에 고려의 해도민들이 일본을
습격했다고 하는 기록은《고려사》는 물론 일본 측의 문헌기록에서도 전혀
찾아볼 수 없다. 물론 사료가 소멸 또는 누락 되었기 때문이라고 생각할
수도 있다. 그러나 1352년 당시 일본 사회는 전국적으로 **간노노조란**[17)의
불씨가 완전히 꺼지지 않은 가운데 불안한 정세가 이어지고 있었다. 간노

---

17) 간노(觀應) 원년(1350)에서부터 3년(1352)까지 무로마치 막부의 쇼군 아시카가
　　다카우지와 동생 다다요시가 벌인 권력싸움을 말한다.

원년(1350)에 표면화된 무로마치 막부의 쇼군 아시카가 다카우지(足利尊氏)
와 동생 아시카가 다다요시(足利直義)의 권력쟁탈전은 이해(1352년) 2월
26일 다다요시가 형에 의해 독살당하면서 새로운 국면을 맞이하고 있었다.
특히 한반도와 인접한 규슈 지역에서는 쇼군의 서자(庶子) 아시카가 다다후
유(足利直冬)와 쇼니 요리히사(少貳賴尚) 대(對) 규슈탄다이(九州探題) 잇시키
노리우지(一色範氏) 대 기쿠치 씨(菊池氏: 征西府)라고 하는 3파 간의 군사적
긴장이 그해 11월의 격돌을 향해 치달리고 있었던 시기였다.[18] 이럴 때,
규슈 등과 같은 변경지방에 고려의 해도민들이 실제로 습격해 왔다면 이는
약 80여 년전 두 차례의 여몽연합군의 **일본 침공**을 경험한 바 있던 당시의
일본사회에 적지 않은 충격을 주었음에 틀림없다. 이렇게 생각할 때 고려
해도민들이 약탈한 지역이 후지타의 주장대로 일본이었다면 관련 사료가
전혀 남아 있지 않다는 것은 이해하기 어렵다.

　그런데 "高麗賊過海剽掠"을 원문대로 해석하면 "고려의 도적들이 바다를
돌아다니며 약탈한다"가 될 뿐, 그 약탈의 대상지역이 '일본'이라고 명시되
어 있는 것은 아니다. 후지타는 '일본국'이 알려 왔기 때문에 약탈의 대상지역
이 일본이었을 것이라고 유추했을 뿐이다.

　그러면 "고려의 도적이 (일본과 중국 사이의) 바다를 돌아다니면서 약탈한
다"고 해석할 수도 있을 것이다. 그러나 이럴 경우, 왜 '일본국'이 고려가
아닌 원나라 조정에 알렸는가 하는 문제가 있다.[19] 이 문제에 대한 구체적인
고찰은 일단 접어두고 우선 당시 (일본과 중국 사이의) 해역에서 해적이
활동한 사례가 있었는지를 살펴보면 다음과 같은 사례가 확인된다.

---

18) 이 문제에 관해서는 본서 제7장 참조.

19) 만약 고려의 해도민(海島民)들이 일본을 침구했다고 하는 보고가 사실이라면,
　　논리적으로나 지리적인 근접성을 고려할 때 '일본국'은 원나라 조정이 아니라
　　먼저 고려조정에 항의사절을 파견하는 것이 옳다. 만약 같은 내용을 전하는 사절이
　　고려에도 내왕하였다면, 위의 사료는 신빙성이 높다고 할 수 있다. 그러나 앞에서도
　　언급한 것과 같이 이 시기 일본의 막부나 조정이 고려에 사절을 파견한 적이
　　없다.

〈표 2〉 공민왕 원년(임진, 1352)의 왜구 침구[20]

	월일	침구 지점	규모	비고
1	3. 9	풍도(충남아산)	20척	교동까지 퇴각[21]
2	3.11	착량(김포해협)·안흥(충남서산)·장암(충남서천)	불명	적선 1척 포획[22]
3	3.11	파음도(보음도·강화서도면)	불명	사람들을 살육[23]
4	3.12	서주(충남서천) 방호소	불명	1척 포획·적 살상, 2명 포로[24]
5	3.15	중부 서해안	대규모	서강·갑산·교동을 수비[25]
6	3.16	교동도(경기도)	불명	갑산창에 방화. 왜선 2척 노획[26]
7	6.25	전라도 모두량(무안군)	불명	적을 공격했으나 이기지 못함[27]
8	6.25	강릉도[28]	불명	
9	7. 2	전라도	불명	도순문사가 왜선 2척을 포획[29]
10	9. 2	합포(경상도 마산)[30]	50여척	

---

20) 본서 제7장의 내용에서 인용.

21) 《高麗史》卷38, 世家38 恭愍王 元年(1352) 3月 癸丑日條, "포왜사(捕倭使) 김운남이 병선 25척을 거느리고 왜적을 막으러 풍도(楓島)까지 갔다가 적선 20척을 만나서 싸우지 않고 교동(喬桐)까지 퇴각하였다. 또 적선의 기세가 대단히 성한 것을 바라보고 서강(西江)으로 돌아와서 응원군을 청하였다."

22) 《高麗史》卷38, 世家38 恭愍王 元年 3月 乙卯日條, "을묘일. 김운남과 부사(副使) 장성일이 착량(窄梁)·안흥(安興)·장암(長巖)에서 적과 싸워서 적선 1척을 포획하였다. 왕은 김운남에게 좌상시 장성일에게 중랑장의 벼슬을 주었다."

23) 《高麗史》卷38, 世家38 恭愍王 元年 3月 乙卯日條, "왜적이 파음도(巴音島)의 사람들을 살육하였다."

24) 《高麗史》卷38, 世家38 恭愍王 元年 3月 丙辰日條, "병진일. 서주(西州) 방호소에서 왜적의 배 1척을 포획하여 적을 다 죽이고 포로 2명을 바쳤다."

25) 《高麗史》卷38, 世家38 恭愍王 元年 3月 己未日條, "기미일. 왜적의 배들이 대거하여 왔으므로 김운남이 병력으로 적과 대적할 수 없어서 서강까지 후퇴하여 구원병을 청하였으므로 모든 영병(領兵)과 홀적(忽赤)을 동원하여 서강과 갑산(甲山) 및 교동에 나누어 보내어 방비하게 하였다. 부녀자들은 가두에 몰려나와 통곡하고 서울이 크게 놀랐다. 또 여러 관리들과 민가에서 군량과 화살을 등급에 따라 징발하였다."

26) 《高麗史》卷38, 世家38 恭愍王 元年 3月 庚申日條, "경신일. 왜적이 교동 갑산창(甲山倉) 앞에 불을 놓았다. 대언(代言) 최원이 싸워 적의 배 2척을 포획하였다."

27) 《高麗史》卷38, 世家38 恭愍王 元年 6月 丙寅日條, "병인일, 왜적이 전라도 모두량(茅頭梁)에 침입하였는데 지익주사(知益州事) 김휘가 수군을 거느리고 가서 적을

이상의 〈표 2〉에서 보듯이, 공민왕 원년(1352)에는 왜구들이 풍도(충남 아산), 착량(김포해협), 안흥(충남 서산), 장암(충남 서천), 파음도(보음도: 강화 서도면) 등 고려의 중부 서해안 지역을 중심으로 집중적으로 침구하고 있었음을 알 수 있다.[31)]

공민왕 원년(1352) 당시 일본에는 고려의 도적들이 침구해 온 사실이 없는 반면에 《고려사》에는 위와 같이 총 10건의 왜구 침구 사실이 확인된다. 그렇다면 위의 "日本國白, 高麗賊過海剽掠"은 〈표 2〉의 10건의 왜구 침구를 "(왜인이 아니라) 고려의 도적이 (고려의) 바다를 지나다니면서 약탈한다"는 의미로 알린 것으로 생각할 수 있다. 즉 《고려사》의 왜구를, 《원사》에 보이는 '일본국'은 '고려 해도민의 소행'으로 원나라에 알린 것이라 볼 수 있다. 이럴 경우, 다음과 같은 의문이 생긴다.

첫째, '일본국'은 왜구의 고려 침구를 왜 고려 해도민의 소행이라고 하였을까?

둘째, '일본국'이 실제로 원나라에 사절을 파견했을까?

셋째, 실제로 일본국이 사절을 파견했다면 그 실체는 무엇이었을까?

이하 이러한 문제에 대하여 고찰해 보기로 한다.

공격하였으나 이기지 못하였다. 옥구감무(沃溝監務) 정자룡이 앉아 머뭇거리며 나아가지 않았으므로 형장(刑杖)을 치고 돌산(突山)의 봉졸(烽卒)로 귀양보냈다."

28) "왜적이 강릉도(江陵道)에 침입하였다." 앞의 주 27) 사료 참조.

29) 《高麗史》 卷38, 世家38 恭愍王 元年 7月 壬申日條, "가을 7월 임신일. 전라도 도순문사가 왜선 2척을 포획하였다."

30) 《高麗史》 卷38, 世家38 恭愍王 元年 9月 壬申日條, "왜적의 배 50여 척이 합포(合浦)에 침입하였다."

31) 이 밖에도 《高麗史》 卷38, 世家38 恭愍王 元年 7月 丁亥日條에 "합포 만호가 왜놈 포로를 바쳤다"고 하는 기록이 보인다. 그러나 이것은 이전에 침구했던 왜구 중 포로로 잡힌 자를 바친 것으로 해석해 침구 사례에서 제외시켰다.

3. "日本國曰, 高麗賊過海剽掠, 身稱島居民"의 일본국의 실체

위에서 제시한 '일본국'은 왜구의 고려 침구를 왜 고려 해도민의 소행이라고 한 것일까? 이에 대해 검토하기 전에《원사》의 "日本國曰, 高麗賊過海剽掠, 身稱島居民"조의 '일본국'의 실체가 무엇인지 생각해 보기로 하자. 후지타는 앞에서 '일본국'에 대하여 "② 당시에도 일본과 원나라를 왕래하는 해상(海商)이나 선승(禪僧)들이 많아서 일본으로부터 이런 정보가 원나라에 도착했어도 이상하지 않다"라고 하여 해상이나 선승이 이런 정보를 전했을 것으로 보았다. 아마도 후지타의 지적은 틀리지 않을 것이다. 그런데 문제는 원나라 조정에 이 사실을 알린 주체를 중국의 정사(正史) 기록인《원사》가 엄연히 '일본국'으로 기술하고 있다는 점이다. 더욱이 이 '일본국'은《원사》에 세조(世祖) 지원(至元) 19년(1282)에 마지막으로 보인 뒤,[32] 실로 70년 만에 등장한 셈이 된다. 즉 '일본국'이라는 용어는《원사》에는 자주 보이지 않으며 더욱이 '사절'을 파견한 것은 더더욱 드문 일이라 할 수 있다. 따라서 이 '일본국'의 실체를 규명하는 것이 이 사료의 신빙성 여부를 결정짓는 관건이 된다고 할 수 있다.

그런데 만약 후지타의 주장대로 해상 또는 선승들이 공식적인 문서도 제시하지 않고 그저 구두(口頭)로 이런 정보를 전달하였다면, 원나라 조정이 아무런 의심 없이 이를 그대로 신뢰하였을까? 아마도 공식적인 외교문서(牒)를 지참하지 않았다면 해상이나 선승 같은 사적(私的)인 자격만 가지고서는 원나라 조정에 접근조차 불가능했을 것이다. 그들이 당시 동아시아 국제사회의 외교 관례에 어울리는 공식적인 문서를 지참했기 때문에《원사》에서도 그들의 대표성을 인정해 '일본국'으로 기록했다고 봐야 한다.

---

32)《元史》卷12, 本紀23 世祖 19年 9月, "戊寅, 給新附軍賈祐衣糧. 祐言爲日本國焦元帥婿, 知江南造船, 遣其來候動靜, 軍馬壓境, 願先降附."

그러면 이 '일본국'은 구체적으로 무엇을 지칭할까? 당시 공식적인 외교
문서를 작성해 원나라 조정에 보냈을 가능성이 있는 일본의 공적(公的)
기관은 무엇일까? 우선 생각할 수 있는 것이 무로마치 막부, (남조와 북조의)
조정, 규슈 남조(정서부)와 현지에서 외교업무를 담당하는 다자이후(大宰府)
이다. 그런데 공민왕 원년(1352) 당시 막부나 남조의 요시노(吉野) 조정이
위와 같은 내용의 외교문서를 원나라 조정에 보낼 구체적인 이유나 동기를
갖고 있었을 것으로는 생각하기 어렵다.[33] 그런데 문제는《원사》에 '일본국'
이 알려왔다고 되어 있다는 것이다. 따라서 사절을 파견했을 가능성을
완전히 배제할 수는 없다. 그러므로 실제로 일본국이 사절을 파견했다는
전제 하에 이 문제를 좀 더 검토해 보자. 막부나 남조 및 북조 조정 이외에
'일본국'으로 원나라 조정에 외교문서를 보낼 수 있는 공적 기구를 생각해
보면, 정서부와 다자이후가 남는다. 그러나 정서부 역시 1369년 이후, 명나라
홍무제의 왜구 금압을 요구하는 외교문서를 받고 두 차례나 명나라 사절을
처단하는 적대적인 태도를 보였던 것으로 미루어,[34] 공민왕 원년 당시의
'일본국'의 실체는 정서부였다고 보기도 어렵다.

그렇다면 남은 것은 '다자이후'이다. 규슈 현지에서 조정을 대신하여

33) 당시에 정말로 일본국이 원나라에 공식적인 외교사절을 파견했을지 의문스럽다.
13세기 후반, 몽골의 일본 침공을 전후해 세조 쿠빌라이가 몇 차례씩 일본에
사신을 파견했다는 것은 널리 알려진 사실이다. 그러나 가마쿠라 막부는 원에
사절 파견은 물론 답서(答書)조차 보내지 않았고 사신을 처형하기까지 했다. 따라서
일본(막부)이 사절을 파견했을 리 없지만, 만약 그런 '일본국'이 정말로 원에 사절을
파견했다면, 사절을 파견하기 전에 국서(國書)의 내용과 형식, 사절 파견방법 등의
문제로 권력층 내부에 적지않은 논의와 논란이 일었을 것이다. 이는 공민왕 15년
(1366) 당시의 최초의 금왜사절이 일본에 왔을 때의 상황을 봐도 충분히 알 수
있다. 이영, 〈14세기의 동아시아 국제정세와 왜구-공민왕 15(1366)의 금왜사절의
파견을 중심으로〉,《한일관계사연구》 26, 2007 참조. 따라서 〈사료 1〉의 내용이
사실이라면, 일본 측 문서나 일기 등과 같은 기록에 남아 있지 않았을 리 없다.
이런 점 때문에 이 사료의 기술대로 '일본국'이 실제로 사절을 파견하였거나
또는 국서(國書)를 전달하게 한 것이라고 믿기 어렵다.
34) 이 문제에 관해서는 村井章介,〈日明交涉史の序幕-幕府最初の遣使にいたるまで〉,
《アジアのなかの中世日本》, 校倉書房, 1988 참조.

외교업무를 담당한 다자이후라면 충분히 원나라 조정에 외교문서를 보낼
수 있는 자격과 능력을 겸비하고 있었다. 과거 헤이안(平安)－가마쿠라(鎌倉)
시대에도 다자이후가 중국이나 고려에 공적·사적으로 사절을 파견하고
외교문서를 전달했던 사례가 여러 차례 확인된다.35) 특히 다자이후의 책임
자가 무역의 이익을 노리고 거짓으로 외교문서를 작성해 중국에 사절을
파견한 사례가 이미 헤이안 시대부터 있어 왔다.36)

또 다자이후가 외교 행위의 주체로 《고려사》에 등장한 경우도 확인된다.
예를 들어 1226년 금주(金州: 김해)에 왜구가 침구한 데 대해 고려가 사절을
파견하여 항의하자, 다자이쇼니(大宰少貳) 무토 스케요리(武藤資賴)가 고려
사절의 면전에서 아쿠토(惡徒) 90여 명의 목을 베어버리는 조치를 취한
적이 있었다.37) 이러한 조치를 《고려사》에서는 "日本國奇書, 謝賊船寇邊之
罪, 仍請修好互市"38)라고 하여 다자이쇼니 무토 스케요리를 '일본국'으로
기록하고 있다. 그러므로 '다자이후'를 《원사》에 보이는 '일본국'의 실체로
생각할 수 있다. 만약 '일본국'의 실체가 '다자이후'라면, 1352년 당시의
다자이후란 바로 '다자이쇼니(大宰少貳)' 요리히사(賴尙)를 의미한다. 쇼니
요리히사라면 공민왕 원년 7월경 원나라에 사절을 파견할 만한 충분한
이유와 동기가 발견된다.

---

35) 이 문제에 관해서는 森克己, 《日宋貿易の研究》, 國立書院, 1948 참조.
36) 위의 책 참조.
37) 《百鍊抄》嘉祿 3年 7月 21日條.
38) 《高麗史》卷22, 世家22 高宗 14年 5月 乙丑條. 이에 관한 구체적인 내용은 이영,
   〈중세 전기의 고려와 일본〉, 《왜구와 고려·일본 관계사》, 혜안, 2011 참조.

4. 공민왕 원년(1352)의 일본 국내정세와
왜구 침구의 배경

'일본국'의 실체가 쇼니 요리히사였다고 한다면, 그가 공민왕 원년에 원나라에 사절을 파견한 이유는 무엇일까? 이 문제를 검토하기 전에 먼저 당시 쇼니 요리히사를 둘러싼 일본의 국내정세를 살펴보기로 하자.

공민왕 원년 당시 일본은 간노노조란이 막바지를 향해 달려가고 있었다.[39] 그 과정을 간단히 표로 표시하면 다음과 같다.

〈표 3〉 1336년 이후 1352년(공민왕 원년)까지의 중앙정계 구도

시기	1336~1349년	1350~1352년 2월(북조 분열기)	1352년 2월 이후
중앙	북조 대 남조	다카우지(兄) 대 다다요시(弟) 대 남조	북조 대 남조

1336년에 남북조 동란이 시작된 이후 1350년에 들어오면 막부(북조)는 쇼군인 형 아시카가 다카우지와 동생 다다요시가 권력다툼을 벌이면서 내부 분열을 일으킨다. 막부는 두 파로 분열되어 서로 우세를 점하고자 각각 남조에 일시적으로 귀순했다가 다시 이반(離反)하면서 혼란은 더욱 가중되었다. 그러다가 공민왕 원년에 들어오면서 형제간의 다툼은 끝을 보이게 된다. 이해에 일본 중앙정계에서 일어난 주요 사건을 정리하면 다음과 같다.

---

39) '간노노조란'이란 남북조 시대의 1350년부터 1352년까지의 간노 연간(觀應年間)에 정점에 이른 아시카가 정권(室町幕府)의 내분이다. 표면적으로는 아시카가 씨 일족의 내홍으로 시종일관한 것처럼 보이지만, 사실은 후진적인 지역에 기반을 두는 아시카가 씨 일족의 슈고 세력과 기나이(畿內)와 주변 일대를 중심으로 하는 보다 급진적인 소영주, 아쿠토(惡党)적인 세력과의 막부정책의 방향을 둘러싼 대립, 항쟁이 본질이었다. 여기에 여러 장수들의 세력다툼이 얽혀 있었기 때문에 쉽사리 종식되지 않았다. 佐藤和彦, 《日本の歷史11 - 南北朝內亂》, 小學館, 1974.

〈표 4〉1352년 일본 중앙정계에서 일어난 주요 사건

월	주요 사건
1	*아시카가 다카우지(足利尊氏), 동생 다다요시(直義)와 화해하고 가마쿠라에 들어가다.40)
2	*26일. **다카우지, 동생 다다요시를 독살하다.**41) *26일. 남조의 고무라카미(後村上) 천황이 아노(賀名生)를 출발해 가와치(河內)의 도조(東條)에 도착, 셋쓰(攝津)의 스미요시(住吉)에 본진을 정하다.
윤2	*윤2월 15일 덴노지(天王寺)에 도착, 윤2월 19일 오토코야마(男山) 하치만(八幡)에 본진을 정하다. *윤2월 18일. 남조의 장수 닛타 요시무네(新田義宗)가 거병해 가마쿠라에 입성하다. *윤2월 20일. 남조의 장수 기타바타케 아키요시(北畠顯能) 등이 교토에서 북조의 아시카가 요시아키라(足利義詮)와 싸워 오미(近江)로 쫓아내다.
3	*다카우지, 가마쿠라에 들어가다. *요시아키라, 오토코야마의 남조군을 공격하다.
5	*오토코야마가 함락되어 남조의 고무라카미 천황이 아노(賀名生)로 옮겨가다.
6	*북조의 고곤(光嚴)·고묘(光明)·스코(崇光)의 3 상황(上皇)이 아노로 잡혀가다.
7	*무로마치 막부가 전국의 슈고(守護)들에게 무사들에 의한 사찰과 신사에서의 난폭한 행위 및 약탈의 금지, 또 오미(近江) 이하 3개 국에서의 반제(半濟)의 시행을 명하다.
11	*아시카가 다다후유(足利直冬), 남조로 귀순하다.

　남조 쇼헤이(正平) 6년(1351) 10월 24일, 아시카가 다카우지가 남조에 항복했다. 이는 거짓항복이었지만, 어쨌든 남조는 16년 가까이 떠나 있던 교토(京都)로 돌아갈 수 있는 대망의 날을 맞이하게 된다. 쇼헤이 7년(1352) 2월 3일, 남조는 고무라카미(後村上) 천황의 귀경(歸京)을 아시카가 측에 알리고 아울러 교토와 가마쿠라를 동시에 점령하려는 계획을 추진한다. 〈표 4〉에서 보듯이 이해(1352년) 2월과 윤2월은 남조가 공세를 취하던 시기였다.

　그러나 이러한 남조의 우세도 3월에 들어서자 역전되기 시작한다. 다카우

---

40) 《太平記》卷29,〈薩多山合戰の事〉《鶴岡社務記錄》正月 5日條《東海一漚集》〈自歷請〉등.

41) 《鶴岡社務記錄》,《園太曆》,《建武三年以來記》등 正平 7年 2月 26日條.

지가 가마쿠라에 입성하고 또 아들 요시아키라도 교토를 회복하고 오토코야
마(男山)의 남조 본진을 공격한다. 5월에는 결국 고무라카미 천황도 오토코야
마를 떠나 아노(賀名生)로 다시 후퇴하고 만다.

그러면 이 기간 동안 규슈, 특히 왜구의 침구와 깊은 관련이 있는 북규슈
지방의 정세는 어떠하였을까? 다음의 〈표 5〉를 보자.

〈표 5〉 1336년 이후 공민왕 원년까지의 규슈 정계 구도

시기	1336~1350년 8월	1350년 9월~1352년 2월 (북조 분열)	1352년 11월 이후
규슈 정계	북조(규슈탄다이·쇼니 씨) 대 남조(기쿠치 씨·정서부)	(규슈탄다이 잇시키 씨) 대 (쇼니 씨·다다후유) 대 (기쿠치 씨·정서부)의 삼파전	(규슈탄다이 잇시키 씨) 대 (쇼니·기쿠치 씨·정서부)

〈표 5〉를 보면 남북조 내란기 동안 규슈의 정세는 중앙정계의 정세변동과
밀접히 연동(連動)되고 있었음을 알 수 있다. 즉 '간노노조란' 기간 동안
규슈에서는 중앙정계와 똑같이 삼파전이 전개되고 있었던 것이다. 그리고
삼파전이 전개되던 기간을 전후해 쇼니 씨가 북조에서 남조로 변신하고
있다. 이렇게 보면 1352년 2월은 규슈 지역에 획기적인 정세변동의 계기가
있었음을 알 수 있으며, 그 계기는 바로 다다후유와 쇼니 요리히사 파에게
중앙정계의 후원자였던 다다요시가 독살당한 것이다. 정치적 구심점을
잃어버린 다다후유와 요리히사 파는 규슈 지방에서 더 이상 정치·군사적
자립을 유지하기 어렵게 되고 말았다. 이들은 이제 세력을 회복한 다카우지
파인 잇시키 노리우지의 대규모 공세에 맞닥뜨리지 않으면 안 되게 되었다.
실제로 이해 윤2월 16일과 3월 8일 잇시키 노리우지가 취한 적극적인
군사행동을 다음 〈표 6〉에서 확인할 수 있다.

〈표 6〉1352년 북규슈 지방에서 일어난 주요 사건[42]

월	주요 사건
1	*25일. 요리히사가 다자이후를 출발해 오기(小城: 肥前國小郡)로 공격해 온다는 소식이 전해지다.[43]
2	*1일. 다다후유와 다카우지의 군세가 모지(門司)에서 해전(海戰)을 전개하다.[44] *8일. 다다후유, 오마타 우지쓰라(小俣氏連)로 하여금 히젠(肥前) 소노키(彼杵)의 적을 공격하게 하다.[45]
윤2	*윤2월 16일. 잇시키 노리우지(一色範氏), 천황의 명에 따라 다자이후의 다다후유를 공격하기 위해 다와라 나오사다(田原直貞)의 군세를 초치(招致)하다.[46]
3	*8일. 잇시키 노리우지, 다다후유와 요리히사를 공격하기 위해 사쓰마(薩摩)와 지쿠젠(筑前)의 무사를 초치하다.[47]
11	*12일. 다다후유, 지쿠젠의 쓰바키(椿)와 다다쿠마(忠隈: 현 福岡縣) 전투에서 패하여 후퇴하다.[48] *18일. 다다후유, 다자이후로 귀환하다.[49] *24일. 잇시키 노리우지, 다자이후를 공격하다.[50] *24일. 다다후유와 요리히사, 다자이후의 우라조(浦城)에서 농성하다.[51] *24일. 쇼니 요리히사, 정서부에 원조를 요청하다.[52] *25일. 기쿠치 다케미쓰(菊池武光), 요리히사를 구원하기 위해 잇시키 노리우지를 공격하다.[53]
12	*12일. 다다후유, 나가토(長門)의 도요타 성(豊田城)으로 도주하다.

---

42) 본서 제7장 참조.
43) 〈一色道獻書狀寫〉,《南北朝遺文》 九州編 第3卷, 3319号.
44) 《正閏史料》에 "다다후유(直冬)의 부하 오다테 우마노스케(大館右馬助) 등이 고토 다케나오(厚東武直)와 함께 여러 번 모지·아카마가세키·기요타키(門司·赤間關·淸瀧) 등지를 침공하자, 다카우지의 부하 호소카와 기요우지(細川淸氏)의 부하 시모우사 지카다네(下總親胤) 등이 이를 막았다. 이 날 모지(門司) 해상에서 전투를 벌여 지카다네(親胤)가 대승을 거두었다"고 기록하고 있다.
45) 〈觀應三年二月八日 小俣氏連軍勢催促狀〉,《肥前深堀文書》南北朝遺文 九州編, 3329号.
46) 《古文雜纂》〈征西將軍宮譜〉 8.
47) 《薩蕃旧記》前集17, 正平 7年 3月日 ;《重富文書》正平 7年 3月 14日 등.
48) 《園太曆》21, 文和 2年 正月 10日 ;《太平記》33 〈直冬降參吉野事〉;《征西將軍宮譜》 9.
49) 瀨野精一郎,《人物叢書 足利直冬》, 吉川弘文館, 2005, 207쪽 〈略年譜〉 참조.
50) 瀨野精一郎, 위의 책.
51) 위의 책.
52) 《園太曆》21, 文和 2年 正月 10日, 11月 12日.
53) 《木屋文書》正平 9年 11月 15日 ;《曆朝要紀》13 〈一井氏藏書〉.

그런데 앞의 〈표 4〉에서 보듯이 다다요시가 독살당한 뒤, 중앙에서 다카우지 파의 공세는 5월까지 규슈의 다다후유와 요리히사 파가 아닌 남조에게로 집중되었다. 따라서 실제로 규슈 지역의 다다후유 파에 대한 공세가 본격화되는 것은 이해 11월부터였다〈표 6〉. 절대절명의 위기에 처한 다다후유와 요리히사는 결국 11월 24일 남조 정서부에 원조를 청했고 이 와중에 다다후유는 12월 12일 규슈를 떠나 혼슈의 나가토(長門: 현재의 山口縣 일대)로 도주하고 만다.

이처럼 1352년 2월 26일의 다다요시 피살사건은 정국의 큰 전환점이었다. 그런데 앞의 〈표 6〉에서 다다요시의 독살 이후 11월이 될 때까지 다다후유와 쇼니 요리히사의 군사활동이 거의 보이지 않는다. 또한 〈표 2〉의 왜구 침구표를 보면 3월에 가장 활발하게 침구하고 있으며 침구 대상도 중부 서해안 지역에 집중되고 있다. 2월 26일의 다다요시 피살 이후, 3월(일본의 윤2월에 해당)은 요리히사 파에겐 위기의식이 극도로 고조된 시기였다고 할 수 있다. 바로 이때, 왜구의 선단이 고려 조운선이 결집하기 때문에 약탈의 효율을 극대화할 수 있는 중부 서해안 지역을 침구하고 있는 것이다.

그해 4월과 5월에는 침구하지 않았다. 6월은 전라남도와 강릉도, 7월에는 전라도, 9월에는 경상남도 합포(창원시) 등지에 왜구가 침구하였는데 이는 중부 서해안 지역을 침구한 3월의 경우와 비교할 때, 쓰시마에서 비교적 가까운 지역이라 할 수 있다. 이처럼 쓰시마에서 가까운 지역을 침구한 이유로 11월 규슈에서의 결전을 앞둔 시점에 멀리 중부 서해안 지역까지 침구해 갈 정도의 시간적 여유가 없었기 때문으로 생각할 수 있다.

1352년 3월이라는 '시기'와 중부 서해안이라는 '지역'의 두 가지 점에서, 2월의 절박한 상황, 즉 아시카가 다다요시라는 강력한 후원자를 잃어버린 쇼니 요리히사가 처한 위기와의 관련이 드러나고 있다. 이는 그 뒤 1357년 4월이 될 때까지 5년여 동안이나 중부 서해안 지역에 침구해 오지 않았다는 사실을 보더라도 알 수 있다(다음의 〈표 7〉 참조). 1352년 3월에 왜구들이 대거 한반도 중부 서해안 지역에 침구해 왔던 것은 다다요시 사망 이후, 다카우지 파의 대규모 공세에 대비해 병량미를 포함한 전쟁물자를 확보하기 위한 노력으로 생각된다.

5. 중부 서해안 지역의 군사 정치적 의미와 사절 파견의 배경

공민왕 원년 3월의 중부 서해안 지역에 대한 왜구 침구의 배후에 쇼니 요리히사를 둘러싼 일본 중앙정계 및 규슈 정세의 변동이 있었다고 한다면, 공민왕 원년에 '일본국(=요리히사)'이 명나라에 사절을 파견한 것은 무엇 때문이었을까? 이 문제에 대하여 생각해보자.

《원사》의 "日本國白, 高麗賊過海剽掠, 身稱島居民"이 8월 7일조이므로 사절은 늦어도 6월이나 7월중에는 파견되었을 것이다. 만약 쇼니 요리히사가 사절을 파견한 '일본국'의 실체라면 왜 이때 파견한 것일까? 그리고 파견 이유는 무엇일까? 〈표 6〉을 보면, 이해 4월 이후 10월까지의 기간 동안 다다후유와 요리히사 파는 눈에 띄는 군사활동을 전개하지 않았다. 일종의 소강 상태였다고 할 수 있다. 즉 다카우지 파의 공세가 남조에 집중되어 11월에 본격적인 전투가 개시될 때까지는 다다후유와 요리히사 파에게 수개 월의 시간적 여유가 주어졌던 시기였다. 〈표 5〉를 〈표 3〉과 비교하면 1352년 2월 이후 중앙에서의 삼파전 양상이 종결되었지만, 11월까지 규슈의 요리히사는 아직까지 남조로 전향하지 않은 채 독자세력을 유지하고 있었다.

이때, 쇼니 요리히사의 뇌리에 한반도 중부 서해안을 침구한 일이 화근이 되어 혹시 원나라 군대가 침공해 올 수도 있다는 우려가 떠오르지 않았을까 생각한다. 이러한 우려는 앞의 〈사료 4〉의 고려가 원나라에 원병을 청했다는 것을 볼 때, 충분히 현실성 있는 것이었다고 할 수 있다. 쇼니 요리히사로서는 미구(未久)에 있을 것으로 예상되는 다카우지 파의 공세에 대비해야 하는 가운데 만약 몽골군이 쓰시마로 그리고 규슈 본토로 침공해 온다면 최악의 사태라고 할 수 있다. 이런 상황 속에서 쇼니 요리히사가 사절을 파견하여 원나라 조정이 왜구 침입에 대해 어떻게 인식하고 있는지를 염탐하게 했을 것이라는 추정은 충분히 개연성이 있다.

요리히사는 필자가 이미 여러 차례 '경인년(1350) 왜구'의 실체로서 지목해 온 인물이다.[54] 그리고 다양한 사료에 의해 고려 말~조선 초에 침구해 온 왜구의 핵심이 쇼니 씨였다는 사실이 확인되고 있다.[55] 또 쇼니 씨는 가마쿠라~남북조 시대에 걸쳐 외교와 무역 업무를 관장하고 있었다. 예를 들어 가마쿠라 시대에 일본과 중국을 왕래하다가 한국 신안 앞바다에서 침몰한 선박에서 발견된 목간(木簡)에는 조자쿠안(釣寂庵)이라는 암자 명이 기록되어 있는데, 이는 하카타(博多)에 있는 조텐지(承天寺)의 지원(支院)으로서 가마쿠라 시대에서 남북조 시대에 걸쳐 무역과 외교 업무를 관장하던 기구다.[56] 그런데 남북조 시대에 들어와서도 쇼니 씨는 외교와 무역 업무를 관장하고 있었다. 즉 규슈의 남조(정서부)가 하카타를 지배하고 있던 쇼헤이(正平) 16년(1361)부터 약 10년 동안, 정서부의 한 축이었던 쇼니 요리스미(少貳賴澄: 요리히사의 3남)의 가신인 아에바 도테쓰(饗庭道哲)가 이 '조자쿠안'에서 정무를 보고 있었다는 것이 아소 문서(阿蘇文書)에서 확인된다.[57]

앞서 이미 언급한 것처럼 충정왕 3년(1351)에 왜구는 자연도와 삼목도 등 현재 인천국제공항이 위치한 영종도 일대의 중부 서해안 일대를 침구하고 있다. 여기서 중국의 산동반도는 지척이다. 그럼에도 왜구는 경인년 이후

---

54) 이영, 〈경인년 이후의 왜구와 내란기의 일본 사회〉, 《왜구와 고려·일본 관계사》, 혜안, 2011 ; 본서 제7장 참조.

55) 이에 관해서는 본서 제2장 참조.

56) 川添昭二, 〈南北朝動亂期の九州〉, 《九州の中世世界》, 海鳥社, 1994, 182~183쪽.

57) 川添昭二, 위의 논문 참조.

8년이 지난 1358년이 되어서야 비로소 최초로 중국에 침구한다.[58] 이것은
당시 왜구가 아무런 정치 외교적인 고려나 계획 없이 침구하는 오합지졸(烏合
之卒)이 아니었음을 보여준다. 왜냐하면 왜구들의 입장에서 볼 때, 고려에
대한 침구와 원나라에 대한 침구는 그것이 가져올 보복 공격이 우려(憂慮)의
수준이라는 점에서 차원이 달랐기 때문이다.

《태평기(太平記)》를 보면[59] 엄청난 규모의 원나라 선단(船團)과 병력,
그리고 철포(鐵砲)라고 하는 신무기의 위력 앞에서 귀천(貴賤)·상하(上下)를
막론하고 어찌할 바 몰라 우왕좌왕하며 도주하는 모습이 보인다. 그런데
이와는 정반대로 신라에 대해서는 신공황후가 삼한(三韓)의 왕들을 굴복시
킨 뒤 그들에게 "고려 왕은 우리 일본의 개(犬)다"라고 석벽(石壁)에 새기고
돌아가게 하였다는 황당한 전설을 인용하고 있다.[60] 이것을 보면 당시
일본의 무사들이 고려와 원나라의 무력에 대해 상반된 인식, 즉 원나라의
군사력에 대해서는 공포심을 가지고 있던 반면 고려의 군사력은 얕보고
있었음을 잘 알 수 있다.[61]

경인년 이후 9년 가까이나 한반도 중부 서해안 일대를 침구하면서도
중국으로는 침구하지 않은 당시 왜구들의 행동을 통해, 중국에 대한 침구가
어떤 결과를 가져올지 잘 알고 있는 정치외교적 감각을 지닌 존재가 왜구의
배후에 있었음을 의미한다. 다음의 〈표 7〉을 보자.

---

58) 《元史》卷46, 本紀44 至正 23年 8月, "八月丁酉朔, 倭人寇蓬州, 守將劉暹擊敗之.
   自十八年以來, 倭人連寇瀕海郡縣, 至是海隅遂安." 여기서 "지정 18년부터 왜구가
   연해주군에 침구해 오기 시작했다"고 하는데, 지정 18년은 1358년에 해당한다.
59) 《太平記》卷39, "太元より日本を攻むる事(원나라가 일본을 침공하다)."
60) 《太平記》卷39, "神功皇后, 新羅を攻めたまふ事(신공황후, 신라를 공격하다)."
61) 이에 관해서는 이영, 〈민중사관을 가장한 식민사관 - 일본 왜구 연구의 허구와
   실체〉, 《일본문화연구》 45, 2013 참조.

〈표 7〉 경인년(1350)~1357년의 침구지역과 침구지역 수

	1월	2월	3월	4월	5월	6월	7월	8월	9월	10월	11월	12월	총계
50		●		●		●(2)					●		5회
51				●				★(2)			●		4회
52			★(6)			●(2)	●		●				10회
53									●				1회
54				●		●							2회
55			●	●									2회
56													0
57				★					★(2)				3회

●은 남해안 지역, ★은 중부 서해안 지역에 대한 침구, ( ) 안의 숫자는 침구 횟수,
( ) 안에 숫자가 없는 경우는 1회 침공, '윤'은 '윤달'을 의미한다.
* 이상의 내용은《고려사》기록에 의거.

위의 〈표 7〉에서 보듯이, 8년 동안 중부 서해안 해역을 침구한 횟수는
총 11회다. 그렇다면 왜구들이 고려의 중부 서해안 지역을 침구한 것은
원나라에게 어떤 의미가 있었을까?

공민왕 원년 3월부터 왜구가 침구해 온 풍도, 착량, 안흥, 장암, 파음도,
교동 갑산창 등은 고려~원나라의 해상교통로 상에 위치하고 있었다. 원나라
와 고려 사이의 왕래는 주로 육로를 통해 이루어졌기 때문에 해로(海路)는
상대적으로 부차적이었지만 빈번히 이용되고 있었고 따라서 중요시되고
있었다.[62] 특히 원나라는 해외무역을 중시하고 보호하였다. 원이 중국을
통일한 뒤, 중국과 한반도 사이의 해상교통은 빈번했다. 원조정은 여러
차례 중국의 양식을 해상을 통해 고려로 운반해 기아(饑餓)를 구휼한 사례가
확인된다.[63]

송대(宋代)의 중국과 고려 사이의 해상교통에는 북로와 남로가 있었다.
그 중 북로는 산동반도의 등주(登州: 지금의 봉래현)에서 동쪽으로 항해해

---

62) 陳高華, 〈元朝與高麗的海上交通〉, 《진단학보》 71·71, 1991.

63) 陳高華, 위의 논문.

한반도 서쪽에 위치한 옹진에 도착하는 항로였고, 남로(南路)는 중국 남부에
서 흑산도로 건너와 서해안을 따라 북상하는 항로였다.[64]

당시 고려는 원나라 황제의 사위(婿) 나라, 즉 부마국(駙馬國)으로 독립국의
형태를 유지하고 있었지만 한편으로는 '정동행성(征東行省)'이라는 원제국
의 행정지역(省)이기도 했다. 특히 공민왕 원년에 왜구들이 침구한 중부
서해안 일대에 대청도(大靑島)라는 섬이 있다. 서해안 옹진반도에서 남서쪽
으로 40km 정도 떨어진 이 섬은 원나라 황족들이 자주 유배 오던 곳이었다.
충숙왕 즉위년(1317)에 위왕(魏王) 아목가(阿木哥)가 7년을,[65] 그리고 순제(順
帝) 역시 어렸을 적에 이 섬에서 유배생활을 한 적이 있다.[66]

이처럼 한반도 중부 서해안 일대 지역은 원나라의 직할영토는 아니라
할지라도 왜구의 침구에 원나라가 민감하게 반응할 수도 있는 곳이었다.
또한 당시 원의 수도인 대도(大都: 북경)에서 필요로 하는 식량의 공급을
강남지방으로부터의 해상수송에 의존하고 있었다. 따라서 고려의 중부
서해안 지역에 대한 왜구나 해적들의 활동을 방치해 둘 경우 머지않아
대안지역(對岸地域)인 중국 북부 연해지역까지 위협당하게 되리라는 예상은
원조정의 입장에서 볼 때 자연스러운 것이었다고 할 수 있다.

원나라 조정이 고려의 중부 서해안 지역을 중요하게 인식하고 있었을
것이라는 사실을 직접 보여주는 사료는 제시하기 어렵지만, 공민왕 원년에서
부터 시간적으로 30여 년 뒤인 우왕 13년(1387)에 홍무제가 고려에 보낸
서신을 통해 짐작할 수 있다.

> 7. 당신들이 거기서 해야 할 일 중에서 긴급한 것은 왜놈에 대한 것이다.
> 나에 대한 다른 근심 걱정은 아예 가지지 말라. ⓐ 저 올라 강과 압록강
> 일대와 바닷가에 겹겹이 성을 많이 축성하고 군마를 다소 조동하여

---

64) 위의 논문.
65) 《高麗史》 卷34, 世家34 忠肅王 元年 閏正月 壬申日條.
66) 《高麗史》 卷36, 世家36 忠惠王 元年 12月 甲寅日條.

지키게 하고 군함을 많이 만들어 왜적을 방비하여 백성들을 위하여
행복을 마련해 주라. (중략) 저 ⓑ 나주 일대에 총총히 성을 쌓고 군함을
많이 만들어 왜적이 침해하지 못하게 해야 한다. (중략)[67]

이 국서에서 홍무제는 중국에 침구해 오는 왜구를 막기 위해 고려가
취해야 할 조치로서 ⓐ 올라 강과 압록강 일대와 바닷가에 겹겹이 축성할
것, ⓑ 전라도 나주 일대에 축성할 것 등을 지시하고 있다. 여기서 나주는
한반도의 남해안과 서해안의 경계에 위치하고 있다. 홍무제는 한반도 남해안
과 서해안의 경계에 위치한 이 나주를 명나라로 침구하는 왜구를 막기
위한 '왜구의 1차 저지선'으로, 그리고 고려와 중국 요동지방의 경계지역인
올라 강과 압록강 일대를 '2차 방어선'으로 여겼음을 알 수 있다. 명나라로서
는 왜구가 한반도 남해안을 침구하는 것은 상관없지만 일단 중부 서해안
지역으로 들어오게 될 경우 요동반도나 산동반도로의 침구가 용이해진다는
것을 잘 알고 있었다.[68]

한반도 서해안이 자국의 안전에 중요하다고 하는 명나라의 인식은 다음
공양왕 2년(1390)의 사료에서도 엿볼 수 있다.

8. 기사년 겨울에 (중략) 윤승순이 황제의 말로 된 예부(禮部)의 자문(咨文)을
가지고 왔는데 그 글에, (중략) 그대는 (중략) 왜적을 격파하여 서해(西海)를
보전하였고, 또 인월역에서 왜적을 격파하여 적의 간담을 서늘케 하였
다.[69]

---

67) 《高麗史》卷136, 列傳49 禑王 13年 5月條, "你那裏合做的勾當打緊是倭子倒, 不要別
疑慮. 只兀那鴨綠江一帶沿海密匝匝的多築些城子調些軍馬守住了一壁廂. 多造些
軍船隄備著百姓些福至."
68) 한반도에서 중국으로 가는 뱃길은 북방해로와 황해 횡단로 그리고 남방해로가
있어서 삼국시대 당시부터 사용되었다. 여기서 한반도 중부 서해안에서 요동반도로
향하는 것은 북방해로, 산동반도로 향하는 것은 황해 횡단로에 해당한다. 김문경,
《장보고 연구》, 연경문화사, 1997, 108~117쪽 참조.
69) 《高麗史》卷45, 恭讓王 2年 夏4月 初一 甲午日條.

이 사료는 명의 홍무제가 이성계의 군사적 활약 중에서도 왜적을 격파해 서해, 즉 황해의 해상 안전을 확보하는 데 공을 세운 데 대해 특별히 칭찬한 것이다.

원나라의 안마당이라 할 수 있는 한반도의 중부 서해안 지역에 대한 침구가 초래할 위험성에 대해서는 쇼니 씨가 무역과 외교 업무를 담당하고 있었던 사실로 볼 때 충분히 인식하고 있었을 것으로 생각된다.

또 앞의 〈표 7〉에서 보듯이 1352년 3월 이후, 다시 중부 서해안 지역을 침구한 것은 그로부터 5년 뒤인 1357년도 4월이었다. 5년이라는 시간이 지나도록 왜구들이 중부 서해안 지역에 침구하지 않았다는 사실을 통해서도 쇼니 씨(왜구)가 중부 서해안 지역에 대한 침구는 한반도 남해안 지역에 대한 그것과는 의미와 파급 효과가 다르다는 점을 깨닫고 있었다고 볼 수 있다. 고려는 물론 중국과 쇼니 씨도 이러한 중부 서해안 지역의 군사적 중요성에 대하여 인식하고 있었다.

6. 겐코노란과 간노노조란 당시 쇼니 씨의 행동

지금까지 고찰한 내용은 '일본국'의 실체가 다자이쇼니(大宰少貳) 요리히 사라고 하는 전제 하에 그가 공민왕 원년에 처해 있던 군사적 상황을 근거로 추정한 것이다. 물론 이러한 추정은 개연성이 충분하다 할 수 있지만, 확실한 근거를 제시하지 못하면 어디까지나 추정에 불과할 뿐이다. 그런데 이러한 추정을 뒷받침해 줄 흥미로운 사료가 있다. 바로 《태평기》의 다음 기사다.

12. 《태평기(太平記)》 권11, 〈菊池入道寂阿打死の事〉
　　천황이 아직 호키구니(伯耆國) 센조산(船上山)에 있을 때에 쇼니 뉴도묘에(少貳入道妙惠),[70] 오토모 뉴도구칸(大友入道具簡), 기쿠치 뉴도자쿠아

(菊池入道寂阿)[71] 이 세 사람이 협력해 아군이 되겠다고 신청했기 때문에 천황은 곧바로 린지(綸旨)[72]에 천황의 깃발을 첨부해서 내려보냈다. 이 계획은 그들 마음 속에 감추고 들키지 않으려 했지만 역시 숨길 수 없어서 금방 단다이(探題) 히데토키(英時)[73]에게 전해졌다. 히데토키는 그들의 모반 계획이 사실인지 여부를 확인하기 위해 우선 기쿠치 뉴도를 하카타(博多)로 오게 했다. 기쿠치는 자신의 소환 명령을 듣자 순간적으로 깨닫고, "이는 반드시 그동안의 계획을 누군가가 누설한 것으로, 자기를 죽이기 위해 부른 것이다"라고 생각했기 때문에 "그렇다면 상대가 먼저 손을 쓰게 둘 수는 없다. 우리가 먼저 기선을 제압해 하카타로 몰려가 단숨에 승부를 내자"고 생각하고 예전부터의 약속에 따라서 쇼니와 오토모에게 상황을 알렸다. 오토모는 천하가 어떻게 될지 예상할 수 없었기 때문에 확실한 대답은 하지 않았다.

그리고 ① 쇼니는 이 무렵 교토에서의 전투 결과, 로쿠하라(六波羅)군이 승리해 그 기세를 타고 연전연승하고 있다는 소문을 듣고, '자기가 세운 모반 계획'에 대한 벌을 피하고자 평소의 약속을 깨고 기쿠치의 사자(使者) 야와타야시로 무네야스(八幡弥四郎宗安)를 죽이고 그 목을 단다이에게 보냈다. (중략)

그렇지만 ② 쇼니와 오토모의 이번 행동은 인간이 할 바가 아니다라고 천하의 모든 사람들이 이를 미워하고 비난했지만 두 사람은 모른 척하고 세상 돌아가는 것을 살펴보던 중, ③ 5월 17일에 남북(南北) 로쿠하라탄다이(六波羅探題) 저택이 공략당하고 지하야(千早) 성을 공격하던 토벌대도 나라(奈良)로 퇴각했다는 소식이 전해져 왔기 때문에 쇼니 뉴도(少貳入道)는 "이게 어찌된 일인가?"라고 하며 놀랐다.

고민 끝에 ④ "이렇게 된 바에야 단다이를 토벌해 내 잘못을 상쇄하도록 해야겠다"고 생각한 뒤, ⑤ 일단 기쿠치 히고노가미(菊池肥後守)와 오토모 뉴도에게 사자를 파견해 공모할 것을 제안하자, 기쿠치 히고노가미(菊

---

70) 쇼니 사다쓰네(少貳貞經). 쇼니 요리히사의 부(父).
71) 기쿠치 다케토키(菊池武時).
72) 천황의 명령을 전하는 문서.
73) 진제이탄다이(鎭西探題) 호조 히데토키(北條英時).

池肥後守)는 찬동을 하는 것처럼 한 뒤 예전에 쇼니와 오토모가 자기 아버지 자쿠아를 속였듯이 자신도 그들을 속여 원수를 갚으려고 생각했지만, '아니다. 그때까지 참을 수 없다. 지금이야말로 예전의 울분을 갚을 때다'라고 생각하고 쇼니가 파견한 사자를 포박하고 머리를 자른 다음 "단다이를 공격할 때는 전장에서 만나자"고 답하고 아버지의 마지막 원한을 이제야 갚았다고 기뻐하며 쇼니를 크게 비웃었다. 오토모는 '자기도 죄를 지었기 때문에 이렇게 하면 목숨은 부지할 수 있지 않을까' 하고 굳게 맹약을 다졌다.

한편 단다이 히데토키는 쇼니의 음모에 관한 정보를 전해듣고 상황을 엿보기 위해 나가오카 로쿠로(長岡六郎)를 쇼니가 있는 곳으로 파견했다. 쇼니는 단다이의 생각을 눈치채고 있었기에 "병이 났습니다"라고 말하고 면회를 허락하지 않았다. 그러자 나가오카는 어쩔 수 없어서 쇼니의 아들 지쿠고 신쇼니(筑後新少貳: 요리히사)가 있는 곳으로 가서, 만나고 싶다는 뜻을 아뢰고 집안을 들여다보았더니 지금 당장이라도 출진할 수 있을 것처럼, 한창 열심히 방패 표면을 축축하게 하고 화살촉을 날카롭게 갈고 있었다. 그리고 사무라이들이 대기하고 있는 곳을 바라다보니, 상부(上部)를 하얗게 칠한 푸른 대나무(青竹)로 만든 깃대(旗竿)가 있었다. 한편 센조산(船上山)의 고다이고 천황이 비단 깃발을 하사했다는 이야기는 들었지만, 사실이었구나라고 여기고 신쇼니와 만나면 그 자리에서 찔러 죽이고 자신도 죽겠다고 생각하고 있던 중, ⑥ 신쇼니가 아무렇지도 않은 얼굴로 나왔다. 나가오카는 그 자리에 앉자마자 "비겁한 놈, 반란을 꾀하다니…"라고 하면서 허리에 차고 있던 칼을 뽑아 신쇼니를 향해 달려들었다. ⑦ 신쇼니는 아주 민첩한 남자여서 옆에 있던 장기판을 들어 찔러오는 칼을 막고, 나가오카와 맞붙어 엎치락뒤치락 싸웠다. 그러던 중에 쇼니의 부하들이 달려와 나가오카를 칼로 세 번 내리치고 신쇼니를 일으켰다. 일이 이렇게 되자 나가오카는 목적을 달성하지 못한 채 그 자리에서 죽고 말았다. (중략)

⑧ 쇼니 지쿠고뉴도(少貳筑後入道)는, "나의 모반 계획은 단다이가 이미 알고 있는 셈이다. 이제는 어쩔 수 없다"고 말하고 오토모 뉴도(大友入道)와 함께 7,000기를 이끌고 5월 25일 정오에 히데토키의 저택으로 몰려갔다.

말세의 풍조(風潮) 탓인지 대의(大義)를 중시하는 사람은 적고 이해관계를 좇는 사람은 많아서 예전처럼 단다이를 따랐던 지쿠시(筑紫) 규슈의 병력은 은혜를 잊고 도주해 버리고 말았기 때문에 단시간 동안의 전투로 히데토키는 금방 패하고 그 자리에서 자살했다. 그러자 일족 부하들 340여 명이 히데토키를 따라 모두 자살하고 말았다.

우선《태평기》권11의〈菊池入道寂阿打死の事〉에서, 1333년 3월 '겐코노란(元弘の亂)'[74]이 한창 진행되던 당시 쇼니 뉴도묘에(少貳入道妙惠)[75]가 취한 행동을 보자. 그는 고다이고(後醍醐) 천황의 가마쿠라 막부 타도 계획에 호응하고자 오토모 뉴도구칸(大友入道具簡), 기쿠치 뉴도자쿠아(菊池入道寂阿)[76]를 끌어들여 진제이탄다이(鎭西探題) 히데토키(英時)[77]를 타도하려고 했다. 그러던 중에 중앙에서의 정세가 자신에게 불리하게 전개되자, 쇼니 뉴도묘에는 자신이 계획을 세우고 끌어들인 기쿠치 뉴도자쿠아의 부하를 살해하여 그 목을 히데토키에게 보내 거사 계획을 알리고 자신은 무관한 듯한 태도를 취했다.

그뿐 아니라, 또 다시 중앙정계의 상황이 급변하여 고다이고 천황에게 유리하게 바뀌자 얼마 전 자신이 배반하여 죽음으로 몰아넣은 기쿠치 뉴도자쿠아의 아들에게 사람을 보내 태연히 또 다시 동맹을 제안하는 뻔뻔스러움을 보이고 있다.

이어서 지쿠고가와(筑後川) 전투(1359년)[78] 당시 쇼니 요리히사가 취한 행동을 살펴보자. 지쿠고가와 전투가 일어나기 약 7년 전인 1352년 11월

---

74) 겐코(元弘) 원년(1331)에 일어난 고다이고 천황을 중심으로 하는 세력에 의한 가마쿠라 막부 토벌운동이다. 1333년(元弘 3)에 가마쿠라 막부가 멸망하기까지의 일련의 전란을 포함하는 경우가 많다. 겐코노헨(元弘の變)이라고도 한다.

75) 쇼니 사다쓰네(少貳貞經). 쇼니 요리히사의 부(父).

76) 기쿠치 다케토키(菊池武時).

77) 진제이탄다이(鎭西探題) 호조 히데토키(北條英時).

78) 이에 관해서는 본서 제10장 참조.

24일부터 다음 해 2월 1일까지 약 60여 일에 걸쳐 요리히사는 자신의 거점인 다자이후에 인접한 고우라조(古浦城)에 농성해 잇시키 씨(一色氏)와 사활을 걸고 공방전을 전개했다.[79] 고우라조에 농성하면서 사투를 벌이던 그는 포위당해 곤경에 처하자, 궁여지책으로 정서부의 핵심세력인 기쿠치 씨의 가독(家督) 기쿠치 다케미쓰(菊池武光)에게 원군을 청했다. 다케미쓰는 대군을 이끌고 와서 포위당한 요리히사를 구출해 냈다. 위기에서 벗어난 요리히사는 너무 기쁜 나머지 다케미쓰에 대하여 "지금 이후 자손 7대에 이르기까지 기쿠치 집안 사람들을 향해 활을 쏘아서는 안 된다"라고 피로 쓴 맹세문을 구마노(熊野)의 고오호인(牛王宝印)의 종이(料紙) 뒤에 적어 건네주었다고 《태평기》는 기록하고 있다.[80]

그런데 고우라조 전투에서 기쿠치 씨의 도움으로 위기를 모면한 요리히사는 1358년 4월 쇼군 아시카가 다카우지가 사망하고 그의 아들 아시카가 요시아키라(足利義詮)가 새로운 쇼군이 되는 등 중앙정계에 변화가 생기자 '자손 7대'가 아닌 불과 7년 만에 기쿠치 씨를 공격해 왔다. 그러자 기쿠치 씨는 일부러 창피를 주기 위해 금과 은으로 해와 달을 그려넣은 깃발의 깃대 끝에 한 장의 맹세문을 매달았는데, 바로 요리히사가 기쿠치 씨에게 써준 것이었다.[81]

이상의 사료에 입각해 쇼니 씨 부자(父子)의 인물상에 대해 다시 정리해 보면 다음과 같다.

첫째, 그들은 중앙의 정세에 관련된 정보에 아주 밝았다.

둘째, 그들은 정세변화에 민감하게 대응하는, 마치 카멜레온 같은 인물이 었다.

---

79) 《北肥戰誌》 3 〈九州所々軍之事〉.
80) 〈菊池合戰のこと〉, 山下宏明 校注, 《太平記》 5 《新潮日本古典集成》, 新潮社 昭和 60.
81) 위의 사료.

셋째, 그들은 신중하면서도 과감한 사람들이었다.

넷째, 그들은 누구보다 재빨리 최신 정보를 입수해 주도적으로 음모를 꾸미고 행동에 옮겼다.

다섯째, 그들은 목적을 달성하기 위해서는 수단과 방법을 가리지 않았다.

여섯째, 그들은 자신들의 변화무쌍한 배신에 대하여 일말의 주저나 인간적인 가책을 느끼지 않았다.[82]

쇼니 씨 부자는 전란(戰亂)의 시대를 '의리와 명예'가 아닌 '정보와 음모 그리고 배신'으로 헤쳐나간 난세(亂世)의 효웅(梟雄)이었다. 기쿠치 씨 일족이 남북조 내란기 동안 일관되게 남조의 일원을 고수했던 데 반해, 쇼니 씨는 '북조-아시카가 다다요시(足利直義)-남조-북조-남조'를 여러 차례 오갔다.[83]

그런데 이상과 같은 쇼니 씨 부자의 행동에서 공민왕 원년에 원나라에 사절을 파견한 것과의 공통점이 엿보인다. 즉 그들은 하카타의 진제이탄다이(鎭西探題)를 공격하기 전에 중앙정세의 급격한 변동에 관한 정보를 입수하자, 자신이 모반 계획을 세우고 그 계획에 기쿠치 씨를 끌어들이고는 사태가 불리해지자 기쿠치 씨가 파견한 사람의 목을 베어 진제이탄다이에게 보내 자신의 관여 사실을 숨기고 그 책임을 기쿠치 씨에게 전가하는 뻔뻔스러움을 보였다. 이러한 행동은 공민왕 원년에 자신이 파견한 병력(왜구)이 원의 앞마당이라고 할 수 있는 고려의 중부 서해안 일대를 침공한 뒤, 원의 반응이 궁금하기도 하고 염려되기도 하여 사절을 원에 파견하고 뿐만 아니라 왜구의 침구가 '고려 해도민의 소행'이라고 한 것과, 발상과 행동이 완전히

---

82) 이러한 쇼니 씨 부자의 인물상은, 그와 정반대로 의리와 명예를 목숨과 바꾼 기쿠치 뉴도자쿠아(菊池入道寂阿)나 진제이탄다이(鎭西探題) 호조 히데토키(北條英時)와 그 부하 나가오카 로쿠로(長岡六郞)와는 물론, 쇼니뉴도묘에와 행동을 함께했지만 수동적이었던 오토모 뉴도구칸(大友入道具簡)과도 확연하게 구별된다.

83) 이에 관해서는 山口隼正, 《南北朝期 九州守護の硏究》, 文獻出版, 1989 참조.

일치한다고 할 수 있다.

7. 결론

현재 일본 중세 대외관계사학계에서 정설의 위치를 점하고 있는 후지타 아키요시의 '**다민족·복합적 해적**'설은 《원사》의 "日本國曰, 高麗賊過海剽掠, 身稱島居民"이라는 사료에 의거하고 있다. 그런데 이 사료를 검토해 본 결과, 사료 중의 '일본국'의 실체는 필자가 경인년 왜구의 배후 세력으로 지목해 온 쇼니 요리히사(少貳賴尙)라는 결론에 도달했다. 공민왕 원년 3월에 왜구들이 중부 서해안 지역을 침구한 배경에는 같은 해 2월에 쇼니 요리히사의 정치적 후원자였던 아시카가 다다요시(足利直義)가 형인 쇼군 아시카가 다카우지(足利尊氏)에게 독살당하자, 미구(未久)에 있을 다카우지 파의 공세에 대비한 병량(兵糧)을 위시한 전투물자의 확보가 있었다고 생각된다.

그런데 공민왕 원년 3월에 침구한 한반도 중부 서해안 지역은 고려만이 아니라 원나라에게도 군사 정치적으로 중요한 의미를 지닌 지역이었다. 그리고 그러한 사실은 쇼니 요리히사 역시 숙지하고 있었다.

요리히사가 같은 해 6~7월중에 원나라에 사절을 파견한 것은 중부 서해안 지역에 침구하여 혹시나 원나라가 대거 병력을 동원해 쓰시마와 하카타로 침구해 오지나 않을까 하는 우려 때문이었다. 즉 후지타가 제시한 《원사》의 '일본국'이 보고한 내용은 바로 왜구의 배후 조종세력인 요리히사가 왜구에 대한 거짓 정보를 흘리면서 원나라 조정의 반응을 살피는 한편, 왜구 침구에 자신이 관여한 사실을 부정하기 위한 것이었다.

제6장

'여말선초 왜구=삼도(쓰시마·이키·마쓰우라) 지역 해민'설의 비판적 검토

1. 서론

왜구는 고려 고종 10년(1223) "왜가 금주(金州)를 침구하다"[1]라는 기록을 필두로 역사 무대에 모습을 드러내기 시작했다. 이후 약 80여 년간의 '공백기(空白期)'[2]를 사이에 두고 충정왕 2년(1350, 庚寅)에 다시 침공하기 시작해 조선시대까지 이어진다.

그런데 메이지 시대(明治時代) 이후 왜구 연구를 주도해 온 일본학계는 연구방법에서 중요한 오류를 범한 결과, 왜구상(倭寇像)을 크게 왜곡해 왔다.[3] 그 오류 중 하나가 《고려사》에 보이는 왜구 관련 사료를 신뢰하지 않았다는 점이다.[4] 왜구가 그 침구의 빈도나 규모 등에서 가장 발호(跋扈)한

---

1) 〈甲子倭寇金州〉, 《高麗史》 卷22, 高宗 10年(1223) 5月 甲子日條.

2) 왜구의 공백기에 관해서는 이영, 〈'庚寅年以降の倭寇'と內亂期の日本社會〉, 《倭寇 と日麗關係史》, 東京大學出版會, 1999 참조.

3) 이에 관해서는 이영, 〈일본 중세 대외관계사의 문제점과 영향〉, 《동아시아 속의 한일관계사(하)》, 제이엔씨, 2010 참조.

4) 예를 들어 일본의 대표적인 왜구 연구자라 할 다나카 다케오는 "기왕의 왜구상은 극히 애매하며 그 애매한 성격은 사료의 애매함 그리고 그것을 기초로 하여 후세의 사가(史家)나 독서인들이 선입관과 자유로운 해석에 의해 제 마음대로 왜구상(倭寇 像)을 만들어 왔기 때문이다", "이들 사료에 보이는 왜구상은 외국사료라고 하는

시기는 1370년대 후반부터 1380년대 전반의 고려 우왕대였다.[5] 그런데 일본 중세 대외관계사 연구는 《고려사》의 왜구 사료를 제대로 활용하지 않음으로써 자국(自國)의 정치·사회 현상을 같은 시기의 동아시아 국제정세와의 상호 관련 속에서 고찰할 수 없었다.[6]

또 하나는 《조선왕조실록》에 보이는 조선 초기의 왜구 사료에 근거한 왜구상(倭寇像)을 가지고 고려 말까지 소급 적용시켜 왔다는 점이다.[7] 고려 말은 일본의 남북조 내란기(1335~1392)에 해당한다. 그리고 고려 말 당시, 왜구들이 침구해 온 주요 동기는, 규슈(九州) 지역에서의 결전을 앞두고 병량미를 포함한 전략물자를 확보하고 또 전투가 끝난 뒤 일시적으로 도피하기 위한 것이었다.[8] 따라서 왜구 문제의 본질에 접근하기 위해서는 무엇보다도 '고려 말 왜구'와 남북조 내란과의 상관 관계라는 문제의식을 가지고 연구에 임해야 했었다. 그런데 일본의 중세 대외관계사 연구는 고려 말의 왜구는 방치해 둔 채 조선 초의 왜구를 주된 연구대상으로 삼았으며, 거기서 얻어진 왜구상을 고려 말의 상황에까지 소급해서 적용시켰다.

이러한 기존 연구의 잘못으로 초래된 문제점들 중 하나가 '고려 말 왜구'가 소위 '삼도(三島)' 지역 해민들의 소행이며 그 삼도란 쓰시마(對馬)·이키(壹

베일과 조선왕조시대의 사료라고 하는 베일이 이중으로 덮여 있었던 것이다"라고 하여 조선과 중국 측의 왜구 관련 사료의 신빙성에 의문을 제기하면서 그 전면적인 재검토의 필요성을 주장했다. 이영, 앞의 논문, 1999 참조.

5) 이에 관해서는 본서 제1장 〈경인(년) 이후의 왜구 침구표〉 참조.

6) 고려 말 왜구는 원명교체기의 혼란을 틈타 규슈를 본거지로 하는 호족세력들이 병량미를 위시해 전투 수행에 필요한 물자와 노동력을 확보하기 위해 침구한 것이었다. 따라서 새로운 중원의 지배자 명이 등장하며 적극적으로 왜구 금압 노력을 개시하자, 동아시아 국제질서는 재편되어 갔고 이에 따라 왜구도 점차 진정되어 갔다. 기존의 일본 중세 대외관계사 연구, 특히 왜구 연구에서는 이러한 문제인식을 전혀 찾아볼 수 없다. 이영, 앞의 논문, 2010 참조.

7) 이러한 연구로 田村洋幸, 《中世日朝貿易の研究》, 三和書房, 1967 ; 田中健夫, 《中世對外關係史》, 東京大學出版會, 1975 등을 들 수 있다.

8) 이와 관련된 연구로 이영, 앞의 논문, 1999 ; 이영, 〈경인(1350)~병신년(1356)의 왜구와 규슈 정세 - 쇼니 요리히사를 중심으로〉, 《한국중세사연구》 26, 2009. 4(본서 제7장) 등 참조.

岐)·마쓰우라(松浦) 지방을 가리키는 것이라고 한 것이다. 이 설은 이후 모든 왜구 연구의 출발점이 되었으며, 따라서 일본 중세 대외관계사가 저질러 온 수많은 오류의 근원이 되었다. 그리고 일본사는 물론 한국사와 중국사를 포함한 해당 시기의 동아시아 국제관계와 교류의 역사를 왜곡시킨 계기가 되었다. 제6장에서는 이처럼 왜구 연구사에서 핵심적인 의미를 지니고 있는, 소위 **'고려 말·조선 초 왜구=삼도 지역민의 소행'**설9)의 재검토를 통해 일본 측 왜구 연구의 문제점의 근원이 어디에 있는지를 밝히고자 한다.

2. '삼도 해민'설의 문제점

고려에 막대한 피해를 안긴 왜구의 실체를 일본에서는 "국경지대의 작은 섬인 쓰시마(對馬)·이키(壹岐)·마쓰우라(松浦) 지역의 해민들의 소행이었다"고 주장한다. 예를 들어 일본의 대표적인 역사 관련 출판사 중 하나인 야마카와(山川) 출판사에서 간행한 《상설 일본사(詳說 日本史)》는 다음과 같이 서술하고 있다.

> 남북조 동란이 진행되던 시기, 쓰시마·이키·히젠마쓰우라(肥前松浦) 지방 주민을 중심으로 하는 해적집단이 한반도와 중국대륙 연안을 습격해 왜구 라고 불리면서 공포의 대상이 되었다.10)

이상과 같은 인식은 고려 말, 즉 남북조 동란 시기에 침구해 온 왜구의 실체를 그 지역적인 출자(出自)라는 관점에서만 보았을 뿐, 당시 왜구를 서양사의 '코르세어(CORSAIR)'11)처럼 공권력과의 관련 속에서 보려는 문

---

9) 이하 '삼도 해민'설이라고 한다.
10) 石井進 外, 《詳說 日本史》, 山川出版社, 2009.

제의식이 없다. 이와 같은 문제는 2010년도에 종료된 제2기 한일역사공동연구회 연구보고서에서 손승철이 지적한 다음의 언급을 통해서도 확인된다.

> 결론적으로 14~15세기 한반도를 약탈의 대상으로 삼았던 전기 왜구의 근거지는 소위 삼도(三島: 對馬·壹岐·松浦) 지역이며, 발생의 주요 원인은 삼도의 경제적 궁핍과 남북조 말기 구주(九州) 지역의 정치 상황이 연계되었다고 보여진다.

이에 화답이라도 하듯이, 일본 측 대표인 규슈 대학의 사에키 고지(佐伯弘次)는 다음과 같이 언급하고 있다.

> 두 번째는 이번의 하나의 큰 주제인 왜구의 구성원 문제입니다. 이에 대해서는 나카다 선생님, 김보한 선생님이 연구사를 정리해 주셨습니다. 저도 그러한 것을 전제로 하면서 제 나름대로 논문 그리고 사료를 본 결과, 일본에서의 오래된 견해, 즉 전후의 다나카 다케오(田中健夫) 선생님, 나카무라 히데타카(中村榮孝) 선생님의 전기 왜구에 대한 견해, 즉 그 주요한 구성원은 역시 이키(壹岐), 쓰시마(對馬), 마쓰우라(松浦) 지방의 해민들이라는 이해가 가장 옳은 것 같다고 생각했습니다.
> 물론 한국의 당시 해민들이 왜구를 가장하여 왜구가 되는 형태도 있었습니다다만, 그것이 왜구의 주류는 아니라는 것은 사료상 말할 수 있을 것으로 생각합니다.[12]

사에키 역시, 고려 말·조선 초에 침구해 온 왜구의 실체를, 소위 삼도(三島)

---

11) 서양사에서는 해적을 '파이렛츠(pirate)'와 '코르세어(corsair)'로 구별한다. 전자는 '비공인(非公認) 해적'이고, 후자는 '공인된 해적'이었다. 다시 말하면 전자는 개인적인 이익을 얻으려는 목적으로 해적 행위에 종사하고, 후자는 똑같이 해적 행위를 했어도 그 배후에 공인이든 묵인이든 국가나 종교가 버티고 있었던 자들을 가리킨다. 따라서 '코르세어'는 공익(公益)을 가져오는 해적으로 여겨지고 있었다. 이에 관해서는 시오노 나나미, 《로마 멸망 이후의 지중해 세계》, 한길사, 2009 참조.
12) 《제2기 한일역사공동위원회 연구보고서》, 2010 참조.

즉, "이키·쓰시마·마쓰우라 지방의 해민들"이라고 했다. 그리고 마치 큰 양보라도 하듯이 "물론 한국의 당시 해민들이 왜구를 가장하여 왜구가 되는 형태도 있었습니다만, 그것이 왜구의 주류(主流)는 아니라는 것은 사료상 말할 수 있을 것으로 생각합니다"고 하고 있다.

이어서 논의의 최종 결론으로, 한국 측 대표 손승철은 다음과 같이 선언한다.

> 그러니까 이제 종래의 "고려인, 조선인이 왜구에 포함이 되었고 또 제주도 해민도 왜구에 포함시키는 학설이 있었지만, 그것이 왜구의 구성의 주류가 될 수는 없다"라는 것이 확인되었습니다. 물론 조금 더 연구를 해야 되겠지만, 왜구와 관련해서 연구사 정리나 주제 논문을 통해서 그 정도의 성과를 공동으로 표출했다는 것은 나름대로 의의가 있었던 것이 아닌가 생각합니다.13)

이상과 같은 결론은 일본 중세사와 왜구에 관한 최근의 연구성과를 의도적으로 묵살하고 50년이 지난 일본학자들의 초보적인 실수와 식민사관에 근거한 낡은 주장에 맹종(盲從)한 것이라 할 수 있다.

과연 왜구의 실체를 '오래된(50년 이상)' 일본 측의 주장대로 받아들여도 될까? 고려 말 왜구의 실체가 삼도지역의 해민이었으며, 그 삼도란 '쓰시마·이키·마쓰우라 지역'을 가리키는 것이라는 일본 측 주장의 의도는 어디에 있을까? 이는 다음과 같이 정리할 수 있다.

첫째, 당시 왜구의 침구는 일본의 공권력과는 무관한 일이었다.
둘째, 당시 고려조정은 이러한 변경의 작은 도서와 연해지역 해민들의 침공에도 제대로 대응하지 못할 정도로 무능하고 몰락한 정권이었다.

---

13) 앞의 주 12) 자료 참조.

그런데 이러한 **고려 말·조선 초 왜구의 실체=삼도의 해민**설로는 《고려사》에 보이는 최대 500척이나 되는 선단의 침구나[14] 한 해에만 50여 곳 이상 되는 침구[15] 등과 같은 왜구 침구 기사를 논리적으로 설명해 낼 수 없다. 그래서 이 설은 다음과 같이 전개된다.

> 한반도 전역에 걸친 왜구들의 침구 상황을 볼 때, 이는 소위 '삼도(三島)' 지역민들만의 소행으로 보기는 어렵다. 여기에는 상당수의 고려(조선)인이 포함되어 있었을 것이다. 아니 오히려 그들이 왜구의 중심이었다고 봐야 한다.[16]

이것을 **왜구=고려(조선)인 주체설** 또는 **왜구=고려·일본인 연합**설이라고 한다.[17] 그러나 《고려사》는 물론 《조선왕조실록》 등의 어디에도 '고려(조선)인이 일본인들과 집단적으로 연합해 왜구를 자행했다'는 기록은 없다. 그런데 이러한 일본인 학자들의 주장에 따르면, 고려조정은 자국민들이 일본 변경지역민들과 연합하여 수십 년 동안이나 왜구 행위를 반복하였음에도 단 한 번도 이를 제대로 파악하지 못할 만큼 무능하고 부패한 정권이었던 셈이 된다. 그러나 소위 '북노남왜(北奴南倭)'로 일컬어지는 고려 말의 혼란기에도 《고려사》는 수도 개경에서 멀리 떨어진 제주도에서 발생한 반란의 수모자 이름까지 정확하게 파악하여 기록하고 있다.[18]

만약 '**삼도 해민**'설이나 '**왜구=고려(조선)인 주체**'설 또는 '**왜구=고려·일본**

---

14) 《高麗史》 卷126, 列傳 邊安烈傳.

15) 한 해에 50장소 이상 왜구들이 침구한 해는 1376·77·78·83년의 4개년에 달한다(이영, 〈동아시아 국제질서의 변동과 왜구-14세기 후반에서 15세기 초를 중심으로〉, 《한일관계사연구》 34, 2010, 〈경인(년) 이후의 왜구 침구표〉 참조).

16) 田中健夫, 〈倭寇と東アジア通交圈〉, 《日本の社會史1−列島內外の交通と國家》, 岩波書店, 1987, 146~149쪽.

17) 왜구=고려(조선)인 주체설 및 왜구=고려, 일본인 연합설에 관해서는 이영, 앞의 〈高麗末期倭寇の實像と展開〉, 1999 참조.

18) 이영, 앞의 주 17) 논문 참조.

인 연합'설이 타당하다면 왜 다음과 같은 중요한 문제들에 대해 납득할 만한 설명을 제시할 수 없는지 의문스럽다.[19]

첫째, 왜구는 1265년 이후 약 80여 년 동안 지속된 '왜구의 공백기'를 깨트리고 왜 '경인년(1350)'에, 그것도 규슈 지역에서 '간노노조란(觀應の擾亂)'이 시작되는 같은 해 2월에 다시 침구하기 시작했을까?
둘째, 일본 규슈 지역에서의 전투가 격렬해지면, 이와 거의 동시에 왜구의 침구도 활발해지는 것은 어떻게 설명해야 할까?
셋째, '삼도 해민'설이 타당하다면 왜 고려는 이처럼 일본의 변경지역에 위치한 작은 섬의 주민들의 침공에 속수무책으로 당하기만 했던 것일까?
넷째, 고려조정은 왜 이른 시기에 왜구의 소굴로 여겨지고 있던 쓰시마를 정벌하려고 하지 않았을까?

원래 대외관계사 연구가 지향해야 할 가장 중요한 목표는 한 국가와 민족의 역사 전개에 대외관계가 어떤 영향을 끼쳤으며 또 거기에 어떻게 대응하였는가, 그리고 그 대응이 이후의 역사 전개에 어떤 영향을 미쳤는가 라는 문제를 해명하는 데 있다고 할 수 있다. 따라서 일본 중세 대외관계사 연구도 이런 문제들을 규명하는 데 그 역량이 집중되어야 한다. 그런데 현재 일본 측이 제시한 왜구상(倭寇像)으로는 이러한 기대에 전혀 부응할 수 없다.

그러면 문제의 원점으로 돌아가서 **'삼도 해민'**설을 최초로 제시한 다나카 다케오의 견해를 구체적으로 검토해 보기로 하자.

현존하는 기록 중에는 이 '삼도'가 어느 곳을 가리키는 것인지 명기(明記)한 것이 없다. 미우라(三浦周行) 박사는 《세종실록》과 《해동제국기(海東諸國記)》의 기사에서 삼도를 "양도(兩島: 쓰시마·이키) 이외에 하카타(博多)를

---

19) 제시한 문제에 대한 설명은 본서 제7장 참조.

가리킨다"고 하고 또 《해동제국기》에 "前朝之季寇我邊者, 松浦與一岐, 對馬島之人率多"라고 기록되어 있는 것을 근거로 하여, '삼도'란 쓰시마와 이키에 마쓰우라 지방을 더한 것이 아닐까 했다. (중략)

조선 측은 삼도를 왜구의 근거지로 생각하고 있었던 것인데, 일본에서도 같은 시기에 거의 같은 인식이 존재하고 있었던 것 같다.

세토나이카이(瀬戸内海)의 해적이 왜구로서 조선에서 활동한 것을 직접 보여주는 명확한 사료는 현재 발견되지 않기 때문에, 왜구의 구성상 수적으로 주류를 이루고 있는 것은 역시 삼도의 주민이라고 해야 할 것이다.[20]

이처럼 다나카는 쓰시마·이키·마쓰우라 지방을 '삼도'로 이해하고 이곳의 지역민들을 왜구의 실체로 생각했다. 그런데 사료상에서 '삼도'라는 용어가 최초로 확인되는 것이 다음 〈사료 1〉이다.

1. 우왕 3년에 권신(權臣)이 전번 일(上書한 일)로써 함혐(舍嫌)하여 몽주를 거용(擧用)하여 패가대(覇家臺)에 가서 빙문(聘問)에 보답하고 도적을 금해 줄 것을 청하게 하니 사람들이 모두 이를 위태롭게 여겼지만 몽주는 조금도 어려운 빛이 없이 가서 고금(古今)의 교린(交隣)하는 이해(利害)를 간절히 말하니 주장(主將)이 경복(敬服)하여 관대(館待)하기를 심히 후하게 하였다.

   왜승(倭僧)이 시를 청구하는 자가 있으면 붓을 당겨 곧 써서 주니 중들이 많이 모여들어 날마다 가마를 메고 경치 좋은 곳을 구경하라고 청하였다. 돌아올 때에는 구주절도사(九州節度使)가 주맹인(周孟仁)을 보내어 함께 왔으며 또 잡혀갔던 윤명(尹明) 안우세(安遇世) 등 수백 명을 데리고 돌아왔다. 또 삼도(三島)의 침략함을 금지하였으므로 왜인이 오랫동안 칭찬하고 사모하여 마지않았다.[21]

밑줄 친 "삼도의 침략함을 금지하였으므로"(禁三島侵掠)에서의 '삼도'는

---

20) 田中健夫, 《中世海外交涉史の研究》, 東京大學出版會, 1959, 10쪽 참조.
21) 《高麗史》卷117, 列傳30 鄭夢周傳.

《고려사》에 오직 여기에서만 확인된다. '삼도'는 주로 조선시대에 들어와
사용되기 시작한다. 조선 정종 원년(1399) 5월이 최초이고 이후 몇몇 사례가
확인된다. 따라서 고려시대 당시에는 아직 '삼도'라는 용어가 일반적으로
사용되지 않았던 것으로 생각할 수 있다. 어쩌면 조선 세종 때 《고려사》를
편찬하는 과정에서 사용된 표현으로도 볼 수 있다. 어쨌든 이 〈사료 1〉만
가지고는 '삼도'가 정확히 무엇을 의미하는지 알기 어렵다.

그렇다면 과연 '삼도'는 쓰시마·이키의 두 섬에 마쓰우라 지방을 더한
것을 의미할까? 주목해야 할 점은 마쓰우라 지방은 '섬'이 아니라는 사실이
다. 즉 마쓰우라(松浦)는 규슈 본토의 서북부 지방으로, 현재 나가사키 현(長崎
縣)과 사가 현(佐賀縣) 일부에 해당한다. 따라서 '마쓰우라'가 '삼도'에 포함된
다면 '삼도'는 '세 곳의 섬'(三島)이라는 의미로 사용되었다고 할 수 없다.
여기서 일본 연구자들이 '삼도 해민'설의 근거 사료로 인용한 《해동제국기
(海東諸國記)》의 다음 기술에 대하여 검토해 보자.

> 2. 히젠 주(肥前州)에는 가미마쓰우라(上松浦)·시모마쓰우라(下松浦)가 있
> 는데, 해적들이 거처하는 곳이다. 고려조 말기에 우리나라 변방에 입구(入
> 寇)한 자는 마쓰우라와 이키(一岐)·쓰시마 사람이 많다. 또 오도(五島)가
> 있는데 일본인들이 중국에 갈 때 바람을 기다리는 곳이다.[22]

우선 지적하고 싶은 것은 위 〈사료 2〉에서 "고려 말에 왜구 행위를
한 사람들 중에 마쓰우라·이키·쓰시마 사람이 많다"고 한 것이지, "이들
지역 사람들만이 왜구 행위를 한 것이다"라고 기술하지 않았으며 또 이들
지역을 '삼도'라고 하지도 않았다는 사실이다. 그리고 이 〈사료 2〉에서
가미마쓰우라와 시모마쓰우라를 섬으로 인식하고 있지 않다. 그것은 이들
지역이 같은 히젠 주에 속한 '오도' 즉 '고토 열도(五島列島)'와는 달리
섬이 아니기 때문이다.

---

22) 《海東諸國記》〈西海道九州 肥前州〉.

또한 "평시 우리 변경에서 노략질하는 영적(零賊)들의 태반은 이 섬(五島)에 사는 자들입니다"라는 사료가 있듯이,[23] 오도 또한 왜구들의 거점 중하나였다. 이 사료가 선조 33년(1600) 사료이기는 하지만 지리적인 조건을 보더라도, 마쓰우라 지방보다 한반도에 더 가까운 오도(五島)가 왜구와 무관한 곳이었다고 생각하기는 어렵다. 오히려 오도 사람들이 규슈 본토 지방보다 왜구 행위에 더 적극적일 수 있는 지리적인 조건을 갖추고 있었다고 생각해야 할 것이다.

또한 '삼도 왜구'라는 용어가 사료에 처음 보이는 것이 정종 원년(1399)인데,[24] 《해동제국기》는 성종 2년(1471)에 완성되었다는 사실에 주목할 필요가 있다. 양자 사이에는 70여 년의 시간적 간격이 존재한다. 따라서 정종 원년 당시의 '삼도'가, 《해동제국기》의 "고려조 말기에 우리나라 변방에 입구(入寇)한 자는 마쓰우라와 이키·쓰시마 사람이 많다"라는 기사에 근거하는 것이라고 단정하는 데에는 신중을 요한다.

지금까지 살펴본 것만 하더라도 '고려 말·조선 초 왜구의 실체=삼도의 해민'설에 쉽게 수긍하기 어려운 문제가 내포되어 있음을 알 수 있을 것이다. 다음 절에서는 실제 문헌사료를 통해 '삼도'가 어떠한 의미로 사용되었는지 고찰해 보기로 하자.

3. 삼도(三島)의 용례

마쓰우라 지방이 쓰시마·이키와 더불어 고려 말·조선 초에 한반도를 침구해 온 왜구의 주요한 지역적 근거지였다고 하는 지적에 대하여 이견(異見)을 제기할 사람은 없을 것이다. 왜냐하면 이들 지역이 한반도와 가장

---

23) 《宣祖實錄》 卷121, 宣祖 33年(1600) 1月 28日(癸酉) 3번째 기사.
24) 《定宗實錄》 卷1, 定宗 元年 5月 16日條.

가까운 일본 땅이기 때문이다. 그러나 그렇다고 해서 이들 지역에 거주하는 사람들만이 왜구의 실체였던 것은 아니다. 그리고 무엇보다도 '삼도'가 쓰시마·이키·마쓰우라의 세 지역을 지칭한 것인지의 여부에 관해 검토할 필요가 있다. 그것은 앞 절에서 언급한 것처럼 마쓰우라는 섬이 아니기 때문이다. 이 절에서는 당시 사료가 '삼도'를 어떤 의미로 사용했는지 살펴보기로 하자. 다음 사료를 보자.

3. 당초에 (이)예가 8세 때 모친이 왜적에게 포로가 되었는데, 경진년에 조정에 청하여 회례사 윤명을 따라서 <u>일본의 삼도에 들어가서</u> 어머니를 찾았는데, 집집마다 수색하였으나 마침내 찾지 못하였다. 처음에 쓰시마에 가니 도주(島主) 영감(靈鑑)이 어떤 일로 트집을 잡고 (윤)명을 잡아두고 보내지 않으니 예가 사람을 대신하여 예물을 받아가지고 드디어 일기도(一岐島)에 있던 지좌전(志佐殿)과 통하여 사로잡힌 사람들을 돌려보내 달라고 청하고, 또 도적을 금하게 하였다.
   신사년 겨울에는 예물을 가지고 일기도로 가는데, 대마에 이른즉, 마침 영감은 귀양 가고 섬 안이 소란하여 타고 간 배를 잃어버리고서 가까스로 일기(도)에 도달하여 포로된 50인을 찾아서 왜인 나군의 배를 빌려 싣고 돌아왔는데 그 공으로 좌군 부사직에 제수되고 나군에게 쌀 3백 섬을 주었다. 이때부터 경인년까지 10년 동안에 해마다 통신사가 되어 삼도에 왕래하면서 포로 5백여 명을 찾아왔다.
   여러 번 벼슬이 옮겨서 호군이 되었으며 병신년에 유구국에 사신으로 가서 또 40여 인을 찾아왔고, 임인·갑진년에 회례사 박희중·박안신의 부사가 되어 일본에 들어가서 전후에 찾아온 사람이 70여 인이어서 대호군에 올랐다.[25]

---

25) 《世宗實錄》卷107, 世宗 27年 2月 23日(丁卯) 2번째 기사, "初, 藝八歲, 母爲倭所虜. 歲庚辰, 請于朝, 隨回禮使尹銘入日本三島覓母, 家搜戶索, 卒不得. 初, 至對馬島, 島主靈鑑以事拘銘不遣, 藝代受禮物, 遂通于一岐島志佐殿, 請還俘虜, 且禁賊. 辛巳冬, 齎禮物入一歧, 至對馬, 適靈鑑見竄, 島中亂, 失所乘船, 竟達一歧, 刷得被虜五十人, 借倭羅君船載還, 以功授左軍副司直, 給羅君米三百石. 自是至于庚寅十年之間, 歲爲通信使, 往返三島, 刷還被虜五百餘人, 累遷護軍. 丙申, 奉使琉球國, 又刷四十餘

이 〈사료 3〉은 세종 27년(1445)에 작성된 이예의 졸기(卒記)다. 그는 조선 전기에 사절로 수십 차례 일본을 왕래했던 인물이다. 이 〈사료 3〉에는 그가 경진년(1400)에 사신 윤명(尹銘)[26]을 따라서 쓰시마와 이키에 갔던 이예의 행적이 실려 있다. 여기서 1400년 당시에는 '삼도'가 쓰시마와 이키의 '두 섬'(二島)을 가리키는 것임을 알 수 있다. 신사년(1401)에는 이키로 가던 중 쓰시마에 들렀다. 이키에서 피로인 50명을 데리고 귀국했다. 그리고 이후 경인년(1410)에 이르기까지 10년 동안 통신사로서 '삼도'를 왕래하면서 500여 명을 데리고 귀국하였음을 알 수 있다. 즉 삼도는 〈사료 3〉을 보면 쓰시마와 이키의 '두 섬'을 지칭한다. 다시 말해서 "삼도라고 해서 반드시 '세 곳의 섬'이란 의미가 아니다"는 것을 알 수 있다. 또한 삼도는 유구국이나 일본과 구별하고 있음을 알 수 있다. 다음 사료를 보자.

4. 상호군 윤인보가 글을 올리기를, "신(臣) 등이 사신이 되어 일찍이 대마에 이르니 추장 종정성(宗貞盛: 소 사다모리)과 그 관할 구역의 백성들이 모두 말하기를, 의식(衣食)은 오로지 임금의 은덕을 입게 되었으니 몸은 일본 땅에 있지만 마음은 귀국의 백성과 다름이 없습니다라고 하면서 온 섬의 사람들이 물고기와 술을 다투어 가지고 와서 위로하니 그들이 임금의 은덕을 감격한 것이 지극하였습니다. (중략) 일기(一岐: 이키)와 상송포(上松浦: 가미마쓰우라)·하송포(下松浦: 시모마쓰우라) 등처에서 도 또한 마음을 기울여 사모하는 사람이 많았으며, (중략) 일기, 상송포 및 하송포는 모두 도적들이 많이 모이는 곳이니, 그들이 마음을 기울여 사모하는 때를 인하여 은혜를 가하고 그들로 하여금 마음으로 진실로 귀부하게 한다면 실로 편리하고 이익이 될 것입니다. (중략)

人. 壬寅甲辰, 副回禮使朴熙中, 朴安臣入日本國, 前後所刷七十餘人, 陞大護軍."

26) 이 윤명(尹銘)은 《고려사》(卷117, 列傳30 鄭夢周傳)에 "포로되었던 윤명(尹明), 안우세 등 수백 명을 놓아 보내게 하였다. (중략) 또 편지를 써서 윤명을 주어 보냈더니 적의 괴수가 그 편지 문장의 간곡한 것을 보고 감동되어 포로 백여 명을 귀국시켰다. 이때로부터 윤명이 갈 때마다 반드시 포로를 찾아 데리고 오곤 했다"라고 보이는 윤명과 동일인물로 생각된다.

또 유구국이 예전에 사신을 보내어 와서 조회하였으나 그 후에 회례가 없었습니다. 삼도의 사람과 박다(博多: 하카타) 사람이 말하기를, "조선국의 사로잡힌 사람이 유구국에 있는데 본국으로 돌아가고자 하는 사람이 많습니다"라고 합니다.27)

이 〈사료 4〉는 세종 28년(1446)에 기록된 것으로 사료의 "쓰시마에 이르니, (중략) 임금의 은덕을 입게 되었으니 몸은 일본 땅에 있지만 마음은 귀국의 백성과 다름이 없습니다", "일기, 상송포 및 하송포는 모두 도적들이 많이 모이는 곳이니"에 주목해 보자. 〈사료 3〉의 경진년(1400)에서부터 40여 년이 지난 이 시점에 쓰시마는 '삼도'에서 제외되고 이키·가미마쓰우라·시모마쓰우라를 '삼도'로 간주하고 있는 듯하다. 그것은 윤인보가 자신을 환대해 준 쓰시마에 대하여 아주 우호적으로 기록하고 있는 반면, "일기, 상송포 및 하송포는 모두 도적들이 많이 모이는 곳이니"라고 언급하고 있는 것을 보면 알 수 있다. 당시 고려·조선 시대의 일반적인 인식, 그리고 다나카 다케오와 나카무라 히데타카의 주장대로, 쓰시마는 '왜구의 본거지'였다. 그런데 그 쓰시마가 삼도에서 제외되고 있다. 뿐만 아니라, 앞서 언급한 것처럼 가미마쓰우라와 시모마쓰우라는 섬이 아니다. 따라서 여기서도 '삼도'는 '세 곳의 섬'이라는 의미로 사용된 것이 아님을 알 수 있다.

그리고 "삼도의 사람과 박다(博多) 사람이 말하기를"에서 보듯이, 삼도는 하카타(博多)와도 구별되고 있으며, 양자는 '상대적인 개념'으로 사용하고 있다. 다음 사료를 보자.

<hr>

27)《世宗實錄》卷113, 世宗 28年 9月 9日條, "上護軍尹仁甫上書曰：臣奉使, 嘗至對馬島, 酋長宗貞盛及部民皆曰：衣食專蒙上德, 身在日本之地, 而心與貴國之民無異也.' 擧島之人, 爭持魚酒來慰, 其感上德至矣. 博多人心亦然, 一歧及上, 下松浦等處, 亦多向慕之人. (中略) 一歧及上, 下松浦, 皆盜賊淵(數)[藪], 因其向慕之時, 加之以恩, 使之心誠歸附, 實爲便益. (中略) 又琉球國昔年遣使來朝, 厥後無回禮. 三島之人及博多人云：朝鮮國被虜人在琉球國而欲還本土者多矣."

5. 영의정 신숙주가 아뢰기를, "전에는 왜인의 왕래에 정한 수가 있는데도
또한 정한 수 이외에 나오는 자가 있었으나, 금년은 도주(島主)의 보낸
바가 50척도 되지 않고, 여러 섬의 사선(使船)도 또한 그러합니다. 생각건
대 대마, 삼도가 소이전(小二殿: 쇼니도노)이 (세력을) 회복함으로써 박다
(博多: 하카타)와의 사이에서 싸우게 되어 오지 않는 것인지, 이에 앞서
종정국(宗貞國)이 특별히 보낸 사선이 미처 돌아와 보고하지 않아서
오지 않는 것인지, 혹은 박다(博多)가 부요(富饒)해서 거기서 먹고 사느라
고 오지 않는 것인지, 근래에 왜인이 자기들끼리 서로 싸우는데 전쟁을
하면 반드시 패하는 자가 있을 것이므로, 만일 분주하게 해산하여 흩어지
면 기갈(飢渴)에 곤(困)해서 좀도둑처럼 우리 변방에 출몰할지 모르니,
방비하지 않을 수 없습니다."[28] (후략)

이 〈사료 5〉는 〈사료 4〉에서 또 다시 26년이 지난 성종 3년(1472) 10월에
작성된 것이다. 그런데 "대마, 삼도가 소이전이 (세력을) 회복함으로써
박다와의 사이에서 싸우게 되어 오지 않는 것인지"(對馬三島因復小二殿,
從戎於博多之間, 故不來歟)에서 보듯이, 여기서는 확실하게 '쓰시마'를 '삼도'
와 구별하고 있다.[29] 그리고 쓰시마, 삼도가 소이전(小二殿)의 휘하 세력이면
서 하카타(博多)와 대립관계임을 보여주고 있다. 그리고 왜구의 발생 원인을
"왜인들끼리 전쟁을 해서 패한 측의 무리가 기갈에 곤(困)해서 침범하는
것"으로 규정하고 있다. 즉 다시 말하자면 쇼니 씨 휘하의 쓰시마와 삼도세력

---

28) 《成宗實錄》卷23, 成宗 3年 10月 24日條, "領議政申叔舟啓曰 : 前此, 倭人往來有定
　　數, 而又有數外出來者, 今年則島主所送, 不滿五十隻, 諸島使船亦然. 意者, 對馬三島
　　因復小二殿, 從戎於博多之間, 故不來歟 ; 前此貞國特送使船未及歸報, 故不來歟;
　　抑博多富饒, 故就食於彼而不來歟? 邇來, 倭人自相攻伐, 兵革之際, 必有敗續者, 若奔
　　走渙散, 困於飢渴, 則鼠竊狗偸, 出沒我邊陲, 未可知也, 不可不爲之備."

29) 물론 이 사료를 "쓰시마와 같은 삼도가…"로 해석할 수도 있을 것이다. 그러나
　　'삼도'가 최초로 등장하는 《定宗實錄》卷2, 定宗 元年(1399) 7月 10日條의 기사를
　　보면, "比年以來, 對馬等三島頑民"으로 기록하고 있다. '對馬等三島'는 쓰시마가
　　삼도에 포함되는 것을 의미하며, '對馬三島'는 쓰시마와 삼도를 별개의 것으로
　　구분해 인식하고 있다고 해야 할 것이다.

대(對) 하카타(博多)와의 전쟁이 왜구의 발생 원인이라고 이해하고 있는 것이다.

여기서 특별히 주목해야 할 것은 이 〈사료 5〉의 발언자가 바로 《해동제국기》의 저자인 신숙주이며, 또 그가 발언한 시점이 《해동제국기》가 완성된 1471년의 바로 다음 해인 1472년이라는 사실이다. 따라서 그가 실수로 이 같은 발언을 했을 가능성은 전무(全無)하다고 할 수 있다. 여기서 쓰시마는 분명히 '삼도'에 속하지 않는다는 점이 확인된다. 즉, 다시 말해서 《해동제국기》를 완성한 당시 신숙주는 결코 '쓰시마·이키·마쓰우라'를 '삼도'라는 의미로 기록한 것이 아니라는 사실이다.

이 〈사료 5〉에서 **'삼도 해민'**설의 골자인 '삼도=쓰시마·이키·마쓰우라'에서 쓰시마가 확실하게 삼도에서 제외되고 있으며, 마쓰우라 역시 섬이 아니므로, '삼도'가 쓰시마·이키·마쓰우라 지역을 가리킨다는 기존의 일본 측 주장은 확실히 잘못되었다고 할 수 있다.

삼도에서 쓰시마가 제외된 사료는 또 있다. 다음 사료를 보자.

6. 임금이 말하기를, "대마도주의 접대가 어떠하던가?" 하니 대답하기를, "그 섬은 생리(生利)가 매우 박하므로 비록 후하게 대접하려 하더라도 할 길이 없었습니다. 도주(島主)에게 겨우 한 섬의 씨를 뿌릴 만한 밭밖에 없으므로, 오로지 우리나라에서 해마다 내리는 것에 의지할 따름이었습니다" 하자, 임금이 말하기를, "<u>삼도에서 일본까지는 모두 며칠 길인가?</u>" 하니, 대답하기를, "일기도(一岐島: 이키)에서 본국까지 모두 25일 길이며, 신 등은 6월이 되어서 평도(萍島)에 닿아 비로소 육로로 갔는데"[30] (후략)

이 〈사료 6〉은 성종 10년(1479) 2월 9일에 작성된 것으로 일본에 다녀온

---

30) 《成宗實錄》卷101, 成宗 10年 2月 9日條, "上曰 : '對馬島主接待何如?' 對曰 : '本島 生利甚薄, 雖欲厚待, 無由也. 島主僅有田, 可種一碩, 專仰我國歲賜而已.' 上曰 : '自 三島至日本, 凡幾日程?' 對曰 : '自一岐島至本國, 凡二十五日程. 臣等至六月泊于萍 渡, 始行陸路'."

이인규에게 임금이 일본의 풍속·학문 등에 대하여 질문하고 답한 것을 주요 내용으로 하고 있다. 그런데 여기서 임금이 '삼도에서 일본까지의 거리'를 묻자, 이인규는 이키에서 25일이 걸린다고 대답하고 있다. 즉 이키부터가 삼도 지역에 포함되고 있는 것이다. 여기에서도 '삼도'는 '일본'과 별개의 개념으로 사용되고 있음을 알 수 있다. 그리고 일본까지 25일이 걸릴 정도로 삼도는 상당히 넓은 지역임을 짐작하게 한다.[31]

그러면 여기서 삼도와 일본(본국)은 각각 어떤 의미로 사용되었을까? 성종 10년(1479)은 무로마치 막부의 제9대 쇼군 아시카가 요시히사(足利義尚)의 즉위 7년째 되던 해이며 일본 전국이 약 10년 동안 전란에 휩싸인 '오닌의 난(應仁の亂: 1467~1477)'이 끝난 지 2년이 채 되지 않았던 때다. 당시 지방사회는 거의 막부의 명령에 따르지 않게 되었고 야마시로(山城: 현재의 滋賀縣 일대)와 그 주변의 일부 지역만이 쇼군의 권위가 미치는 범위였다.[32] 이키에서 25일 걸린다고 하는 본국(일본)은 쇼군의 권위가 미치는 야마시로와 그 주변 일대를 의미한다고 생각된다. 그러면 여기서 삼도는 그 이외의 지역으로 생각할 수 있다.

또 하나, 조선 측의 삼도에 대한 인식을 엿볼 수 있는 것이 다음 〈사료 7〉이다.

> 7. 또 야인(野人)이나 일본이나 삼도나 유구국 같은 사이(四夷)가 모두 내정(來庭)하였으며 아름다운 징조와 이상한 상서가 모두 모이어 만물이 흔쾌하게 보니[33] (중략)

---

31) 또 《宣祖實錄》卷121, 宣祖 33年(1600) 1月 28日(癸酉) 3번째 기사에도 '삼도'가 보인다. 그런데 이 사료에서 말하는 '삼도'는 우리나라 거문도의 별칭인 '삼도'를 지칭하는 것으로 보인다. 따라서 여기서는 고찰 대상에서 제외한다.

32) 永原慶二, 《日本の歷史10 - 下剋上の時代》, 中公文庫, 1964.

33) 《世祖實錄》卷45, 世祖 14年 3月 25日條, "若野人, 若日本, 若三島, 若琉球國四夷, 皆來庭焉."

이 〈사료 7〉을 보면, '삼도'를 일본과 구별하고 있으며 야인(여진족)·일본·유구국(오키나와)과 더불어 '사방의 오랑캐', 즉 '사이(四夷)'로 인식하고 있음을 알 수 있다. 다시 말하자면, 삼도는 결코 '세 곳의 섬'이라든가 어떤 '특정 지역'을 지칭하는 것이 아니라, 야인(여진족)·일본·유구국과 어깨를 나란히 할 정도로 '별도의 정치적 주체'로 취급되고 있음을 알 수 있다. 그러면서도 〈사료 3〉에서 "일본의 삼도에 들어가서"라고 기술하고 있는 것으로 볼 때, 지리적으로 일본의 영역 안에 위치하고 있음을 알 수 있다. 다시 말해서 '일본에 속하면서 일본과 구별되는 정치적 주체가 지배하는 영역'을 삼도로 표현한 것이다. 이는 앞에서 본 〈사료 6〉의 '삼도'가 이키에서부터 일본까지 25일이 걸릴 정도로 상당히 넓은 지역이라는 의미로 표현된 점과도 관련이 있는 것 같다. 그러면 여기서 '삼도'가 사료상, 《조선왕조실록》에 최초로 등장하는 다음 〈사료 8〉을 구체적으로 검토해 보기로 하자.

8. 통신관(通信官) 박돈지(朴惇之)가 일본(日本)에서 돌아왔는데, 일본국 대장군(大將軍)이 사신을 보내어 방물(方物)을 바치고 피로(被虜)되었던 남녀 1백여 인을 돌려보냈다. (중략) 처음에 삼도왜구(三島倭寇)가 우리나라의 변환(邊患)이 된 지 거의 50년이 되었다. 무인년에 태상왕이 명하여 박돈지를 일본에 사신으로 보냈는데, 박돈지가 명령을 받고 일본에 이르러 대장군과 더불어 말하였다. "우리 임금께서 신에게 명하기를, '우리 중외(中外)의 군관(軍官) 사졸(士卒)들이 매양 청하기를, 〈육지에는 진수(鎭戍)를 두고 바다에는 전함을 준비하여, 지금 우리들이 목숨을 시석지간(尸石之間)에 붙여 초췌(憔悴)하고 노고하기가 이처럼 지극한 데에 이른 것은, 삼도왜구(三島倭寇) 때문에 그렇게 된 것이니, 신 등은 원하건대 크게 군사를 내어 삼도를 쳐서 도적의 남은 무리가 없게 하고, 우리 국가에 다시는 근심이 없게 하소서〉 한다. 과인이 군관과 사졸의 희망에 따라 군사를 일으켜 죄(罪)를 토벌하고자 하나, 대장군이 오랫동안 병권(兵權)을 장악하여 평소 위엄과 덕망이 있어 삼도지경(三島之境)에 미치니,

감히 군사를 가만히 행하여 지경에 들어가지 못하는 것이다. 그러므로 먼저 신하를 보내어 좌우(左右)에 고하는 것이다. 또 대장군이 정(精)한 병갑(兵甲)과 엄한 호령으로 어찌 삼도의 도적을 제압하여 이웃나라의 수치를 씻지 못 하겠는가? 대장군은 어떻게 생각하는가?'라고 하시었습니다."

ⓐ 대장군이 흔연히 명령을 듣고 말하기를, "제가 능히 제어하겠습니다" 하고, 곧 군사를 보내어 토벌하게 하였으나 여섯 달이 되어도 이기지 못하였다. ⓑ 대장군이 대내전(大內殿)으로 하여금 군사를 더하여 나가서 공격하게 하니, 적이 무기와 갑옷을 버리고 모두 나와서 항복하였다.[34]

〈사료 8〉은 정종 원년(1399) 5월 16일에 통신관 박돈지가 일본과 왜구 근절책을 교섭하고 돌아온 뒤의 보고서가 그 중심 내용을 이루고 있다. 여기서 '삼도왜구', '삼도지경', '삼도의 도적'과 같은 말들이 처음 사용되고 있다. 그리고 "ⓑ 대장군이 대내전[大內殿: 오우치 요시히로(大內義弘)]으로 하여금 군사를 더하여 나가서 공격하게 하니, 적이 무기와 갑옷을 버리고 모두 나와서 항복하였다"고 했다. 따라서 '삼도왜구', '삼도의 도적'은 무인 년(1398)에 오우치 요시히로의 공격을 받고 항복한 무리였음을 알 수 있다.

그런데 그로부터 약 두 달이 지난 7월 10일에 다음과 같은 사료가 나온다.

9. 일본 좌경대부(左京大夫) 육주목(六州牧) 의홍(義弘)이 구주(九州)를 쳐서 이기고 사자를 보내어 방물을 바치고 또 그 공적을 말하였다. 임금이

---

34) 《定宗實錄》卷1, 定宗 元年 5月 16日條, "通信官朴惇之回自日本. 日本國大將軍遣使來獻方物, 發還被虜男女百餘人, (中略) 初, 三島倭寇爲我國患, 幾五十年矣. 歲戊寅, 太上王命惇之, 使于日本. 惇之受命至日本, 與大將軍言曰：吾王命臣曰：我中外軍官士卒每請云: 陸置鎭戍, 海備戰艦. 今我輩寄命矢石之間, 憔悴勞苦, 至於此極者, 以三島倭寇之致然. 臣等願大舉以討三島, 則寇賊無遺類, 而我國家無復患矣. 寡人以軍官士卒之望, 欲興師討罪, 然大將軍久掌兵權, 素有威望在乎三島之境, 不敢潛師入境. 故先遣臣告于左右. 且大將軍以兵甲之精, 號令之嚴, 豈不能制三島之賊, 以雪隣國之恥! 惟大將軍以爲如何? 大將軍欣然聞命曰：我能制之. 卽遣兵討之, 與賊戰六月未克. 大將軍令大內殿加兵進攻之, 賊棄兵擲甲, 舉衆出降."

의홍에게 토전(土田)을 하사하고자 하다가, 첨서중 추원사 권근과 간관의
의논으로 그만두었다. (중략)

신 등은 생각건대, 의홍이 적을 토벌한 공이 있으면 전백(錢帛)으로 상주는
것이 가(可)할 것입니다. (중략)

임금이 또한 좇지 않고 말하기를, "의홍이 우리나라에 향(向)하여 정성을
바쳐 적을 쳐부수었는데, 그 청구하는 바는 오직 이 일뿐이다. (중략)
근년 이래로 대마 등 삼도의 완악한 백성들이 흉도(兇徒)를 불러모아
우리 강토를 침노하여 어지럽히고 인민들을 노략질하여 이웃 나라 사이의
화호(和好)를 저해하였다. 지난번에 대상국(大相國)이 의(義)로써 발병(發
兵)하여 몸소 스스로 독전(督戰)해서 그 무리를 섬멸하였으니 변경의
인민들이 편안하고 조용하게 되어, 생민에게 해독이 없게 하고 두 나라로
하여금 화호를 닦게 하였다.35)

〈사료 9〉에서는 의홍, 즉 오우치 요시히로(大內義弘)가 군사공격을 가해
승리를 거둔 상대가 '구주(九州)'로 되어 있다. 즉 〈사료 8〉의 '삼도왜구',
'삼도지경', '삼도의 도적'의 '삼도'가, 여기서는 '구주'로 기술되고 있다.36)
또한 "대마 등 삼도의 완악한 백성들이 흉도(兇徒)를 불러모아"라고 표현한
것으로 볼 때 여기서는 '삼도' 안에 쓰시마가 포함되고 있다.

그런데 오우치 요시히로가 공격한 것은 규슈(九州)였다. 그의 본거지는
혼슈(本州)의 서쪽 끝 야마구치(山口)였다. 쓰시마가 규슈에 포함되는 것은
사실이지만, 쓰시마를 '규슈'라고 부르지는 않는다. '구국이도(九國二島)'라
는 말이 있는 것처럼 쓰시마와 이키는 '규슈'와 분리하여 '이도(二島)'라고

---

35) 《定宗實錄》卷2, 定宗 元年 7月 10日條, "日本左京大夫六州牧義弘伐九州克之,
遣使來獻方物, 且言其功. 上欲賜義弘土田, 以簽書中樞院事權近及諫官之議乃止.
(中略) 臣等竊謂, 義弘有討賊之功, 賞以錢帛可也. (中略) 上亦不從曰：義弘向吾國推
誠破賊, 其所求惟此事, (中略) 比年以來, 對馬等三島頑民, 召聚兇徒, 侵擾我疆, 虜掠
人民, 以阻隣好. 頃者, 大相國以義發兵, 身自督戰, 殄殲其衆, 而邊境人民, 得以寧靖,
使生民除害, 而兩國修好."

36) '구주'를 '삼도왜구', '삼도지경', '삼도의 도적'과 같은 의미로 사용하지 않았다면,
의홍이 조선에 대하여 자신의 공적을 알리고 포상을 요청하지도 않았을 것이다.

부르는 것이 보통이다. 따라서 규슈라고 할 때는 '쓰시마와 이키'가 아닌 규슈 본토를 의미한다.

오우치 요시히로는 정이대장군(征夷大將軍) 즉 '쇼군'의 부하 장수다. 그런데 오우치는 '육주목(六州牧)'이다. 여기서 육주(六州)란 나가토(長門)·스오(周防)·부젠(豊前)·이와미(石見)·이즈미(和泉)·기이(紀伊)의 여섯 지방을 가리키며, 육주목이란 이들 지방의 슈고(守護)를 의미한다. 이 중에서 규슈에 해당하는 것이 '부젠'이다. 그는 자기의 주세력 근거지인 나가토와 스오와 바다를 사이에 둔 규슈의 부젠 지방을 우선 1차 근거지로 삼아 규슈 지방으로 세력 확장을 꾀하였다. 따라서 그가 규슈를 공격했다고 하는 것은 규슈가 '삼도'임을 의미하는 것이다. 즉 '삼도'라는 용어가 최초로 사용되었을 당시의 그것은 '규슈'를 지칭하는 것이었다. 따라서 〈사료 8〉의 '삼도지경' 역시 규슈를 지칭하는 것으로 봐야 한다.

지금까지 살펴본 '삼도'의 구체적인 용례를 통해, '삼도'의 의미를 종합해 보면 다음과 같다.

첫째, '삼도'라고 해서 '세 곳의 섬'이라는 의미로 사용된 것은 아니다.

둘째, '삼도'는 다나카 다케오·나카무라 히데타카의 주장대로 쓰시마·이키·마쓰우라 지방을 가리키는 것이 아니라, 시기에 따라 또 사용한 사람에 따라 각각 다른 지역을 지칭하는 의미로 사용되고 있다.

셋째, 대표적인 왜구의 소굴로 생각되던 쓰시마조차 삼도에서 제외되는 경우도 있다. 즉 삼도는 ① 규슈 ② 쓰시마·이키 ③ 이키·가미마쓰우라·시모마쓰우라 ④ 이키를 포함한 광범위한 지역이라는 네 가지 구체적인 용례가 확인된다.

넷째, 조선 초에 삼도에 포함된 쓰시마는 시대가 내려와 15세기 후반경 조선과 양호한 관계가 유지되면서 삼도에서 제외되었다.

다섯째, 삼도는 하카타와 대립적인 개념으로 사용되고 있다.

여섯째, 삼도는 일본에 속하면서도, 야인(野人)·유구국·일본과 더불어 '사이(四夷)'의 하나로 인식되고 있다. 즉, 일본에 속하면서 '일본과 구별되는 정치적 주체'가 지배하는 영역이라는 의미로 사용되고 있다.

이상과 같이 삼도에 관한 사료에 대해 기본적인 검토만 하더라도 "고려 말 조선 초에 침구해 온 왜구의 실체를 소위 삼도(三島)의 해민"이라고 보고 그 삼도를 "이키(壹岐)·쓰시마(對馬)·마쓰우라(松浦) 지방"이라고 규정 한 일본 측 주장의 근거가 얼마나 허술한지를 잘 알 수 있다.

4. 삼도(三島)의 정의

앞 절에서 우리는 '삼도'의 구체적인 용례를 살펴보았다. 이러한 모든 용례와 모순되지 않으며 또한 왜구의 침구 주체로서의 삼도와 부합되는 사료용어로서 '삼도'는 어떻게 정의할 수 있을까?

여기서 앞의 〈사료 5〉, 즉 성종 3년(1472) 10월의 사료 중 신숙주가 "대마, 삼도가 소이전(小二殿)이 (세력을) 회복함으로써 박다(博多)와의 사이 에서 싸우게 되어 오지 않는 것인지"라고 한 부분에 다시 주목해 보자. 여기서 쓰시마와 삼도는 쇼니 씨(少貳氏) 휘하에서 하카타(博多)와 대립하고 있음을 알 수 있다. 따라서 여기서 '박다'가 구체적으로 무엇을 지칭하는지를 확인할 필요가 생긴다. 신숙주가 말한 '박다'는 구체적으로 무엇을 가리키는 것일까? 다음 사료를 보자.

10. 소이전(小二殿): 재부(宰府)에서 살았는데 혹 대도독부(大都督府)라 하기
　　도 하며 박다(博多)에서 서부 쪽으로 3리쯤 떨어져 있다. 주민은 2천
　　2백여 호요, 정병이 5백여 명이다. 원씨(源氏)가 대대로 주관하고 있으며
　　축풍비삼주총태수태재부도독사마소경(筑豊肥三州摠太守太宰府都督司

馬少卿)이라 칭하고 소이전(小二殿)이라 불렀다.

원가뢰(源嘉賴) 때에 이르러 지금의 천황 가길(嘉吉) 원년 신유(辛酉)에 대신(大臣) 적송(赤松)이 반란을 일으키자 국왕이 여러 주에서 군대를 징발하였건만 소이전은 이에 응하지 않았다.

국왕이 대내전(大內殿)에게 명하여 그를 토벌하도록 하였더니 가뢰의 군사가 패전하여 비전주(肥前州)의 평호(平戶)로 도망하였는데 그 곳은 원의(源義)가 살고 있는 곳이다. 이내 대마도로 가서 미녀포(美女浦)에 살았는데 그곳도 또 그의 소관이었다. 대내전이 드디어 소이전의 관할 구역인 축전주(筑前州)의 박다(博多), 재부(宰府) 등지를 차지하였다. 얼마 후에 가뢰가 옛 영토를 회복하기 위하여 군사를 이끌고 상송포(上松浦)에 이르렀지만 대내전이 이를 맞아 격파하였다. 가뢰는 다시 대마도로 도망쳐 돌아왔다. 가뢰가 죽고 그의 아들 교뢰(敎賴)가 후사를 이었다. 정해년(1467)에 교뢰는 또 다시 대마도 군사를 이끌고 가서 박다와 재부 사이에 있는 견월(見月)이라는 지역에 이르자 대우전(大友殿)과 대내대관 가신(大內代官可申)에게 패전하고 말았다.[37]

이 〈사료 10〉은 신묘년(1471)에 작성된 《해동제국기》로, 가길 원년(신유년), 즉 1441년에 소위 '가키쓰(嘉吉)의 난'이 일어난 이후 대내전(大內殿), 즉 오우치(大內) 씨가 하카타와 다자이후를 차지했다고 기록하고 있다. 또 정해년(1467)에 교뢰(敎賴) 즉 쇼니 노리요리(少貳敎賴)가 쓰시마의 군사를 이끌고 쳐들어왔지만 역시 격퇴당했다고 하고 있다. 따라서 〈사료 5〉의 성종 3년(1472) 당시 '소이전이 싸우고 있는 상대 박다(博多)'는 '국왕(쇼군)'의 명령에 따르고 있는 오우치 씨를 의미한다.

그러면 하카타와 싸우고 있는 삼도는 어떻게 정의할 수 있을까? 앞의 〈사료 8〉의 "일본국 대장군(大將軍)", "일본에 이르러 대장군과 더불어 말하였다", 그리고 〈사료 9〉의 "일본 좌경대부(左京大夫) 육주목(六州牧) 의홍(義弘)이 구주(九州)를 쳐서 이기고"라는 표현을 보자. '일본 좌경대부

---

37) 申叔舟, 《海東諸國記》 〈西海道九州〉 筑前州.

육주목'인 의홍은 대장군의 부하 장수였다. 따라서 '일본'은 '대장군의 통치와 지배가 미치는 영역'을 의미함을 알 수 있다. 〈사료 8〉이 작성된 정종 원년(1399) 5월 당시 '삼도'는 규슈였다. 이 점은 〈사료 8〉의 "대장군이 오랫동안 병권을 장악하여 평소에 위엄과 덕망이 있어 삼도지경에 미치니, 감히 군사를 가만히 행하여 지경에 들어가지 못하는 것이다"라는 서술에서 더욱 확실하게 드러난다. 즉 대장군의 위엄과 덕망이 '삼도지경(三島之境)', '일본과 삼도의 경계지역'에 미치기 때문에 (조선)이 군사를 동원해 '지경(삼도 지역)'에 들어가지 못한다는 것이다. 이로써 '삼도'란 '대장군의 통치와 지배가 미치지 못하는 지역'을 의미하는 것임을 알 수 있다.

이러한 '삼도'는 또 달리 어떻게 정의할 수 있을까? '삼도'를 〈사료 8〉과 〈사료 9〉의 단계, 즉 정종 원년(1399)의 시점에는 일본의 공권력(막부)의 지휘를 받고 있던 오우치 요시히로와 적대하는 쇼니 씨(小二殿)를 중심으로 하는 규슈의 토착세력, 예를 들면 기쿠치(菊池) 씨, 우쓰노미야(宇都宮) 씨, 마쓰라토(松浦党) 등이 지배하는 영역이었다.[38]이는 현재 후쿠오카 현과 사가 현 그리고 나가사키 현에 해당하는 북규슈의 대부분 지역이다. 따라서 〈사료 9〉에서 오우치 요시히로가 '구주'를 쳐서 이겼다고 한 것이다.

고려 말에 혼슈의 서쪽 끝에 위치한 야마구치 현 일대를 본거지로 삼고 있던 오우치 씨는 규슈탄다이 이마가와 료슌(今川了俊)의 휘하 병력으로서 정서부와 싸웠다. 그리고 1395년에 쇼군이 이마가와 료슌을 규슈탄다이에서 해임하고[39] 시부카와(澁川) 씨를 새로 임명하자, 오우치 요시히로는 시부카와 씨를 앞세우고 하카타로 진출해 왔다. 그러자 이에 대항하기 위해 규슈의 토착세력들이 쇼니 씨를 중심으로 뭉쳤고 그래서 이후 양자 사이에는 전투가

38) 川添昭二,〈澁川滿賴の博多支配及び筑前, 肥前經營〉,《續庄園制と武家社會》, 竹内理三博士 古稀記念會·吉川弘文館, 1979 ; 本多美穗, 室町時代における少貳氏の動向－貞賴, 滿貞期〉, 九州史學》 1, 1988.
39) 이마가와의 규슈탄다이 해임 이유에 관해서는 川添昭二,《今川了俊》, 吉川弘文館, 1964, 162쪽 참조.

이어졌다. 이들 휘하의 병력이 전투를 앞두고 병량미를 확보하기 위해, 그리고 전투가 끝난 뒤 약탈을 목적으로 조선으로 침구해 온 것이었다. 조선 측은 오우치 씨(규슈탄다이와 막부 측)에 대항하는 규슈의 토착 호족세력들과 그들의 근거지역을 '삼도'라고 불렀으며, 오우치 씨와의 전투에서 패배해 약탈하러 오는 병력을 가리켜 '왜구'라고 불렀던 것이다.

그런데 앞에서 본 〈사료 3〉의 경진년(1400)에는 쓰시마와 이키를 '삼도'라고 지칭하였는데, 그로부터 약 40여 년이 지난 〈사료 4〉의 세종 28년(1446)에는 쓰시마가 삼도에서 제외된 듯하며, 〈사료 4〉에서 또 다시 26년이 지난 〈사료 5〉의 성종 3년(1472) 10월 무렵에는 확실하게 '쓰시마'가 '삼도'에서 제외되었다. 이는 무엇 때문일까? 세종 원년(1419) 쓰시마 정벌 이후 조선과 쓰시마 사이에는 기해약조가 체결되어 이후 쓰시마는 조선과 양호한 관계를 유지하게 되었다. 그래서 쓰시마가 삼도에서 제외되었을 것이다. 즉 당시 쓰시마가 삼도와 더불어 막부세력인 하카타의 오우치 씨와 여전히 대립관계에 있었음에도 불구하고 삼도에서 제외되었던 것이다.

따라서 '삼도'를 최종적으로 정의하자면 '대장군의 통치와 지배에 저항하는 (규슈) 토착 호족들의 근거지이면서 동시에 왜구로 침구해 올 위험이 존재하는 지역'이라고 할 수 있다. 따라서 여말선초의 왜구의 실체를 '삼도의 해민'이라고 표현한다면, 그것은 '쓰시마·이키·마쓰우라 지역의 해민'이 아니라, '막부의 규슈 통치에 저항하는 쇼니 씨 등을 중심으로 하는 (규슈의) 토착 호족세력의 휘하 병력'이라고 해야 할 것이다.

그런데 여전히 의문으로 남는 것은, 정종 원년(1399)에 사신으로 왔던 박돈지가 왜 하필 오해하기 쉬운 '삼도(三島)'라는 용어를 사용했을까 하는 점이다. 일본 중세 대외관계사 연구가 13~16세기 동아시아 국제관계를 규정한 핵심 주제라 할 왜구에 대하여 잘못 인식하게 된 일차적인 책임은 당연히 나카무라 히데타카와 다나카 다케오가 져야 할 것이다. 그렇지만 그들로 하여금 '삼도'를 '세 곳의 섬'이라고 오해하게끔 한 데에는 정종 원년(1399)에 박돈지가 '삼도'를 '대장군의 통치와 지배에 저항하는 (규슈의) 토착 호족들의 근거지이면서 동시에 왜구로 침구해 올 위험이 존재하는 지역'라는 의미로 사용한 때문이라고도 할 수 있다. 따라서 박돈지가 왜 '삼도'라는 용어를 사용했을까라고 하는 의문에 대해서도 납득할 만한 해답을 제시해야 할 것이다. 이 문제와 관련해서 다음 사료에 주목하고자 한다.

11. 나흥유가 가지고 온, 귀국(일본)의 서신에 의하면, (고려를) 침구하고 있는 해적들은 우리 서해(西海) 일로(一路) 구주(九州)의 난신(亂臣)들이 서쪽 섬(西島)에 할거하여 행하고 있는 것이지, 우리의 소행이 아니다. (따라서) 아직 감히 즉시로 금지시킬 수 있다고 약속할 수 없다.40)

이 〈사료 11〉은 우왕 3년(1377) 6월 안길상이 일본에 사절로 파견될 때 전달한 고려조정의 서신이다. 여기에는 약 9개월 전인 우왕 2년(1376) 10월에 나흥유가 일본에서 가지고 온 승려 슈사(周佐)의 서신 내용 중 일부가 포함되어 있는데41) 거기에서 왜구의 실체를 서쪽 섬에 할거하고 있는 **규슈의 난신(亂臣)**들이라고 하고 있다. 그런데 이 〈사료 11〉에서 지적한 '서쪽 섬'이란 바로 쓰시마와 이키 등이었다. 다음의 〈사료 12〉를 보자.

12. 왜적으로 말하면 온 나라가 모두 도적인 것이 아니고 그 반란을 일으킨 사람(叛民)들이 대마(對馬)·일기(壹岐) 등 여러 섬에 근거지를 둠으로써 나라 동쪽 변방에 접근해 무시(無時)로 침범해 옵니다.42)

---

40) 《高麗史》 卷133, 列傳46 禑王 3年 6月 乙卯條, "去後據羅興儒齎來貴國回文言稱, 此寇因我西海一路九州亂臣, 割據西島, 頑然作寇, 實非我所爲, 未敢卽許禁約."
41) 《高麗史》 卷133, 列傳46 禑王 2年 10月條.
42) 《高麗史節要》 卷32, 禑王 13年 秋8月條, "倭非擧國爲盜, 其國叛民, 分據對馬一岐兩島, 隣於合浦, 入寇無時."

이것은 우왕 13년(1387) 당시 남해도(南海島)의 관음포(觀音浦) 전투에서 왜구 선단을 무찌른 고려 장수 정지(鄭地)가 쓰시마 정벌을 건의한 내용의 일부로, 여기서 우리는 반란을 일으킨 사람(亂臣)들이 할거하고 있었던 '서쪽 섬'은 바로 쓰시마와 이키 섬을 가리키는 것임을 알 수 있다. 즉 우왕 13년(1387) 당시까지만 해도 고려조정은 왜구를 두 섬(二島), 즉 쓰시마와 이키를 근거로 하는 반민(叛民: 亂臣)들의 소행으로 인식하고 있었다.

그런데 이로부터 약 10년 뒤인 정종 원년(1399)에 사신으로 온 박돈지는 왜구들의 근거지가 비단 이들 두 섬만이 아닌 또 하나가 있음을 깨달았던 것이다. 바로 규슈 본토였다. 앞서 제시한 〈사료 9〉에서 오우치 요시히로(大內義弘)가 군사공격을 가하여 이긴 상대를 '구주(九州)'라고 표현한 것이 바로 그것이다. 즉 〈사료 8〉의 '삼도왜구', '삼도지경', '삼도의 도적'에서의 '삼도'란 '구주(九州)' 본토를 의미하는 것이었다. 따라서 박돈지가 '삼도'라고 한 것은 엄밀하게 말해 '세 군데 섬'을 의미하는 것은 아니었다. 그런데 그러면 왜 그는 당시 쓰시마와 이키라는 두 섬에 규슈 본토를 더해서 '삼도'라는 표현을 사용했을까? 그것은 고려(조선) 당시 사회의 섬(海島)과 해도민(海島民)에 대한 전통적이며 일반적인 인식과 깊은 관련이 있는 것으로 보인다.[43]

고려(조선)시대 사람들에게 해도(海島)란 흔히 중죄를 범한 사람들의 유배지였고 거기에서 생활하는 사람(海島人)들은 대부분 죄인의 자손들로서 천민 취급을 받았다. 즉 그들은 공천(公賤)이 흔히 맡는 일인 염전(鹽田)이나 목장(牧場)에서 사역되고 있었다. 묘청의 난 후 그 처치를 둘러싸고 다음과 같은 사료가 발견된다.

13. 용감하게 항거한 자는 얼굴에 '서경역적'이라는 네 글자를 새긴 뒤

---

43) 이하 해도민에 관한 내용은 김용덕, 〈鄕·所·部曲攷〉, 《용재 백낙준 박사 환갑기념논문집 국학논총》, 사상계사, 1955 ; 旗田巍, 〈高麗時代の白丁〉, 《韓國中世史の硏究》, 法政大出版局, 1972 참조.

바다 섬으로 유배보내고, 그 다음으로 죄가 무거운 자는 '서경'이라는 두 글자를 새기고 바다 섬으로 유배보내며, 그 나머지 죄인들은 여러 주부군현에 나누어 배치하라.44)

죄의 경중에 따라 주현·향·부곡·해도(海島)에 각각 송치하고 있는데, 여기서 중죄인들은 바다 섬(海島)으로 유배시켰음을 알 수 있다. 이처럼 죄인들을 바다 섬으로 유배시킨 사례는《고려사》에 많이 보인다. 예를 들어 권세를 빌어 횡포한 이자겸의 노예들은 주인이 실각하자 낙도(遠島)로 분치(分置)되었으며, 기타 유사한 사례는 비일비재하다. 진도(珍島)와 강화도 같은 큰 섬은 예외지만 작은 섬(小島)과 낙도(遠島)의 주민들은 대부분 유배자의 후손으로 천민들이었다. 다음 사료를 보자.

14. 여러 섬의 거민(居民)들은 그 선대(先代)의 죄로 말미암아 바다 섬에 생장(生長)하여 땅에 먹을 것이 나지 않아 살 길이 심히 어렵습니다. 또 광록시(光祿寺)에서 수시로 징구(徵求)하니 날로 곤궁해집니다. 청컨대 주군(州郡)의 예를 따라 그 공부(貢賦)를 균등하게 하소서.45)

이 사료는 최승로(927~989)의 건의인데, 이것을 보면 10세기 고려 초 당시 '바다 섬에 거주하는 사람들=죄인 또는 죄인의 후손'이라는 인식이 강했음을 알 수 있다. 따라서 섬에 거주하는 사람 중에 좋은 일을 하면 섬에서 나오는 경우도 있었다.46) 이러한 고려(조선)의 '해도민=죄인 또는

---

44) 《高麗史》卷98, 列傳11 金富軾傳, "其勇悍抗拒者, 黥西京逆賊四字流海島, 其次黥西京二字分配鄉部曲, 其餘分置諸州府郡縣."

45) 《高麗史》卷93, 列傳6 崔承老傳, "諸島居民以其先世之罪, 生長海中, 土無所食, 活計甚難, 又光祿寺徵求無時, 日至窮困, 請從州郡之例, 平其貢役."

46) 《高麗史節要》卷2, 成宗 9年 9月條, "남해 낭산도 백성 능선의 딸 함부는 그 아버지가 죽으매 침실에 빈소를 짓고 다섯 달 동안이나 밥을 올리기를 평상시와 다름이 없었다. (중략) 함부 등 4명에게는 (중략) (역민의 요역을 면해 주고) 섬에서 나오게 하여 그 원하는 바에 따라 주현(州縣)에 편적(編籍)하도록 할 것이며(南海狼山島民能宣, 女咸富, 其父死, 殯于寢室, 五月供膳, 無異平生, (中略) 咸富等四人, (中略)

죄인의 후손'이라는 인식을 일본에까지 확장 적용시킨 것이 바로 '삼도'였다.
다음 사료를 보자.

15. (전략) 또한 해도(海島)의 소민(小民)들이 자주 (귀국의) 변경지방을 침구
한다고 (우리를) 비난하는데, 이는 실로 내가 알지 못하는 바다. 지금
만약 이를 못하게 하라고 말한다면, 이는 곧 예전에 이러한 사실을 알고
이를 명하였던 것이 될 것이다. 어찌 임금으로서 백성들에게 옳지 못한
짓을 하라고 할 리가 있겠는가? 어찌 이를 생각하지 못하겠는가?
그렇지만 형벌을 피하여 숨은 자들이 망명해(逋逃亡命) 때로는 몸을
먼 바다의 섬에 숨기고 때때로 나와서 변경의 백성들을 해치는 자가
있을 것이다. 마땅히 연해(沿海)지방의 관리에게 명하여 이를 제압해야
할 것이다.[47] (후략)

이 〈사료 15〉는 오에이(應永) 26년(永樂 17, 1419) 7월 20일 쇼군 아시카가
요시모치(足利義持)가 효고(兵庫)의 후쿠곤지(福嚴寺)에 있던 명나라 사신과
의 절충을 앞둔 접반사 역할을 하던 겐요 슈쥬(元容周頌)에게 준 서신이다.
서신은 대명외교(對明外交)를 단절하겠다는 의지와 명나라에 침구한 왜구들
에 대한 막부의 입장을 전달할 것을 지시하고 있다. 여기서 막부는 공식적으
로, 왜구를 '막부에 대하여 죄를 짓고) 형벌을 피해 먼 바다의 섬에 숨은
자들(逋逃)'이라고 표현하고 있다.[48] 그리고 그들이 몸을 숨긴 '먼 바다의
섬(海島)'은 이키와 쓰시마 등 여러 섬(諸島)이었다.[49]

免出驛島, 隨其所願, 編籍州縣)."

47) 〈足利義持書 元容周頌充〉, 田中健夫 編, 《善隣國寶記》 卷中, 應永 26年(1419)
7月 20日付.

48) 이와 유사한 사료로 다음과 같은 것을 들 수 있다. 〈足利義持書 元容周頌充〉,
田中健夫 編, 《善隣國寶記》 卷中, 應永 26年(1419) 7月 23日付.

49) 〈永樂帝勅書 日本國王源道義(足利義滿)充〉, 田中健夫 編, 《善隣國寶記》 卷中,
永樂 2年(1404) 12月 2日付 ; 〈永樂帝勅書 日本國王源道義(足利義滿)充〉, 田中健夫
編, 《善隣國寶記》 卷中, 永樂 4年(1406) 1月 16日付.

여기서 고려의 해도민과 쓰시마·이키 등 해도의 소민(小民)에 대한 인식이 일치하는 것을 볼 수 있다. 고려의 경우는 국가가 (형벌을 가할 의도를 가지고 섬으로) 유배를 보낸 것이고, 쓰시마와 이키의 경우에는 자기들이 (죄를 짓고 스스로 섬으로) 도주한 것이라는 차이는 있지만 '양국의 해도민= (국가에 대한) 죄인'이라는 점에서는 공통되었다.

따라서 〈사료 9〉에서 오우치 요시히로(大內義弘)가 군사공격을 가해 이긴 상대, 즉 규슈(九州)를 '삼도'라고 한 것도 쓰시마·이키의 두 섬(二島)에 다가 규슈라는 '또 하나의 섬'(一島)이라는 의미로 사용한 것이 아니었다. 그것은 고려(조선)사회의 '섬(海島)'에 대한 일반적인 통념, 즉 '국가에 반역 (叛逆)한 중죄인들이 거주하는 곳'이라는 측면을 강조한 것이었다. 동시에 삼도로 지목한 '규슈'가 쓰시마·이키와 무연(無緣)의 별개(別個)의 존재가 아니라 상호 밀접한 관련이 있는 동일한 집단임을 표시하기 위함이었다고 생각한다.

이것을 확인시켜주는 것이 〈사료 15〉에서 왜구를 "형벌을 피하여 숨은 자들이 망명해(逋逃亡命) 때로는 몸을 먼 바다의 섬에 숨기고 때때로 나와서 변경의 백성들을 해치는 자"라는 서술이다. 즉, 이를 해설하면 "(규슈 본토에서 국가에 대해 중죄를 짓고 그에 상응하는) 형벌을 피해, 몸을 먼 바다의 섬(쓰시마와 이키)에 숨기고 때때로 나와서 (중국) 변경의 백성들을 해치는 자"라는 뜻이 되고, 여기서는 규슈 본토와 쓰시마·이키가 '삼도'가 되는 것이다.

이처럼 고려 말·조선 초의 왜구는 규슈 북부지역을 거점으로 하는 쇼니 씨와 기쿠치 씨 등과 같은 토착 호족들 간의, 또는 이들 토착 호족들 대(對) 막부의 규슈탄다이와 이를 지탱하는 오우치 씨와의 대립에서 빚어지는 전투가 그 발생 배경이었으며, 왜구의 실체는 그러한 토착 호족들의 휘하 병력이었음을 알 수 있다.

그렇다면 '삼도'는 〈사료 12〉 즉 우왕 3년(1377) 6월에 일본 측이 왜구의 실체를 "서쪽 섬(쓰시마·이키)에 할거하고 있는 **규슈의 난신**들이라고 한 것과 완전히 일치한다고 할 수 있다. 다시 말하자면, 막부의 명령에 따르지 않는 호족들을 가리켜, 《고려사》에서는 '반란을 일으킨 신하(亂臣)'로, 《조선왕조실록》에서는 '삼도(三島)'로 표현했던 것이다.

5. 결론

　고려 말·조선 초 한반도 전역에 걸쳐 빈번하게 침구하여 많은 폐해를 남긴 왜구의 실체에 대하여 일본 역사학계는 소위 **삼도(쓰시마·이키·마쓰우라) 해민**설을 주장해 왔다. 그리고 한국학계도 이에 별다른 이견을 제기하지 않은 채 추종해 왔다. 그러나 그 주장은 관련 사료에 대한 구체적인 검토를 거치지 않은 결과 초래된 오역에서 비롯된 것이었다. '삼도'는 나카무라·다나카의 주장처럼 결코 '쓰시마·이키·마쓰우라'를 가리키는 것이 아니었다. 그것은 '막부의 통치와 지배에서 벗어나 대립하던 규슈의 토착 호족세력으로, 왜구가 되어 침구해 올 위험이 있는 지역'을 의미하는 것이었다. 따라서 **삼도 해민**설에 근거를 둔 일본학계의 왜구 및 중세 동아시아 국제관계에 관한 인식은 모두 수정되어야만 한다.

　그런데 소위 '삼도 해민'설은 일본 중세 대외관계사 연구자들의 《고려사》에 대한 오해, 그리고 그들의 식민사관에서 비롯된 것이라 할 수 있다. 일본의 왜구 연구가 자행해 온 '왜구의 왜곡'을 논리적 순서대로 정리하면 다음과 같다.

① 고려시대 역사에 관한 올바른 이해 없이 식민사관에 근거해 왜구 문제에 접근함.[50]

---

50) 이 문제에 관해서는 이영, 앞의 주 3) 〈일본 중세 대외관계사의 문제점과 영향〉, 2010 참조.

② 《고려사》의 왜구 사료를 신뢰하지 않고 이를 적극적으로 활용하지
　않음.

③ 조선 초의 왜구 기사를 근거로 하여 고려 말 왜구를 소급(遡及) 고찰함.51)

④ 그 결과, '고려 말·조선 초 왜구의 실체'를 '삼도의 해민'으로 축소,
　한정지음.52)

⑤ 그나마 '삼도 해민'설은 사료를 잘못 해석한 것이었음.

⑥ '삼도 해민'설에 입각해 고려조정은 (일본) 변경지역의 작은 섬과
　연해지역 해민들의 해적 행위에도 제대로 대응하지 못한 무능하고
　부패한 정권이었다고 강조함.53)

⑦ '삼도 해민'설은 '왜구=고려·조선인 주체'설, '왜구=고려·일본인
　연합'설 또는 '왜구=다민족·복합적 해적'설로 전개됨.

　'삼도 해민'설은 또한 당시 대규모 왜구의 배경에 공권력이 존재하고
있었다는 사실을 배제시킨 데서 기인(起因)한 것이었다. 그러나 강력한
법치국가가 존재하지 않는 상황에서 발생하는 대규모 해적은 대부분의
경우 단순 해적(파이렛츠)이 아니라 공권력이나 종교의 지원을 받는 해적(코
르세어)이었다고 하는 서양사(西洋史) 사례에서 보듯이, 동양사의 해적과
왜구 역시 막부와 정치적으로 대립하는 지역 공권력 즉, '삼도'라고 불리던
다자이후의 쇼니 직을 계승해 온 쇼니(少貳) 씨, 그리고 규슈 남조(정서부)
등 규슈 지역의 토착 호족세력이었으며 아울러 남북조 내란기 당시 일본사회

---

51) 고려 말 왜구를 '남북조 내란'이라는 일본역사와의 관련 속에서 적극적으로 고찰하
　지 않았다.
52) 한국 역사학계에서도 왜구의 역사적 역할을 과소평가하고 그 중요성을 충분히
　인식하지 못하는 결과를 초래했다.
53) 예를 들면 다나카 다케오(田中健夫)는 "왜구가 맹위를 떨칠 수 있었던 큰 원인은
　고려의 국내정치가 혼란스러워, 왜구에 대항할 힘을 가질 수 없었기 때문이다.
　즉 고려의 토지제도 문란과, 그에 따라 발생한 군제(軍制)의 동요가 장기간에
　걸친 왜구의 활동을 허락하게 한 것이다"(〈土地制度の整備と軍制の擴充〉,《海の歷
　史, 倭寇》, 敎育社, 1982)라고 한 부분을 참조.

의 공권력의 일부였다.

해방 이후, 한국사회는 사회 각 부문에 걸쳐 '식민지 잔재'를 청산하기 위해 부단히 노력해 왔다. 역사학계 역시 소위 '식민사관(植民史觀)'의 정체를 규명하고 그 논리를 타파하고자 많은 사람들이 지혜를 모아 왔다. 그러나 일제가 심어놓은 식민사관의 뿌리는 우리의 상상을 초월할 정도로 깊고 교묘하며 또 종횡(縱橫)으로 얽혀 있다고 하지 않을 수 없다.

일본 역사학계는 제2차 세계대전의 패전 이후 **황국사관(皇國史觀)**에 구속되어 있던 과거를 철저히 반성하고 이를 배척하는 소위 **민중사관(民衆史觀)**으로 새 출발했다고 자부해 왔다. 그러나 일본 중세 대외관계사 연구자들의 왜구 연구를 둘러싼 접근방법과 인식을 보면 '민중사관의 탈을 쓴 식민사관'에서 비롯된 것임을 알 수 있다. 바로 그 한가운데에 왜구는 일본의 공권력과 아무 관련 없는 쓰시마·이키·마쓰우라 등 변경의 도서 연해지방 주민들이었다고 하는 소위 **고려 말·조선 초 왜구=삼도 해민**설이 있는 것이다.

제 **2** 부

팍스 몽골리카의 동요와
규슈 내전(=왜구)의 발생

제7장 ──────────

경인년(1350)~병신년(1356)의 왜구와 규슈 정세

쇼니 요리히사(少貳賴尙)를 중심으로

1. 서론

13~16세기까지 왜구는 동아시아 국제관계를 규정하는 핵심적인 요인이었다. 그러한 역사 현상으로서의 왜구 연구의 핵심적인 문제는 발생의 시대적 배경 및 원인 그리고 실체 등이라고 할 수 있다. 그런데 지금까지의 왜구 연구는 이상과 같은 문제를 각 시대별 특성에 입각해 구체적으로 고찰한 것이라기보다는, 통시대적(通時代的)인 일반론의 수준에 머물러 있었다고 해도 과언이 아니다. 그 결과, 전근대 동아시아 역사에서 '왜구'가 한중일 삼국(三國) 관계를 매개하는 주요 인자(因子)였음에도 불구하고, 그 실체가 애매모호한 상태로 남겨져 있었다. 앞으로의 왜구 연구는 각 시대 및 시기에 따른 다양한 왜구상(倭寇像)을 구체적으로 밝혀야 할 것이다.

필자의 '경인년 왜구=쇼니 씨 배후'설[1]은 이상과 같은 문제의식에 입각해 고찰한 연구라고 할 수 있다. 이에 대해 일본학계는 비판적인 견해를 다양하게 제시했다.[2] 이러한 반론에 대응해 필자는 일본 사가현립박물관(佐

---

1) 이 설을 최초로 주장한 것은 이영,〈庚寅年以降の倭寇と內亂期の日本社會〉,《倭寇と日麗關係史》, 東京大學出版會, 1999.
2) 본서 제1장 주 7) 참조.

賀縣立博物館)에 소장되어 있는 칠권본(七卷本) 〈금자묘법연화경(金字妙法蓮華經)〉의 기진명(寄進銘)을 근거로 하여 1357년 9월에 침구한 왜구 약탈의 먹이사슬 정점에 쇼니 요리히사(少貳賴尙: 이하 요리히사)가 위치하고 있었음을 밝혔다.[3]

또한 필자는 **경인년 이후 왜구**의 침구 목적을 '병량미의 확보'와 전투에서 패배한 뒤의 '일시적인 도피'라고 상정하고, **규슈 지역의 군사 정세**와 **왜구의 침구 양상**의 상호 관련성을 고찰하여 그 침구년(侵寇年)과 침구 빈도라는 점에서 양자는 대응관계에 있음을 입증하였다.[4] 제7장에서는 위의 연구결과를 연(年) 단위가 아닌 월(月)과 일(日) 단위로 시기를 세분(細分)해서 검토해 보고자 한다. 즉, 필자는 지금까지 일관되게 경인년(충정왕 2, 1350)부터 공민왕 11년(1362)까지의 왜구의 배후로 요리히사를 지목해 왔다.[5] 여기에서는 우선 경인년(1350) 이후 병신년(1356)까지로 시기를 한정하여 이 기간 중 규슈 지역에서 요리히사가 처한 군사·정치적 상황 및 활동과 왜구를 상호 연관시켜 필자의 견해가 파탄되거나 모순된 것인지의 여부를 검토하고자 한다.

본고에서는 다음 세 가지를 전제로 하여 '**경인년 왜구=쇼니 씨 배후**'설을 검토하고자 한다. 즉, 첫째 당시 왜구가 요리히사의 휘하 내지는 그 영향 하에 있던 군세(軍勢)라는 것. 둘째 전투를 앞둔 시점에서 병량미를 확보하고자 침구했다는 것. 셋째 중앙의 정세변화에 관한 정보가 신속하게 규슈 현지의 요리히사에게 전달되고 있었다는 것이다.[6]

---

3) 이영, 〈고려 말 왜구의 실상〉, 《잊혀진 전쟁, 왜구―그 역사의 현장을 찾아서》, 에페스테메, 2007.

4) 이영, 〈경인년 이후의 왜구와 마쓰라토―우왕 2년(1377)의 왜구를 중심으로〉, 《일본역사연구》 24, 2006 ; 이영, 〈왜구와 마산〉, 앞의 주 3)의 책 참조.

5) 여기서 1362년이란 1359년 8월의 지쿠고가와(筑後川) 전투에서 쇼니 요리히사가 정서부(征西府)의 기쿠치 다케미쓰(菊池武光)에게 패배한 뒤, 1361년 7월에 다자이후(大宰府)를 빼앗기고 1362년 9월에 반격을 시도했지만 실패, 정치 일선에서 물러나 교토에 은거하는 시점을 의미한다.

6) 당시 교토에서는 쇼니(少貳) 씨와 오토모(大友) 씨 등의 대관(代官)이 있어서 그들이

2. 경인년(1350)~병신년(1356)의 왜구와 일본의 국내정세

1) 경인년(1350)

경인년(庚寅年, 1350)의 왜구는 당시 규슈의 최고 명문(名門) 호족임을 자부하던 요리히사가 군사적 위기에 처하자, 긴급히 병량미를 확보하기 위해 휘하의 쓰시마 세력을 동원해 침구했다는 것이 주된 내용이다.[7] 당시 쓰시마의 슈고(守護)였던 요리히사는 쓰시마 무사들에 대해 군사력을 동원할 수 있는 권한을 가지고 있었다. 경인년 왜구의 침구지역 및 규모, 피해 내용 등을 정리하면 다음 〈표 1〉과 같다.

〈표 1〉을 토대로 **경인년 왜구**의 특징을 정리해 보면 다음과 같다.

첫째, 침구 시기가 2~6월 사이에 집중되어 있다.

둘째, 침구 대상지역은 쓰시마에서 가까운 거리에 있는 대한해협 바로 건너편인 남해안 일대다.

셋째, 조운선을 약탈한 것으로 볼 때 식량이 침구의 주요 목표였음을 알 수 있다.

넷째, 왜구 선단이 100여 척, 66척이었으며 고려군에 살해당한 자의

정보 전달의 중심적인 역할을 했다. 예를 들면《園太曆》卷15, 觀應 元年(1350) 10月 16日條에 "九州蜂起, 直冬靡九州之勢, 大友小(少)貳以下無不歸之, 隨以大友京都代官二人逐電之間 (後略)"이라 하여 오토모 씨의 교토 대관이 도주하였음을 알 수 있다. 又《祇園執行日記》卷2, 觀應 元年 10月 17日條에 "鎭西兵衛佐殿直冬, 被擧義兵, 仍小(少)貳大友與力之由, 飛脚內々到來, 小(少)貳代官在京之處, 一昨日逐電 (後略)"이라는 기록에서 쇼니 씨의 재경대관(在京代官)의 존재가 확인되며 아울러 '히캬쿠(飛脚: 발 빠른 정보 전달자)'가 몰래 교토에 와서 (규슈) 정세를 전하고 있었음도 알 수 있다. 이처럼 군사 및 정치 상황이 수시로 급변하고 있던 당시 중앙과 규슈는 물론, 다른 지역에서 전개되는 주요한 군사 정치적인 상황에 관한 정보는 신속하게 전달되고 있었던 것이다.

7) 이영, 앞의 주 1)의 논문 참조.

숫자가 300여 명에 달하고 있는 것을 볼 때, 그 배후에 상당한 정치력을 지닌 존재가 있었음을 짐작할 수 있다.

다섯째, 합포의 고려 병영(兵營)을 공격해 방화하고 있는 것으로 볼 때, 그들이 오합지졸이 아닌 일정 수준 이상의 군사 작전 능력을 지닌 무장집단이 었음을 알 수 있다.

<표 1> 경인년(1350)의 왜구

	월 일	침구 지역	왜구의 규모(피해)	고려의 피해 내용
1	2월	고성·죽림·거제(경남)	300여 명을 죽임	불명
2	4월 무술(14)	순천부(전남)	100여 척	남원·구례·영광·장흥의 조운선(漕運船) 약탈
3	5월 경진	순천부(전남)	66척(1척 포획)	불명
4	6월 정유(14)	합포·고성·회원(경남)	20척	합포병영·고성·회원을 방화
5	6월 신축(18)	장흥부 안양향(전남)	불명	불명
6	11월 기사(18)	동래(부산)	불명	불명

이러한 특징을 지닌 **경인년 왜구**의 침구는 당시 일본정세와 관련지어 어떻게 설명할 수 있을까? 우선 이 당시(1349~1350)의 일본 중앙 및 규슈 정세에 큰 변동을 초래한 사건으로 소위 '간노노조란(觀應の擾亂)'을 들 수 있다. 간노 원년(1350)에 무로마치 막부의 세이이다이쇼군(征夷大將軍: 이하 쇼군) 아시카가 다카우지(足利尊氏: 이하 다카우지)와 동생 다다요시(直義) 형제 사이에 벌어진 권력투쟁이다. 그것이 규슈 지역으로 비화하게 된 계기는 쇼군의 서자(庶子)인 아시카가 다다후유(足利直冬)가 규슈로 들어 가면서부터였다. 그는 다카우지가 하룻밤 풍류를 즐긴 결과 태어난 서자(庶子)로, 생모가 좋은 집안 출신이 아니었기 때문에 다카우지의 홀대를 받았다. 그러다가 자식이 없는 숙부 다다요시의 양자가 되었다.8) 그 후 다다후유는

---

8) <足利將軍家家圖>의 설에 의하면, 다다후유는 1327년 출생으로, 다카우지가 23세

숙부 다다요시와 일심동체가 되어 친부 다카우지와 이복동생 요시아키라(義詮), 그리고 다카우지의 집사인 고노 모로나오(高師直) 세력에 대항해 싸우게 된다.

이들의 싸움이 교토에서 표면화되는 것은 1349년 윤6월 2일부터고, 그 여파가 규슈 지방으로 확산된 것은 같은 해 9월 10일 다다후유가 도모노우라(鞆の浦: 현재의 廣島縣 福山市)에서 규슈의 히고(肥後: 현 熊本縣) 가와지리(河尻)에 상륙하면서부터다.

그러면 요리히사(1293~1371)는 어떤 인물이며 또 무슨 이유로 다다요시 ─ 다다후유 라인에 가세하게 되었을까? 요리히사는 기나이(畿內: 수도권) 지방에서의 전투에서 패배해 도주해 온 쇼군 다카우지를 규슈에서 맞이해, 지쿠젠(筑前) 다타라하마(多々良浜: 현 福岡市 東區) 전투에서 승리하게 함으로써 재기를 도운 인물이다. 요리히사의 도움으로 전열을 재정비한 다카우지는 곧바로 상경해 교토를 다시 장악하고 전세를 역전시켰다. 즉, 요리히사는 규슈 무사단을 다카우지 휘하로 끌어들여 그의 재기를 도운 일등공신이었으며, 뒤이어 상경하는 다카우지를 수행해 상경하던 중에 미나토가와(湊川: 현 神戶市) 전투에도 참전했다. 그리고 막부의 기본 법전인 '겐무 식목(建武式目)'의 제정에도 참가하는 등, 그야말로 무로마치 막부 창설의 주요 공신 중 한 사람이었다고 할 수 있다.

그런데 다카우지는 규슈에서 상경할 무렵, 친족 잇시키 도유(一色道猷: 이하 도유)를 규슈 지역의 최고 책임자로 임명해 하카타(博多)에 머물러 있게 하였다. 이후 도유는 규슈 관령(九州管領)으로 불리게 되고 요리히사는 도유의 지휘 하에 속하게 되었다. 이것은 지금까지 다자이쇼니(大宰少貳)로서 전 규슈에 군림해 온 요리히사에게는 참을 수 없는 굴욕이었으며 그의 입장에서 보면 쇼군 다카우지에게 배신을 당한 것이었다. 그렇다고 해서

때 태어난 아들이며 적자(嫡子) 요시아키라(義詮)보다 3세 연상이라고 한다. 瀬野精一郎, 《人物叢書─足利直冬》, 吉川弘文館, 2005.

숙명적인 대립관계에 있던 기쿠치 씨가 속한 세이세이쇼군노미야(征西將軍宮)에 가세할 수도 없었다. 때문에 요리히사는 슈고의 권한 확대를 꾀하면서 규슈 관령과 때때로 대립하면서도 그 지휘로부터 벗어날 수도 없어서 힘든 나날을 보내고 있었다.9)

바로 그때 다카우지와 대립하고 있던 다다요시의 양자인 다다후유가 규슈로 내려왔다. 다카우지가 규슈에 심어둔 도유와 대립하고 있던 요리히사로서는 다다후유가 대장으로 섬기기에 아주 좋은 인물이었을 것이다. 그러나 다다후유의 앞날이 아직 미지수였기에 요리히사는 다다후유 측에 곧바로 가세할 수 없었다. 태도를 결정하기 전에 주위 상황을 충분히 살펴볼 필요가 있었던 것이다10). 이상과 같은, 당시 일본의 권력관계를 〈표〉로 표시하면 다음과 같다.

〈표 2〉 간노노조란 당시 삼파(三派)의 권력관계

교토(京都) 및 요시노(吉野)	규슈(九州)
다카우지-요시아키라 부자(父子) 교토의 북조(北朝)	잇시키 도유(九州探題)
다다요시	다다후유-요리히사(1350년 9월 말 다다후유에 합류)
고무라카미 천황(後村上天皇) 남조(南朝)의 요시노 조정	가네요시 친왕(懷良親王)-기쿠치 다케미쓰(菊池武光) 정서부(征西府)

이후 쇼헤이(正平) 10년(文和 4, 乙未, 공민왕 4, 1355) 10월 1일, 가네요시 친왕이 하카타에 입성하고, 잇시키 도유 부자와 일족들이 나가토(長門) 지방으로 도주11)할 때까지 규슈에서는 잇시키와 쇼니, 기쿠치의 삼자(三者)가 각각 그때그때의 시세 변화에 따라 연합과 적대를 반복하면서 삼파전을

---

9) 위의 瀨野精一郎의 책 내용 참조.
10) 이상은 瀨野精一郎, 위의 책, 36~37쪽 내용 참조.
11) 《木屋文書》, 《阿蘇文書》 文和 4年 10月 1日.

전개한다. 그러면 경인년 2월에서 4월 당시 규슈의 주요 정세에 대하여
살펴보자.

상륙 직후, 다음 해인 경인년(1350) 정월에 걸쳐 다다후유는 규슈 지역의
여러 무사단들에게 자신은 다카우지와 다다요시의 지시로 규슈에 내려왔다
고 거짓으로 알리면서, 자기 진영에 가세하라고 재촉하여 주변의 고쿠진(國
人) 무사들을 끌어들여 지반 굳히기에 성공한다.[12] 다수의 무사들이 다다후
유에게 가세하기 위해 결집하자, 2월 7일 다다후유, 북규슈 지방을 거점으로
하고 있는 잇시키 도유와 대결하기로 결심하고 활동을 개시한다.[13] 우선
히고(肥後)에서부터 지쿠고(筑後) 지방으로 진출을 꾀하고, 히젠(肥前) 지방
에 부하 장수(部將) 이마가와 나오사다(今川直貞)를 파견해 지쿠고와 히젠
두 방면에서부터 다자이후에 대한 협공을 시도하였다.[14]

다자이후는 가마쿠라 시대 초 이래 약 150년 동안 쇼니 씨의 거점이었는데,
다다후유의 군세가 맹렬한 기세로 진공해 오자 요리히사는 엄청난 위기의식
을 느끼게 된다. 이런 위기 상황에서 요리히사가 가장 시급히 해결해야
할 문제는 병량미의 확보였다. 진격해 오는 다다후유의 군세를 막기 위한
전투가 언제까지 지속될지도 모를 상황이었기 때문에 병량미는 많으면
많을수록 좋았다. 그러나 규슈의 많은 무사단들이 다다후유에게 가세한
상황에서, 요리히사가 음력 2월(양력 3월)의 시점에 대량의 병량미를, 규슈를
포함한 일본 국내의 타 지방에서 신속히 조달하기란 현실적으로 불가능했
다.[15]

---

12) 瀨野精一郎, 앞의 책, 27쪽 참조.
13) 瀨野精一郎, 앞의 책, 30쪽 참조. 사료는 《詫磨文書》 同年 同月日條.
14) 《詫磨文書》 觀應 元年 2月 7日.
15) 山口隼正, 〈南北朝期の筑前國守護について〉, 《中世九州の政治社會構造》, 吉川弘文
館, 1983, 28쪽 참조.

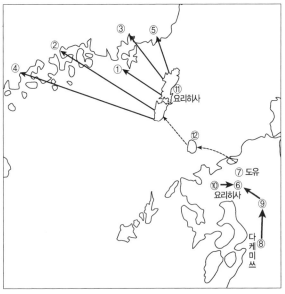

〈경인년 당시의 북규슈 정세와 왜구의 침구지역〉
① 2월(고성·죽림·거제) ② 4월과 5월(순천부) ③ 6월 정유일(합포·고성·회원) ④ 6월 신축일(장흥부 안양향) ⑤ 11월(동래) ⑥ 다자이후=요리히사의 본거지 ⑦ 하카타(博多)= 잇시키 도유의 거점 ⑧ 히고(肥後)=기쿠치 다케미쓰의 거점 ⑨ 지쿠고(筑後) ⑩ 히젠(肥前)=마쓰라토(松浦党) ⑪ 쓰시마=요리히사 ⑫ 이키(一岐)

    필자는 요리히사의 긴박한 상황이 바로 같은 해 2월의 고성·죽림·거제에 대한 침공으로 표출되었다고 생각한다. 즉 고려는 지방에서 거둔 조세를 해로(海路)를 통해 운송하였으며 따라서 해안가와 강가에는 조창(漕倉)과 주현창(州縣倉)이 산재해 있었다. 더욱이 원의 지배를 당하면서부터 원의 군사력에 의존하게 된 고려는 더 이상 대규모의 군대를 필요로 하지 않았다. 그뿐 아니라 사회경제적인 여건의 변화로 수조지 분급제가 마비되고 군역제가 동요되면서 고려의 군사제도는 붕괴되어 육군이나 수군 할 것 없이 거의 '무군(無軍)' 상태였다.[16] 즉 곡식창고가 해안가에 위치하고 있으며 또 이를 방어하는 군사력도 충분히 갖추지 못하고 있었기에 긴급히 많은

---

16) 윤훈표, 《여말선초 군제개혁연구》, 혜안, 2000, 76쪽 참조.

병량미를 마련해야 하는 요리히사에게 고려는 아주 좋은 침구 대상지였을 것이다.

2월의 왜구가, 앞서 언급한 2월 7일에 있었던 다다후유의 다자이후 진공에 대한 요리히사의 긴급한 대응을 배경으로 했다는 것을 보여주는 근거는 또 있다. 〈표 1〉의 6월 14일(정유)에서 보듯이, 왜구는 대담하게도 합포의 고려군 병영에 쳐들어와 고성과 회원(마산시 회원구)에 방화한 것이다. 고려의 최전방 수군기지인 합포 병영을 공격한 것은 혹시 있을지도 모를 고려의 쓰시마에 대한 보복공격을 미연에 방지하기 위한 것으로 생각된다. 합포는 두 차례의 여몽연합군 선단이 출항한 곳이었으며, 또 2월 침구 당시 300여 명이 고려군에 살해당한 것도 합포 주둔 병력 때문이었으므로 합포는 쓰시마 세력(왜구)의 입장에서 볼 때 매우 위협적이었을 것이다. 만약 당시 왜구가 일본 측 연구자들의 주장대로 요리히사의 군사적 동향과 무관하며 또 쓰시마에서 온 무력집단이 아니라 **다민족 복합적인 해적들**의 산발적이고 자의적인 약탈 행위였다면[17] 구태여 위험한 고려의 수군기지를 공격할 필요가 있었을까?[18]

또 하나 의문스러운 것은 7월에서 10월까지 약 넉 달 동안 왜구가 침구하지 않았던 이유다. 이에 관해서는 다음과 같은 사료에 주목하고 싶다. 즉 6월 21일, 고노 모로야스(高師泰)가 다다후유를 토벌하기 위해 교토를 출발했다[19]는 것이다. 쇼군 다카우지의 집사인 고노 모로나오(高師直)의 동생인 고노 모로야스가 규슈를 향해 출발했다는 소식은 7월 초쯤 규슈에 전해졌을 것이다. 이에 대해 7월 17일, 다다요시는 모모이 요시사토(桃井義鄕)를 주고

---

17) 橋本雄, 본서 제1장 주 7)의 〈書評: 李領著《倭寇と日麗關係史》〉, 2002 참조.
18) 고려 말에 이르기까지 합포에 관한 공격은 총 5회, 합포를 포함한 현재 마산시 일대 지역에 대한 공격은 총 11회가 확인된다(이영, 〈왜구와 마산〉, 《잊혀진 전쟁 왜구―그 역사의 현장을 찾아서》, 에피스테메, 2007 참조). 고려에게 쓰시마가 '왜구의 거점'이었다면, 일본에게 있어서 합포는 '원구(元寇)'의 본거지'였다.
19) 《祇園執行日記》, 觀應 元年 6月 21日條 ; 〈毛利元春申狀〉, 《毛利文書》 ; 《太平記》 卷28, 〈三角入道屬直冬附師泰下向石見事〉 등.

쿠(中國) 대장군으로 임명해 모로나오와 모로야스의 군세를 토벌하기 위해 이동시켜, 7월 24일에는 그들이 이와미(石見)에 도착했다.[20] 이 기간 동안 다다후유 측은 다자이후를 향한 진격을 중지하고 주고쿠(中國) 지방에서의 상황 전개를 예의주시하였다. 물론 다다후유에 대항하는 요리히사 및 도유 측도 앞으로의 상황이 어떻게 전개될지 모든 정보망을 총동원해 예의주시하고 있었음에 틀림없다.

그런데 규슈를 향해 출발하기로 한 모로야스의 군세는 8월 13일, 이즈모(出雲)의 사사키시나노고로사에몬노조(佐々木信濃五郎左衛門尉) 등의 무사가 다다후유 측에 가세해서 다카우지 측에 공세를 가하는 대응에 막혀 더이상 규슈로 향하지 못하게 된다.[21] 그리고 8월 20일, 요시아키라와 고노 모로나오도 미노(美濃) 지방을 평정하고 교토로 돌아오고 말았다.[22]

이러한 상황 전개는 규슈 지역에서의 다다후유의 우세를 확인시켜 주는 결과가 되었고, 이는 요리히사를 포함한 규슈의 많은 무사들에게 큰 영향을 미쳤다. 즉, 9월 16일에 다다후유가 다시 부하 장수인 이마가와 나오사다를 히젠 지방으로 파견해 다자이후에 대한 공세를 재개하자,[23] 요리히사는 곧 다다후유를 자기 집으로 모셔와 딸과 결혼을 시켜 사위로 삼았던 것이다. 이렇게 하여 요리히사는 당시 쇼군의 서자이며 막부의 실력자였던 다다요시의 양자(養子) 다다후유에게 공격을 당할 위기에서 벗어났을 뿐 아니라, 거꾸로 규슈의 군사 및 정치의 중심에 서게 되었다.[24] 이러한 요리히사의

---

20) 《吉川家什書》卷13,〈經兼御代〉, 貞和 6年 7月 17日,《吉川家譜》卷6,〈庶流經兼公〉 등.

21) 《三刀屋文書》,〈諸家文書三所收〉觀應 元年 8月日 ; 《萩薩藩閱錄》卷66,〈伊藤彦 右衛門〉貞和 7年 2月日條.

22) 《園太曆》卷15,〈退治凶徒義詮朝臣上洛事〉;《祇園執行日記》觀應 元年 8月 20日 條.

23) 《肥前深堀文書》《南北朝遺文》九州編 第3卷, 2849, 2850, 2851号.

24) 《太平記》〈太宰少貳,直冬を聟としたてまつる事〉에 "그 무렵 다자이쇼니 요리히사(太宰少貳賴尙)가 무슨 생각을 했는지, 이 다다후유(兵衛佐殿)를 사위로 삼고 자기 집에 모시니, 규슈(筑紫九國) 이외의 지역에서도 그를 따르게 되었고 그의 명령을

변신은 9월 28일의 쇼니 요리히사(少貳賴尙)가 다다후유에 가세하였다25)는 사료에서 확인된다. 그리고 쇼니·시마즈(島津) 씨와 더불어 규슈의 삼총사 (三人衆)임을 자부하던 오토모(大友) 씨 역시 다다후유에 가세하였다.26) 이로써 규슈 지역에서의 다다후유의 우세는 더욱 굳어졌다.

이처럼 7월 초에서 10월에 걸쳐 진행된 중앙 및 주고쿠(中國) 지방에서의 새로운 정세변동으로 인해 규슈 지역에서 군사적 소강 상태가 이어지고 이어서 요리히사가 다다후유 측에 가세함으로써 긴급한 상황에서 벗어나게 된다. 그 결과 요리히사 휘하의 쓰시마는 당분간 긴급하게 병량미를 조달하지 않아도 좋게 되었다. 그것이 6월 18일 이후 11월 17일까지 왜구가 침구하지 않은 이유라고 생각된다.

〈표 3〉 경인년의 규슈 지역 및 중앙의 군사정세와 왜구의 침구시기

	월	규슈 지역의 군사정세	왜구의 침구시기
1	2	7일, 다다후유가 다자이후를 향해 진격	2월에 최초로 고성 등을 침구
2	4	3일, 요리히사가 다자이후를 출발	14일 순천부 침구
3	5	요리히사와 다다후유, 적대관계 지속	경진일, 순천부 재침
4	6	15일, 요리히사와 다다후유, 적대관계 지속	14일, 합포의 고려병영에 침구 18일, 장흥부 안양향에 침구
5	7~9	9월 15일까지, 규슈 지역의 군사정세가 일시적으로 관망·소강 상태로 들어감	왜구가 침구하지 않음
6	9~10	16일, 다다후유가 공세를 재개하자 요리히사는 곧 다다후유에 가세 10월 26일, 다다요시가 교토를 탈출	왜구가 침구하지 않음
7	11	11월3일, 다다요시가 고노 모로나오와 모로야스 형제를 토벌하기 위해 병력을 모음	11월 18일, 왜구가 동래(부산)를 침구

중요하게 생각하는 사람들이 많았다"고 기록하고 있다(山下宏明 校注,《太平記》 4,《新潮日本古典集成》, 新潮社, 昭和 60).

25) 〈觀應元年9月28日少貳賴尙軍勢催促狀〉,《深堀家文書》, 南北朝遺文 九州編, 2864 号.

26)《園太曆》觀應 元年 10月 16日 條.

이상의 내용을 정리해 보면, 경인년(1350) 당시 북규슈 지방에서의 요리히
사의 군사활동과 왜구의 침구시기가 거의 일치하고 있다는 점이 주목된다.
이를 정리한 것이 〈표 3〉이다.

왜구의 침구가 집중된 2~6월은 양력으로 3~7월에 해당한다. 이 기간은
일반적으로 전년도에 수확한 쌀이 거의 소진되는 시기로, 고려도 식량이
부족한 시기라고 할 수 있다. 반면 왜구들이 침구하지 않은 7~10월은
양력 8~11월에 해당하므로 쌀수확기인 이 기간에는 곡식이 풍부하고 또
태풍을 제외하면 항해에 적합한 시기라 할 수 있다. 만약 당시 왜구가,
요리히사가 처한 군사적 위기 상황 속에서 병량미를 확보하기 위해 이루어진
것이 아니었다면, 약탈의 효율을 극대화할 수 있는 수확기이며 동시에
항해에도 비교적 안전하다는 7~10월(8~11월)에 단 한 차례도 침구하지
않고, 하필 전년도에 수확한 식량이 거의 고갈되어 가는 2~6월(3~7월)에
집중적으로 침구해 왔는지 어떻게 설명할 수 있을 것인가?

이처럼 요리히사를 중심으로 한 북규슈 지방의 군사정세와 왜구의 침구시
기를 비교해 보면, 양자는 아주 근접한 시기에 일정한 상관관계를 갖고
발생하고 있음을 알 수 있다. 즉 요리히사가 군사적으로 긴급한 위기 상황에
처해 있을 때는 왜구가 침구하지만, 위기에서 벗어나 그가 유리한 입장이
되거나 또는 규슈 정세가 소강 상태에 들어가면 왜구가 침구하지 않았던
것이다.

또 하나는, 왜구가 침구한 곳이 쓰시마에서 근접한 지역으로 한정된다는
점이다. 만약 2~6월의 침구지역이 쓰시마의 대안(對岸)지역이 아닌, 중부
서해안의 수도권 해역 일대였다면 "한반도 전역에 침구한 왜구의 약탈이
규슈 지역에 사용할 병량미로 사용하기 위해서라는 것은 합리적이라고
하기 어렵다"고 지적한 대로,27) 당시의 침구가 병량미 확보를 위한 것이었다

---

27) 村井章介, 《日本の時代史10 — 南北朝の動亂》, 吉川弘文館, 2003 ; 同, 《分裂する王
權と社會》, 《日本の中世10》, 中央公論新社, 2003 참조.

고 하는 필자의 주장은 설득력이 떨어질 것이다. 왜냐하면 당시 선박의 항해 및 수송 능력 등을 고려할 때, 시급을 요하는 병량미를 확보하기 위해 전력을 분산시켜 고려의 중부 서해안 수도권 해역을 침구한다는 것은 전략적으로 현명하다고 할 수 없기 때문이다. 그러나 2~6월까지의 침구지역은 쓰시마를 기점으로 해서, 요리히사의 거점인 북규슈 연안지역까지와 거의 비슷한 거리에 위치하고 있었다. 따라서 병량미의 신속한 조달이라는 목적에 부응할 수 있었다고 생각된다.

이와 같은 양자간의 밀접한 상관관계를 볼 때, **경인년 왜구**의 침구가 요리히사의 병량미 확보에 있었다고 하는 필자의 주장은 충분히 타당한 근거를 지닌다고 할 수 있다.

2) 신묘년(1351)~임진년(1352)

(1) 신묘년(1351)

신묘년 왜구의 침구 배경을 쇼니 요리히사의 군사활동과 관련지어 검토해 보기로 하자. 우선 첫 번째 문제로 〈표 4〉를 보면 1~3월까지 왜 왜구가 발생하지 않았는가 하는 점이다.

〈표 4〉 신묘년(1351)의 왜구

	월일	침구지역	왜구의 규모	고려의 피해
1	4월 7일(을유)	계림부(경주) 감은사	불명	금구(禁口) 약탈
2	8월 10일(병술)	자연도·삼목도(경기)	130척	민가 방화
3	8월 13(기축)	남양부 쌍부현(충남)	불명(130척?)	불명
4	11월 6일(임자)	남해현(경남 사천)	불명	불명

1~3월까지의 일본의 문헌사료를 살펴보면, 〈표 5〉와 같이 다다요시-다다후유-요리히사 세력이, 다카우지-요시아키라-고노 모로나오-도

유 측을 압도하고 있음을 알 수 있다.

〈표 5〉 신묘년 1~3월의 중앙 및 규슈의 주요 사건

	월일	주요 사건
1	1월 15일	다다요시의 장수가 교토에 입성하자 다카우지가 요시아키라와 도주28)
2	2월 17일	다다요시, 다카우지를 셋쓰(攝津) 우치데하마(打出浜)에서 격파29)
3	2월 20일	다카우지, 다다요시와 화해30)
4	2월 26일	고노 모로나오(高師直)·모로야스(高師泰) 토벌당함31)
5	3월 3일	다카우지, 다다후유를 진제이탄다이(鎭西探題)에 임명32)
6	3월	규슈와 주고쿠 지방의 무사들이 다다후유 휘하로 모임33)

쇼군 다카우지도 할 수 없이 다다후유를 규슈 지역의 군사 행정의 최고 책임자인 진제이탄다이(鎭西探題)에 임명해야 했고, 이러한 사태의 추이를 지켜보고 있던 규슈는 물론 주고쿠 지방의 무사들도 다다후유의 휘하에 들어오게 되었다. 이로써 간노노조란은 마침내 다다요시－다다후유－요리히사 측의 승리로 끝나는 것처럼 보였다. 이처럼 요리히사 측의 유리한 상황 전개가 3월까지의 왜구 불침(不侵) 상황과 상호 조응하고 있음을 알 수 있다.

두 번째 문제는, 8월 10일(병술)과 8월 13일(기축)에 왜구가 최초로 중부 서해안 일대인 자연도(紫燕島)와 삼목도(三木島), 남양부(南陽府)와 쌍부현(雙阜縣)을 130척의 대선단으로 침구해 온 사실이다.34) 이들 왜구가 남해안과

---

28) 《園太曆》卷16,〈桃井刑部入京事〉;《建武三年以來記》등.

29) 《園太曆目錄》2月 17日;《觀應二年日次記》2月 18日條;《松浦文書》觀應 2年 7月日;《阿蘇文書》觀應 2年 2月 19日 등.

30) 《園太曆》觀應 2年 2月 28日條;《觀應二年日次記》2月 28日條.

31) 《園太曆》觀應 2年 2月 27日條;《觀應二年日次記》觀應 2年 2月 27日條 등.

32) 《園太曆》觀應 2年 3月 3日條;《歷代鎭西志》3月條.

33) 瀨野精一郎,《人物叢書－足利直冬》, 吉川弘文館, 2005, 50쪽 참조.

34) 자연도는 제비가 많이 서식한다고 해서 붙은 이름으로, 인천국제공항을 건설하면서 영종도와 연결되었으며 삼목도는 인근에 위치한 섬이다.

서해 남부 해안지역을 차례로 침구하면서 북상했는지 아니면 단번에 수도권 해역에 출현했는지는 알 수 없다. 그렇지만 왜구가 130척의 대선단을 이끌고 최초로 수도권 해역을 침구했다는 사실은 왜구 침구사(侵寇史)에서 아주 중요한 사건이라고 할 수 있다. 그것은 왜구가 이제까지의 국경지역인 남해안이라는 한정된 범위를 벗어나 처음으로 전국의 조운선이 모여드는 수도권 해역에 출몰했기 때문이다. 이는 왜구가 조운제도의 교란을 통하여 고려의 지배체제를 동요시킬 수도 있는 큰 위협 요소로 대두되었음을 의미하는 것이다.

그런데 침공하는 왜구의 입장에서 보면, 중부 서해안 일대를 침구하는 것은 남해안 지역과는 달리 일본에서부터의 거리가 배 이상 멀어진다는 것을 의미한다. 이는 그만큼 항해의 위험과 고려군의 공격에 노출될 위험, 그리고 침구 이후 귀국하는 데까지 걸리는 시간의 증가를 뜻한다. 반면 남해안 지역에 비해 침구 목적을 달성할 수 있는 가능성은 훨씬 더 커진다. 즉 정리하면 다음과 같다.

시간이 걸리고 위험이 배가(倍加)되더라도 더 많은 물자를 확실하게 약탈하고자 할 때는 중부 서해안 일대를 침구하였던 것으로 생각할 수 있다. 따라서 왜구들이 많은 위험을 무릅쓰고 중부 서해안 지역까지 침구해 올 경우에는 배후에 특별한 이유가 있었다고 생각해야 할 것이다.

〈표 6〉 왜구의 침구지역에 따른 차이

		남해안 침구의 경우	중부 서해안 침구의 경우
1	시간	목적을 신속하게 달성할 수 있음	남해안 침구에 비해 시간이 배 이상 걸림
2	위험	항해상의 위험과 고려군에게 공격당할 위험이 적음	항해상 공격당할 위험이 배가됨
3	효율	서해안에 비해 침구대상이 제한됨	침구 목적의 효율을 극대화함
4	경우	비교적 시급(時急)을 요할 경우	시간적으로 여유가 있고 더 많은 물자가 필요할 때

이는 신묘년(1351) 8월과 임진년(1352) 3월의 두 차례를 제외하면 1357년 9월 승천부 홍천사에 침구할 때까지 약 6년 동안 왜구들이 중부 서해안 지역에 침구하지 않았다는 사실에서도 알 수 있다.35)

〈표 7〉1351년(正平 6, 觀應 2, 貞和 7) 7~9월 사이의 주요 정세

	월일	주요 정세
1	7월19일	다다요시, 요시아키라와 사이가 벌어져 정무(政務)에서 물러나다.36)
2	7월21일	요시아키라, 다다요시와 화해하지 않다. 이날 요시아키라를 지지하는 슈고들과 다다후유 측 슈고들이 각각 관할지방으로 돌아가다.37)
3	7월28일	다다요시, 다카우지가 오미(近江) 지방으로, 요시아키라는 하리마(播磨) 지방으로 떠나려 하고 있음을 상황(上皇)에게 알리다.38)
4	8월 1일	다다요시, 교토를 탈출해 북쪽지방으로 도주하다.39)
5	8월 8일	다다후유, 히고(肥後) 각지에서 세이세이쇼군노미야(征西將軍宮) 측과 전투를 전개하다.40)
6	9월 9일	요리히사, 히젠(肥前) 지방으로 진군하다. 류조지 이에히라(龍造寺家平)가 그에 속하다.41)
7	9월24일	다카우지, 다다후유의 토벌을 명령하다.42)
8	9월 28일	도유 측의 장수 잇시키 노리미쓰(一色範光)와 다다후유 측의 장수 이마가와 나오사다가 지쿠젠 가나노쿠마(金隈)·쓰키구마바루(月隈原,福岡市博多區)에서 격전을 전개하다.43)
9	9월 29일	요리히사가 이끄는 쓰시마의 소 쓰네시게와 히젠의 군세가 도유의 군세를, 지쿠고(筑後) 가와키타노쇼토코카와[河北庄床河: 호만카와(宝滿川)]에서 맞이해 전투, 그 결과 도유가 패해 분고(豊後) 지방으로 도주하다.44)
10	9월 29일	다다후유의 어느 장수가 지쿠고 세타카(瀨高)에서 히고로 들어가 이날 남군과 다쿠마가하라(詫摩原)에서 싸우다.45)

35) 이에 관해서는 본서 제10장의 〈표 1〉 참조.
36) 《園太曆》 觀應 2年 7月 20日條 ;《觀應二年日次記》 觀應 2年 7月 19日條.
37) 《園太曆》 觀應 2年 7月 22, 25日條 ;《觀應二年日次記》 觀應 2年 7月 21, 23日條 ; 《太平記》 卷30, 〈尊氏兄弟和睦附天狗勢揃事〉.
38) 《園太曆》 觀應 2年 7月 28日條.
39) 《園太曆》 觀應 2年 7月 30日條 ;《觀應二年日次記》 觀應 2年 7月 30日條 ;《建武三年以來記》 ;《太平記》 등.
40) 《伊藤家古文狀》 觀應 3年 12月日 ;《肥後國志》8, 〈玉名郡南關手永關村〉.
41) 《龍造寺文書》《史料總覽》 卷6, 〈南北朝時代之一〉)에 의함.

지금까지 고찰해 온 관점의 연장선상에서 생각해 보면, 신묘년(1351) 8월 10일 이전 어느 시점에 이미 요리히사는 심각한 위기 상황이 다가올 것을 예견하였기 때문이라고 생각할 수 있다. 만약 그렇다면 과연 그것은 무엇이었을까? 〈표 7〉을 보자.

8월 1일 다다요시가 교토를 탈출함으로써(〈표 7〉의 4), 다카우지·다다요시 형제 사이가 다시 악화되고 곧이어 전투가 예상되고 있었음을 알 수 있다. 그런데 8월 1일의 교토 정세가 규슈로 전해져 그것이 8월 10일과 13일에 고려의 수도권 해역 일대에 대한 왜구 침구로 표출되었다고 생각하는 것은 시간적으로 무리라고 할 수 있다. 아무리 빨라도 교토에서 일어난 일이 다자이후의 다다후유와 요리히사에게까지 전해지는 데에는 적어도 4~5일 이상은 걸렸을 것이며, 그것이 곧바로 쓰시마를 거쳐 고려, 그것도 수도권 해역 일대에 침구하게 되기까지에는 최소한 15일에서 20일 정도의 시간이 필요했을 것이다. 따라서 8월 1일 이전의 사태, 즉 7월 19일 또는 21일의 사태 전개에 따라 침구한 것으로 생각할 수 있다. 7월 21일에는 양측의 슈고들이 군세(軍勢)를 모으기 위해 각각의 관할지역으로 돌아가는 등 이미 다카우지·다다요시 형제의 관계는 파탄 상태에 도달했던 것이다.

요리히사의 입장에서 보면 중앙에서의 대결 구도가 규슈로 파급되어 전투가 본격화되기 전, 아직 시간적으로 여유가 있을 때, 더 많은 양의 병량미를 확보할 수 있는 수도권 일대 해역을 침구하는 것이 바람직했을 것이다. 실제로 이후의 규슈 정세를 보면, 〈표 7〉의 8월 8일에는 다다후유 측의 부대가 남조(征西將軍宮)와 전투를 벌이고, 이어서 9월 28일에는 도유와 도코가와(床川)에서 전투를 벌이는 등 요리히사를 둘러싼 군사적 긴장이

---

42) 〈觀應二年九月二十四日足利尊氏御敎書寫〉,《大友家文書錄所收》, 南北朝遺文 九州編, 3191号.

43) 《薩藩旧記》《野上文書》《深堀記錄証文》(《史料總覽》 卷6,〈南北朝時代之一〉에 의함).

44) 《有浦文書》《斑島文書》《入江文書》《龍造寺文書》, 앞의 책.

45) 《伊藤家古文狀》〈尊氏公下文伊藤大和守氏祐軍忠之事〉, 觀應 3年 12月日.

고조되어 가고 있었음을 짐작할 수 있다.

<표 8> 신묘년 10~11월의 일본 중앙의 정세

	월일	주요 정세
1	10월 8일	다다요시가 오미(近江) 지방에서 다시 북쪽으로 도주[46]
2	11월 4일	다카우지, 다다요시를 토벌하기 위해 교토를 출발[47]
3	11월 7일	다카우지, 남조에 귀순. 다다요시·다다후유·요리히사의 토벌을 꾀함[48]
4	11월 15일	다다요시, 가마쿠라(鎌倉)로 내려감[49]

　네 번째 문제는, 8월 13일 이후 11월 6일까지 약 석 달 동안 왜구가 왜 침구하지 않았을까 하는 것이다. 여기서 주목되는 것은, 9월 29일에 쓰시마의 슈고다이 소 쓰네시게가 도유 측과 전투를 전개하고 있었다는 사실이다. 만약 9월 29일을 전후한 시기에 130척이라는 대규모 선단(<표 4>의 2)이 여전히 중부 서해안 일대를 침구하고 있었다면 그것은 쓰시마와도, 그리고 '병량미의 획득'과도 관련 없는 해적들의 단순한 약탈 행위로 간주해야 할 것이다. 왜냐하면 요리히사·소 쓰네시게가 규슈 지역에서 격전을 치르면서 동시에 중부 서해안 일대에 130여 척의 대선단을 파견해 병량미를 확보하게 했다면, 이는 결코 합리적인 전력 운용으로 생각되지 않기 때문이다.

　그런데 <표 4>에서 보듯이, 왜구들은 8월 13일에 중부 서해안 지역인 남양부 쌍부현에 침구한 것을 마지막으로 11월 6일까지 약 석 달 동안 모습을 보이지 않는다. 이것은 규슈 지역에서의 위급한 정세 때문에 8월 13일 이후 곧바로 귀환했기 때문으로 생각된다. 만약 위에서 본 것과 같이

---

46) 《園太曆》 觀應 2年 10月 11日條 ; 《竹田津文書》 觀應 2年 10月 9日.

47) 《園太曆》 觀應 2年 11月 18日條 ; 《建武三年以來記》 觀應 2年 11月 4日 ; 《玉英記抄》 觀應 2年 11月 4日 등.

48) 《園太曆》 《椿葉記》 《皇代記》 《皇代曆》 《續神皇正統記》 등.

49) 《園太曆》 17, <武衛禪門進關東事>, 《田代文書》 觀應 2年 11月 24日.

긴급한 규슈 정세가 그 배경에 없었다면, 귀환하는 도중에 남해안 지역을 침구하지 않았다는 점도 이해하기 어렵다. 이러한 사실 역시 당시의 왜구 침구가 북부 규슈 지역에서의 요리히사의 군사 정치적 상황과 직접적인 관련 속에서 진행되고 있었음을 보여주는 것이다.

마지막으로 11월 6일(임자)에, 왜구가 남해현에 다시 침구해 오는 문제도 역시 당시 일본 중앙의 정세에 촉발된 요리히사의 대응과 결부시켜 설명할 수 있다.

즉, 규슈 지역에서의 요리히사를 중심으로 한 군사적 긴장 상태는 9월 29일에 도유와 싸워 승리함으로써 일단 해소되었던 것인데, 〈표 8〉에서 보아 알 수 있듯이 중앙에서 또 다시 긴장이 조성되고 있었다. 즉, 10월 8일에 다다요시가 교토를 벗어나 북쪽으로 도주하고 11월 4일에는 다카우지가 다다요시를 추격하고, 또 11월 7일에는 쇼군 다카우지가 남조에 귀순해 연합함으로써 세력을 강화시킨 뒤 다다요시 측을 공격하고자 한 것이다. 11월 6일 왜구의 남해현 침공은 이러한 중앙정세가 규슈 현지로 전해져 반영된 것으로 생각할 수 있다. 이처럼 신묘년의 왜구 침구 사례 또한 당시 일본 국내정세와 관련지어 고찰한 결과, 요리히사를 축으로 하는 중앙 및 규슈 현지의 정세와 상호 밀접한 대응관계에 있음을 확인할 수 있었다.

(2) 임진년(1352)

임진년(1352)의 침구는 어떠한 양상을 띠고 있었으며 또 그것은 요리히사가 당시 당면하고 있던 군사정세와 어떠한 관련을 지니고 있었을까? 임진년의 침구 양상을 살펴보기로 하자. 우선 주목하고 싶은 것은 예년과는 달리, 남해안에는 그 모습을 보이지 않다가 갑자기 중부 서해안 지역을 침구했다는 점이다. 즉, 3월 9일에 갑자기 서해안 충청남도 아산만 입구에 위치한 풍도에 출현하고 이후 3월 16일까지 8일 동안 충남과 경기도 일대의 해안지역과 수도 개성의 외항인 예성항과 가까운 교동도에 침구해 갑산창(甲山倉)을 약탈하고 방화한다.

〈표 9〉임진년(1352) 왜구의 침구

	월일	침구지점	규모	비고
1	3월 9일 계축	풍도(충남 아산)	20척	교동까지 퇴각
2	3월 11일 을묘	착량(김포해협)·안흥(충남 서산)·장암(충남 서천)	불명	
3	3월 11일 을묘	파음도	불명	사람들을 살육(적선 1척 포획)
4	3월 12일 병진	서주(충남 서천) 방호소	불명	왜선1척 포획·적 살상, 2명 포로
5	3월 15일 기미	중부 서해안	대규모	서강·갑산·교동 수비.
6	3월 16일 경신	교동도(경기도)	불명	갑산창에 방화. 왜선 2척 노획
7	6월 25일 병인	전라도 모두량(무안군)	불명	적을 공격했으나 이기지 못함
8	6월 25일 병인	강릉도	불명	
9	7월 2일 임신	전라도	불명	도순문사가 왜선 2척 포획
10	9월 2일 임신	합포(경상도 마산)	50여 척	

〈표 9〉의 3월 9~16일 사이에 왜구들은 무엇 때문에 위험을 무릅쓰고 쓰시마에서 멀리 떨어진 중부 서해안 일대에까지 와서 침구하였을까? 이들은 아마 늦어도 2월 말 내지는 3월 초순경에는 쓰시마를 출발한 것으로 생각되는데, 그렇다면 당시 어떠한 중앙 및 규슈의 정세변동이 그들을 고려의 중부 서해안 일대까지 침구해 가도록 하였을까? 전년 7월 19일부터 시작된 쇼군 형제의 갈등은 그해 말까지 지속되다가, 다음 해인 임진년(1352)에 들어서면서 큰 변화를 맞이한다. 1월 6일 두 형제가 화해해 휴전이 성립한 것이다.

그런데 1월 6일에 다카우지·다다요시 형제가 화해했다고 하지만 실상은 '다다요시의 항복'이었다. 《태평기(太平記)》에 의하면 1월 6일 이후, 실제로 다다요시는 다카우지의 포로가 된 상태였다.[50] 이러한 소식은 아마 1월

---

50) 《古文雜纂》〈征西將軍宮譜〉 8 참조.

말경, 늦어도 2월 초순 무렵에는 규슈에도 전해졌을 것이다.[51] 규슈에서 다다후유가 단기간에 무사들을 끌어모을 수 있었던 것은 다름 아닌 중앙에서의 다다요시의 후광에 힘입은 것이었다.

〈표 10〉 임진년 1~3월까지의 주요 정세

	연월일	주요 정세
1	1월 6일	다카우지, 다다요시와 화해하고 가마쿠라로 들어감[52]
2	1월 25일	요리히사가 다자이후를 출발해 오기(小城: 肥前國小郡)로 공격해 온다는 소식이 전해짐[53]
3	2월 1일	다다후유와 다카우지의 군세가 모지(門司)에서 해전(海戰) 전개함[54]
4	2월 8일	다다후유, 오마타 우지쓰라(小俣氏連)로 하여금 히젠(肥前) 소노키(彼杵)의 적을 공격하게 함[55]
5	2월 26일	다다요시, 가마쿠라에서 독살당함[56]
6	윤2월16일	도유, 천황의 명에 따라 다자이후의 다다후유를 공격하기 위해 다와라 나오사다(田原直貞)의 군세를 초치(招致)함[57]
7	윤2월20일	남조 군대가 요시아키라를 추방함[58]
8	윤2월28일	다카우지가 무사시노고데사시가하라(武藏小手指原)에서 남조 군대를 격파함[59]
9	3월 8일	도유, 다다후유와 요리히사를 공격하기 위해, 사쓰마(薩摩)와 지쿠젠(筑前)의 무사를 초치함[60]

51) 참고로 '쇼추(正中)의 변' 당시 가마쿠라 막부가 9월 23일에 발급한 미교쇼(御敎書)가 규슈 시마바라 반도의 오카와코렌(大河幸蓮: 현재의 瑞穂町)에게 10월 5일, 하야우마(早馬)로 통보되고 있다. 약 12일이 걸린 셈이 된다. 당시 일반 공문서는 가마쿠라에서 규슈의 히젠(肥前)까지 한 달이 걸렸다(《瑞穗町史》).

52) 《太平記》卷29,〈薩多山合戰の事〉,《鶴岡社務記錄》正月 5日條,《東海一漚集》,〈自歷請〉등.

53) 〈一色道猷書狀寫〉,《南北朝遺文》九州編 第3卷 3319号.

54) 《正閏史料》, "다다후유의 부하 오다테 우마노스케(大館右馬助) 등이 고토 다케나오(厚東武直)와 함께 여러 번 모지·아카마가세키·기요타키(門司·赤間關·淸瀧) 등지를 침공하자, 다카우지의 부하 호소카와 기요우지(細川淸氏)의 부하 시모우사 지카다네(下總親胤) 등이 이를 막았다. 이날 모지(門司) 해상에서 전투를 벌여 지카다네(親胤)가 대승을 거두었다"고 기록하고 있다.

55) 觀應三年二月八日,〈小俣氏連軍勢催促狀〉,《肥前深堀文書》, 南北朝遺文 九州編 3329号.

그런데 양부(養父) 다다요시가 친부(親父) 다카우지의 포로가 되었다는 소식은 다다후유-요리히사에게 큰 충격이었음에 틀림없다. 머지않아 규슈에서 다카우지 측 세력이 커지고 곧 자기들을 겨냥한 대규모 공세가 시작되리라는 것은 명약관화했다. 실제로 2월 1일에는 규슈 동북쪽에 있는, 세토나이카이(瀨戶內海)로 통하는 관문에 위치한 모지(門司)에서 다다후유와 다카우지 양측이 해전을 벌인다. 다다후유-요리히사의 우려는 2월 26일 다다요시가 가마쿠라에서 독살당함으로써 현실화되었다.61)

이처럼 1월 말 내지 2월 초의 시점에서 예상되는 불리한 상황을 타개하기 위해 요리히사는 가능한 많은 양의 병량미를 미리 확보해야 할 필요가 생겼으며, 이것이 3월 9일부터 16일까지의 수도권 해역 일대에 대한 침구 배경이 되었다고 생각한다.62)

그런데 다다요시의 사망 이후, 중앙정세는 다카우지와 남조의 대결로 옮겨가고, 규슈 정세는 양자의 대결이 다카우지의 우세로 결정된 뒤, 11월이 되어서 본격적으로 긴박해지기 시작한다. 〈표 11〉을 보자.

---

56) 《太平記》卷30〈直義鴆死事〉,《園太曆》18〈直義入道早死事〉,《建武三年以來記》正平 7年 2月 26日條.

57) 《古文雜纂》〈征西將軍宮譜〉 8.

58) 《園太曆》18, 閏2月 20日條 ;《建武三年以來記》閏2月 20日條 ;《祇園執行日記》閏2月 20日條 ;《和田文書》正平 7年 6月日.

59) 《李花集》,〈雜歌〉,《町田文書》觀應 3年 5月日.

60) 《薩蕃旧記》前集17, 正平 7年 3月日 ;《重富文書》正平 7年 3月 14日 등.

61) 임진년(1352)의 경우, 일본은 윤달이 2월에 있었고 고려는 3월에 있었다. 따라서 《고려사》의 3월 9~16일은 일본의 윤2월 9~16일에 해당한다. 따라서 3월 9~16일까지의 중부 서해안 일대의 침구는, 다다요시의 사망(2월 26일)에서부터 불과 12일에 지나지 않아 그 직접적인 계기가 되었다고 생각하기에는 시간적인 간격이 너무 촉박하다.

62) 당시 왜구는 충남 일대를 침구한 선단과 강화도 일대를 침공한 선단의 2개의 그룹으로 나뉘어 활동한 것으로 생각할 수 있다.

〈표 11〉 임진년(1352) 11~12월의 규슈 정세

	월일	주요 정세
1	11월 12일	다다후유, 지쿠젠의 쓰바키(椿)와 다다쿠마(忠隈: 현 福岡縣) 전투에서 패하여 후퇴[63]
2	11월 18일	다다후유, 다자이후로 귀환[64]
3	11월 24일	도유, 다자이후를 공격[65]
4	11월 24일	다다후유와 요리히사, 다자이후의 우라조(浦城)에서 농성[66]
5	11월 24일	요리히사, 정서부에 원조를 요청[67]
6	11월 25일	기쿠치 다케미쓰(菊池武光), 요리히사를 구원하기 위해 도유 공격[68]
7	12월 12일	다다후유, 나가토(長門)의 도요타 성(豊田城)으로 도주

　11월 12일부터 다다후유·요리히사 대 도유와의 전투는 격렬해지고, 다다요시의 사망으로 중앙정계의 후원자를 잃게 되자 상황은 다다후유·요리히사의 급격한 세력 약화로 급진전된다. 요리히사는 자신의 거성(居城)인 다자이후에 인접한 고우라조(古浦城)에 농성하면서 도유 측과 싸우는데, 11월 24일부터 그 다음 해 2월 1일까지 약 60여 일에 걸쳐 공방전을 펼쳤다.[69] 이 공방전은 요리히사가 남북조 내란 이후 그때까지 경험했던 위기 중에서도 가장 큰 위기였다. 이런 위기 상황 속에서 다다후유는 다자이후를 탈출해 혼슈의 나가토(長門) 지방으로 도주한다. 세노는 다다후유의 다자이후 탈출에 대해, 이러한 공방전이 다다후유·요리히사 측에게 결정적으로 불리해진 시점에서 결단했을 가능성이 크다[70]고 했다. 그렇지만 도유에 등을 돌리고

---

63) 《園太曆》 21, 文和 2年 正月 10日 ; 《太平記》 33, 〈直冬降參吉野事〉, 《征西將軍宮譜》 9.

64) 瀨野精一郎, 앞의 《人物叢書－足利直冬》, 207쪽 〈略年譜〉 참조.

65) 위의 책.

66) 위의 책.

67) 《園太曆》 21, 文和 2年 正月 10日, 11月 12日.

68) 《木屋文書》 正平 9年 11月 15日 ; 《曆朝要紀》 13, 〈一井氏藏書〉.

69) 《北肥戰誌》 3, 〈九州所々軍之事〉.

70) 세노는 12월 12일 무렵으로 생각하고 있다. 瀨野精一郎, 앞의 《人物叢書－足利直

다다후유에 가세한 요리히사로서는, 다다후유가 규슈에서 탈출한 뒤에도 그에게 항복할 수는 없었다. 그래서 요리히사는 다자이후의 고우라조에 농성하면서 도유의 군세와 사투를 지속해 갔다. 포위당한 요리히사는 곤경에 처했고, 이에 궁여지책으로 정서부의 핵심 세력인 기쿠치 씨의 가독(家督) 기쿠치 다케미쓰에게 원군을 요청한 것이다.

그런데 여기서 주목해야 할 것은, 요리히사가 규슈에서 격전을 치르고 있던 신묘년(1351) 9월에 왜구가 침구하지 않았듯이, 역시 그가 한창 격전중이던 임진년(1352) 11월에서 계사년(1353) 2월까지 왜구는 중부 서해안 지역은 물론 남해안 지역에도 침구하지 않았다는 사실이다. 이 역시 전력의 분산을 피하기 위한 조치였다고 생각된다. 만약 당시 왜구가 요리히사의 통제 하에 놓여 있던 무장세력이 아니었다면 이렇듯 그의 군사적 동향과 밀접한 상관관계를 보이는 왜구의 침구 양상을 어떻게 설명할 수 있을까?

3) 계사년(1353)~병신년(1356)

(1) 계사년(1353)

계사년(1353)부터 병신년(1356)까지 왜구의 침구 양상은 어떠하며 또 그 배경으로 어떠한 정치 및 군사적 상황을 생각할 수 있을까? 다음의 〈표 12〉를 보자. 주목되는 것은 1353년에 들어와 왜구의 침구가 단 1회로 그치고 있다는 점이다. 뿐만 아니라 1354년과 1355년 모두 2회에 그치고 있으며 그나마 1356년에 들어오면 경인년(1350년) 이후 최초로 단 한 차례의 왜구도 발생하지 않았다. 이는 1350년(6회)·1351년(4회)·1352년(10회)에 비하면 현격하게 횟수가 줄어든 것이다. 또한 4년 동안 단 한 차례도 1351·1352년 때처럼 중부 서해안 지역을 침공한 일이 없었다.

뿐만 아니라 침구지역도 쓰시마에서 멀리 떨어진 중부 서해안 일대가

冬》, 113쪽.

아닌 대안(對岸) 지역이었다는 점, 그리고 육상의 특정 장소가 아닌 수송수단
인 선박을 약탈 대상으로 한 점, 그리고 왜구 규모도 전혀 알 수 없었다는
점으로 볼 때, 당시의 침구는 사전에 대상지역에 대한 정보를 수집하고
정확한 공격목표와 시기를 정해 놓은 뒤 전격적(電擊的)으로 침구하였던
것으로 생각된다.

〈표 12〉 계사년(1353)~병신년(1356)의 왜구

연	월일	침구지역	왜구의 규모	피해 상황
53	9월 9일 계유	합포(?)	불명(포로 8명)	불명
54	4월 17일 기유 6월 21일 신해	전라도 전라도	불명 불명	전라도 조운선 40여 척 약탈 불명(왜적을 포로로 잡음)
55	3월 14일 경자 4월 25일 신사	전라도 전라도	불명 불명	불명 전라도 조운선 2백 여 척 약탈
56		침구하지 않음		

이러한 왜구의 침구 양상은 임진년(1352) 11월부터 계사년까지 이어지는
데, 북규슈 지방에서 요리히사가 처한 군사·정치적 상황과 상응한다. 다음의
〈표 13〉을 보자.

〈표 13〉 계사년(1353)의 일본의 주요 정세

	월일	주요 정세
1	1월 22일	지쿠젠노쿠니 지리쿠·후나쿠마(筑前國千栗·船隈)에서 도유와 기쿠치 다케미쓰가 전투를 벌임[71]
2	2월 2일	다케미쓰가 요리히사와 연합하여 지쿠젠 하리스루바루(針摺原) 전투에서 도유를 격파함[72]
3	3월	다다후유, 세이세이쇼군노미야(征西將軍宮)와 연합함
4	7월 9일	다케미쓰, 도유의 군세를 히젠니이야마아사히(肥前仁比山朝日)에서 격파. 이날 잇시키 고로(一色五郎)를 히젠보다이조(肥前菩提寺城)에서 공격해 함락시킴[73]

71) 文和 二年 三月日, 〈綾部幸依軍忠狀寫〉, 《肥前綾部文書》, 南北朝遺文 九州編 3539

계사년(1353년) 당시의 규슈 정세는 다음과 같이 정리할 수 있다. 즉, 전년도 10월부터 시작되어 11월에 다자이후를 둘러싼 공방을 정점으로 해서 규슈의 정세는 도유에게 유리하게 전개된다. 그러나 고우라조(古浦城) 전투에 다케미쓰가 요리히사를 돕기 위해 참전한 뒤, 1월 22일과 2월 2일의 전투에서 연이어 승리하자 이후 규슈 지역의 주도권은 남조의 다케미쓰가 쥐게 된다.

다다요시가 가마쿠라에서 독살당하고 다다후유가 규슈를 벗어나 혼슈로 도주한 뒤, 요리히사 세력은 급격히 약화되어 다케미쓰에게 원조를 요청하지 않을 수 없게 되었다. 요리히사의 원조 요청을 받은 다케미쓰는 다다후유가 탈출한 뒤, 요리히사 세력을 온존시키는 것이 도유 격멸이라는 최종 목적을 달성하는 데 득책이라고 판단했다.[74] 그래서 다케미쓰는 대군을 이끌고 와서 포위당한 요리히사를 구출해 냈다. 위기에서 벗어난 요리히사는 너무 기쁜 나머지 다케미쓰를 향해 "지금 이후 자손 7대에 이르기까지 기쿠치 집안 사람들을 향해 활을 쏘아서는 안 된다"는 구마노(熊野)의 고오호인(牛王宝印)의 종이(料紙) 뒤에 피로 쓴 맹세문을 건네주었다고 《태평기》는 기록하고 있다.[75]

이처럼 임진년(1352) 말부터 요리히사는 더 이상 규슈의 군사·정치적 구심적인 존재가 아니었다. 2월 2일 이후, 북부 규슈 지역에서의 패권 다툼의 중심은 막부의 규슈탄다이 잇시키 도유와 정서부의 기쿠치 다케미쓰의 대결로 옮겨갔던 것이다. 요리히사는 정서부 산하의 일개 무장으로 전락하고 말았으며 이미 더 이상 구심적인 세력이 아니었다. 물론 이해에도

号.

72) 正平 八年 二月日,〈草野永行軍忠狀〉,《九州大學文學部所藏草野文書》, 南北朝遺文 九州編 3518号.

73) 《阿蘇文書》《島津文書》(《史料總覽》 卷6,〈南北朝時代之一〉에 의함).

74) 瀨野精一郎, 앞의 《人物叢書－足利直冬》, 117쪽.

75) 〈菊池合戰のこと〉, 山下宏明 校注,《太平記》卷5,《新潮日本古典集成》, 新潮社, 昭和 60.

요리히사가 규슈의 무사들[76]이나 일족인 아소(麻生) 씨에게 아군으로서 전투에 참가할 것을 최촉하는 문서도 남아 있기는 하지만,[77] 요리히사가 도유와의 전투에 적극 참전했다는 기록은 보이지 않는다.

이러한 요리히사의 열세적 상황을 반영이라도 하듯 계사년(1353)에는 왜구의 대규모 침구가 보이지 않는다. 즉, 《고려사》에는 공민왕 2년 8월 계사일에 경상도 합포 만호가 왜적의 포로 8명을 바쳤다는 기사[78]와 동년 10월 무신일에 왕이 경상도 도순문사에게 내린 교서 가운데 왜적을 10여 명이나 잡았다는 기사가 있다.[79] 이 두 기사가 각각 별개의 사건인지 아니면 잡힌 10여 명 가운데 8명을 바쳤다고 한 건지는 알 수 없다. 어쨌든 왜구의 대규모 침구는 없었다고 할 수 있다.

만약 당시 왜구의 실체가 요리히사의 휘하세력이 아니라, 정서부 또는 도유 휘하의 무장세력이었다면 양자 간의 군사적 충돌이 격렬해지는 1353년에 왜구의 침구는 활발했을 것이다. 그리고 만약 **다국적·복합적인 해적 집단**이었다면, 왜구의 침구가 이처럼 요리히사가 처한 상황과 일정한 관련성을 보일 수 있을까? 또한 쓰시마 인들이 당시 왜구의 실체였다고 하더라도 요리히사의 통제 하에 있지 않았다면, 그리고 '병량미 확보'라는 구체적인 목적을 가지고 계획적·조직적으로 침구한 것이 아니었다면, 1353년에도 왜구는 경인년(1350)~임진년(1352) 동안의 그것과 유사한 침구 양상을 보였을지도 모른다. 그런데 계사년 왜구의 침구 양상은 동 시기 요리히사의 군사적 동향과 완전히 궤를 같이하고 있었다. 이러한 사실 역시 당시 왜구가 요리히사 휘하의 쓰시마를 중심으로 한 군세였음을 보여준다.

---

76) 正平 八年 七月 二十三日, 〈少貳賴尚書下寫〉, 《豊前高並文書》, 南北朝遺文, 3572号 등.
77) 正平 八年 カ)七月 五日, 〈少貳賴尚軍勢催促状寫〉, 《筑前麻生文書》, 南北朝遺文 3563号 등.
78) 《高麗史》 卷38, 恭愍王 2年 8月 癸酉日條.
79) 《高麗史》 卷38, 恭愍王 2年 10月 戊申日條.

(2) 갑오년(1354)

그러면 갑오년(1354)의 왜구 침구 상황은 규슈 지역의 정세와 관련지어 어떻게 설명할 수 있을까? 〈표 14〉에서 보듯이 쇼니 요리히사의 군사활동은 확인되지 않는다.

〈표 14〉 갑오년(1354)의 일본의 주요 정세

	월 일	주요 정세
1	9월 18일	히고(肥後) 지방의 남조 군세, 도유의 군세를 공격함[80]
2	10월	지쿠젠센주조(筑前千手城)에서 기쿠치 다케미쓰(菊池武光)가 도유의 군세를 공격해 이를 함락함[81]
3	11월 1일	기쿠치 다케미쓰(菊池武光)의 군세가 구마군(球磨郡)의 나가사토무라(永里村)와 후카타조(深田城)에서 전투를 벌임[82]
4	11월	도유 측 군세, 지쿠젠카마노고오리(筑前國嘉摩郡)에서 전투함[83]

전년에 이어 갑오년(1354)에도 규슈 지역에서의 군사활동의 중심은 정서부(다케미쓰)와 규슈탄다이(도유)였다. 그렇지만 요리히사의 입장에서 군사적 긴장 상태가 완전히 종식된 것은 아니었다. 당장의 라이벌인 도유 세력은 여전히 무시할 수 없었다. 그런 점에서 이해에 있었던 단 2회의 침구 가운데 한 번은 '전라도 조운선 40여 척을 약탈'해 오는 구체적인 성과를 올리고 있는 점이 주목된다. 이는 너무 빈번하게 침구하거나, 또는 중부 서해안 일대를 침구하는 방식으로 고려 측을 자극하지 않으면서도 단 두 차례의 침구만으로 큰 성과를 올리는 효율성이 큰 침구 방식을 취하고 있었다고 할 수 있다. 왜구의 침구가 요리히사의 통제 하에 있지 않았다면, 그래서

---

80) 《島津文書》《薩藩旧記》《史料總覽》 卷6, 〈南北朝時代之一〉에 의함).

81) 《木屋文書》《歷朝要紀》《北肥戰誌》《歷代鎭西要略》, 앞의 책.

82) 文和 三年 十一月 一日, 〈一色道猷感狀案〉, 《肥後相良家文書》, 南北朝遺文, 九州編, 3744号.

83) 正平 九年 十一月, 〈草野永幸軍忠狀〉, 《歷朝要紀所收一井文書》, 南北朝遺文, 九州編, 3753号.

그의 규슈에서의 군사활동과 전혀 무관한 것이었다면, 과연 단 '두 차례만'으로 그치고 말았을지 의문스럽다.

(3) 을미년(1355)

을미년(1355)의 왜구 침구는 어떻게 설명할 수 있을까? 이해의 왜구 침구도 전년도 사례와 동일하게 단 두 차례만 확인된다. 그 중 한 차례의 침구로 전라도 조운선 200여 척을 약탈하는 큰 성과를 올렸다. 그리고 이해 규슈 지역의 군사정세 또한 계사년(1353)과 갑오년(1354)의 상황과 크게 다르지 않았다.

〈표 15〉 을미년(1355)의 일본의 주요 정세

	월일	주요 정세
1	3월 3일	도유의 군세, 히고(肥後)에 들어가 남군과 전투를 벌임84)
2	8월 18일	가네요시 친왕, 군대를 이끌고 히젠을 향하여 마침내 고쿠후(國府)에 들어감85)
3	9월 1일	가네요시 친왕, 히젠 오기조(肥前小城城)를 공격함86)
4	9월 11일	요리히사의 군세, 도유 군세와 전투를 벌임87)
5	10월 1일	가네요시 친왕, 하카타에 입성하고 도유 부자와 일족들은 나가토(長門) 지방으로 도주함88)

〈표 15〉에서 보듯이 당시 군사행동의 중심은 여전히 정서부(가네요시 친왕)와 규슈탄다이였다. 그런데 계사년(1353)·갑오년(1354)과는 달리 3월 3일의 도유의 공세에 대해 8월 18일과 9월 1일에 가네요시 친왕을 앞세운

---

84) 《新田八幡宮文書》(《史料總覽》 卷6, 〈南北朝時代之一〉에 의함).
85) 《木屋文書》, 위의 책.
86) 《木屋文書》, 위의 책.
87) (正平十年)十月 五日, 〈少貳賴尙感狀寫〉, 《豊前高並文書》, 南北朝遺文 九州編, 3820号.
88) 《木屋文書》《阿蘇文書》(《史料總覽》 卷6,〈南北朝時代之一〉에 의함).

정서부의 공세가 두드러진다. 그런데 이러한 정서부의 우세 속에서 정서부 산하에 있던 요리히사의 군세가 9월 11일 도유 측과 전투를 벌이고 있다. 정서부의 우세가 결정적인 상황에서 정서부 내에서 자신의 입지를 강화하기 위한 요리히사의 정치적 타산에서 나온 군사행동으로 보인다. 어쨌든 4월 25일 왜구가 200여 척의 조운선을 약탈한 것 역시 이 전투와 관련지어 생각할 수 있다.

(4) 병신년(1356)

병신년(1356)에 들어오면 단 한 차례의 왜구도 발생하지 않는다. 이것은 어떻게 설명해야 할까? 그것은 전년도(1355) 10월 1일 도유 부자와 일족들이 규슈를 떠나 혼슈의 나가토 지방으로 도주한 사실(〈표 15〉)과 밀접한 관련이 있을 것이다. 이로써 규슈탄다이 잇시키 도유를 쫓아내고 가문의 옛 지위와 영광을 되찾고자 했던 요리히사의 1차 목표는 달성되었다. 이러한 그의 거취는 다음 해인 병신년의 주요 정세를 보면 잘 알 수 있다. 이 표에서 보듯이, 전년과 같은 요리히사와 잇시키의 전투는 한 차례도 보이지 않고, 막부의 또 다른 중요한 지지자였던 분고(豊後)의 오토모(大友) 씨에 대한 정서부의 공세만 눈에 띈다.

10월 14일에 잇시키 씨는 혼슈 나가토에서 규슈로 다시 진입하여 전투를 벌이지만 그 상대는 요리히사가 아니라 어디까지나 정서부였다. 경인년(1350) 9월, 일족의 운명을 다다후유에게 걸었던 요리히사는 비록 다다후유의 규슈 탈출로 인해 최대의 위기 상황을 맞지만, 정서부에 귀순함으로써 위기를 기회로 바꿀 수 있었다. 즉 정서부의 힘을 빌려 규슈탄다이를 규슈에서 몰아낸다고 하는 당면 목표를 달성할 수 있었던 것이다. 이제 자신은 물론 일족과 부하 가신들에게도 얼마간의 휴식이 필요했을 것이다. 그것이 경인년(1350) 이후 7년 만에 최초로 왜구가 침공하지 않은 이유로 생각된다.

〈표 16〉 병신년(1356) 일본의 주요 정세

	월일	주요 정세
1	4월 13일	오토모 우지토키(大友氏時), 정서부 군세와 싸움[89]
2	10월 14일	기쿠치의 군세, 부젠키쿠군(豊前規矩郡)에 들어감. 잇시키 나오우지(一色 直氏: 도유의 아들)가 이에 대항하고자 나가토에서 지쿠젠으로 들어가 남조 군세와 전투를 벌임. 나오우지 등은 또 다시 나가토로 도주함[90]
3	11월 5일	가네요시 친왕, 바다를 건너 나가토를 공격하려 한다는 말을 듣고 다카우 지 부자가 이를 맞이해 싸우기 위해 출발할 것을 의논함[91]

지금까지 살펴본 바와 같이, 이 기간 중에 고려를 침공한 왜구들은 가마쿠 라 시대 초부터, 쓰시마를 독점적으로 지배해 온 쇼니 씨의 가독 요리히사가 당시 처해 있던 군사·정치적 상황과 상호 밀접한 인과관계를 지니고 있었음 을 알 수 있다.

3. 결론

경인년(1350)부터 병신년(1356)에 걸쳐 고려를 침구해 온 왜구를 동 시기 의 쇼니 요리히사를 중심으로 한 중앙 및 규슈 지역의 정세변동과 유기적인 관련 속에서 고찰함으로써 다음과 같은 결과를 얻을 수 있었다. 당시 왜구의 침구 양상은 요리히사가 처한 군사 및 정치적인 상황과 모순되지 않을 뿐 아니라 밀접하게 상호 대응하고 있었다.

규슈 지역에서 요리히사가 군사적으로 수세에 처하거나, 결전을 앞두고 군사적 대치 상황이 긴박해질 때 왜구가 침구한다. 반대로 요리히사가 군사적인 위기 상황에서 벗어나거나 군사적 긴장관계가 일시적이나마 해소

---

89) 《入江文書》, 위의 책.
90) 《麻生文書》《正閨史料》, 위의 책.
91) 《園太曆》, 위의 책.

또는 이완될 경우 왜구는 침구하지 않는다.

이 시기 왜구의 침구지역은 크게 남해안 지역과 중부 서해안 지역으로 나눌 수 있는데, 쓰시마 대안 및 남해안 지역에 대한 침공은 규슈 지역에서 요리히사의 군사작전이 임박해 시간적 여유가 없을 때 이루어진다.

한편 중앙의 정세변화가 당장은 아니지만 머지않아 규슈의 요리히사에게 불리하게 전개될 것으로 예상될 경우, 왜구는 항해상의 위험과 고려군의 공격에 노출될 위험이 배가되는데도 쓰시마에서 멀리 떨어진 고려의 중부 서해안 지역을 침구한다.

그리고 규슈 지역에서 요리히사가 격전을 벌이고 있을 때에는, 중부 서해안 지역은 물론이고 인접한 남해안 지역에도 왜구가 침구하지 않는다. 이는 전력 분산의 위험을 피하기 위한 것으로 생각된다.

요리히사가 규슈 지역에서 군사적 구심점으로서의 역할을 상실해 군사활동이 소극적으로 변하면, 왜구의 침공 횟수 역시 급감하고 침구지역도 남해안 지역으로 한정된다. 또한 요리히사의 최대 정적(政敵)인 규슈탄다이 잇시키 도유의 규슈 퇴출이 이루어진 1355년 10월을 기점으로 해서 그 다음 해(1356)에 왜구는 경인년 이후 처음으로 단 한 차례도 침구해 오지 않는다.

이상과 같이, 경인년부터 병신년에 이르는 약 7년 동안 고려를 침구해 온 왜구를 고려와 일본의 문헌사료를 함께 고찰해 본 결과, 당시 왜구의 침구는 가마쿠라 시대 초부터 2세기 가깝게 쓰시마를 독점적으로 지배해 온 쇼니 씨의 가독 쇼니 요리히사가 처한 군사·정치적 상황과 상호 모순되지 않으며, 오히려 거의 모든 점에서 밀접한 상관관계를 갖고 대응하고 있음을 확인할 수 있었다.

다시 말하자면, 경인년(1350)~병신년(1356)의 왜구 침구는 결코 다민족·복합적인 해적들의 산발적이고 자의적인 약탈 행위가 아니라, 쇼니 요리히사에 의해 통제되고 관리되는 형태로 이루어진 것이다. 즉 당시 '간노노조란'이라는 일본의 중앙정세가 규슈 지역에 반영되어 '왜구'로 표출된 것이라고 해야 할 것이다. 그리고 이러한 고찰 결과는 **고려 말 왜구=다민족·복합적 해적**설의 허구성을 보여줌은 물론 **경인년 왜구=쇼니 요리히사 휘하의 쓰시마 세력**설의 타당성을 입증해 주는 것이라고 할 수 있다.

제8장

쓰시마 쓰쓰 다구쓰다마 신사 소재 고려 청동제 반자 (飯子)와 왜구

1. 서론

일본의 왜구 연구는 19세기 말 메이지 시대부터 시작해 이미 100년 이상의 연구사(研究史)가 있으며, 지금까지의 연구는 사실상 일본 측이 주도해 왔다고 할 수 있다. 그런데 아직까지 '왜구의 실체가 무엇이었는가?' 라는 연구의 핵심 주제에 대해서는 여전히 상반된 다양한 견해들이 병존하고 있으며 이 논란은 지금까지 이어지고 있는 것이 현실이다. 예를 들면, '왜구집단의 민족적 구성'이라는 문제가 그것이다. 즉 왜구가 일본인만으로 구성된 집단이었는가 아니면 고려인(조선인)과 일본인의 연합집단이었는가 하는 것이다.[1]

이러한 논란이 계속되는 원인 중 하나는 바로 **고려 말의 왜구=남북조 내란기 일본의 무력 집단**설을 입증할 수 있는 확실한 일본 측의 문헌사료가 거의 없다는 사실에 기인한다고 할 수 있다.[2] 즉 왜구 관련 사료의 대부분이

---

1) 이 문제에 관해서는 浜中昇, 〈高麗末期倭寇集團の民族構成〉, 《歷史學研究》 685, 1996 ; 이영, 〈고려 말기 왜구 구성원에 관한 고찰 - 고려·일본인 연합론 또는 고려·조선인 주체론의 비판적 검토〉, 《한일관계사 연구》 5, 1996 /나중에 이를 수정 보완한 〈高麗末期倭寇の實像と展開〉, 《倭寇と日麗關係史》, 東京大學出版會, 1999 등을 참조.

한국이나 중국의 사료였고, 이에 일본의 연구자들은 이들 사료의 신빙성에 대해 회의적이어서 문헌사료에 근거하지 않은 추정에 입각한 다양한 견해를 양산했다고 할 수 있다.3)

그런데 일본에 현존하는, 몇몇 고려의 불교문화재 중에는 이러한 문제를 해결하는 데 중요한 단서를 제공해 주는 것이 약간 있다. 그 중 하나가 제8장에서 검토하고자 하는 쓰시마 쓰쓰(豆酘)의 다구쓰다마 신사(多久頭魂神社)에 소장되어 있는 청동제 대형 반자(飯子)다.4) 이 대형 반자에는 제작 당시(1245) 새겨진 글(原銘)과 일본에 전해진 시점(1357)에 추가로 새겨진 글(追銘)이 남아 있다. 여기에서는 이 청동제 반자에 남아 있는 원명과 추명을 검토하여 이 청동제 반자가 언제, 누구에 의해, 어떻게 쓰시마로 건너가게 되었는지를 고찰하고 또 이를 바탕으로 당시 왜구의 배후세력에 대하여 살펴보고자 한다.

2. 기존 설의 재검토

한국과 일본의 국경에 위치한 섬, 쓰시마의 남쪽 끝 쓰쓰(豆酘)라는 곳은 현재 인구 약 1,400여 명, 600여 호(戶)로 이루어진 쓰시마에서 두 번째로 큰 집락이다. 북쪽으로 야타테 산(矢立山)과 다테라 산(龍良山)이라는 높고 험준한 산봉우리가 이어져 있고, 동서 양쪽으로는 간자키(神崎)·쓰쓰자키(豆酘崎)라는 긴 곶(串)이 바다를 향해 뻗어 있으며, 남서쪽으로는 현해탄의

---

2) 일본 측 문헌사료 중 가장 확실한 것으로 "오스미(大隅) 지방의 아쿠토(惡党)들이 고려로 건너가지 못하도록 하라"는 내용의 에이토쿠(永德) 원년(1382) 8월 6일 《네지메 문서(祢寢文書)》의 永德元年八月六日幕府管領斯波義將奉書(祢寢文書三, 祢寢氏文獻雜聚卷之一, 東京大學史料編纂所架藏寫眞帳十八頁)를 들 수 있다.

3) 왜구의 주체 및 발생 배경에 관한 제 학설에 관해서는 이영, 〈고려 말 왜구의 허상과 실상〉, 《대구사학》 91, 2008. 5 참조.

4) 징(鉦) 또는 금고(金鼓)라고도 하는데 본 장에서는 이하 '반자'로 통일한다.

거친 파도가 밀려오는 암초 많은 해안으로 둘러싸이고, 동쪽으로 나이인(內院) 해곡(海谷)을 바라보고 있어서 예전에는 쉽사리 접근하기 어려운 천연의 외딴 마을이었다.[5]

제2차 세계대전 이후, 일본의 9개 학회가 공동으로 실시한 조사에서 쓰쓰 지역에 대한 연구를 주최한 이시다 에이이치로(石田英一郎)는 쓰쓰는 "쓰시마에서도 서남단에 위치해 다른 부락과 멀리 떨어진 존재로서 오랜 역사를 지닌 아주 특수한 부락"이라고 지적하고 있다.[6] 일본의 입장에서 보면 쓰시마는 국경에 위치한 낙도(落島)인데 그 쓰시마 섬 안에서도 특히 쓰쓰는 다른 마을과 격리되어 '쓰시마의 사쓰마(薩摩)'로 불리고 있을 정도다.

또한 저명한 민속학자 미야모토 쓰네이치(宮本常一)는 1950년 7월 14~15일, 8월 15일의 사흘 동안 이 쓰쓰 마을을 조사한 후 "800년 동안 거의 영고성쇠(榮枯盛衰) 없이 사찰과 사찰 소유의 토지(寺領)가 유지되어 왔다는 사실은 나로서는 믿기 어려운 일이었다"[7]며 이곳을 가리켜 '중세사회가 잔존'하는 곳이라고 했다.

현재 다구쓰다마 신사에는 범종(梵鐘) 한 개가 전해지는데, 간코(寬弘) 5년(1005)의 '쓰쓰온데라(豆酘御寺)'의 전(前) 단월(檀越)인 곤노조아비루스쿠네요시이에(權掾阿比留宿禰良家)가 기진했다는 내용이, 범종의 명문(銘文)으로 새겨져 있다.[8] 또한《시모쓰하치만구 문서(下津八幡宮文書)》의 분에이(文永) 4년(1267)〈지샤소토나도멘쿄노고토(寺社僧徒等免行事)〉에서는 '쓰쓰온데라(豆酘御寺)'라는 명칭이 확인된다.[9] 즉 헤이안 시대에서 가마쿠라

5) 黑田智,〈對馬豆酘の村落景觀と祝祭空間〉,《海のクロスロード對馬》, 雄山閣, 2007.

6) 日本人文科學會 編,《人文》(1特集 對馬調査), 1953 ; 九學會連合對馬共同調査委員會 編,《對馬の自然と文化》, 古今書院, 1954.

7) 宮本常一,《私の日本地図15 - 壹岐·對馬紀行》, 同友館, 1976.

8) 이후 이 종은 닌페이(仁平) 3년(1153)·코에이(康永) 3년(1344)에 녹여서 다시 주조한 뒤 지금에 이르고 있음을 명문을 통해 알 수 있다. 黑田智, 앞의〈對馬豆酘の村落景觀と祝祭空間〉참조.

시대까지는 다구쓰다마 신사가 사찰이었음을 알 수 있다. 그런데 에도
시대의 분카(文化) 4년(1807) 11월 12일《쓰시마노구니진자초(對馬國神社
帳)》이후가 되면 '간논도(觀音堂)'는 '다구쓰다마 신사(多久頭魂神社)'로
이름을 바꿔 등장하게 된다.10)

그런데 이 쓰쓰의 다구쓰다마 신사에는 고려시대 것으로 보이는 높이
75cm의 구리로 만든(銅造) 정관음좌상(正觀音座像)11)과 해인사판 재조본(再
雕本) 대장경 약 5,000권(950여 책),12) 그리고 청동제 대형 반자(大鉦 또는
金鼓)가 전해지고 있다.13) 원래 쓰쓰의 다구쓰다마 신사에는 큰 반자(大鉦)와
작은 반자(小鉦)가 있었는데 작은 반자는 태평양전쟁 당시의 금속 공출로
사라지고 말았다.14) 이에 관한 유일한 정보는 다카다 주로(高田十郎)의
조사보고인〈對馬の古金石文〉《考古學雜誌》22-2)에 있으며 큰 반자에 대한

---

9) 黑田智, 앞의〈對馬豆酘の村落景觀と祝祭空間〉참조.

10) 黑田智, 앞의〈對馬豆酘の村落景觀と祝祭空間〉참조.

11) 불상 모습이 도요타마쵸(豊玉町) 고쓰나(小綱)의 관음사(觀音寺) 본존과 아주 비슷하
다고 한다. 그런데 고쓰나 관음상은 태내(胎內)에서 결연문(結緣文)이 발견되었는
데, 거기에는 천력(天曆) 원년(1330)이라는 연도가 확인된다. 따라서 쓰쓰 관음당의
불상도 비슷한 시기의 것으로 생각되고 있다.《嚴原町史》, 1997, 512쪽.

12) 재조본(=해인사판) 대장경의 목록에는 함수(函數) 628함, 소수부수(所收部數) 1524
부(部) 6,558권(卷)으로 되어 있는데, 본당의 장경(藏經)은 대반야경(大般若經) 600권
이 결여되어 있으며 그 외에도 결본(缺本)과 파본(破本)이 있지만 보존 상태는
양호하다고 한다. 이 대장경에는 시입기(施入記)를 기록한 권(卷)이 없어 시입
일시를 알 수 있는 사료가 없지만, 다구쓰다마 신사의 반자와 비슷한 시기에
전해진 것으로 현지에서는 판단하고 있다. 또한 당내(堂內)에 모시고 있는 고려불상
도 함께 고려에서 전해진 것으로 여겨지고 있다.《嚴原町史》, 514쪽.

13) 반자(飯子)는 반자(金鼓), 금구(禁口) 또는 반자(盤子) 등으로 불리는 사찰의식을
위한 법구(法具)의 하나로서 지금도 절에서 시간을 알릴 때나 대중을 불러모으는
용도로 쓰이고 있다. 사찰의 전각 안팎이나 처마 밑에 나무로 간단하게 설치한
걸이에 걸어 놓고 그것을 망치 모양의 북채로 쳐서 소리를 내도록 하였다. 그
소리는 범종만큼 크거나 깊은 공명을 지니지는 못했지만 맑은 고음(高音)을 내어
범종과 함께 가장 널리 제작된 범음구(梵音具)였다. 최응천,〈高麗時代 靑銅金鼓의
研究-특히 주조방법과 명문 분석을 중심으로〉,《불교미술》9, 동국대학교박물관,
1988.

14)《嚴原町史》, 513쪽.

정보는 동아고고학회(東亞考古學會)의 조사보고《쓰시마(對馬)》에 실린 쓰보이 요시히라(坪井良平)의〈豆酘觀音堂大鉦〉에 실려 있다.[15] 여기에서는 좀 분량이 많지만 이후의 관련 연구를 위해 쓰보이의 논문〈對馬の金工品〉에 실린 큰 반자에 관한 부분의 전문을 인용하기로 한다.[16]

쓰쓰 관음당(豆酘觀音堂)에 제2차 세계대전 이전에 크고 작은 두 개의 조선제(朝鮮製) 반자(鉦, 金鼓)가 있었다는 사실은《쓰시마기지(津島紀事)》 이래로 널리 알려져 있다. 애석한 것은 그 중에 작은 반자는 금속 공출 때 잃어버리고 말았다. 그렇지만 큰 반자는 지금도 여전히 남아 있어서, 이번에 국가의 중요문화재로 지정된 것은 정말 기쁜 일이라 하겠다. 이 반자는 (중략) 면의 지름(面徑)이 77cm, 몸체(胴) 중앙부의 지름이 79cm, 고모리(甲盛り)[17]는 있지만 눈에 띨 정도는 아니다. 측면의 폭이 19.5cm, 측면 상부 중앙에 한 개, 좌우 약간 위쪽에 각 한 개, 합쳐서 세 개의 귀(耳)가 달려 있다.

표면은 동심원의 권선(圈線)에 의해 세 부분으로 나뉘며 중앙에는 여덟 개 잎(八葉)의 연화문당좌(蓮花文撞座)가 있고, 중간 부분에는 문양이 없으며 (素文) 가장자리 원 부분에는 연당초문(蓮唐草文)으로 둘러싸여 있다. 그 이외에 구연(口緣) 안쪽에 꺾어서 휜 주연(周緣)을 따라 있는 원 모양에도 여섯 개의 비운문(飛雲文)이 새겨져 있다. 그 원명(原銘)은 측면에 일행(一行)이 음각되어 있는데,

1. 禪源乙(?)巳五月日晋陽府鑄成□福寺飯子一印
으로 읽힌다. ① 최초의 '선원(禪源)'은 예전에 '율원(律源)'이라고 읽었지만, 나라국립박물관(奈良國立博物館)의 오카자키 조치(岡崎讓治) 씨가 '선원(禪源)'으로 읽어야 한다고 제창했다. 옳은 지적이다. 단 그 의미는 알 수 없다. 세 번째 글씨는 '乙'로 읽었지만 확신할 수 없다. 원(源) 아래에 그것과 붙어서 '乙'로 생각되는 글자 같은 것이 있을 뿐이다.

---

15)《嚴原町史》, 513쪽.
16)《對馬風土記》第12号, 對馬鄕土硏究會, 昭和 50.
17) "약간 두툼하게 볼록한 부분"을 의미한다(필자 주).

② 진양부(晉陽府)라고 하는 것은 경상남도의 가장 큰 도시인 진주(晉州)를 가리킨다. '반자(飯子)'란 '반자(盤子)'의 차음(借音)으로, 한국에서는 이런 종류의 반자(鈑, 金鼓)를 가리키는 별명이다. 한국에서 이런 종류의 금고(金鼓)를 금구(禁口), 금구(金口) (둘다 금구로 발음된다)라고도 하며 또 반자(盤子)라고도 하는데 전자는 금고(金鼓)의 차음(借音)으로 해석되고 후자도 차음(借音)으로서 반자(飯子)·반자(半子)·반자(鉡子) 등 여러 가지로 쓰이고 있다. 명문(銘文)의 마지막 한 글자는 인(印)으로, 이는 문장을 마칠 때 사용되는 '~이다(也)'라는 의미다.

이 금고에는 측면의 원래 새겨진 명문 외에 표면 소문대(素文帶) 상부에 끼워써넣기(割り書き)로 다음과 같은 추가해서 쓴 명문이 새겨져 있다.

2. 奉懸鐘一口, 右志者爲, 合輩所成, 之業因悉, 皆消滅殊, 心中所願, 成就也, 正平十二(丁酉), 十月十八日, 大藏經種敬白

③ 이 추명(追銘)에 의해 반자가 남북조 시대인 쇼헤이(正平) 12년(1357)에 일찌감치 일본에 건너와 있었음을 알 수 있다. ④ 그런데 이런 종류의 조선반자는 면의 지름(面徑)이 30~40cm 내외가 대다수인데, 쓰쓰의 반자는 이와 비교도 안 될 정도로 커서 면 지름이 77cm나 되며, 이미 알려진 명문이 새겨져 있는 반자 45개 중에서 가장 큰 것으로 한반도에서도 이 정도로 큰 것은 현존하지 않는다.

다음에 원명(原銘)에 보이는 '乙巳' 내지는 '巳'의 간지(干支)가 몇년을 가리키는가라는 문제인데, 원래 한국에서는 메이지 시대 이전의 일본 민간에서 했던 것처럼 해(年)를 표시할 때 단순히 간지만 쓰는 경우가 많아 사문서(私文書)만이 아니라 반(半)공식적인 문서에서도 단순히 간지만으로 해(年)를 표시하는 경우가 적지 않다. 따라서 금석문에서도 고려시대 이후 간지 기년(紀年)이 보이지만, 특별히 그 같은 경향에 박차를 가한 것은 한국의 국정(國情)이었다. 한국이 신라시대 이후 이웃나라의 정삭(正朔)을 받들고 자국의 연호를 사용하지 않았던 것은 고쿠후하치만(國府八幡)의 종(鐘)을 설명할 때도 언급한 바 있지만, ⑤ 이웃 나라의 흥망에 따라 그 어느 쪽의 정삭(正朔)을 따를 것인지 정하지 못했을 때는, 크게 지장이 없을 경우 잠시 이웃 나라 연호의 사용을 중지하고 오로지 간지에 의한 기년(紀年) 방법을 채용하는 특별 조치를 취했다.

《고려사》에 의하면, 요나라가 멸망하려 하고 새롭게 금나라가 대두된 예종 11년(1116), 요나라 연호의 사용을 중지하고 공사(公私) 모두 간지로 표기하기로 하였으며, 그 1세기 뒤에 금나라가 원나라에 의해 망하기 직전인 고종 11년(1214)에는 금나라 연호의 사용을 중지하고 오로지 간지만 사용하게 된다. 특히 고종 시대의 간지 전용(專用) 시기는 오랫동안 지속되어 약 반세기나 계속되었다.

지금, 쓰쓰의 대형 반자를 보면, 표면 중앙에 표시되어 있는 팔엽연화문(八葉蓮花文)은 한국 전라남도 대흥사(大興寺)의 종과 아이치 현(愛知縣) 고난 시(江南市) 만다라데라의 종 당좌(撞座) 디자인과 아주 비슷하다는 것을 알 수 있다. 따라서 쓰쓰의 대형 반자가, 이 두 종과 전후하여 주조되었던 것으로 추정된다. 대흥사 종이나 만다라데라의 종도 원래 간지명이 있는 것으로, 전자에는 '癸巳十月日'로 기록되어 있으며 후자에는 '二十一甲午五月日'이라고 새겨져 있는데, 전자의 '癸巳'는 고려 고종 20년(1233), 후자의 '甲午'는 그 다음 해에 해당하는 고종 21년(1234)으로 생각할 수 있다고 볼 때, ⑥ 쓰쓰의 대형 반자의 '乙巳'는 같은 고종 32년(1245)으로 봐도 큰 잘못이 없을 것이다.

이상이 쓰보이의 논문 내용이다. 전문(全文)을 인용한 것은 이것이 쓰쓰의 대형 반자에 관한 유일한 선행 연구이며, 많은 문제점과 아울러 유익한 시사(示唆)를 주고 있기 때문이다. 이하 그의 연구를 구체적으로 검토해 보자. 우선 여기서 문제로 삼고자 하는 것이 다음의 "① 최초의 '선원(禪源)'은 예전에 '율원(律源)'이라고 읽었지만, 나라국립박물관(奈良國立博物館)의 오카자키 조치(岡崎讓治) 씨가 '선원(禪源)'으로 읽어야 한다고 제창했다. 옳은 지적이다. 단 그 의미는 알 수 없다"라고 한 부분이다. 필자는 이 분야의 전문가도 아니고 또 직접 이 반자를 보지도 못한 상황이라 새겨진 글이 '禪源'인지 '律源'인지에 대해 언급할 수는 없다.

따라서 일단 쓰보이의 지적대로 '선원'이라고 추정하고 이 문제에 대하여 생각해 보자. 여기서 '선원(禪源)'이란 무엇을 의미할까? 그리고 '禪源乙巳'는 무엇을 의미하는 것일까? 쓰보이는 "쓰쓰의 대형 금고의 팔엽연화문이 전라남도 대흥사의 종과 아이치 현 고난 시 만다라데라의 종 당좌 디자인과 아주 비슷한 점"을 들어 쓰쓰의 대형 반자에 적혀 있는 '乙巳'를 고종 32년(1245, 을사년)으로 이해했다.

쓰보이의 추정이 옳다면 '선원'은 무엇을 의미하는 것일까? 고려시대 역사에 약간의 관심이 있는 사람이라면 선원이란 단어를 들으면 곧 강화도 소재 선원사(禪源寺)를 떠올릴 것이다. 이 선원사가 《고려사》에 가장 처음 등장한 것은 고려 고종 33년(1246, 병오년) 5월 기사일조로, "왕이 선원사에 갔다[18]"는 기록이 그것이다. 그런데 선원사는 최이가 세운 사찰이었다. 고종 41년(1254)에 작성된 양택춘의 묘지명에 다음과 같은 기사가 있다.

> 3. 광렬(匡烈) 최공(崔公: 崔怡)이 선원사(禪源社)를 창건하게 되자, 당대의 뛰어난 승려로 가득 채워 모임을 주관하도록 하였는데 공의 아들 안기공이 그 선발을 주도하였다.[19]

그러면 이 선원사는 언제 세워졌을까? 《동문선(東文選)》에 다음 〈사료 4〉와 같은 기사가 있다.

> 4. 을사년, 진양공이 선원사를 창건하고 낙성식을 대대적으로 거행했다.[20]

이로써 '禪源乙巳'의 의미가 확실해졌을 것이다. 그러면 선원사는 최이에게 어떤 절이었을까? 《고려사절요》 권16, 고종 37년(1250) 8월조에 다음과 같은 기사가 있다.

---

18) 《高麗史》 卷23, 世家 高宗 33年 5月 己巳日條.
19) 김용선, 《역주 고려묘지명집성(상)》, 한림대학교출판부, 2001.
20) 《東文選》 卷117, 臥龍山慈雲寺王師贈諡眞明國師碑銘, "乙巳歲晉陽公創禪源社, 大張落成會."

5. 왕은 최충헌의 진상(眞像)을 창복사(昌福寺)로 옮기게 하고 최이의 진상을
   선원사(禪源寺)로 옮겼는데, 호위하고 따르는 의식을 태조의 진상을 옮기
   는 것과 같이 하였다.

진상(眞像) 즉 초상화를 모신다는 것은 선원사가 최이의 원찰(願刹)이었음
을 의미한다. 즉 선원사는 최이가 사망하기 4년 전 고종 32년(1245)에 세운
자신의 원찰이었던 것이다. 〈사료 5〉가 기록된 고종 37년(1250) 당시 조정의
실권자는 최이의 아들 최항(崔沆)이었다. 그래서 왕(고종)은, 최항의 조부
최충헌과 부 최이의 진상(초상화)을 각각의 원찰로 옮기는 의식을 마치
태조 왕건의 그것을 옮기듯 성대히 거행했던 것이다.

이렇게 본다면 원명(原銘)의 '禪源乙巳'가 의미하는 것은 바로 선원사를
세운 을사년(1245)임을 알 수 있다.[21] 여기서 '선원'이 연호의 의미로 사용되
었는지의 여부는 알 수 없지만 당대의 집권자인 최이의 원찰을 세운 (최씨
정권으로서는) 의미 있는 해였기에 이러한 표기를 한 것으로 생각된다.

그러면 '진양부(晋陽府)'란 무엇일까? 쓰보이는 이 진양부를 "② 진양부란
경상남도의 가장 큰 도시인 진주를 가리킨다"라고 했다. 그러나 여기서
진양부란 경상남도 진주가 아니라 강화도 견자산(見子山)에 위치한[22] 최씨
정권의 집정기관이었다.[23] 고려의 최씨 무신정권은 흥녕부(興寧府)·진강부
(晋康府) 혹은 진양부라 불리는 막부를 개설할 권한을 국가로부터 부여받아

---

21) 선원사가 건립된 것은 1245년이지만 낙성법회는 그 다음 해에 열린 것으로 보는
    설이 있다. 이 문제에 관해서는 김형우, 〈강화 선원사의 역사와 가람 구성〉, 《불교미
    술》 17, 동국대학교박물관, 2003 참조.
22) 다음과 같은 사료가 있다. "최항이 옷 속에 갑옷을 입고 군사를 거느리고 장봉택(長峰
    宅)으로부터 말을 달려 견자산 진양부로 가는데 정문으로 들어가지 않고 동쪽의
    작은 지계문으로 들어갔으니, 대개 사람을 두려워한 까닭이었다"(《高麗史節要》
    卷16, 高宗 37年 2月條).
23) 최충헌 시대에는 흥녕부(興寧府) 혹은 진강부(晉康府)를, 최이와 아들 최항의 시대에
    는 진양부, 김준(金俊)의 시대에는 해양부(海陽府)라는 공적 기관이 왕명(王命)에
    의해 설치되었다. 金翰奎, 〈高麗崔氏政權의 晋陽府〉, 《東亞研究》 17, 서강대학교,
    1989, 162~164쪽.

그 요속(僚屬)을 비치(備置)할 수 있었다. 물론 그것은 장군(將軍)의 막부가 아니라 공부(公府) 혹은 후부(侯府)의 성격을 띠고 있었지만 본질적인 성격은 장군의 막부와 다르지 않았다.[24)

그러면, 원명(原銘)의 '晋陽府鑄成' 다음의 읽을 수 없는 '□福寺'의 □ 안에 들어갈 글자는 무엇일까? 〈사료 5〉를 보면, 최충헌의 원찰이 창복사임을 알 수 있다. 고려의 문신 이규보(李奎報: 1168~1241)가 지은 《동국이상국집(東國李相國集)》의 〈창복사(昌福寺)에서 행하는 담선방(談禪牓)〉이라는 제목의 글에 다음과 같은 내용이 있다.

6. 공(최충헌)이 대안(大安) 3년(희종 7, 1211)에 옛날의 창복사를 성(城)의 동남쪽에서 발견하여 드디어 개척해서 새롭게 하고 금상(今上: 고종)이 즉위한 2년(1215)에 장창 총림(叢林)을 열어 심법(心法)을 천양(闡揚)하고 자 하였다.[25)

창복사는 개성 동남쪽에 위치한 옛 사찰로, 최충헌이 희종 7년(1211)에 다시 지었다는 것(重創)이다. 즉 창복사는 최충헌 생존 당시부터 이미 중요시 되었던 사찰이며, 〈사료 5〉에서 보듯이 최이가 생존한 당시부터 창복사와 선원사는 최씨 정권에게 성역(聖域)과 같은 곳이었다고 할 수 있다. 그렇다면, '□福寺'의 □ 안에 들어갈 글자는 '昌'이 아닐까? 물론 이 당시 '□福寺'의 '□'에 들어갈 글자가 반드시 '昌'이었다고 단언할 수는 없다. 왜냐하면 고려 희종 3년(1207)경에 '자복사(資福寺)'라는 절도 있었던 것이 확인되기 때문이다.[26)

자복사에 대해서는, 국가에 의해 각 읍에 설정된 사격(寺格)의 일종이었다

---

24) 金翰奎, 위의 〈高麗崔氏政權의 晋陽府〉.

25) 《東國李相國集》卷25, 昌福寺談禪牓. 이 내용은 김당택, 〈최씨무인정권과 修禪社〉, 《고려의 무인정권》, 국학자료원, 1999의 계시(啓示)에 의함.

26) 최응천, 앞의 〈高麗時代 靑銅金鼓의 硏究 - 특히 주조방법과 명문 분석을 중심으로〉, 110쪽 〈표〉 참조.

는 견해가 있지만,[27] 이는 《조선왕조실록》에 나타나는 조선시대 초기의 자복사 사례를 그대로 고려시대에 적용시킨 것으로서 고려시대 상황을 반영한 것이라고는 할 수 없다. 야스다 준야(安田純也)의 연구에 의하면, 자복사의 발원자는 일반 읍민이라고는 생각하기 어렵지만, 왕족이나 고관(高官) 또는 고승(高僧)은 아니었다. 재지사회에서 전통적인 권위를 지닌 장리층(長吏層)이나 종교적 권위를 지닌 승려가 발원·조영하고 그들의 조직력에 의거해 유지되고 있었다.[28] 이렇게 볼 때, 당대 최고의 권력자 최씨 정권의 진양부가 최충헌의 원찰 창복사가 아니라 자복사라는 사찰에 초대형 반자를 기진했다고는 생각하기 어렵다. 또한 자복사가 진양부와 특수한 관계에 있었음을 보여주는 자료도 없다. 이상과 같은 점에서 볼 때, '□福寺'의 '□'에 들어갈 글자는 역시 '昌'이라고 할 수 있을 것이다. 그러면 이 원명(原銘)의 내용은 다음과 같이 해석될 것이다.

> (최이가 선원사를 세운 해인) 선원을사(禪源乙巳) (1245)에 (최이의 집정기관인) 진양부가 (아버지 최충헌의 원찰인) 창복사에 사용할 반자(飯子) 1개를 만들었다.

최이가 자신의 원찰을 건립하면서 아울러 아버지(父)의 원찰에 사용할 반자를 만들게 해서 바친 것이다. 이렇게 보면, "④ 그런데 이런 종류의 조선반자는 면의 지름(面徑)이 30~40cm 내외가 대다수인데, 쓰쓰의 반자는 이와 비교도 안 될 정도로 커서 면 지름이 77cm나 되며, 이미 알려진 명문이 새겨져 있는 반자 45개 중에서 가장 큰 것으로 한반도에서도 이 정도로 큰 것은 현존하지 않는다"는 언급도 충분히 납득이 갈 것이다. 즉 당시의 최고 권력자인 최이의 진양부가, 아버지 최충헌의 원찰인 창복사

---

27) 김윤곤, 《한국 중세 영남 불교의 이해》, 영남대학교출판부, 2001.

28) 安田純也, 〈高麗時代の在地寺院と仏事—資福寺を中心として〉, 《アジア文化交流研究》第2号, 2007.

에서 사용하기 위해 제작한 반자였기에 현존하는 보통 반자보다 직경이
무려 두 배 이상이나 되는, 따라서 전체 크기는 네 배나 되었던 것이다.

3. 일본 전래 시기 및 경위

그러면 개성 동남쪽에 위치한 최충헌의 원찰 창복사에 있었던 이 큰
반자는 언제, 누가, 어떻게 해서, 쓰시마 그것도, 교통이 가장 불편한 최남단
쓰쓰의 다구쓰다마 신사로 옮겨왔을까? 이 문제를 해결해 줄 실마리가
바로 〈사료 2〉의 추명(追銘)이다. 의미를 해석하면 대략 다음과 같다.

종 한 개를 바친다. 그것은 동료들(合輩?) 때문에 생긴 업보(業因)29)가
소멸되고 마음 속에 바라는 바가 모두 이루어지길 기원한다. 쇼헤이(正平)
12년(丁酉) 10월 18일. 오쿠라 쓰네타네(大藏經種)

여기서 주목하고 싶은 것은 바로 "③ 이 추명(追銘)으로, 이 반자가 남북조
시대의 쇼헤이(正平) 12년(1357)에 일찌감치 일본에 건너와 있었음을 알
수 있다"는 부분이다. 당시 고려와 일본의 양국 간에는 몽골과 고려 연합군의
두 차례 일본 침공(1274, 1281) 이후 군사·정치적 긴장이 이어지고 있었다.
과거 쓰시마의 고려에 대한 진봉관계30)도 일본 침공으로 인해 이미 단절되었
다. 따라서 적어도 사료상 확인할 수 있는 공식적인 교류는 전혀 없었다.
더욱이 경인년(1350)에 왜구가 다시 침구하기 시작하면서 고려와 일본
간에는 극도의 군사적 긴장 상태가 지속되고 있었다고 할 수 있다. 고려조정
은 당시 충정왕 2년(1350, 경인년)부터 무려 17년이 지난 공민왕 15년(1366)까

---

29) 미래에 선악의 업보를 받게 되는 원인, 또는 그러한 행위.
30) 이 문제에 관해서는 이영, 앞의 주 1)의 책 〈中世前期の日本と朝鮮－進奉關係を中心
    として－〉 참조.

지 왜구 금압을 요구하는 외교사절을 단 한 차례도 파견하지 않았다.[31] 따라서 창복사에 있던 이 반자를 고려 측이 스스로 쓰시마 내지는 일본에 팔거나 또는 양도했을 가능성은 희박하다. 그런데 추명이 새겨진 1357년에 는 왜구의 침구가 3차례 있었다.

이 반자는 처음부터 창복사라는 사찰에서 사용하기 위해 제조한 물건이었 다. 따라서 왜구가 사찰에 침구해 가져왔을 가능성이 크다. 흥미로운 사실은, 이 반자의 추명에 새겨진 날짜 즉 '쇼헤이 12년(1357) 10월 18일'의 불과 40여 일 전에 왜구들이 고려 사찰에 최초로 침구하였다는 사실이 확인된다는 점이다. 다음 사료를 보자.

> 7. 무술일. 왜적이 승천부(昇天府)의 흥천사(興天寺)에 들어와서 충선왕(忠宣
>   王)과 한국공주(韓國公主)의 초상화를 떼어가지고 갔다.[32]

공민왕 6년(1357) 9월 26일(무술일)에 일어난 이 사건은 당시 고려의 조야(朝野)를 크게 놀래킨 사건으로 목은 이색의 《목은집》에도 기록되어 있다.[33] 승천부 흥천사는 강화도의 바로 건너편, 현재 북한의 개풍군 흥천리 일대 해안가에 있던 사찰로, 현재 지도에는 흥천포와 구사동(舊寺洞) 그리고 절골(寺谷)이라는 지명이 남아 있다. 흥천사는 1357년 왜구가 침구했을 당시 국왕인 공민왕(1351~1374)의 조부에 해당하는 충선왕과 그 왕비인 몽골왕실 출신의 한국공주(韓國公主)의 원찰(願刹)이었다.[34]

---

31) 당시 고려조정이 17년 동안이나 외교사절을 파견하지 않았던 배경에 관해서는 이영, 〈14세기의 동아시아 국제정세와 왜구 - 공민왕 15년(1366)의 금왜사절의 파견을 중심으로-〉, 《한일관계사연구》 26, 2007 참조.

32) 《高麗史》 卷39, 世家 恭愍王 6年 9月 戊戌日條.

33) 《牧隱集》 卷4, "9월 16일에 입직(入直)하여 다시 앞의 운을 사용하다. 이날 밤에 왜적이 흥천사에 침범하였다." 그런데 왜구들이 승천부 흥천사에 침구했다는 《고려사》 기록(무술일)이 정확하다면 그날은 9월 16일이 아닌 9월 26일(《資治通鑑》 에 의거)이라고 해야 할 것이다.

34) 공민왕은 충숙왕의 둘째 아들로 충선왕의 손자에 해당한다.

고려의 왕과 왕비는 사후 능에 매장되고 그들의 초상화는 원찰의 진전(眞殿)에 봉안되었다. 고려의 왕족이나 귀족들은 원찰에서 조상의 사후세계의 안녕을 기원하고 또 선왕들의 도움을 얻어서 자손들의 번영과 국태민안(國泰民安)을 달성할 수 있다고 믿었다.[35] 왕과 왕비의 초상화는 어진(御眞)·신어(神御) 등으로 불렸으며 이 사원들에는 초상화를 모신 진전이 설치되어 있었다.[36] 국왕은 선대의 왕과 왕비의 사망일에 초상화를 알현하면서 조상 숭배의식을 거행하였다.[37]

그런데 흥천사는 충선왕의 처남인 원나라 진왕(晉王)의 원찰이기도 했다.[38] 진왕은 원의 세조 즉, 쿠빌라이의 장남의 장남인 진왕(晋王) 카말라(甘麻剌)의 아들로, 뒤에 원의 10대 황제로 즉위하는 태정제(泰定帝: 1323~1328)다.[39] 충선왕의 왕비 계국대장공주(薊國大長公主: 후의 한국장공주)가 태정제의 여동생이니 충선왕과는 처남 매부 사이다. 태정제는 즉위하자 정치적으로 곤경에 처해 있던 충선왕을 구해준다. 충선왕은 쿠빌라이의 외손자에

---

35) 허흥식, 〈고려의 왕릉과 사원과의 관계〉,《고려시대 연구(1)》, 한국정신문화연구원, 2000. 고려시대 원찰에 관해서는 이 밖에 진성규, 〈고려 후기 원찰에 대하여〉,《역사교육》 36, 1984가 있다.

36) 허흥식, 앞의 〈고려의 왕릉과 사원과의 관계〉.

37) 허흥식, 위의 〈고려의 왕릉과 사원과의 관계〉.

38)《高麗史》卷34, 世家 忠宣王 3年 9月 壬子日條, "임자일. 원(元)이 내시 원사(院使) 이신(李信)을 파견해 흥천사를 보호하게 하였는바, 이는 진왕(晉王)이 절을 자기의 원찰(願刹)로 정하였기 때문에 왕자가 원나라 황제에게 요청하여 사람을 파견한 것이었다."

39) 쿠빌라이(세조)의 큰 아들(태자)은 친킴(眞金)으로 황제 자리에는 오르지 못한 채 사망해 유종(裕宗)에 추존되었다. 이 친킴의 아들이 진왕(晋王)인 카말라(甘麻剌)로 역시 사후에 현종(顯宗)으로 추존되었다. 그리고 진왕의 딸이 보다시리(寶塔實憐)로, 계국대장공주(薊國大長公主)인데 뒤에 한국장공주(韓國長公主)로 되었다(김상기, 〈對元關係와 國內의 動態(下)〉,《신편 고려시대사》, 서울대학교출판부, 1985, 558쪽).《資治通鑑》卷194, 元 成宗 大德 元年(1302) 正月條에 "진왕 카말라가 사망하다. 진왕은 세조의 적장손(嫡長孫)으로 황위를 성종에게 양보하고 번왕의 관저에서 생활했다. (중략) 성종은 진왕의 사망 소식을 전해 듣고 진왕의 인(印)을 회수해 곧 그의 장남 예순테무르(也孫帖木兒)로 하여금 진왕의 지위를 계승하게 했다"고 하는 기록이 있다. 예순테무르가 뒷날 태정제로 즉위한다.

해당하며 그는 원 7대 황제 무종(武宗: 1307~1311)을 황제에 옹립하는 데 큰 공을 세워[40] 무종을 비롯해 황태후·황후·태자(무종의 동생으로 뒷날의 8대 仁宗: 1311~1320)의 우대를 받아 원나라 국정에도 참여했다. 그리고 왜구 침구 당시의 국왕인 공민왕의 조부(祖父)였다. 따라서 이 세 사람의 원찰인 흥천사는 충선왕 때 세워진 이래 공민왕대에 걸쳐 가장 격(格)이 높은 사찰 중 하나였다고 할 수 있다. 조선왕조에 들어와 태조 이성계가 현재의 덕수궁 인근에 흥천사라는 이름의 사찰을 세우고 총애하던 두 번째 부인 신덕왕비(神德王妃)의 원찰로 삼았던 것으로 봐도, 고려조 당시에 이 흥천사가 얼마나 격이 높은 절이었는지 잘 알 수 있다.[41]

이상과 같은 점을 고려하면, 이 대형 반자는 원래 창복사에 있던 것으로 최씨 정권의 붕괴와 더불어 국가에 몰수되었다가[42] 흥천사가 세워지자 옮겨진 것인데, 공민왕 6년(1357) 9월 26일에 왜구들이 약탈해 쓰시마로 옮겼다고 추정할 수 있다. 《고려사》에는 1357년 9월에 흥천사에 침구하기

---

40) 《高麗史》 卷33, 世家 忠烈王 24年 8月 壬申日條, "충선왕은 원나라에 가서 숙위(宿衛)한 지 대략 10년이었다. 그 사이 무종(武宗)과 인종(仁宗)은 아직 왕위에 오르기 전이라 충선왕과 더불어 침식을 같이 하면서 주야로 서로 떨어지지 않고 지내다가 충렬왕 33년에 원나라 황제의 조카 애육여발력 팔달태자와 우승상 답라한, 원사 별불화 등이 충선왕과 더불어 황제의 후계자를 합의 결정하고, 회녕왕 해산을 맞이하여 황제로 삼으려고 했다. 그런데 좌승상 아홀태와 평장 팔도마신 등은 안서왕 아난달을 황제로 삼으려는 음모를 가지고 난을 일으키려 했다. 팔달태자가 그들의 음모를 알아차리고 거사하기 하루 전에 아홀태 등을 체포하여 대왕 도라와 원사 별불화 및 충선왕에게 맡겨 심문하고 나서 이들을 처단했다."

41) 신덕왕비의 능은 정릉, 그것을 지키는 사원을 흥천사라고 명명했다. 이 양자는 원래 서울 시내 덕수궁 근방에 있었지만 현재의 장소로 옮겨져 정릉동이라는 지명의 유래가 되었다. 《新增東國輿地勝覽》 卷3, 漢城府 佛宇 참조.

42) 《高麗史》 卷129, 列傳42 崔忠獻傳 附 崔沆, "왕은 최의의 창고를 열고 곡식을 꺼내어 태자부(太子府)에 2천곡을 위시해 여러 종친, 재추(宰樞)들, 문무백관들로부터 서리에 이르기까지의 관리들, 군졸들, 조예(皂隷)들, 동리 사람들에게 차등있게 나누어 주었는바, 최저 3곡이었다. (중략) 최의가 기르던 말은 문무관 4품 이상에게 나누어주었다. 3품관에게는 더 주었다. 그리고 낭장 박승개를 경상도로, 내시 전종을 전라도로 보내어 최의와 만종의 노비, 전장(田莊), 은백(銀帛), 미곡을 몰수했다."

전에 다른 사찰에 침구했다는 기록이 없다. 물론, 실제로 왜구가 침구했음에
도《고려사》에서 왜구의 침구 기사가 누락되었을 가능성도 있을 것이다.
예를 들면, 경주 월성사 감은사지(感恩寺址)에서 출토된 금고에는 다음과
같은 명문(銘文)이 전해진다.[43]

> (後面口緣陰刻)
> 至正十一年辛卯十二月初三日鷄林府地感恩寺飯子入重三十三斤住持大師虫
> 都臣代飯子小鐘禁口木乙造成爲乎 ○ 叱段倭賊人木亦同年四月初七日右物之
> 乙偸取持去爲良在乙造成[44]

지정 11년(1351) 4월 7일 경주 감은사에 침구한 왜가 반자를 약탈해
갔으므로 같은 해 12월 3일에 다시 반자를 제작했다는 기사다. 이 사료는
왜구들이 절에 침입해 반자를 포함한 절의 물건을 약탈해 갔다는 점에서,
그리고《고려사》나《고려사절요》에서 누락된 왜구 침구 기사라는 점에서
매우 중요하다.[45] 따라서 '□福寺'의 명문이 있는 다구쓰다마 소재 반자가
승천부 흥천사가 아닌 다른 곳에서 약탈당했을 가능성도 완전히 배제할
수는 없을 것이다. 그러나 모든 반자의 지름이 30~40cm 정도에 지나지
않는 데 반해, 쓰쓰의 반자는 직경이 약 80cm나 되는 현존하는 최대 규모의
반자라는 점에서 당대 최고의 권력자 최충헌과 충선왕, 한국공주, 진왕(태정
제)의 원찰에 어울리는 물건이라고 할 수 있다. 그리고 추명(追銘)의 쇼헤이(正
平) 12년(1357) 10월 18일이라는 날짜 또한 〈사료 7〉의 침구 날짜(9월

---

43) 최응천, 앞의 〈高麗時代 靑銅金鼓의 硏究 — 특히 주조방법과 명문 분석을 중심으
로〉, 114쪽 참조.

44) 명문 중에 '爲乎'는 '~하므로' '叱段'은 '~인즉' '爲良在乙'은 '~하얏거늘'의
이두식 표기다. 최응천, 앞의 〈高麗時代 靑銅金鼓의 硏究 — 특히 주조방법과 명문
분석을 중심으로〉, 86쪽 참조.

45) 《고려사》는 충정왕 3년(지정 11, 1351) 4월부터 7월까지의 넉 달 동안의 기록이
없는데 이 기간에 해당하는 4월 초7일에, 왜구가 경주지방의 감은사에 침구했다는
사실이 이 금고의 명문을 통해 확인되는 것이다.

26일)와 근접하다고 하는 점에서 승천부 흥천사에서 약탈한 것으로 보는 것이 자연스럽다.

그러면 이 반자를 바친 오쿠라 쓰네타네(大藏經種)는 누구일까? 오쿠라 쓰네타네가 어느 곳에 거주하였고 어떤 인물이었는지 현재로서는 구체적으로 알 수 없다. 그리고 그가 공민왕 6년(1357) 9월 26일(무술일) 당시 승천부 흥천사에 침구한 왜구의 일원으로 가담하여 자신이 직접 노획한 반자를 다구쓰다마 신사에 바친 것인지, 아니면 다른 사람들로부터 사거나 얻어서 바친 것인지의 여부도 알 수 없다. 즉 오쿠라 쓰네타네가 당시 이 반자를 약탈한 장본인이라고 단정할 만한 확실한 근거는 없다. 또한 다구쓰다마 신사, 즉 당시의 쓰쓰의 관음당과 어떤 관련이 있었는지도 알 수 없다.

단 앞의 〈사료 2〉를 통해서 알 수 있는 것은 오쿠라 쓰네타네가 반자를 바친 이유인데, 동료들의 행위 때문에 생겨난 업보가 소멸되고 소원 성취를 기원하기 위해서였다. 그러면 이 반자는 흥천사에서 약탈된 뒤 다구쓰다마 신사에 바쳐질 때까지 얼마만큼의 시간이 소요되었을까? 다음 〈사료 8〉과 〈사료 9〉를 보자.

8. (윤9월) 임술일. 상장군 이운목과 장군 이몽고대를 보내어 왜적을 추격해 체포하라고 했다.[46]
9. (윤9월) 을축일. 왜적이 교동(喬桐)에 침입하였는데 이운목과 이몽고대가 비겁하게도 싸우지 않았으므로 그들을 순군(巡軍)에 가두었다.[47]

같은 해(1357) 9월 26일 왜구들이 승천부 흥천사에 침구한 뒤(〈사료 7〉), 약 한 달 정도 지난 윤9월 임술일(21일)에 고려조정이 왜적을 추격해 체포하라는 명령을 내렸고(〈사료 8〉), 사흘 뒤인 을축일(24일)에도 왜구들이 교동도를 침입하였음을 알 수 있다.[48] 〈사료 7〉과 〈사료 9〉의 왜구가

---

46) 《高麗史》 卷39, 世家 恭愍王 6年(1357) 閏9月 壬戌日條.
47) 《高麗史》 卷39, 世家 恭愍王 6年(1357) 閏9月 乙丑日條.

동일한 집단인지 아닌지는 알 수 없다. 그러나 〈사료 9〉에서 보듯이 왜구
선단을 격멸할 수 있거나 또는 적어도 그들을 추격해서 쫓아낼 정도로
강력한 수군(水軍)은 당시 고려에 존재하지 않았기 때문에 〈사료 9〉처럼
왜구가 수도 개성의 바로 눈앞에 위치한 교동도에 침구해도 고려 장수들은
감히 싸우려고도 하지 않았던 것이다.

  그리고 쓰시마에서 수도권 일대의 해역까지라는 장거리를 이동한 왜구
선단이 단 한 차례의 침구(〈사료 7〉)만 행하고 곧바로 퇴각했다고는 생각하
기 어렵다. 당시 왜구들은 고려에 일정 기간 체재하면서 침구를 반복하는
것이 일반적인 행태였다. 따라서 그들도 침구 목적을 최대한 달성하기
위해 일정 기간 이상 체재했을 것이다. 그들이 수도권 일대 해역에 체재하면
서 어떠한 행동을 하였는지는 구체적인 기록이 없어서 알 수 없다. 그렇지만
약탈의 효율성을 고려할 때, 아마도 여전히 수도권 일대 해역에 머물면서
인근 지방에서 약탈·방화·살인·납치 같은 행위를 자행하였을 것이다. 단지
그 구체적인 내용에 대해서는 고려가 정보를 입수하지 못했거나 또는 기록이
전해지지 않을 뿐이다.[49)]

  만약 〈사료 7〉과 〈사료 8〉의 왜구가 동일 집단이 아니라면, 9월 26일~10
월 18일까지 50일(3일＋29일＋18일)이 걸렸을 것이고, 동일 집단이라면
윤9월 24일~10월 18일까지 23일(5일＋18일)이 소요되었을 것이다. 이는
짧게는 23일, 길게는 50일 동안 '약탈－이동－기진'이 이루어졌음을 의미한
다.

  승천부 흥천사와 교동도에서 쓰시마까지의 거리, 풍향·조류·항해술·암
초·갯벌·식수 확보 등과 같은 조건에 제한되었을, 당시 선박의 해상이동

---

48) 이해 고려는 윤달이 9월, 일본은 6월에 윤달이 있었다. 이해의 윤달에 대해서는
  《史料綜攬》 卷6, 東京大學史料編纂所, 東京大學出版會 참조.
49) 이는 《고려사》 등 왜구 관련 사료를 보면, 왜구 규모를 구체적으로 기록하고
  있는 것은 드물며 대부분 언제 어디를 침공했다고 하는 식의 기록에 그치고 있음을
  봐도 알 수 있다.

속도 등을 고려할 때, '약탈—이동—기진'에 소요된 50일이라는 시간은 그렇게 길다고는 하기 어렵다. 하물며 23일은 더 말할 나위가 없다. 즉 오쿠라 쓰네타네가 흥천사에 침구한 왜구집단의 일원이었음을 증명할 수 있는 결정적인 자료는 없지만, 그들과 근접한 곳에 있으면서 밀접한 관계를 맺은 인물이라는 점에서는 이견이 없을 것이다. 대형 반자가 당시 침구했던 왜구와 무관한 집단 내지는 지역으로 옮겨진 뒤, 다시 왜구의 주요 근거지이며 집결지이자 통과지인 쓰시마, 그것도 쓰쓰와 같이 타 지역과의 교통이 극도로 불편한 곳에 위치한 작은 다구쓰다마 신사에 기진되었을 것이라고는 생각하기 어렵다.

그리고 〈사료 2〉의 '동료들(合輩) 때문에 생긴 업보(業因)'[50]라는 표현에 주목하고자 한다. 그것이 구체적으로 무엇을 의미하는지는 알 수 없다. 그런데 선행 연구에 의하면, 반자는 대중을 집합시키거나 진퇴(進退)를 지휘하는 용도, 그리고 공양시간을 알릴 때[51]는 물론 금광명경도량(金光明經道場)이나 독경할 때 없어서는 안 되는 의식 법구로 사용되었으며, 또한 이 금고 소리를 통해 고액(苦厄)을 멸하고 모든 죄를 참회토록 한 용도로 사용된 것임을 알 수 있다.[52]

《동문선(東文選)》권111의 〈흥국사금경설경소(興國寺金經說經疏)〉에는 "금고의 소리로 인해 탐욕과 애응(崖凝)을 참회하고 근심·걱정·두려움이 없어진다"고 했다. 이 내용은 금광명경(金光明經)에 등장하는 금고(金鼓)에 관한 기록과 일치된다는 점에서 주목된다. 즉《금광명최승왕경(金光明最勝王經)》참회품조(懺悔品條)의 "금고 소리가 참회게송(懺悔偈頌)과 같더라"는 내용과 "금광명고(金光明鼓)에서 나오는 묘한 소리가 삼천대천세계(三千

---

50) 미래에 선악의 업보를 받게 되는 원인, 또는 그러한 행위.

51) 황수영, 〈新羅·高麗在銘 禁口考〉,《海圓黃義敦先生古稀記念史學論叢》, 1960 ; 이재창, 〈麗代飯僧考〉,《佛敎學報》1, 동국대불교문화연구소, 1963 참조.

52) 최응천, 앞의 〈高麗時代 靑銅金鼓의 硏究—특히 주조방법과 명문 분석을 중심으로〉 참조.

大千世界)에 두루 퍼지고 능히 삼도극도(三塗極塗)의 죄와 사람들의 모든 고액을 멸한다"고 한 것은 이 금고 소리를 통해 듣는 이의 마음을 청정(淸淨)히 참회토록 하고 모든 고액(苦厄)을 소멸시켜 주는 용도로 사용된 것임을 밝혀준다.

이상과 같은 반자의 용도와 〈사료 7〉과 〈사료 9〉의 침구 기록, 그리고 〈사료 2〉의 '동료들(合輩) 때문에 생긴 업보(業因)'를 함께 생각한다면, 불교에서 말하는 업보를 받게 될 나쁜 행동, 예를 들면 흥천사 내지는 교동도에서의 살인·약탈 같은 행위를 의미하는 것이 아닐까? 물론 오쿠라 쓰네타네의 마음 속에 자리잡고 있던 업보가 반드시 '왜구 행위'의 결과라고 단언할 수는 없다. 그렇지만 이 대형 반자를 바친 곳이 '규슈 본토'가 아니라 국경의 섬 쓰시마, 그것도 '쓰쓰'라고 하는 특수한 곳에 위치한 '관음당'이었음을 생각하면 역시 왜구와 관련지어 생각하는 것이 더 설득력이 있을 것이다. 또한 청동제 반자의 표면에 자신의 소원을 새겨넣은 사실(〈사료 2〉)에서 그의 기원이 아주 절실한 것이었음을 짐작할 수 있다.

그리고 후술하는 바와 같이 오쿠라 씨가 쓰시마가 아닌 지쿠젠(현재의 후쿠오카 현 일대)을 주로 근거지로 하여 활약하던 무사단의 일원이었다는 사실 등을 고려해 보면, 대형 반자를 기진한 오쿠라 쓰네타네가 직접 당시 왜구의 일원으로서 현장에 있었을 가능성이 높다고 생각한다.

4. 오쿠라 씨 일족과 쇼니 요리히사

이미 언급한 바와 같이, 현재 오쿠라 쓰네타네가 구체적으로 어떤 인물이었는지에 대해서는 알 수 없다. 그렇지만 그가 속한 오쿠라(大藏) 씨가 어떤 성격의 혈연집단이었는지 검토해 보면 대강의 윤곽을 그릴 수 있을 것이다. 이하, 오쿠라 씨의 유래 및 헤이안―가마쿠라―남북조 시대에 이르는, 오쿠라 씨 일족의 거주지역 및 특성 등에 대하여 간단히 살펴보기로 하자.

오쿠라 씨 일족이 다자이후(大宰府) 기구로 진출한 것은 도이(刀伊)의 침구 이후인 조레키(長曆) 연간(1037~1340) 이후 현저해졌다고 한다. 이 경우, 다자이후 관내의 군향사층(郡鄕司層) 내지는 신흥세력이 다자이후 기구로 등용되었다고 볼 것인지, 아니면 중앙에서 내려온 하급관리가 토착한 것으로 볼 것인지에 따라 오쿠라 씨의 출자(出自)에 대한 견해가 나누어진다.[53] 어쨌든 11세기 중엽에 관내 각지에서 전개되는 장원·고쿠가 령(國衙領) 등에 오쿠라 씨가 다자이후의 관리로서 다양하게 관여하면서 세력을 규슈 각지로 확대해 나간 것은 의심할 여지가 없다.[54] 오쿠라 씨 일족은 오쿠라 쓰네타네(大藏經種)처럼 이름 중에 보통 '種(다네)'라는 글자를 지닌 경우가 많은데,[55] 그들은 939년에 일어난 소위 **덴쿄(天慶)의 난**(藤原純友の亂이라고도 함)을 계기로 규슈 지역과 관계를 맺게 된다. 즉 이 난을 진압하기 위해 오쿠라 하루자네(大藏春實)가 '추포산양남해양도흉적사(追捕山陽南海兩道凶賊使)'의 주전(主典: 4등관)으로 파견되어 활약해,[56] 941년 5월에 하카타에서 반란군을 격퇴한 공을 세워 주고이노게쓰시마노카미(從五位下對馬守)와 다자이타이겐(大宰大監: 다자이후의 3등관. 관내의 군사 경찰 업무 관할)에 임명된 것이다.

난을 평정한 뒤 하루자네의 자손들은 규슈에 토착해 다자이후의 부관직(府官職)을 세습한다. 하루자네 이후, 오쿠라 씨 일족은 하라다 씨[57]를 적류(嫡流)

---

53) 《太宰府市史》 中世資料編, 太宰府市史編纂委員會, 2002, 35쪽 참조.

54) 위의 《太宰府市史》 참조.

55) 부관(府官) 오쿠라 씨가 '種'자를 통자(通字)로 하는 것은, 종재(種材)의 계통으로, 《오쿠라 계도(大藏系圖)》에도 종재(種材)의 계보 중심이다. 하루자네(春實)에서부터 종재(種材) 사이에는, '種'을 通자로 하지 않는 사람도 있었을 것이며 또 '種'을 사용하지 않는 부관 오쿠라 씨도 존재한다. 藤野秀子, 〈大宰府府官大藏氏の研究〉, 《九州史學》 53·54, 1974 참조.

56) 《扶桑略記》 天慶 3年 11月條.

로 하여 아키즈키(秋月),[58] 에가미(江上),[59] 다지리(田尻), 미하라(三原),[60] 이타이(板井),[61] 미야케(三宅), 다카하시(高橋), 구사노(草野),[62] 도가미(砥上),[63] 하타에(波多江)[64] 등의 무사단을 형성해 갔다.[65]

후지노 히데코(藤野秀子)의 연구에 의하면, 오쿠라 씨 일족의 영지는 다음과 같은 특징이 있다고 한다. 즉, 영지가 주로 현해탄·아리아케카이(有明海)를 따라 분포되어 있어서 바다와 인접해 있다. 그래서 그들의 군사력은 해군력을 내포하고 있어 해외무역으로 재력을 축적하고,[66] 다자이후 관내, 특히 다자이후의 부관이라는 지위를 활용해 북규슈 지방 일대에 광범위하게 진출하여 거의 대부분 재청관인화(在廳官人化)하였다는 것이다.[67]

---

57) 오쿠라 씨 일족. 오쿠라 하루자네(大藏春實) 이래의 적류(嫡流)로 아키즈키(秋月)에 거주하며 다자이후 관리로 행정력을 지니며, 다네나오(種直)는 하라다노쇼(原田庄: 糸島郡) 등 3,700정보의 소령을 획득, 다자이곤노쇼니(大宰權少貳)에 임명되어 헤이케(平家)를 위해 북규슈 지방의 지반을 굳히는 중요한 역할을 행하였다.

58) 지쿠젠(筑前) 오쿠라(大藏) 씨 일족. 아마기시(甘木市) 아키즈키쇼(秋月庄)가 본거지.

59) 하라다(原田) 씨 일족. 하라다 야스타네(原田泰種)의 5세손으로 미즈마군에가미(三潴郡江上)를 본거지로 삼은 에가미 다네카도(江上種門)가 그 시조. 에가미(江上)에 거성을 쌓음.

60) 오쿠라 씨 일족. 지쿠젠(筑前) 미하라 군(御原郡) 미하라노쇼(三原庄: 福岡縣小郡市) 의 무사.

61) 부젠노구니(豊前國)에 토착해 재청관인(在廳官人)이 되었다. 다네토(種遠) 당시에 교토 군(京都郡) 이타이(板井)를 본거지로 삼아 그 소령이 지쿠조(築上)·교토·나카쓰(仲津)·다가와(田川)의 각 군에 분포하였다.

62) 고케닌(御家人)으로 지쿠고(筑後)의 미쓰이 군(三井郡) 기타노초(北野町)를 근거지 로 함.

63) 다자이후칸(大宰府官) 오쿠라 씨를 조상으로 하는 하라다·아키즈키·미하라(三原) 씨와 동족. 도가미시로효에노조다네스케(砥上四郎兵衛尉種祐)를 시조로 해, 야스 군(夜須郡) 도가미(砥上) 읍을 근거지로 하였다.

64) 지쿠젠(筑前) 시마 군(志摩郡) 하타에 촌(波多江村)을 본관으로 한 토호. 오쿠라 씨의 자손 하라다 씨를 조상으로 한다. 하라다 다네나오의 동생 다네사다(種貞)가 하타에 촌에 살게 되면서 하타에 씨를 칭했다. 남북조 시대, 다타라하마·오호바루· 조자바루(長者原) 등의 전투에서 남조(南朝)의 일원으로 활약하였다.

65) 이 중에서도 특히 하라다·아키즈키·다카하시의 3씨를 오쿠라 씨 3대 호족으로 평가한다.

66) 藤野秀子, 앞의 〈大宰府府官大藏氏の研究〉.

특히 적류(嫡流)인 하라다(原田) 씨는 규슈의 하라다노쇼(原田庄: 현재의 前原市 일대)에 거관(居館)을 축조해 그 지명을 따서 하라다 씨를 칭하며 자리를 잡게 되는데, 헤이안 시대 말기에 발생한 호겐(保元)·헤이지(平治)의 난 당시부터 하라다 씨 일족은 헤이(平) 씨와의 관계를 강화해 갔다. 에이레키(永曆) 원년(1160) 하라다 다네나오(原田種直)는 다이라노 기요모리(平清盛)의 장남 다이라노 시게모리(平重盛)의 양녀를 처로 맞이해 다자이쇼니(大宰少貳)에 임명되어 헤이 씨 정권의 일송무역(日宋貿易) 현지 책임자가 되어 크게 활약한다.

헤이 씨 정권의 중요한 군사 역할의 한 축을 담당한 하라다 다네나오는, 헤이케(平家)가 단노우라(壇の浦) 전투에서 패배해 멸망하자, 3700정(町)에 달하는 영지를 몰수당하고 가마쿠라에 잡혀가 감금당하는 신세가 되었다. 그렇지만 다네나오는 얼마 뒤 풀려나와 가마쿠라 막부의 고케닌(御家人)이 되어 쇼군 요리토모(賴朝)로부터 이토노쇼(怡土莊)를 하사받아 부활의 토대를 마련하였다.

몽골의 일본 침공 당시(1274년과 1281년)에도 하라다 씨 일족은 출전하여 일족이 전사하는 등 크게 활약한다. 남북조 내란 초기인 1336년에 쇼군 아시카가 다카우지(足利尊氏)가 정부군에 패배해 규슈로 도주했을 당시 하라다 씨의 가독(家督)은 다카우지 편에 가세했지만 그의 적장자는 적군인 남조의 기쿠치(菊池) 씨에 속해 싸웠다. 곧이은 다타라하마(多々良浜) 전투가 발생해 압도적으로 열세였던 다카우지가 승리를 거두고 곧바로 규슈를 장악한 뒤 교토를 향하여 진군할 때에 하라다 씨의 가독도 이에 가세해 상경(上京), 미나토가와(湊川) 전투에서 분전하여 다카우지의 교토 탈환작전에 공헌했다.

이상의 내용을 정리하면 대략 다음과 같다. 우선 오쿠라 씨 일족과 그 자손들이 주로 정착한 곳은 지쿠젠(筑前)·지쿠고(筑後)·히젠(肥前)으로 이들

---

67) 藤野秀子, 위의 논문.

지방은 다자이후가 위치한, 대략 오늘날의 후쿠오카 현 일대에 해당한다. 그런데 이들 지역은 바로 필자가 경인년 왜구(1350년)의 흑막(黑幕)으로 지목해 온 쇼니 요리히사의 주 근거지였다.[68]

쇼니 씨는 가마쿠라 시대 초, 무토 스케요리(武藤資頼)가 진제이부교(鎭西奉行)에 임명된 이래 지쿠젠·부젠·히젠의 소위 전삼국(前三國)의 슈고직(守護職)에 임명되었으며, 일시적이긴 했지만 지쿠고 지방의 슈고직도 맡았고, 이키와 쓰시마의 두 섬도 지배하는 지위를 지니고 있었다. 그러나 몽골의 일본 침공을 계기로 가마쿠라 막부의 실권자 호조(北條) 씨 일족이 규슈 지방으로 진출함에 따라 결국 지쿠젠과 이키·쓰시마 두 섬의 슈고직만 남기고 다른 지역의 슈고직은 박탈당하고 만다. 이처럼 막부의 규슈 지방 지배체제에서 쇼니 씨가 차지하는 지위는 시대가 내려오면서 점점 약화되어 갔다.[69]

남북조 내란기에 들어오면서 쇼니 씨는 지쿠젠을 중심으로 부젠·히고·쓰시마의 슈고직을 보유하게 된다.[70] 지쿠젠 지방은 쇼니 씨가 조상 대대로 전통적인 기반을 지니고 있던 지방이고, 부젠은 일시적이지만 슈고직을 지녔던 곳인데 호조 씨 일족에게 빼앗겼다가 회복한 것이었다.[71] 히고 지방은 주로 남조의 부대를 공격하기 위한 전략적인 목적으로 새로 임명된 곳으로, 상당히 착실하게 경영하고 있었다.[72] 쓰시마는 가마쿠라 시대 이래로 구축해 온 슈고 체제를 기반으로 해서 슈고다이(守護代)인 소(宗) 씨를 통해 배타적인 지배를 강화해 오고 있었다. 전국시대(戰國時代)에 쇼니 씨가 오우치(大內) 씨와의 싸움을 지속할 수 있었던 것은 바로 이

68) 이영, 〈고려 말 왜구의 실상〉, 《잊혀진 전쟁, 왜구—그 역사의 현장을 찾아서》, 에피스테메, 2007.

69) 川添昭二, 〈鎌倉南北朝時代における少貳氏の所領〉, 《九州中世史の研究》, 吉川弘文館, 1983.

70) 川添昭二, 위의 논문.

71) 川添昭二, 위의 논문

72) 川添昭二, 위의 논문.

쓰시마가 배경에 있었기 때문이다.[73)]

그런데 여기서 주목해야 할 것은 앞서 언급한 오쿠라 씨의 적류인 하라다 다네나오가 헤이안 시대 말까지 가지고 있던 3700정에 달하는 영지를 가마쿠라 막부가 몰수해서 쇼니 씨의 시조라 할 무토 스케요리에게 주었다는 사실이다.[74)] 뿐만 아니라 헤이안 시대 말까지 하라다 다네나오가 지니고 있던 다자이곤노쇼니(大宰權少貳)의 지위 또한 무토(武藤) 즉 쇼니 씨에게 넘어갔다. 다시 말하자면 오쿠라 씨가 헤이안 시대 말기까지 규슈 북부지역에서 누렸던 지위는 가마쿠라 시대에 들어오면서 쇼니 씨에게 넘어갔다고 할 수 있다.

하라다노쇼(原田庄)에는 쇼니 씨의 군사시설이 설치 운영되었으며 그것은 남북조 시대에 쇼니 씨의 지쿠젠 지방에서 중요한 군사적 거점이 되었다.[75)] 따라서 하라다노쇼에 대대로 거주해 왔던 오쿠라 씨 일족들은 쇼니 씨가 거느린 군사력의 일원이었을 것으로 생각된다. 쇼니 씨는 하라다 씨와의 결혼 등 여러 정책을 통해 가마쿠라 시대 동안 대략 하라다 씨 일족을 자신의 지배 하에 두었으며, 남북조 내란기에 들어와서도 하라다 씨 일족들은 쇼니 씨를 강력히 지지하게 된다.[76)] 물론 남북조 내란이 하라다 씨 일족에게 쇼니 씨의 지배로부터 벗어날 좋은 기회를 제공한 것도 사실이다. 간노(觀應) 3년(1340)이 되면 하라다 씨 일족은, 앞서 언급한 바와 같이 내부에 남북 양조에 대해 각각 계통을 달리하는 대립을 명확하게 드러내고 있다.[77)]

예를 들면, 쇼헤이(正平) 14년(1359) 7월의 지쿠고가와(筑後川) 전투[78)]

---

73) 川添昭二, 위의 논문.
74) 川添昭二, 위의 논문.
75) 川添昭二, 위의 논문.
76) 川添昭二, 위의 논문.
77) 川添昭二, 위의 논문.
78) 북조로 복귀한 쇼니 요리히사와 남조(정서부)의 기쿠치 다케미쓰가 결전을 벌인 전투. 이 전투에서 쇼니 요리히사 측은 패배하고 그 후 다자이후를 남조에게

당시에 미하라(三原)와 아키즈키(秋月) 등의 오쿠라 씨 일족이 쇼니 요리히사 측의 일원으로 참전하였음이 《태평기》에서 확인된다.[79] 그리고 당시 무사들이 남북조의 어느 쪽을 지지하고 있었는가는 어떤 연호를 사용했는가를 보면 알 수 있는데, 〈사료 2〉에서 보듯이 오쿠라 쓰네타네가 '쇼헤이(正平)'라는 남조의 연호를 사용하고 있었던 점이 주목된다. 그 무렵 쇼니 요리히사는 간노 원년(1350)부터 막부에 적대적인 입장을 취하다가 엔분(延文) 4년(1359)에 이르러 막부에 복귀하였으므로,[80] 쓰쓰의 다구쓰다마 신사에 대형 반자를 기진할 무렵에는 남조에 속해 있었다. 즉 대형 반자를 바친 오쿠라 쓰네타네는 쇼니 요리히사와 정치적인 입장을 같이하고 있었던 것이다.

그런데 흥미롭게도 이 두 사람은 또 다른 공통점을 지니고 있었다. 그것은 쓰네타네가 다구쓰다마 신사에 반자를 기진한 약 한 달여 뒤, 쇼니 요리히사 역시 승천부 흥천사에서 약탈해 온 고려의 금자묘법연화경을 덴만구에 기진한 사실이다. 필자는 이 사실을 근거로 별고에서 **경인년 왜구**의 흑막으로 지목한 쇼니 요리히사가 공민왕 6년 9월 승천부 흥천사에 침구한 왜구의 배후이기도 하다는 견해를 밝힌 바 있다.[81]

즉, 공민왕 6년 9월 당시 흥천사에 침구한 왜구들이 쓰시마 쓰쓰의 다구쓰다마 신사에 기진한 대형 반자 외에, 현재 규슈 사가 현(佐賀縣) 사가 시(佐賀市)의 구(舊) 나베시마 번(鍋島藩)이 소장하고 있는 금자묘법연화경(金字妙法蓮華經)도 약탈하여 약 한 달여의 시간적인 간격을 두고 각각 쓰시마의 다구쓰다마 신사와 규슈 본토의 덴만구(天滿宮)에 바친 것이다. 약 한 달여라고 하는 시간적인 간격은 '고려-쓰시마'와 '고려-규슈 본토'라는 거리 차이에 '쇼니 요리히사'와 '오쿠라 쓰네타네'의 사회적인 지위의 차이에서 오는 시간적 여유의 차이를 더한 결과로 생각할 수 있다.

점령당한다.

79) 〈菊池合戰の事〉, 《太平記》卷5, 新潮日本古典集成, 山下宏明 校注, 新潮社, 109쪽.
80) 山口隼正, 〈對馬國守護〉, 《南北朝期九州守護の硏究》, 文獻出版, 1989, 570쪽.
81) 이영, 앞의 〈고려 말 왜구의 실상〉.

그런데 오쿠라 쓰네타네가 다구쓰다마에 반자를 바치고 흥천사에 왜구가
침구한 지 약 3년이 되려는 시점인 쇼헤이 15년, 즉 북조 엔분(延文) 5년(1360)
8월에 쇼니 요리히사의 휘하에 오쿠라 쓰네타네와 비슷한 위치에 있던
오쿠라 씨 일족의 존재가 확인된다. 다음 사료를 보자.

(府)

10. 高木左近將監貞房依料所訴訟事, 參苻候, 可被經御沙汰候哉, 以此旨可有御
　　披露候, 恐惶 謹言,

　　(延文五年)

　　　　　　八月十二日　　　　　　　　　　　刑部丞經茂(花押)

(宗)

　　　進上 加賀大藏大夫殿[82]

이 사료는 다카기 사다후사(高木貞房)가 요소소송(料所訴訟)을 위해 다자
이후에 온 것을 쇼니 요리히사의 대관(代官)인 소 쓰네시게(宗經茂)가 전달한
교조(擧狀)다. 소 쓰네시게는 아시카가 다다후유(足利直冬)가 규슈를 떠난
뒤 "요리히사 휘하의 총관자(總管者)", "다자이후 부관(府官)"라고도 할 수
있는 입장에 있었는데, 이 교조를 받는 사람인 가가오오쿠라다이후(加賀大藏
大夫)는 다자이후의 쇼니 씨 휘하 부교닌(奉行人)으로 생각되며, 적어도
이 요소소송을 쇼니 요리히사에게 보고하는 입장에 있었음을 알 수 있다.
즉 이 '가가오오쿠라다이후'라는 인물은 다른 두 사료에서는 '가가구로도노
다이후(加賀藏人大夫)'라고도 보이는데,[83] 본명은 알 수 없지만 쇼니 요리히
사와 소 쓰네시게를 연결하는 밀접한 관계에 있던 오쿠라 씨 일족이었음을
알 수 있다. 그리고 소 쓰네시게가 '進上 加賀大藏大夫殿', '進上 加賀藏人大夫'
라고 하여 '진상'이라는 표현을 쓴 것이나, 또 '구로도다이후(藏人大夫)'라는

---

82) 〈宗經茂擧狀〉,《深堀文書》,《南北朝遺文》九州編, 4216号.

83) 〈宗經茂書狀案並高木貞房證狀〉,《肥前深堀文書》,《南北朝遺文》九州編 4208号 ;
　　〈宗經茂擧狀〉,《肥前深堀文書》,《南北朝遺文》九州編 4217号.

직책에서 유래된 호칭으로 볼 때 사회적인 신분이 결코 낮지 않은 인물이었다고 생각할 수 있다. 그리고 이 점은 오쿠라 쓰네타네가 비록 약탈해 온 물건이기는 하지만 최충헌과 충선왕 그리고 원나라 태정제의 원찰에 있던 대형 반자를, 그것도 자신의 소원(추명)을 새겨 기진했다고 하는 점에서도 '가가오오쿠라다이후'라는 인물과 그 지위를 비교할 수 있는 인물이라고 생각된다.

그런데 〈사료 2〉의 "종 한 개를 바친다. 그것은 동료들 때문에 생긴 업보가 소멸되고 마음 속에 바라는 바가 모두 이루어지길 기원한다"(奉懸鐘一口, 右志者爲, 合輩所成, 之業因悉, 皆消滅殊, 心中所願, 成就也, 正平十二(丁酉), 十月十八日, 大藏經種敬白)라고 하는 내용, 즉 '동료들 때문에 생긴 업보'라는 표현이 사실을 반영하는 것이라고 생각하면, 그는 설사 현장에는 있었다 하더라도 자신이 직접 약탈이나 살인, 방화 같은 행위를 자행한 것은 아니라고 생각할 수도 있다. 이 점 또한 그의 지위를 간접적으로 암시하는 것 같다.

일본에 현존하는 많은 고려시대 불교 관련 문화재 중, 어떤 경로로 일본에 전해지게 되었는지 알 수 있는 유래가 기록된 경우는 극소수에 달한다. 그런 가운데 쓰네타네가 기록을 남기고, 그것도 '가나(仮名)'가 아닌 한자를 사용해서 기록했다는 것은 그가 기록 일에 익숙한, 어쩌면 문서를 작성하고 전달하며 보관하는 것과 같은 일에 종사하는 상당한 학식을 갖춘 인물이었다는 사실을 보여준다고 할 수 있다. 이 점에서도 다자이후의 부관이며 쇼니 요리히사의 부교닌 '가가오오쿠라다이후'라는 인물과 유사하다고 할 수 있다. 이상과 같은 관련성의 연장선상에서 추론해 보면, 오쿠라 쓰네타네(大藏經種)의 '經(쓰네)'도, "요리히사 휘하의 총관자"이며 쓰시마의 슈고다이인 소 쓰네시게(宗經茂)가 그러했듯이, 요리히사의 부(父)의 이름 쇼니 사다쓰네(少貳貞經)의 '經'에서 따온 것으로 생각할 수 있다. 이렇게 본다면 오쿠라 쓰네타네는 〈사료 10〉의 '가가오오쿠라다이후' 내지는 '가가구로도다이후'

라는 인물처럼 쇼니 요리히사·소 쓰네시게와 밀접한 관계가 있었던 인물로
생각할 수 있다.

5. 결론

쓰시마 쓰쓰의 다구쓰다마 신사 소재 청동제 대형 반자의 원명(原銘)과
추명(追銘)을 검토한 결과, 이 반자는 고려 고종 32년(1245)에 최이의 집정기
관인 진양부가 부(父) 최충헌의 원찰인 창복사에 사용하기 위해 만든 것이라
는 사실을 밝혔다. 또한 그 반자는 최씨 정권의 붕괴와 더불어 국가에
몰수되었다가 이후, 충선왕과 그 부인 한국공주 그리고 충선왕의 장인이며
쿠빌라이의 적손자(嫡孫子)인 진왕(晉王)의 원찰인 흥천사가 세워지면서
옮겨진 뒤 공민왕 6년(1357) 9월에 왜구들에게 약탈당해 쓰시마 쓰쓰의
다구쓰다마 신사(당시의 관음당)에 바쳐진 것임이 밝혀졌다.

그런데 반자를 바친 오쿠라 쓰네타네는 **경인년 왜구**의 배후인 쇼니 요리히
사와 다음과 같은 점에서 밀접한 관련이 있는 것으로 생각된다. 즉 첫째,
쇼니 씨와 오쿠라 씨 일족은 그 본거지가 다자이후를 중심으로 한 북규슈
지역이라는 점에서 활동의 지역적 거점이 거의 일치한다. 둘째, 두 집안
모두 다자이후의 부관이라는 지위에 근거해 세력을 확장해 왔다. 셋째,
해외무역으로 재력을 축적했으며 또 군사력의 일부로 해군력을 내포하고
있었다. 넷째, 쇼니 씨의 영지 중 큰 비중을 차지하는 것이 바로 오쿠라
씨 일족을 대표하는 적류(嫡流) 하라다 씨의 3700정이었다. 다섯째, 하라다노
쇼(原田庄) 내부에 쇼니 씨의 군사시설이 설치되어 있어 하라다 씨 일족들이
쇼니 씨의 군사력에 포함되었다. 여섯째, 공민왕 6년(1357) 9월 승천부
흥천사에 왜구들이 침구했을 당시 오쿠라 쓰네타네가 쇼니 요리히사와
정치적인 입장을 같이하고 있었다. 일곱째, 흥천사에서 있었던 청동제 대형

반자와 금자묘법연화경을 약탈해 불과 한 달여의 시간적인 간격을 두고 각각 쓰시마의 다구쓰다마 신사와 규슈 본토의 덴만구(天滿宮)에 바쳤다.

이상의 관점에서 볼 때, 오쿠라 쓰네타네는 쇼니 요리히사의 휘하에 있던 북규슈 지방의 무사로 흥천사 침구 당시에도 참가했던 것으로 생각된다.

제9장

가라쓰(唐津) 가가미 신사(鏡神社) 소재 고려 수월관음도의 유래

1. 서론

현재 일본에는 다수의 고려·조선의 불교문화재가 전해지고 있다. 쓰시마의 경우에 한해서 보더라도 1998년 현재까지 한반도에서 전래된 것으로 확인된 불상만 무려 133개나 된다.[1] 이러한 일본 소재 고려 불교문화재에 관하여 지금까지 많은 연구성과가 있었지만, 거의 대부분 미술사적(美術史的)으로 접근한 것이었다.[2] 아직까지 이러한 문화재들이 언제 어떤 경로를 거쳐 일본에 전해지게 되었는지를 구체적으로 검토한 것은 구스이 다카시(楠井隆志)의 연구를 제외하고는 거의 찾아보기 어렵다.[3]

---

1) 對馬鄕土硏究會, 〈(長崎縣立對馬歷史民俗資料館開館二十周年記念)シンポジウム '對馬と韓國との文化交流史'〉, 《對馬風土記》 34号, 1998.
2) 이은희, 〈고려사경서체에 대한 고찰〉, 《불교미술》 6, 동국대학교박물관, 1981 ; 유마리, 〈고려 아미타불화의 연구－좌상을 중심으로〉, 《불교미술》 6, 1981 ; 문명대, 〈고려관경변상도의 연구〉, 《불교미술》 6, 1981 ; 동, 〈고려불화의 양식변천에 대한 고찰〉, 《고고미술》 통권 184호, 한국미술사학회, 1989. 12. 일본의 연구로는 平田寬, 〈鏡神社所藏楊柳觀音畵像〉, 《奈良國立文化財硏究所年報》, 昭和 43 ; 林進, 〈高麗時代の水月觀音図について〉, 《美術史》 102, 昭和 52 ; 權憙耕, 〈至元六年銘紺紙金字妙法蓮華經について〉, 《佛敎藝術》 113, 1977 ; 菊竹淳一, 〈朝鮮の仏像〉, 《對馬の美術》, 西日本文化協會, 1978 ; 同, 〈高麗時代觀音畵像の硏究〉, 《東アジアの考古と歷史(上)》, 岡崎敬先生退官記念論集, 同朋舍出版, 1987 등이 있다.

구스이는 고려시대의 불교미술이 서부 일본에 편재(偏在)하는 이유에 대하여, "종래부터 서부 일본을 거점으로 하는 왜구의 약탈품일 가능성이 있다고 보는 경향이 있다. 그 근거로서 고려·조선 전래 문물에 보이는 일본에서의 제2차 추명(追銘)에 14세기 후반의 것이 많은 점, 현 소재지 내지는 전래 이후 최초의 소재지가 규슈·주고쿠 지방 등 왜구세력의 거점이 었던 장소와 일치하는 것이 많은 점 등이다"[4]라고 했다. 그렇지만, 그는 "그러나 (14세기 후반은) 다른 한편으로 고려와 일본 간에 왜구대책에 관한 교섭이 단속적(斷續的)으로 행해지고 있던 시기이기도 했다는 것을 잊어서는 안 된다. (중략) 결국, 왜구의 약탈 행위에 의해 고려시대의 불교미술품이 상당수 일본으로 전래되었다고 언급하기에는 현 시점에서는 구체적인 기록자료가 너무나도 부족하다"[5]고 언급하고 있다.

그리고 일본의 중세대외관계사 연구의 대표자격인 도쿄 대학 교수 무라이 쇼스케(村井章介)는, 쓰시마에 전해지는 대다수의 불교문화재가 1400~1500년대에 건너온 것으로, 그 배경에는 조선왕조의 숭유억불(崇儒抑佛) 정책이 있었다는 견해를 피력하고 있다.[6] 과연 그럴까? 그런 가운데 최근 쓰시마의 최남단 쓰쓰(豆酘)의 다구쓰다마 신사(多久頭魂神社)에 소장되어 있는 현존하는 최대의 고려 청동제 반자(飯子)가 사실은 고려 무신정권의 수반인 최충헌의 원찰인 창복사(昌福寺)에서 사용할 목적으로 제작·기진되었고, 1357년 9월 승천부 흥천사에 침구한 왜구들에게 약탈된 것임을 밝힌 연구가 발표되었다.[7] 이는 위의 구스이·무라이 양씨의 견해와는 달리, 쓰시마를

---

3) 예를 들어 楠井隆志, 〈高麗朝鮮佛教美術傳來考〉, 《高麗·朝鮮の仏教美術展》, 山口縣立美術館, 1996을 들 수 있다.

4) 楠井隆志, 위의 〈高麗朝鮮佛教美術傳來考〉.

5) 위의 논문.

6) 對馬鄉土研究會, 앞의 〈(長崎縣立對馬歷史民俗資料館開館二十周年記念)シンポジウム'對馬と韓國との文化交流史'〉.

7) 이영, 〈쓰시마 쓰쓰(豆酘) 다구쓰다마 신사(多久頭魂神社) 소재 고려 청동제 반자(飯子)와 왜구〉, 《한국중세사연구》 25, 2008 (본서 제8장).

위시한 서부 일본에 전해지는 고려의 불교문화재들이 어떤 경로를 거쳐 일본으로 전해졌는지를 시사해 주는 중요한 연구라 할 수 있을 것이다.

제9장은 이러한 문제시각에 입각해 규슈 본토에 전해지는 고려불화를 대상으로 고찰해 보기로 한다. 현재 일본 규슈 가라쓰(唐津) 시의 가가미(鏡) 신사에는 세로 419.4cm 가로 254.2cm의 비단에 그려진, 현존하는 고려시대 불화(佛畵) 중 최대의 것이 전해지고 있다. 수월관음도(水月觀音圖) 또는 양류관음상(楊柳觀音像)으로 불리는 것이다(이하 편의상 '가가미 수월관음도'라고 한다).[8]

가가미 수월관음도는 장대한 규모, 아름다운 채색, 세밀한 부분에 이르기까지 치밀하게 묘사된 장식무늬 등에서 한국만이 아니라 중국과 일본을 포함한 동아시아에서도 가장 뛰어난 불화 중 하나로 일컬어지고 있다.[9] 또한 서구방필(徐九方筆), 즉 서구방이 그린 관음보살도보다 훨씬 풍만하고 보다 덕성스러우며 풍성한 얼굴, 시원한 눈매, 작은 입, 매력적인 코 그리고 풍만한 상체, 넓고 당당한 가슴, 둥글고 부드러운 어깨의 모습 등에서 매력과 자비가 충만한 관음보살의 모습을 보여주고 있다.[10] 즉, 다른 수월관음도에 비해 확연히 여성스러운 분위기를 자아내고 있다.

본 장은 이 '가가미 수월관음도'가 어떠한 시대적 배경 속에 그려지게 되었으며, 또 언제 어떤 경위를 거쳐 일본의 가가미 신사에 전해져 내려오게 되었는지에 대하여 고찰하기로 한다.

---

8) 이 가가미 수월관음도는 바닷가 바위 위에 앉아서 왼손 옆에 버드나무 가지를 물병에 꽂고 있다. 옛날 우리나라와 중국에서는 해안가 바위굴에 관음보살이 나타난다는 소위 보타락산(補陀落山) 신앙이 성행해 이런 종류의 그림이 많이 그려졌다고 한다. 약간 돌아앉은 자세로 건너편의 합장하고 있는 선재동자(善財童子)와 대각선 구도를 보여주는 것은 고려불화, 특히 수월관음도의 일반적인 경향으로 지적되고 있다.

9) 문명대는 이 가가미 수월관음도에 대하여 "고려 최대의 거작이기도 하거니와 뛰어난 기량 때문에 고려불화의 최고 명작이라 할 수 있다"고 평했다. 〈고려불화의 양식변천에 대한 고찰〉, 《고고미술》 통권 184, 한국미술사학회, 1989. 12.

10) 문명대, 위의 논문.

2. 수월관음도의 원주(願主) 숙비(淑妃)

이 가가미 수월관음도의 유래에 대하여 알려주는 중요한 사료가 있다. 그것은 에도 시대 말에 조선의 김정호처럼 일본 각지를 돌아다니면서 실제 측량을 통해 지도를 제작하였던 이노 다다타카(伊能忠敬)의 《측량일기(測量日記)》의 다음 기록이다.[11] 사료를 보자.

1. 9월 9일, 양사(兩社)[12]의 하이덴(拜殿)은 하나, 오미코시(御神輿)가 둘, 사자(獅子)가 넷, 어호첩렴(御戸牒簾)과 종루(鐘樓堂)가 한 채다. 보물로 양류관음상 한 폭이 있는데 그 길이가 1장 8척이고 폭이 9척으로 한 장의 비단에 그려져 있다. 이 그림은 ① 지대(至大) 3년(1310) 5월일에 왕의 숙비(淑妃)가 원주(願主), 즉 숙비가 지시해 화사(畵師) 내반종사(內班從事) 김우문(金祐文), 직대조(直待詔) 이계(李桂)·임순(林順)·송련(宋連), 색원외중랑(色員外中郎) 학승(鶴昇) 등 4명이 완성한 것으로, 지대(至大) 3년은 분카(文化) 9년(1812) 임신년에서부터 503년 전이다. 가가미 신사의 보물인 관음화상(觀音畵像) 한 폭에 부서(副書)되어 있다. 이 본존(本尊)은 ② 선사(先師)인 료가쿠(良覺)가 백방으로 노력해 구입해서 방중(坊中)에 안치한 것으로, ③ 가가미 신사의 성등정각(成等正覺) 차선사(次先師)의 이고득업(離苦得業) 및 양람이세(良覽二世)의 성취원만(成就圓滿)을 기원하기 위해 가가미 신사에 기진한 것으로, ④ 료겐(良賢)이 메이토쿠(明德)

---

11) 《伊能忠敬測量日記》卷4, 佐久間建夫, 文化 9年 9月 9日條, "九月九日, 兩社拜殿一宇, 御輿二, 獅子四, 御戸牒簾, 鐘樓堂一宇, 寶物楊柳觀音像畵一幅, 長一丈八尺, 橫九尺, 一枚畵絹. ①畵成至大三年五月日, 願主王叔妃畵師內班從事金祐文翰畵, 直待詔李桂同林順同宋連色員外中郎鶴昇等四人, 自至大三年距文化九年壬申五百三年, 副書鏡社御寶前觀音畵像一補, ②右件本尊者先師良覺廻隨分馳走買留奉安置坊中者也, ③雖然兩所尊廟宮成等正覺次先師以下爲難苦得末生天得殊良覽二世悉地成就圓滿也, 但此本尊者社家御燈坊可進退也, 仍寄進旨趣如件, 明德二辛未年十二月十二日, ④良賢敬白. (後略)."

12) 가가미 신사는 두 신(神)을 모시는데, 이치노미야(一宮)는 신공황후(神功皇后)를, 니노미야(二宮)에서는 후지와라노 히로쓰구(藤原廣嗣)를 각각 제신(祭神)으로 모시고 있다.

2년(1391)에 기진 취지에 대하여 기록하고 있다.

이상의 사료 내용을 통해 수월관음도는 1310년 5월에 제작되어 1391년 이전의 어느 시점에 이미 일본에 들어와 있었음을 알 수 있다. 그러면 여기서 등장하는 왕의 숙비란 어떤 사람일까?《고려사》에 왕의 어머니(母)는 왕태후, 본처는 왕후라 하였으며 첩은 부인(夫人)이라 칭하였는데 귀비(貴妃)·숙비(淑妃)·덕비(德妃)·현비(賢妃) 등이 있었으며 질품(秩品)은 다 정1품(正一品)이었다.[13] 여기서 말하는 지대 3년 당시의 왕의 숙비란 원래 충렬왕(1236~1308)의 부인으로 충렬왕 생존 시에는 숙창원비(淑昌院妃)로 불렸던 사람이다.《고려사》에는 숙비에 대해 다음과 같이 서술하고 있다.[14]

2. 숙창원비(淑昌院妃) 김씨는, 위위윤(尉衛尹)[15]으로 치사(致仕)한 양감(良鑑)의 딸로 자태가 아름다웠다. 일찍이 진사(進士) 최문(崔文)에게 시집갔다가 젊어서 과부가 되었다. 제국공주(齊國公主)가 사망하고 충선왕이 세자가 되매 행희(幸姬) 무비(無比)가 왕의 사랑을 독차지하는 것을 미워해서 이를 베어 죽인 뒤, 충렬왕의 뜻을 위해(慰解)하고자 하여 김씨를 들이고 뒤에 숙창원비로 봉했다.

충렬왕이 죽자, 충선왕이 빈전(殯殿)에 제사지내고 드디어 왕비의 오빠 김문연(金文衍)의 집에 행차하여 왕비와 함께 오랫동안 지내자 사람들이 처음으로 의심하였더니 십여 일 뒤에 김문연의 집으로 행차하여 김씨를 범했다. 얼마 후에 숙비로 진봉(進封)하니 ① 비(妃)가 밤낮으로 온갖 아양을 다 부리니 왕이 혹해 친히 정사(政事)를 돌보지 않고 드디어 명하여 팔관회(八關會)도 정지하였다.

원나라의 황태후가 사신을 보내어 왕비에게 고고(姑姑)를 내려주니, 고고라는 것은 몽골 부인들이 쓰는 관(冠)의 이름이다. 이때에 왕이 황후의

---

13) 《高麗史》 卷88, 列傳1 后妃1.

14) 《高麗史》 卷89, 列傳2 后妃2.

15) 위위윤(尉衛尹)은 의물(儀物)과 기계(器械)를 담당하는 위위시(尉衛寺)의 종3품 벼슬에 해당한다.

총애를 받았기 때문에 이것을 청했던 것이다. ② 왕비가 고고를 쓰고 원나라 사신에게 잔치를 베풀어 주니 재추(宰樞) 이하(以下)가 폐백(幣帛)을 가지고 왕비를 축하하였다. 일찍이 ③ 4월 8일에 등을 달 때에 후원(後園)에 화산(火山)을 만들고 현악기를 갖추어서 즐기니 그 노란색 주렴과 비단장막이 다 아랫사람들이 바친 물건으로, 이를 보는 사람들로 마치 시장터와 같았다. 사흘이 지나서야 파하였다. 왕비가 일찍이 모친상을 당했을 때에 재추를 맞이하여 향연을 베풀었다.

또 은자원(銀字院)에 나아가서 법회(法會)를 여니 재추들이 역시 이에 참여했다. 그때, 왕은 원나라에 있었는데 왕비가 혹은 원나라 사신에게 잔치를 베풀고 또는 박연폭포에서 놀기도 하고 또는 ④ 사원에 나아가서 승려에게 공양하는 등 출입에 법도가 없었고 거복(車服)과 의장(衣仗)이 공주(公主)와 차이가 없었다.

이 〈사료 2〉를 토대로 숙비 김씨에 대하여 정리해 보면 대략 다음과 같다.

첫째, 숙비는 언양 김씨라는 고려 후기의 명문집안 출신이었다. 언양 김씨 가문은 무신집권기에 들어와서 성장하기 시작한 무인가문으로 고종 당시의 유명한 장군 김취려(金就勵: ?~1234)의 아버지 부(富)에 와서 두각을 나타내기 시작하였다.16) 김취려는 고려 고종 때의 장군으로 당시 북방 국경지역에 침공해 온 거란군을 격퇴하는 큰 공을 세우고 시중(侍中)이 되었으며, 고종의 묘정에 배향되면서 고려 후기를 대표하는 귀족가문의 하나로 성장하기에 이른다.17) 그의 아들 전(佺)은 문하시랑 평장사에 올랐으며 전의 아들 중에 김양감이 있었는데, 김양감의 아들이 김문연이고 딸이 바로 숙비 김씨였다. 즉 숙비 김씨는 김취려의 증손녀에 해당한다.

김문연은 어려서 중이 되었다가 귀속(歸俗)했지만 나이 30세가 넘도록 자기 힘으로 출세하지 못했다. 그러다가 누이동생 숙창원비가 충렬왕의

---

16) 정용숙, 〈고려 후기의 異姓后妃〉, 《고려시대의 후비》, 민음사, 1992.
17) 언양 김씨 가문에 대해서는 박용운, 《고려시대사(하)》, 1987, 〈世系表〉가 있다.

총애를 받게 되자 동생 덕으로 여러 차례 승진을 거듭해 고관이 되었다.[18] 오빠 김문연과 절친한 사이였던 숙비[19]는 오빠의 출세를 위해 음양으로 영향을 미쳐 자신의 친정이 몰락하지 않도록 힘을 썼다.

둘째, 숙비는 충렬왕과 충선왕 부자 양대에 걸쳐 총애를 받았을 만큼 뛰어난 미모를 갖춘 매력적인 여성이었다. 〈사료 2〉의 ① "비(妃)가 밤낮으로 온갖 아양을 다 부리니 왕이 혹해 친히 정사(政事)를 돌보지 않고"라는 기록을 보면, 단순히 외모만 빼어난 것이 아니라 남자의 마음을 읽고 사로잡을 줄 아는 애교가 풍부한 여인이었던 것 같다. 그녀는 전남편(진사 최문)과 사별한, 즉 한 번의 결혼 경험이 있는 성숙한 여인이었다. 그런 그녀를 충렬왕의 비로 만든 것은 바로 충선왕이었다. 숙비를 부인으로 맞이했을 1297년 당시 62세의 충렬왕과 스무 살도 되지 않았을 것으로 생각되는 숙비와의 관계는 연령으로 보면 부부라기보다는 부녀관계에 가까웠다고 해야 할 것이다. 숙비를 총애한 충렬왕은 그로부터 11년의 여생을 거의 대부분 숙비와 보냈으며 충렬왕의 빈전(殯殿) 또한 숙비궁에 설치되었던 것[20]을 보면 숙비는 왕 노년의 총비(寵妃)였다고 할 수 있다. 그런데 충렬왕이 사망하자 곧바로 충선왕이 숙비 김씨를 범한 것을 보면 충선왕 역시 원래 처음부터 그녀의 미모에 반했던 것 같다.

셋째, 숙비는 정치적인 인물이었다. 그녀는 자신의 여성적인 매력과

---

18) 그 후 숙창원비가 또 충선왕의 총애를 받아 숙비로 책봉되자 김문연을 첨의중호(僉議中護)로 임명했다. 원나라에서는 신무장군(信武將軍), 진변만호(鎭邊萬戶) 벼슬을 주고 왕주호부(王珠虎符)도 주었으며 본국에서는 언양군(彦陽君)으로 봉하였다. 후에 독로화(禿魯花)를 데리고 원나라로 갔는데 원나라에서 또 진변만호부 달로화적을 더 주었다. 그 후 충숙왕 원년에 귀국하던 도중에 사망했다. 김문연은 위인이 활달하고 마음이 솔직하여 매번 숙비 곁에 있는 사람들이 지나치게 사치하는 것을 볼 때마다 그렇게 하지 못하도록 억제했다. 그의 시호는 영신(榮信)이라 하고 아들은 없었다. 《高麗史》卷103, 列傳16 金就礪傳 附 金文衍條.

19) 《高麗史》卷34, 世家34 忠肅王 元年 8月 甲申日條, "왕이 숙비궁에 가서 연회를 베풀었는데 숙비가 김문연의 죽음을 슬퍼하기 때문에 위로하기 위한 것이다."

20) 《高麗史》卷32, 世家32 忠烈王 34年(1308) 7月 己巳日條, "왕이 신효사에서 죽었다. 이날 밤에 숙비의 저택에 빈전을 만들었다."

왕비라는 지위를 적극 활용해 고려의 내정과 외교에 큰 영향을 미쳤다. 그리고 숙비는 자신의 마음에 들지 않는 관리의 직위를 강등시키거나[21] 원나라 사신에게 잔치를 베풀고,[22] 충숙왕의 공주를 모시는 궁녀들을 위해 잔치를 열고 선물을 주기도 하였으며[23] 몽골 종실 출신인 원나라 왕실의 황태후가 사신을 보내어 왕비에게 몽골 부인(夫人)들이 쓰는 고고(姑姑)라는 관을 내려줄 정도였다. 또한 충선왕 말년에 고려 출신의 환관 백안독고사(伯顔禿古思)의 모함으로 충선왕이 궁지에 처하자 숙비는 여러 신하들로 하여금 원의 중서성에 상서(上書)하게 하여 이를 호소하는 등[24] 적극적인 행동에 나서기도 했다.

넷째, 숙비는 열성적인 불교 신봉자였다. 그녀는 충렬왕이 살아 있을 때 승려 소경(紹瓊)을 궁중에 불러 화불(畵佛)에 점안(點眼)하고 화엄경을 전독(轉讀)하게 하였으며 충렬왕과 함께 보살계(菩薩戒)를 받기도 했다.[25] 보살계를 받았다는 것은 보살로서 지켜야 할 계율을 받았다는 뜻으로, 이는 왕과 숙비가 보살이 되었음을 의미한다. 충렬왕이 사망한 뒤 충선왕의 총애를 받게 되자, 숙비는 충선왕을 움직여 팔관회를 정지하게 했다. 과거 팔관회를 정지한 것은 국가재정을 절약하기 위한 경우가 대부분이었다.[26]

---

21) 숙비는 이혼을 모함하여 회주목사(淮州牧使)로 강등했다가 또 예주목사로 강등시켰다. 《高麗史》 卷108, 列傳21 李混傳.

22) 앞의 〈사료 2〉 참조.

23) 《高麗史》 卷34, 世家34 忠肅王 4年(1317) 閏正月 丙戌日條, "숙비가 공주를 초청하여 연회를 베풀고 공주의 시녀들에게 은과 비단을 각각 차등 있게 주었다."

24) 《高麗史》 卷108, 列傳23 金台鉉傳, "원나라의 중서성에서 명화상을 보내와서 황숙 진왕이 황제의 위에 오르고 상왕을 소환하였다고 말하였다. 재상이 숙비에게 잔치를 베풀었다. 숙비가 여러 신하를 시켜서 글을 원나라의 중서성에 올려 백안독고사가 상왕을 위해할 것을 꾸미고 그의 형 임서가 김지박의 패면을 강탈한 것 등의 죄를 고소하게 하였다. 김태현이 먼저 서명하였고 백원항, 박효수는 핑계하며 서명하지 않았다."《高麗史節要》, 忠肅王 10年(1323) 9月條.

25) 《高麗史》 卷104, 列傳17 韓希愈條, "(충렬)왕이 승려 소경을 궁중에 불러 화불에 점안하고 화엄경을 전독하게 하고 왕과 숙창원비가 보살계를 받으니 (후략)."

26) 팔관회는 연등회와 더불어 고려의 국가적인 양대 의식이었는데, 연등회가 오로지

그러나 그녀가 팔관회를 정지시키고자 한 것은 국가재정을 염려해서가 아니라 팔관회가 순수한 불교행사가 아니기 때문이었다. 숙비가 4월 8일(석가탄신일)에 등을 달 때는 후원(後園)에 화산(火山)을 만드는 등 화려한 행사를 사흘 동안이나 지속할 정도였다. 이것만 봐도 그녀가 국가재정을 염려해 팔관회를 정지시킨 것이 아님을 잘 알 수 있다. 그녀는 또 은자원(銀字院)에 나아가 법회를 열고 사원에 나아가 승려에게 공양을 하기도 했다.

다섯째, 숙비는 풍부한 재력으로 호사스러운 생활을 즐겼으며, 격식에 얽매이는 것을 싫어한 자유분방한 삶을 살았다. 그녀는 뇌물을 좋아했으며 화려하고 사치스러운 연회를 즐겨했다. 또 박연폭포에 가서 놀기도 하고 원나라 사신에게 잔치를 베풀고 출입에 법도가 없었으며 그 거복(車服)과 의장(衣仗)은 공주(公主), 즉 몽골왕실 출신인 충선왕의 정실 왕비, 계국대장공주(뒤의 한국장공주)와 차이가 없었다고 한다. 그래서 그녀의 오빠 김문연은 숙비 옆에 있는 사람들이 지나치게 사치를 하지 못하도록 했다.

이상 숙비 김씨의 인물상을 요약하면, 자신의 여성적인 매력과 충선왕의 총애를 받는 숙비라는 지위를 활용하여 정치에 영향을 미쳤으며, 격식에 얽매이지 않는 자유분방한 삶을 추구한 여성이었다고 할 수 있다. 특히 열성적인 불교신자였다는 사실이 주목된다.

3. 숙비 김씨와 순비 허씨

이상과 같은 숙비 김씨의 인물상을 토대로 가가미 수월관음도가 그려지게 된 동기와 시대 배경에 대하여 생각해 보기로 하자. 충렬왕 생전에 이미 왕과 함께 보살계를 받을 정도로 열성적인 불교신자였기에, 숙비가 궁정화가들에게 수월관음도를 그리게 한 것은 지극히 자연스러운 일이라 할 수

불교만의 행사였음에 반해 팔관회는 천령(天靈)·오악(五嶽)·명산(名山)·대천(大川)의 용신(龍神)을 섬기는 의식으로 구별되어 불교 이외의 것으로 인식되어 왔다.

있다. 그런데 여기서 주목하고 싶은 것은, 가가미 수월관음도가 앞에서도 언급한 것처럼 세로 419.4cm, 가로 254.2cm나 되는 대형 그림이라는 점이다. 현재 이 그림을 보관하고 있는 사가현립미술관에서도 적당한 전시공간을 확보하기가 쉽지 않다고 한다. 숙비가 이 정도로 큰 수월관음도를 그리게 했다면, 숙비의 관음보살에 대한 신앙심이 크게 고조된 특별한 사안이 있었거나 또는 그녀가 관음보살과 관련된 중요한 불교행사를 계획하고 있었다고 생각할 수 있다. 그림이 완성된 지대(至大) 3년 (1310) 5월일에 즈음해서 숙비를 중심으로 한 당시 고려조정에서는 어떤 일들이 있었을까? 숙비가 이 무렵에 와서 대형 수월관음도를 그리게 한 특별한 동기란 무엇이었을까?

이러한 의문과 깊이 관련되어 있을 것으로 여겨지는 한 사건이 있었다. 그것은 바로 충선왕의 또 다른 왕비 중 한 명인 순비 허씨와의 사이에서 왕의 총애를 독점하기 위해 경쟁하는 가운데 촉발된 갈등이었다. 당시 충선왕에게는 몽골왕실 출신의 계국대장공주 외에 몽골 여인인 의비(懿妃: 야속진), 정비(靜妃), 순화원비(順和院妃), 조비(趙妃), 순비(順妃)의 총 여섯 명의 왕비가 있었다. 여기에 선왕의 왕비인 숙비까지 자신의 후궁으로 맞이하였다. 이 왕비들 중 순비 허씨는 충선왕의 총애를 둘러싸고 숙비 김씨와 치열한 경합관계에 있었다. 그렇다면 순비 허씨는 어떤 사람이었을까? 그녀에 관해서는《고려사》에 다음과 같이 상세하게 서술되어 있다.

3. 순비 허씨는 공암현 사람이니 중찬(中贊) 허공의 딸이다. 일찍이 평양공 왕현에게 시집가서 3남 4녀를 낳았는데, 왕현이 죽은 후 충렬왕 34년에 충선왕이 그를 맞아들였으며 그가 왕위에 오르자 순비로 봉하였다. 그 후에 숙비가 왕의 총애를 받게 되었고 순비의 딸이 원나라 황태자에게 입시(入侍)하게 되었는데, 숙비를 모욕하려고 태자에게 청하여 숙비로 하여금 원나라 서울로 오도록 소환하였다.

그런데 중랑장 윤길보가 격구를 잘 하는 탓으로 태자의 궁에 출입하게

되었는데 그가 태자에게 청하여 숙비의 소환을 중지시켰다. 후에 원나라
에서 사신을 보내어 순비에게 고고(姑姑)를 주었으므로 백관들이 비의
집에 가서 연회를 열고 폐백을 올려 축하했다.

순비는 숙비와 사이가 나빴는데 이때에 왕이 숙비로 하여금 순비에게
가서 축하하라고 시켰더니 축하연이 끝나는 사이에 두 왕비가 다섯
번이나 의복을 갈아입으러 나갔으며 의복과 옷차림으로 서로 뽐내고
있었다. 충숙왕 후4년(1335)에 죽으니 원나라에서 완자(完者)를 파견해
회장(會葬)하도록 명했다.

순비 허씨는 공암 허씨 출신인데, 이 집안은 고려 초 이래로 관리를
배출하기는 했지만 이름 있는 명문은 아니었다.[27] 그런데 순비의 아버지
허공이 고종 말엽에 과거에 급제하고 정방(政房) 삼걸 중의 한 사람으로
손꼽힐 정도로 능력을 인정받으면서 승진을 거듭해 수상인 첨의중찬(僉議中
贊)에까지 이르렀다. 그는 가문의 배경이 아니라 자신의 재능으로 출세했으
며 또 그 자손들이 왕실과 거듭 혼인관계를 맺음으로써 고려 후기의 유력한
재상지종(宰相之宗)으로 인정받게 되었다.[28]

순비는 허공의 후처 소생으로 처음에는 평양공 현(元宗의 친조카)에게
시집가서 3남 4녀를 낳았는데 남편 사후 충선왕이 복위하면서 왕비가
되었다. 전 남편 소생의 딸 중에 한 명이 원에 출가하여 백안홀독 황후(伯顔忽
篤皇后)가 되었으며, 또 한 명은 원의 좌승상 길길반의(吉吉反懿)의 처가
되었고 또 한 명은 경양군(慶陽君) 노책(盧頙)에게 시집가서 그 손녀가 공양왕
의 순비가 되었다.[29] 원 간섭기, 고려의 공주 혹은 종실녀(宗室女)는 원나라
황실 혹은 재상 집안에 출가해 혼인을 통한 결합관계를 굳건히 하였던
것이다.[30] 원 간섭기에 순비 허씨의 딸이 당시 황태자(뒤의 원의 인종)의

---

27) 민현구, 〈고려후기 권문세족의 성립〉, 《호남문화연구》 6, 1974.

28) 정용숙, 앞의 《고려시대의 후비》, 302쪽.

29) 정용숙, 위의 책, 303쪽.

30) 유홍렬, 〈고려의 원에 대한 공녀(貢女)〉, 《진단학보》 18, 1957.

비(妃)가 되었다는 사실은 고려왕실 내에서 순비 허씨의 지위를 높이는데 큰 힘이 되었을 것이다.[31]

이처럼 순비 허씨의 집안 역시 언양 김씨에 못지 않았다. 또한 순비 역시 뛰어난 미녀였다. 익재 이제현은 그녀의 묘지명에 "비는 아리땁고 깨끗하며 아름다운 바탕이 선녀 같아서 달 아래 부는 옥퉁소가 진(秦)나라의 누대(樓臺)에서 우는 봉황새를 감동시키고, 물결에 일렁이는 비단 버선은 낙포(洛浦)에서 노는 용을 걸어오게 하듯 하였다"고 그 미모를 묘사하였다.[32] 그리고 남편 충선왕과의 사이도 아주 좋았다고 한다. 순비 허씨는 원의 후지원(後至元) 원년 을해년(충숙 복위4, 1335)에 나이 65세로 사망하였으므로[33] 1271년생임을 알 수 있다. 그렇다면 그녀는 스물아홉 살(1300년)에 전 남편 평양공 왕현과 사별하고,[34] 서른일곱(1308년)에 충선왕의 부인이 된 것이다.[35]

앞서 본 것처럼 충선왕의 비는 숙비 김씨를 포함해 모두 7명이었다. 그런데 그 중에서도 유독 숙비 김씨와 순비 허씨의 사이가 나빴던 이유는 무엇이었을까? 우선 두 사람의 공통점을 살펴보자.

첫째, 두 사람 다 뛰어난 미모를 지녔다. 동서고금을 막론하고 아름다움이

---

31) "서해도에 흩어져 떠나간 백성들이 많아서 고을이 텅빈 것이 5~6개 소나 되었다. 해주에서 관인을 정부에 바쳤으니 순정군 숙이 고을의 전지 5천여 결을 빼앗았기 때문이다. 숙은 그의 누이 백안홀독이 황제에게 총애를 받았으므로 궁액의 세력을 믿고 불법한 짓을 많이 하였으며, 왕을 보아도 역시 거만하여 예의가 없었다"고 하는 기사가 있다. 여기서 순정군 숙은 순비 허씨의 아들이다. 《高麗史節要》 卷24, 忠肅王 3年(1316) 夏4月條.

32) 〈왕의 순비 허씨의 묘지명〉,《益齋亂藁》卷7, 碑銘 / 고전국역총서《익재집(1)》, 민족문화추진회, 1979 참조.

33) 《高麗史》卷35, 世家35 忠肅王 復位 後4年 9月 甲辰日條.

34) 《高麗史》卷31, 世家31 忠烈王 26年 9月 丁巳日條.

35) 1308년 이전에 순비 허씨의 딸(백안홀독)은 이미 황태자의 첩이 되어 있었다는 점을 고려하면, 충선왕이 허씨를 순비로 삼은 것은 정략결혼적인 측면이 있었다고도 할 수 있다. 즉 허씨를 부인으로 맞이함으로써 그 딸을 통해 황태자를 움직일 수 있는 데 반해, 만일 허씨가 다른 사람의 부인이 될 경우에는 그 사람의 정치적 영향력이 커져 자신의 왕권이 위협당할 수도 있기 때문이다.

야말로 모든 여성들이 본능적으로 추구하는 최고의 가치라는 점을 생각하면, 두 사람의 갈등은 피할 수 없는 운명적인 것이었다고 할 수 있을 것이다. 더욱이 총애를 획득하고자 하는 충선왕이, 고려 국왕이며 원의 세조 쿠빌라이의 외손자로서 당시 원의 실권자 황태후 다기(答己)의 총애를 받고 황태자(뒷날의 인종)와도 절친한 사이로서 원 조정에서도 큰 영향력을 지닌 남자였기에 더더욱 양보할 수 없었을 것이다.

둘째, 두 여인은 거의 동시에 충선왕의 여자가 되었다. 충렬왕 34년(1308)의 《고려사》기록을 보자.

4. 10월 계사일(8일). 왕이 빈전에 제사지내고 이어 김문연의 집에 가서 숙창원비와 오랜 시간 상대하였는데 비는 김문연의 누이다.[36]

5. 10월 병오일(21일). 왕이 정안군 허종의 집에 가서 주연을 차렸다. 이날에 죽은 평양공 왕현의 처 허씨를 후궁으로 받아들였다.[37]

6. 10월 기유일(24일). 왕이 김문연의 집에 가서 숙창원비를 간음하였으며 얼마 후에 그를 숙비로 책봉했다.[38]

충선왕은 불과 사흘 동안에 허씨와 김씨를 차례로 부인으로 맞이했던 것이다. 두 사람 중 어느 한 사람을 먼저 부인으로 맞이한 뒤 일정한 시간이 지난 뒤 또 다른 한 사람을 후궁으로 맞이했더라면 두 사람 사이에 어느 정도는 심리적인 우열이 정해졌을지도 모른다. 그런데 두 사람 다 거의 동시에 충선왕의 여자가 되었다는 점에서 양보할 수 없는 라이벌 의식을 강하게 느꼈을 것이다.

셋째, 두 사람 다 명문집안 출신이었다. 이 문제를 좀 더 구체적으로 살펴보면, 숙비 김씨의 경우는 증조부 김취려(재상)와 조부 김전(문하시랑평

---

36) 《高麗史》 卷33, 世家33 忠烈王 34年 10月 癸巳日條.
37) 《高麗史》 卷33, 世家33 忠烈王 34年 10月 丙午日條.
38) 《高麗史》 卷33, 世家33 忠烈王 34年 10月 己酉日條.

장사), 그리고 부 김양감이 위위윤(尉衛尹) 벼슬을 한 데 비해 오빠 김문연은 특별한 재능이 없었던지 어려서 중이 되었다. 그 뒤 속세로 돌아왔지만 나이 30세가 넘어서도 스스로 출세하지 못하고 있었다. 숙비 자신도 결혼상 대가 진사 최씨라고만 기록되어 있는 것으로 볼 때 시집이 그다지 권력의 핵심에 위치한 집안은 아니었을 것으로 생각된다.

반면에 순비 허씨의 집안은 앞서 보았듯이 순비의 부(父) 허공 때에 와서 수상(僉議中贊)이 됨으로써 갑자기 명문가가 되었다고 할 수 있다. 순비 허씨의 첫 남편이 왕족인 평양공 왕현이었다는 사실도 숙비 김씨의 전 남편 진사 최문과 극명한 대조를 이룬다고 할 수 있다. 두 사람의 대결의 이면에는, 기울어가는 친정 집안을 다시 일으켜 세우려는 숙비 김씨와 새롭게 명문가로서의 지위를 굳히고자 하는 순비 허씨의 경쟁이라는 성격도 있었을 것이다.

넷째, 순비와 숙비의 연령이 거의 동년배로 여겨지고 있다. 숙비의 출생 및 사망 연도에 대해서는 《고려사》 사료가 일부 일실(逸失)되어 정확히 알 수 없다.[39] 그러나 숙비의 친오빠 김문연이 충렬왕 28년(1302)의 시점에 나이 서른이 넘었다고 한 것으로 볼 때,[40] 동생인 숙비 김씨는 30세 내지는 28~29세 정도였다고 볼 수 있다. 순비 허씨는 이 시점에 31세였다. 그렇다면 숙비와 순비는 나이도 거의 비슷한, 어쩌면 동갑일지도 모른다. 이 점 또한 두 사람의 라이벌 의식을 더욱 강화시켰을 것이다. 참고로 충선왕은 충숙왕 12년(1325) 5월에 51세의 나이로 사망했으니,[41] 1302년의 시점이라

---

39) 숙비 김씨에 관한 기록이 《고려사》에 보이는 것은 충숙왕 원년 8월 갑신일조에, "왕이 숙비궁에 나아가서 잔치하니 비가 문연의 죽음을 슬퍼하기 때문에 이를 위로하기 위한 것이었다"라고 하는 것이 마지막이다. 이후 숙비에 관한 기록은 보이지 않는다.

40) 충숙왕 원년(1314) 6월에 김문연이 사망했는데 이 당시의 《고려사절요》 기사를 보면 "나이 30이 넘도록 관직에 임하지 못했는데 여동생 숙비가 총애를 받게 되면서 첨의부와 밀직사 2부에 갑자기 뛰어올랐다"고 되어 있다(충숙왕 원년 6월조). 그런데 《고려사》 충렬왕 28년 6월 경진일조에 김문연을 군부판서(軍簿判書)에 임명했다고 하는 기록이 보인다.

면 28세였다. 따라서 순비 허씨는 충선왕보다 4세 연상녀이며 숙비 김씨 역시 이와 근접한 연령이었을 것이다.

다섯째, 두 사람은 사돈관계였다. 즉, 순비 허씨의 언니가 숙비 김씨의 숙부인 김변의 부인이었으므로 둘은 전혀 생면부지(生面不知)의 남남이 아니었다. 김변은 일찍이 충렬왕이 세자로서 원에 들어갈 때 그를 수행해 큰 공을 세워 충렬왕이 "비록 죄가 있어 열 번 잘못하더라도 아홉 번은 용서할 것이요, 자손에 이르도록 그와 같이 할 것이다"라고 할 정도로 신임을 받았으며 벼슬이 첨의참리에 이르렀다.[42] 그렇지만 숙비 김씨의 입장에서 보면 숙부 김변의 출세가 반드시 좋게만 보이지는 않았을 것이다. 왜냐하면 당시 언양 김씨 집안의 장손(長孫)인 친정오빠 김문연은 나이 30이 넘도록 아무런 관직도 없는 상태였기 때문이다. 어쩌면 숙비 김씨에게 숙부 김변의 출세는 집안의 경사가 아닌 질투와 시기의 대상이었을지도 모른다. 그렇다면 순비 허씨가 김변의 처제라는 사실이 오히려 두 사람의 경쟁심에 불을 질렀을 수도 있다.

이렇게 보면 숙비 김씨와 순비 허씨의 갈등은 단순히 왕의 총애를 독점하기 위한 여성의 애정 다툼이 아니라, 우선은 두 여인의 미모 경쟁이었고 또 언양 김씨와 공암 허씨의 집안 경쟁이며, 나아가 권력투쟁의 성격을 띠고 있었다고 할 수 있다. 숙비 김씨와 순비 허씨의 갈등이 시작된 것은 앞의 〈사료 4〉·〈사료 5〉·〈사료 6〉에서 보듯이, 충렬왕 34년(1308) 10월부터 이미 시작되었다고 볼 수 있다. 그러면 이들의 다툼은 이후 어떻게 전개되었을까? 다음의 〈사료 7〉을 보자.

7. 충렬왕 34년(1308) 11월 갑자일(9일)에 팔관회를 정지하라고 명하였다. 전달 기유일(24일)부터 왕이 김문연의 집으로 옮겨 거처하였다. 앞서 숙비가 밤낮으로 아양을 부리니 왕이 매혹되어 친히 정사를 처리하지

---

41) 《高麗史》 卷35, 世家35 忠肅王 12年 5月 辛酉日條.
42) 《高麗史》 卷103, 列傳16, 金就礪傳 金賆.

아니하더니 이런 명이 있었다.43)

숙비의 영향력이 최초로 발휘된 것이 바로 〈사료 7〉의 "왕이 팔관회를 정지시켰다"는 기사다. 이후 숙비는 충선왕의 통치에 영향을 미치게 되었다.

> 8. 충렬왕 34년(1308) 11월 신미일(16일). 왕이 김문연의 집에 있었는데 백관들이 이현(梨峴) 신궁(新宮)에 모였다. 왕이 교서를 내리기를, (중략) 신라 왕손 김혼(金琿)의 일문은 역시 순경태후의 숙부 백부 되는 가문이다. 언양 김씨 일문과 정안 임태후의 일족, 경원 이태후, 안산 김태후, 철원 최씨, 해주 최씨, 공암 허씨, 평강 채씨, 청주 이씨, 당성 홍씨, 황려 민씨, 횡천 조씨, 파평 윤씨, 평양 조씨 등은 모두 누대 공신, 재상의 친척으로 대대로 혼인할 만하다. 남자는 왕실의 딸에게 장가들고 여자는 왕실의 비로 삼을 것이며44) (후략)

'이현(梨峴) 신궁(新宮)'이란 김문연의 집 근방에 위치한 궁으로, 충선왕이 숙비를 총애하게 되면서 새로 세운 궁인 것 같다. 이 궁에서 충선왕은 왕족과 결혼할 수 있는 고려의 명문귀족 집안을 발표했는데, 주목해야 할 것은 '신라 왕손 김혼(金琿)의 일문'을 필두로 내세우고 있는 사실이다. 〈사료 8〉에서 "순경태후의 숙부 백부 되는 가문"이라고 그 이유를 대고 있지만, 사실 김혼이 "숙비와 척당간(戚黨間)이 되고 또 숙비의 총애를 받아서 숙비를 섬기기를 매우 정성스럽게 하여, 만년에 벼슬한 것은 다 숙비의 힘이었다. 모든 관직에서 공적을 세운 것이 없다"45)고 한 데서 알 수 있듯이, 그 배후에 숙비의 입김이 크게 작용했음을 알 수 있다. 그리고 김혼 일족에 이어 언양 김씨를 두 번째로, 공암 허씨는 일곱 번째로 지적하고 있다. 이 시점에서 숙비는 충선왕의 총애 경쟁에서 순비 허씨보다

---

43) 《高麗史節要》, 忠烈王 34年 11月 甲子日條.

44) 《高麗史》 卷33, 世家33 忠宣王 元年 11月 辛未日條.

45) 《高麗史節要》, 忠宣王 3年 9月條.

유리한 위치에 섰음을 알 수 있다.

그러나 순비도 숙비가 만든 이런 상황을 순순히 받아들이지 않았다. 충선왕이 원나라로 떠난 뒤[46] 자신의 사위인 황태자(뒷날의 인종)를 동원해 숙비를 원의 수도로 소환하는 명령을 이끌어냈던 것이다.[47] 그 시점은 아마도 충선왕 원년(1309) 봄 정월 무신일에 원나라 황태자의 생일을 축하하기 위해 사절을 파견한 때[48]가 아니었을까 생각된다. 곧 이어 충선왕 원년(1309) 3월 무술일에 이현의 신궁을 헐어버리는데,[49] 바로 사위의 힘을 빌려 순비가 숙비 측에 일격을 가한 것이었다.

그런데 황태자의 숙비 소환 문제는 황태자와 친숙한 관계를 유지하고 있던 충선왕으로서도 가볍게 생각할 수 없는 문제였다. 이 문제는 충선왕에게 충렬왕 24년(1298)에 있었던 소위 '조비(趙妃) 사건'을 연상시켰을 것이다. '조비 사건'은 충선왕의 정비(正妃)라고 할 수 있는 계국대장공주(뒷날의 한국장공주)가, 왕비 조씨가 충선왕의 총애를 독차지하는 것을 질투해 원나라 황태후에게 편지를 보내서 "조비가 저를 저주하여 왕에게 저를 사랑하지 못하게 한다"고 모함한 것이었다.[50] 이 사건으로 조인규와 처, 인규의 아들들과 사위는 물론 그 아내까지 감금당하고 고문을 받았으며, 일족의 재산을 몰수당하고 마침내 원나라 사신이 조비까지 잡아갔다.[51] 문제는 여기에서 그치지 않고 충선왕의 퇴위와 충렬왕의 복위에까지 영향을 미쳤다. 이러한 선례를 생각하면 숙비의 소환 명령은 비단 숙비만이 아니라

---

46) "충렬왕 34년(1308) 11월 임신일(17일). 충선왕이 원나라에 가게 되어 제안대군 왕숙에게 정동성의 사업을 임시로 대리할 것을 명령하였다."《高麗史》卷33, 世家33 忠宣王 元年 11月 辛未日條.

47)《高麗史節要》, 忠宣王 元年 夏4月條.

48) "충선왕 원년(1309) 봄 정월 무신일(24일). 검교평리 김원상을 원나라에 보내어 황태자의 생일을 축하하였다."

49) "충선왕 원년(1309) 3월 무술일(15일). 이현의 신궁을 헐어버렸다."

50)《高麗史節要》, 忠烈王 24年 夏4月條.

51) 김상기, 〈원의 간섭과 충선왕의 이국(離國)〉,《신편 고려시대사》, 서울대학교출판부, 1986.

충선왕에게도 큰 근심거리가 아닐 수 없었다.

그런데 이 문제는 의외로 간단히 해결되었다. 충선왕 원년(1309) 여름 4월에 윤길보의 활약으로 순비의 사위인 황태자(뒤의 인종)가 내린 숙비 소환 명령이 취소되었던 것이다.[52] 윤길보의 형을 응양군의 상호군에, 길보는 중랑장에서 두 계급을 승진시켜 대호군으로 삼았던 것을 보면 당시 충선왕의 기쁨이 얼마나 컸는지를 잘 알 수 있다.[53]

4. 숙비 김씨와 홍천사

숙비 소환 문제는 해결되었지만, 숙비 김씨의 마음은 여전히 불안했을 것이다. 왜냐하면 순비 허씨의 딸 백안홀독(伯顔忽篤)이 황태자의 부인이라는 현실이 변하지 않는 한, 또 다시 이와 유사한 사건이 재발할 수 있었기 때문이다. 그리고 충선왕도 고려에서 멀리 떨어진 원나라에 체재하고 있었기 때문에 숙비로서는 안심할 수 없었을 것이다. 순비 허씨는 언제든지 다시 황태자나 황태후를 움직여 '조비 사건' 같은 사태를 일으킬 위험이 있었다. 실제로 숙비 소환 명령이 내려졌을 당시 황태자와 친한 관계였다고 알려진 충선왕조차 어찌할 바를 몰라 크게 근심하였다.

따라서 숙비로서는 고려왕실 내에서 자신의 지위와 입장을 강화시키고 궁극적으로는 황태자의 친모인 황태후를 자기편으로 만들어야 했다. 그러기

---

52) "여름 4월. 중랑장 윤길보를 대호군으로 임명하였다. 애초에 왕이 순비를 들였는데 뒤에 숙비가 총애를 받으니, 순비의 딸이 황태자에게 입시하여 숙비를 욕보이기를 꾀하므로 왕이 근심하였다. 그때 길보가 타구(打毬)로, 환자 백안독고사(伯顔禿古思)의 도움을 받아 동궁(東宮)에 출입할 수 있게 되었다. 왕이 그에게 차례를 뛰어 벼슬을 시킨 것이다."

53) 《高麗史》卷123, 列傳37 尹秀傳(吉甫), "왕이 기뻐하여 길보에게 말하기를, '너는 마땅히 너의 아비를 이어 반주가 되리라' 하거늘 길보가 사양하기를 '신은 나이가 젊으니 청컨대 신의 형에게 주옵소서'라고 하므로 이에 길손은 응양군 상호군, 길보는 대호군을 제수하였다."

위해서 우선 충선왕의 정치적 위상을 높이고 아울러 왕과 자신의 연대도 더욱 강화시켜야 했을 것이다. 이를 위해 숙비는 정치적 역량을 최대한 발휘해야만 했다. 그녀는 어떤 방법을 취했을까? 여기서 주목되는 것이 민천사(旻天寺)와 흥천사(興天寺)의 건립이다. 이 두 사찰은 충선왕대에 세워졌으며, '천(天)'자를 공유(共有)하는, 왕실과 관련된 유이(唯二)한 절이다. 즉, 민천사는 충선왕의 모친 제국대장공주(쿠빌라이의 친딸), 흥천사는 충선왕의 처남인 원의 진왕(晉王: 쿠빌라이의 장남 계통)과 계국대장공주, 그리고 뒤에 자신의 원찰이 되었다. 우선 민천사에 관하여 다음의 〈표 1〉을 보자.

〈표 1〉 충선왕의 민천사 관련 사료

	연월일	주요 사건
1	충선왕 원년(1309) 9월	왕이 명하여 수녕궁에서 승려 1만 명에게 밥을 먹이고 드디어 그 궁을 희사하여 절을 만들어 모후의 명복을 빌게 하고, '민천(旻天)'이라는 액을 하사했다. 시종하는 신하들이 왕의 뜻에 아첨해 간하는 자가 없었다.[54]
2	충선왕 3년(1311) 정월	왕이 명하여 "달마다 승려 3천 명을 민천사에서 공양하되 연말까지 기한을 삼으라"고 했다.[55]
3	충선왕 4년(1312) 8월	왕이 명하여 금자장경(金字藏經)을 민천사에서 쓰게 하여 모후(母后)를 추복(追福)하였다.[56]
4	충선왕 5년(1313) 정월	비로소 불상을 민천사에서 주조하였다.[57]
5	충선왕 5년(1313) 6월	상왕(충선왕)이 묘련사에 가서 제국공주의 초상에 참배하고 이어 민천사에 가서 백관을 모아놓고 원나라 황제가 왕을 책봉한 조서를 선포했다.[58]
6	충선왕 5년(1313) 9월	상왕(충선왕)이 민천사에서 중 500명에게 2일 동안 음식을 먹였다.[59]
7	동년(1313) 9월	상왕(충선왕)이 기유일에는 민천사에, 경술일에는 연복사에, 계축일에는 용천사에, 갑인일에는 안국사에 갔다.[60]

54) 《高麗史》 卷33, 世家33 忠宣王 元年 9月 甲辰日條.
55) 《高麗史》 卷34, 世家34 忠宣王 3年 正月 丁丑日條.
56) 《高麗史》 卷34, 世家34 忠宣王 4年 8月 甲戌日條.
57) 《高麗史》 卷34, 世家34 忠宣王 5年 正月 己未日條.

민천사로 삼은 수녕궁(1)은 충선왕의 모후(母后)인 제국대장공주가 살아 생전 기거하던 궁궐이었다.[61] 충선왕은 약 5년간의 재원(在元) 생활을 마치고 귀국하자마자 가장 먼저 모후의 원찰인 묘련사에 가서 참배하고, 이어 민천사에서 원나라 황제가 (충숙)왕을 책봉한 조서를 선포한다(5). 이러한 사실은 모후 제국대장공주를 통해 자신이 쿠빌라이의 외손자임을 강조함으로써 부왕인 충렬왕과 차별화하여 자신의 높아진 위상을 문무백관 이하 백성들에게 강조하려고 한 것이었다고 할 수 있다.

그러면 흥천사는 언제 건립되었을까? 다음의 〈사료 9〉를 보자.

> 9. 원나라가 내시 원사(院使) 이신(李信)을 보내어 흥천사를 보호하게 하였는데, 이는 진왕이 절을 자기의 원찰로 정하였기 때문에 진왕이 원나라 황제에게 요청하여 사람을 파견한 것이었다.[62]

이는 사료상에서 흥천사가 확인되는 최초의 것으로, 충선왕 3년(1311) 9월의 일이다. 이 내용만으로는 흥천사가 언제쯤 착공되어서 언제 완공되었는지 알기 어렵다. 그렇지만 원나라 황제가 사신을 파견해 진왕의 원찰로 정하였다는 사실을 알리러 올 정도였다면 이미 이 무렵에 완공되었거나 또는 완공에 가까운 상태였다고 해야 할 것이다. 절의 실체도 없는 때에 황제의 명령을 주청하였을 것으로는 생각하기 어렵기 때문이다. 그리고 충선왕 3년(1311) 12월에는 이미 흥천사에 승려들의 존재가 확인되는 것으로 보아[63] 흥천사는 〈사료 9〉의 시점에는 이미 완공되었다고 생각할 수 있다. 그런데 이 두 사찰은 모두 충선왕의 고려 부재시(不在時), 즉 왕의 재원시(在元

---

58) 《高麗史》 卷34, 世家34 忠宣王 5年 6月 癸未日條.

59) 《高麗史》 卷34, 世家34 忠宣王 5年 9月 乙未日條.

60) 《高麗史》 卷34, 世家34 忠宣王 5年 9月 己酉日條.

61) 《高麗史》 卷33, 世家33 忠宣王 元年 9月 甲辰日條.

62) 《高麗史》 卷34, 世家34 忠宣王 3年 9月 戊申日條.

63) 《高麗史》 卷34, 世家34 忠宣王 3年 12月 癸酉日條.

時)에 건립되었다는 점이 주목된다. 즉 충선왕은 즉위 직후인 1308년 12월부터 1313년 여름 4월까지 원에 체재했다.[64]

민천사는 〈표 1〉의 (1)에서 보듯이, '언제(충선왕 원년 9월), 누가(충선왕), 무엇을(민천사), 어디(수녕궁)에'라고 되어 있어서 충선왕의 명령으로 건립되었음을 알 수 있다. 그리고 "건축의 극치를 이루고, 구리로 본을 떠서 불상 3천여 좌(座)를 만들었으며, 금과 은가루를 아교에 녹여 경(經) 2장(藏)과 흑본(黑本) 50여 장을 썼고 (후략)[65]"라고 할 정도로 엄청난 재정이 투입되었음을 알려주는 사료도 남아 전해지고 있다. 반면, 흥천사는 '누가 언제 무슨 목적으로 사찰 건립을 생각했으며 언제 공사를 시작해서 언제 완공했다'는 기록이 전혀 보이지 않는다. 그런데 흥천사는 민천사에 대한 하액(下額) 후, 불과 2년 만에 건립되었음을 알 수 있다. 다음의 〈표 2〉를 보자.

〈표 2〉 숙비 소환사건 이후의 추이

	연월일	주요 사항
1	1309년 3월	원나라 태후의 오대산(五臺山)행에 충선왕이 수행.
2	1309년 3-4월	숙비 김씨의 대도(大都) 소환문제를 해결.
3	1309년 9월	수녕궁을 희사해 '민천(旻天)'이라는 액을 하사.
4	1310년 5월	숙비가 원주(願主)가 되어 수월관음도를 완성.
5	1311년 1월	원나라 무종 사망(황태후가 실권자가 됨).
6	1311년 2월	원나라 황태후가 숙비에게 고고 하사.
7	1311년 9월	원나라가 사신을 파견, 진왕(晋王)의 원찰 흥천사를 보호하게 함.
8	1311년 12월	원나라가 순비 허씨에게 고고 하사.
9	1311년 12월	숙비가 흥천사에 가서 승려들에게 음식을 먹임.

---

64) 《高麗史》 卷33, 世家33 忠宣王 元年 春正月 初一日條에 "왕이 원나라에 체재하였다"라는 기사가 있는 것으로 보아 전년 12월에는 이미 원나라에 있었음이 확인된다. 그리고 충선왕 5년(1313) 여름 4월에 충선왕과 계국대장공주, 그리고 충숙왕이 연경(燕京, 현재의 북경)을 출발해 고려로 귀국길에 오르고 있다(《高麗史》 卷34, 世家34 忠肅王 元年 夏4月 丙戌日條).

65) 《益齋亂藁》 卷9上, 世家.

〈표 2〉를 보건대, '수녕궁의 민천사 개조－수월관음도의 완성－흥천사의 완공'이라는 왕실과 관련된 두 불교 사찰의 건립과 초대형 불화(佛畵)의 제작이 불과 2년이라는 짧은 기간 내에 일련의 시간적인 연속성(근접성)을 가지고 이루어졌음을 알 수 있다. 그리고 무엇보다도 그 한가운데에 수월관음도 제작의 원주(願主) 숙비 김씨의 존재가 확인된다.

흥천사는 민천사와 더불어 충선왕대에 건립된 왕실과 관련된 유이(唯二)한 사찰이다. 그런데 흥천사의 중요성에 비해 그 건립과 관련된 기사는 빈약하다는 점이 두드러진다. 〈사료 9〉를 보면, 흥천사의 건립에 충선왕의 의지가 작용하였음을 짐작할 수 있다. 왜냐하면 당시 원나라에 체재하고 있던 충선왕을 통하지 않고는 흥천사가 처남인 진왕의 원찰이 될 수는 없을 것이기 때문이다. 그렇다면 흥천사 건립은 처음부터 충선왕이 생각해낸 것일까? 만약 처음부터 진왕의 원찰 건립을 생각해낸 사람이 충선왕이었다면, 원의 대도(大都: 북경)나 그 주변 지역을 선정하지 않았을까? 그렇게 하는 것이 처남인 진왕과의 유대를 강화하는 데도 실질적으로 도움이 되었을 것이다.

진왕의 원찰을 고려에 건립하고자 한 것은 앞에서도 언급한 것처럼, 충선왕의 지위와 위상을 제고·강화시키려는 정치적인 의도가 그 배경에 있었다고 봐야 할 것이다. 그렇다면 애초에 흥천사를 건립하고자 한 사람은 누구였을까? 여기서 고려시대 여성들의 종교활동에 관한 이혜옥의 언급에 주목해 볼 필요가 있다. 불교국가인 고려사회에서 신앙행위를 주도한 것은 주로 여성들이었다.[66] 고려시대 여성들은 대부분 독실한 불교신자였고 일상의 기원이나 재(齋)를 행하는 일에 중심이 되었으며, 신분을 막론하고 상제(喪祭) 때 불사(佛寺)를 찾아 재를 올리는 것도 주로 여성이었다.[67] "종교가 개인의 일상이나 사회 전반에 커다란 영향력을 발휘하고 있었던

---

66) 이혜옥, 〈여성의 경제관념, 부의 추구, 가정관리〉, 《고려시대 사람들의 삶과 생각》, 혜안, 2007.
67) 이혜옥, 위의 〈여성의 경제관념, 부의 추구, 가정관리〉.

고려사회에서 여성이 신앙행위를 주도하고 있었다는 것은 가정과 사회에서
여성의 정신적 권위 획득으로 이어졌으며, 그 결과 여성의 종교적 권위는
현실적 영향력으로 표출되었다"고 한다.[68]

충선왕의 재위 당시에 왕의 총애를 받으며 위와 같은 역할을 할 수
있었던 여인은 누구일까? 당시 고려왕실 내에서 민천사의 건립을 계획하고
이를 주도할 여성이 있었다면 누가 가장 어울리는 사람이었을까? 정실인
계국대장공주는 충선왕과 함께 원나라에 체재하고 있었다. 그리고 한때
충선왕을 폐위로 내몰았던 계국대장공주도 남편과의 사이에 애정도 없었고,
더욱이 원 무종 황제의 옹립에 공을 세워 정치적 위상이 높아진 충선왕에게
아무런 힘도 행사할 수 없었다.[69] 충선왕과 계국대장공주가 부재중이던
기간(1308년 12월~1313년 5월)은 물론 이후 충선왕이 사망할 때(1325년
7월)까지 고려왕실에서 최고의 지위를 지닌 여성은 바로 숙비 김씨였다.
다음의 〈표 3〉을 보자.

표에서도 알 수 있듯이, 충선왕은 1311년 2월에 숙비를 위해 황태후로
하여금 고고를 하사하게 했다(1). 그해(1311, 至大 4) 정월 초하루, 원나라
무종 황제가 아무런 질병의 조짐도 없이 갑자기 병이 들었고 그로부터
7일 후 사망했다.[70] 이에 황태후 '다기'가 실질적으로 원나라 황제와 다름없
는 실권자가 되었다. 바로 그런 황태후가 2월에 숙비 김씨에게 고고를
하사해 보내왔다.

---

68) 이혜옥, 위의 논문.
69) 이후 한국공주는 궁궐 잔치에 참여하거나 승려들을 공양하는 일상적인 행사만
   했을 뿐, 1315년 12월에 원나라에서 사망한다. 충선왕과의 사이에 자녀도 없었다.
70) 이 갑작스러운 무종의 죽음의 배후에 생모인 황태후와 친동생인 황태자가 있었을
   것이라고 스기야마(杉山)는 추정하고 있다. 杉山正明, 《'モンゴル'帝國の興亡(下)》
   (講談社現代新書), 1996, 184쪽 참조.

〈표 3〉 충선왕 생존시 숙비의 동정

	연월일	주요 사안
1	충선왕 3년(1311) 2월	원의 황태후가 사자를 보내와서 숙비에게 고고(몽골의 부인들이 머리에 쓰는 것)를 하사함. 그때 왕이 총애를 받았으므로 청하였던 것이다.[71]
2	동년(1311) 9월	계림군 김혼이 사망. 숙비와 척당 사이가 되었으며 또 총애를 받아 숙비를 섬기기를 매우 정성스럽게 하여 만년에 벼슬한 것은 다 숙비의 힘이었다.[72]
3	동년(1311) 12월	김문연을 언양군으로 임명했다.[73]
4	충선왕 4년(1312) 7월	왕이 명하여 숙비의 집을 삼현에 짓게 하였다.[74]
5	충선왕 5년(1313) 6월	상왕이 숙비와 순비를 시켜 공주를 금암역에서 맞이해 뵐 때 예물을 올리게 하고 재추들도 또한 이와 같이 했다.[75]
6	동년(1313) 11월	팔관회에 왕이 의봉루로 임어. 상왕(충선왕)은 왕사(王師) 정오 혼구와 더불어 누각 서쪽에 있었으며, 공주는 왕과 숙비와 함께 누각 동쪽에서 풍악을 구경하였다.[76]
7	충숙왕 원년(1314) 3월	숙비가 영안궁에서 공주에게 연회를 베풀었다.[77]
8	충숙왕 4년(1317) 윤정월	숙비가 공주를 초청하여 연회를 베풀고 공주의 시녀들에게 은과 비단을 각각 차등 있게 주었다.[78]
9	충숙왕 10년(1323) 9월	원나라 중서성에서 명화상을 보내와 황숙 진왕이 황제의 위에 오르고 상왕(충선왕)을 소환하였다고 말하였다. 재상이 숙비에게 잔치를 베풀었다. 숙비가 여러 신하를 시켜 글을 원나라 중서성에 올려 백안독고사가 상왕을 위해할 것을 꾸미고 그의 형 임서의 죄를 고소하게 했다.[79]
10	충숙왕 12년(1325) 7월	계림부원군 왕후, 밀직부사 이능간 등이 원나라에서부터 상왕의 영구를 운반해 돌아왔는데 백관들이 현관과 소복을 차리고 교외에 나가서 영접하여 숙비궁에 빈소를 차렸다.[80]

---

71) 《高麗史節要》卷23, 忠宣王 3年 2月條.

72) 《高麗史節要》卷23, 忠宣王 3年 9月條.

73) 《高麗史節要》卷23, 忠宣王 3年 12月條.

74) 《高麗史》卷34, 世家34 忠宣王 4年 秋7月 更子日條.

75) 《高麗史節要》卷23, 忠宣王 5年 6月條.

76) 《高麗史節要》卷23, 忠宣王 5年 11月條.

77) 《高麗史節要》卷24, 忠肅王 元年 3月條.

78) 《高麗史節要》卷24, 忠肅王 4年 閏正月條.

79) 《高麗史節要》卷24, 忠肅王 10年 9月條.

80) 《高麗史節要》卷24, 忠肅王 12年 7月條.

  '부인(夫人)'은 ① 제후(諸侯)의 정처(正妻) ② 황후(皇后), 왕후(王后) ③ 황후의 다음에 위치하며, 세부(世婦) 등의 위(上)에 있는 후궁의 부인(婦人), 천자(天子)의 첩을 의미한다.[81] 따라서 고고를 하사받았다는 것은, 숙비가 '원나라 황제의 첩(부인)과 동격(同格)'이라는 의미로도 해석할 수 있다. 이는 순비 허씨의 딸이며 황태자의 첩인 백안홀독과 동격 내지는 더 높은 지위라고도 해석할 수 있다. 〈사료 2〉의 "④ 출입에 법도가 없었고 그 거복(車服)과 의장(衣仗)이 공주(公主)와 차이가 없었다"고 한 숙비의 행동은 원의 실권자인 황태후로부터 고고를 하사받은 사실에 바탕을 둔 것으로 생각할 수 있다. 그리고 실권자인 황태후로부터 고고를 하사받았다는 것은 단순히 순비 허씨에 대해서만이 아니라 고려 국내에서 숙비 김씨의 정치적 입지가 크게 강화되었음을 의미한다. 그것은 〈사료 2〉의 "⑤ 왕비가 고고를 쓰고 원나라 사신에게 잔치를 베풀어 주니 재추(宰樞) 이하(以下)가 폐백(幣帛)을 가지고 왕비를 축하하였다"는 것을 통해서도 알 수 있다. 숙비 김씨의 기쁨은 말로 다 표현할 수 없을 정도였을 것이다.

  순비 허씨 또한 이를 좌시하고만 있었던 것은 아니다. 같은 해 12월에 원나라에서 사신을 보내 순비에게도 고고를 하사한 것이다. 순비 또한 저택에서 연회를 열고 관원들의 축하예물을 받았다.[82] 그러나 순비의 고고는 "순비가 화관(華冠)을 내리는 천자(天子)의 윤음을 받게 되어, 수레 타고 궁궐로 가 친히 조회하고"[83]라는 기술로 볼 때, 사위인 황태자(뒷날의 仁宗)가 보내온 것으로 생각된다.[84]

---

81) 《大漢和辭典》. 아울러 《高麗史》 后妃列傳에도 국왕의 첩을 '부인(夫人)'이라고 했다.

82) 《高麗史節要》 卷23, 忠宣王 3年 12月條.

83) 〈왕의 순비 허씨의 묘지명〉, 《익재집》.

84) 어쨌든 충선왕이 숙비로 하여금 순비에게 가서 축하하라고 시켰음에도 불구하고 축하연이 끝나는 사이에 두 왕비가 다섯 번이나 의복을 갈아입고 나오는 패션쇼를 벌일 정도로 미모 경쟁을 치열하게 전개했다. 이처럼 두 여인의 다툼은 원나라 황실까지 끌어들여 국제적으로 전개되었던 것이다.

계림군 김혼이 만년에 벼슬을 한 것도 숙비의 정치력 덕택이었다(2). 1311년 12월에는 숙비의 친오빠 김문연을 언양군에 임명되게 하였으며(3), 1312년 7월에는 숙비의 집을 삼현에 짓게 하는데(4), 이것이 아마 뒤에 숙비궁(淑妃宮)으로 불리게 된 것(10)으로 생각된다. 1313년 11월의 팔관회 때 숙비는 계국대장공주·충숙왕과 더불어 풍악을 관람하였고(6), 1314년 3월에는 충숙왕의 조국장공주에게 연회를 베풀었다(7). 그리고 1323년 9월, 충선왕이 티베트의 유배에서 풀려나자 재상이 숙비에게 잔치를 베풀 정도였으며 숙비는 충선왕을 위해(危害)한 자들에 대한 보복행위를 주도하기도 했다(9). 그리고 충선왕이 사망했을 때는 자신의 궁에 빈소를 차렸다(10). 반면 순비 허씨의 경우, 공식행사에서의 활동이 확인되는 것은 〈표 3〉의 (5)밖에 없다. 그 외에 의비·정비·순화원비·조비 등의 행적은 이 무렵 사료에 전혀 보이지 않는다. 이처럼 충선왕 생존 당시 실질적으로 정비의 역할을 한 것은 숙비 김씨였음을 알 수 있다.

이러한 그녀의 위상은 바로 원나라에 체재중이던 충선왕을 대신해 국내외를 불문하고 왕의 위상 제고와 입지 강화를 위해 노력한 그녀의 역할에도 기인한 바가 컸을 것이다. 그렇지 않고서야 약 5년이나 서로 떨어져 지낸 두 사람의 관계가 어떻게 지속될 수 있었겠는가? 〈사료 2〉의 ①에서 보듯이, 숙비가 충선왕을 움직여 국가의 중대 행사인 팔관회를 정지시킬 정도로 열성적인 불교신자였고, 또 충선왕을 통해 원나라 황태후로부터 고고를 하사하게 할 정도로 정치적인 인물이었던 점, 그리고 수월관음도의 원주가 숙비였다는 점 등을 생각하면, '민천사의 하액(下額)과 흥천사 건립'의 배후에 숙비 김씨의 의사(意思)가 개입되어 있었다고 단언해도 좋을 것이다.

그리고 무엇보다도 〈표 3〉의 (10) "충선왕의 영구를 운반해 숙비궁(淑妃宮)에 빈소를 차렸다"는 사실에 주목하고자 한다. 이는 숙비가 충선왕 장례식의 상주(喪主)였음을 의미한다. 그런데 충선왕이 사망하기 10년 전인 충숙왕 2년(1315) 11월에 계국대장공주가 원나라에 체류하던 중 사망했다.[85] 다음

해 2월에 공주의 상여가 고려에 도착해 공주의 궁궐인 영안궁에 빈소가
마련되었다.86) 계국대장공주(한국장공주)의 원찰도 또한 홍천사였던 것이
다. 그런데 다음 〈사료 10〉을 보면 홍천사는 '진왕 가문의 원찰'이었음을
알 수 있다.

　　10. 공주가 왕륜사에 가서 점등 행사를 하였으며, 갑오일에는 또 친정아버지
　　　　진왕의 죽은 날이었으므로 홍천사에 갔다.87)

　공주가 사망하기 약 1년 8개월 전인 충숙왕 원년(1314) 3월 "친정아버지
진왕의 기일(忌日)에 홍천사에 갔다"는 내용을 통해 홍천사가 당시의 진왕(태
정제)만이 아니라 '진왕 가문'의 원찰이었음을 알 수 있다. 진왕 가문의
원찰이라 함은 계국대장공주의 원찰이 될 것임을 의미하며, 이는 또 공주가
충선왕의 정실 왕비이므로 충선왕의 원찰이 될 것임을 말한다. 이렇게
생각하면 〈사료 9〉의 홍천사를 '진왕의 원찰화(願刹化)'한 것도 결국은
홍천사를 충선왕의 원찰로 만들려는 의도에서 행해진 것임을 알 수 있다.
　숙비와 홍천사의 특별한 관계는 다음 사료에서 볼 수 있다.

　　11. 계유일. 숙비가 홍천사에 가서 중들에게 음식을 먹였다.88)

　이는 충선왕 3년(1311) 12월 계유일에 있었던 일로, 원나라에서 홍천사를
진왕의 원찰로 정한 지 불과 3~4개월 뒤고, 또 수월관음도가 완성된 1310년
5월로부터 약 1년 6개월 뒤의 일이다. 같은 달에 순비 허씨에게 고고를
하사하기 위해 고려에 왔던 원나라 사신을 의식한 숙비의 행동으로 생각할

85)《高麗史節要》卷24, 忠肅王 2年 冬12月條.
86)《高麗史節要》卷24, 忠肅王 3年 春2月 更子日條.
87)《高麗史》卷34, 世家34 忠肅王 元年(1314) 3月 辛卯日條.
88)《高麗史》卷34, 世家34 忠宣王 3年 12月 癸酉日條.

수도 있지만, 수월관음도의 원주 숙비와 흥천사와의 특별한 관계를 의미하는 사료로도 생각할 수 있을 것이다.

5. 가가미 수월관음도와 흥천사

앞에서 수월관음도의 원주 숙비 김씨가 흥천사와 어떤 관련이 있는지를 고찰했지만, 그것은 어디까지나 명확한 사료적 근거에 토대를 둔 것이라기보다는 정황 증거에 의존한 것이었다고 할 수 있다. 여기서는 본 장의 주제인 가가미 수월관음도가 흥천사와 어떤 관련이 있는지에 대한 문제를 해결하기 위해 가가미 수월관음도의 일본 전래 경위에 대하여 생각해 보기로 한다. 가가미 수월관음도는 1310년 5월에 완성된 후 어디에 모셔졌을까? 일단 종교적 목적을 지닌 불화이므로 사찰에 있었다고 생각하는 것이 타당하다. 또 원주 숙비가 그림이 완성되었을 당시 충선왕의 부인이었으므로 충선왕과 관련된 장소에 있었을 가능성이 크다. 그리고 수월관음도라는 점을 생각하면 관음보살의 성지(聖地)에 어울리는 입지조건을 지닌 절이 그 소재지로 더 어울릴 것이다.

그러면 일본에 건너간 시점은 언제쯤일까? 〈사료 1〉 즉 "이 본존(本尊)은 ② 선사(先師)인 료가쿠(良覺)가 백방으로 노력해 구입해서 방중(坊中)에 안치한 것으로, ③ 가가미 신사의 성등정각(成等正覺) 차선사(次先師)의 이고득업(離苦得業) 및 양람이세(良覽二世)의 성취원만(成就圓滿)을 기원하기 위해 가가미 신사에 기진한 것으로, ④ 료겐(良賢)이 메이토쿠(明德) 2년(1391)에 기진의 취지에 대하여 기록하고 있다"에서 알 수 있듯이 수월관음도의 유래에 대하여 기록한 료겐(良賢)의 2대 전 선사인 료가쿠(良覺)가 매입한 것으로 기록되어 있다. 즉, 1391년보다 훨씬 이전에 일본에 전래되었음을 알 수 있다.

숙비 김씨의 생존이 확인되는 마지막 시점은 충숙왕 12년(1325) 7월이다.[89] 숙비가 생존해 있을 때 이 수월관음도가 일본에 팔리거나 주어졌을 것이라고는 생각하기 어렵다. 따라서 1325년 이후 1391년 이전의 어느 시점에 일본으로 전래되었을 것이다. 그런데 1274년과 1281년의 두 차례에 걸친 여몽연합군의 일본 침공 이후 양국 사이에는 군사적 긴장 상태가 이어져, 왜구 금압 요구를 목적으로 최초로 파견된 외교사절이 일본에 건너간 1366년까지 고려와 일본 사이에는 일체의 공식적인 교류가 단절된 상태였다. 이후 고려 멸망 시까지 모두 10차례의 사절 파견이 이루어졌으며,[90] 또한 일본으로부터의 사절 파견도 모두 22차례나 이루어졌다.

그러나 이러한 양국간의 외교사절이 왕래하던 때에 이 수월관음도가 일본에 전래되었을 것으로 생각하기는 어렵다. 왜냐하면 불교를 배척한 조선왕조와 달리 불교를 국교로 하는 고려왕조가 특별한 목적 내지는 사유 없이, 그것도 왕실과 관련된 초대형 수월관음도를 일본에 넘겨주었을 것이라고 생각하기 어렵기 때문이다.

가가미 수월관음도는 비공식적·비정상적인 경로, 즉 당시 횡행하던 왜구들이 약탈해 간 것으로 생각해야 할 것이다.[91] 예컨대 1350년(경인년) 이후부

---

89) "상왕(충선왕)의 영구를 운반해 숙비궁에 빈소를 마련했다"고 하는 내용이다. 《高麗史》 卷35, 世家35 忠肅王 12年 秋7月 癸酉日條.

90) 참고로 왜구 금압 요구를 위한 고려의 일본에 대한 사절 파견은 1366년(2회), 68년, 75년, 77년, 78년, 79년, 80년, 91년이다. 이 문제에 관해서는 이영, 〈14세기의 동아시아 국제 정세와 왜구-공민왕 15년(1366)〉, 《한일관계사연구》 26, 2007 참조.

91) 平田寬, 〈鏡神社所藏楊柳觀音畵像〉(《奈良國立文化財硏究所年報》, 昭和 43)에 이 가가미 수월관음도가 일본에 전래된 시기와 경위에 관하여 "본 그림에는 기진명(寄進銘)이 있어서 명덕(明德) 2년(1391) 승려 양현에 의해 가가미 신사에 기진되었음을 알 수 있다"고 하고, 또 "명덕 2년 이전의 남북조 시대에 특히 격심했던 왜구, 빈번하게 고려로부터 파견된 사절들이 일본으로 왔을 때에 가가미 신사를 포함한 마쓰우라 지방 사람들이 침구하거나 또는 사적인 무역 등을 통해 고려와 깊이 교류하고 있었음을 상정할 수 있는데, 그 기간 중에 문물도 건너온 것임을 충분히 상상할 수 있다"고 했다. 즉, 히라타(平田寬)도 가가미 수월관음도가 언제 어떻게 일본으로 전래되었는지를 규명한 것은 아니다.

터 1391년에서 거슬러 올라가는 어느 시점에 관음보살의 성지로서의 입지조
건을 갖추고 충선왕과도 특별한 관련이 있는 한 사찰에서 왜구들이 약탈해
간 것이라고 추정할 수 있다. 과연 이러한 시간적·공간적 조건에 모두
합치하는 절이 있을까? 이 문제와 관련이 깊을 것으로 생각되는 다음의
사료를 보자.

> 12. 무술일. 왜적이 승천부(昇天府)의 흥천사(興天寺)에 들어와 충선왕과
> 한국공주(韓國公主)의 초상화를 가지고 갔다.[92]

공민왕 6년(1357) 9월 무술일의 이 사료에서, 충선왕의 초상화가 있었던
것으로 볼 때 흥천사는 충선왕의 원찰이었음을 알 수 있다. 한국공주는
충선왕의 정비인 몽골 출신의 보다시리(계국대장) 공주의 별칭이다. 그런데
이 흥천사는 한국공주의 친오빠인 진왕(晉王)의 원찰이기도 했다.[93] 진왕이
란 원나라 세조 쿠빌라이의 장남 집안의 적장자가 계승하는 것으로, 최초의
진왕은 카말라(甘麻剌: 뒤에 顯宗으로 추존)였다. 1311년 당시의 진왕은
카말라의 아들로, 충선왕의 왕비인 한국공주의 오빠 예순테무르(也孫鐵木兒)
이며 훗날 원나라 제10대 황제 태정제(泰定帝: 1323~1328)가 되는 인물이다.
즉, 흥천사는 바로 원나라 왕실의 적장자 계통을 잇는 진왕 가문의 원찰임과
동시에 충선왕과 그 부인인 한국공주의 원찰이기도 했던 것이다. 이러한

---

92) 《高麗史》卷39, 世家39 恭愍王 6年 9月 戊戌日條, "戊戌, 倭入昇天府興天寺取忠宣王
及韓國公主眞而去." 공민왕 6년(1357) 9월 26일(무술일)에 일어난 이 사건은 당시
고려의 조야를 크게 놀라게 한 사건으로, 목은 이색의 《목은집(牧隱集)》제4권에도
"9월 16일에 입직(入直)하여 다시 앞의 운을 사용하다. 이날 밤에 왜적이 흥천사에
침범하였다"라고 기록하고 있다. 또한 충선왕을 오랫동안 모셨던 익재 이제현의
문집 《익재집》에도 〈충선왕의 영정을 해안사(海安寺)로 이안(移安)하다〉라는 제목
의 시가 남아 있는데, 이 시가 쓰여진 것은 무술년(1358)으로 바로 전년(1357)에
흥천사에 들어온 왜구들이 충선왕의 초상화를 약탈해 갔다고 하는 《고려사》
기록과 부합한다. 참고로 《신증동국여지승람》 권5, 개성부(開城府)조에 의하면
해안사는 고려 때 조종(祖宗)의 영정을 봉안하던 사찰로 기록되어 있다.

93) 《高麗史》卷34, 世家34 忠宣王 3年 9月 壬子日條.

내력을 지닌 사찰이었기에 다수의 보물을 소장하고 있었던 것으로 추정되며, 실제로 당시 흥천사에 침구한 왜구들은 충선왕과 한국공주의 초상화 외에도 쓰시마의 쓰쓰에 있는 다구쓰다마 신사가 소장하고 있는 현존하는 최대 규모의 고려제 청동 반자[94]와 나베시마 호코카이(鍋島奉効會) 소장 《감지금 자묘법연화경(紺紙金字妙法蓮華經)》 등도 약탈하였음이 확인되고 있다.[95]

그러면 이 흥천사는 과연 관음보살의 성지로서의 입지조건을 갖추고 있었을까? 먼저 관음보살의 성지로서의 지리적·지형적인 조건이란 어떤 것인가에 대한 문제를 생각해 보자. 관음을 설법하는 경전 중에 《묘법연화경 관세음보살보문품(妙法蓮華經觀世音菩薩普門品)》 제25는 널리 읽히던 근본 경전이다. 거기에는 현세에서의 관음의 공덕을 다음과 같이 상세하게 설명하고 있다.

13. 선남자(善男子)여. 만약 무량 백 천 만억 중생이 있어 온갖 고뇌 받는다 해도, 이 관세음보살 있음을 듣고 한마음으로 그 이름 부른다면, 관세음보살이 곧 그 음성 알아듣고서 그 고뇌에서 다 벗어나게 하느니라. 설사 이 관세음보살 이름을 간직하고 있는 사람은 큰 불 속에 들어가도 불이 태울 수 없나니, 이 보살의 위신력(威神力) 때문이며, 큰물에 표류한 대도 그 이름 부르면 얕은 곳에 닿게 된다. 무구청정(無垢淸淨)한 지혜의 빛 모든 어둠 깨트리며 풍재(風災)·화재(火災)를 없애고 세상을 밝게 비춘다. 계(戒)는 비(悲)의 모습이라. 우뢰로 울고 인자한 마음, 큰 구름 같아 감로(甘露)와 같은 비를 내려 번뇌의 불을 끄도다. 쟁송(諍訟)하는 관청이나 군진(軍陣) 속에서도 관음의 힘을 생각하면 모든 적이 다 물러가리라.

---

94) 이 문제에 관해서는 이영, 〈쓰시마 쓰쓰(豆酘) 다구쓰다마 신사(多久頭魂神社) 소재 고려 청동제 반자(飯子)와 왜구〉, 《한국중세사연구》 25, 2008 참조.

95) 이 문제에 관해서는 이영, 〈고려 말 왜구의 실상〉, 《잊혀진 전쟁, 왜구─그 역사의 현장을 찾아서》, 에피스테메, 2007 참조.

이처럼 다양한 공덕을 지닌 관세음보살을 모신 곳은 "큰물에 표류한대도 그 이름 부르면 얕은 곳에 닿게 된다"는 내용으로 인해 관음보살의 성지는 대개의 경우 바닷가에 위치하였다. 하야시 스스무(林進)의 관음보살 성지(聖地)에 대한 다음 언급을 살펴보자.[96]

관음이 사는 곳인 보타락산(補陀落山)을 언급하는 경전으로《대방광불화엄경입법계품(大方廣佛華嚴經入法界品)》을 들고 있는데, 이는 조상(造像) 특히 회화를 제작할 때 아주 중요한 경전이다. 이 입법계품의 경설(經說)에 따르면, 보타락산(補陀落山)은 남부 인도의 바위계곡(巖谷) 안에 있으며, 많은 성현이 살며 광명(光明)으로 가득해 나무의 꽃이 항상 피어 향기를 내뿜고 있다고 한다. 그리고 ① 맑은 연못가의 금강보석(金剛寶石) 위에 관음보살이 가부좌(跏趺坐)를 틀고 때로는 문수보살(文殊菩薩)의 지시에 따라서 구도(求道) 여행을 계속하는 선재동자(善財童子)의 방문을 받는다고 일컬어진다.

② 이 아름다운 선경(仙境)의 그윽한 느낌이 감도는 연못(幽池) 위에 마치 달처럼 아름답게 빛나며 현신(現身)하는 관음이야말로, 여기서 언급하는 수월관음(水月觀音)인 것이다. 당나라 말기부터 관음의 성지(聖地)로서 절강성 정해현의 동쪽 바다 속에 있는 주산열도(舟山列島)의 한 작은 섬이 일약 각광을 받게 되었다.

③ 이 섬은 보타산(普陀山)이라 부른다. 해상교통이 발달함에 따라서 바로 이 보타산이 그 요충에 해당하는 것에서, ④ 관음은 해난(海難)을 구하는 보살로서 항해자들 사이에 경앙(景仰)되었기 때문에 당나라 말기에는 이미 보타산 조음동(潮音洞)이라 불리는 바위굴에 관음상이 안치되어 신앙의 대상이 되었다고 한다.

이후 송나라 시대에 들어와 보타산의 관음신앙이 중국 각지로 퍼져 멀리 일본과 한반도까지 이르러 여기가 관음이 사는 곳이라고 하는 신앙으로 발전하게 된다. (중략)

⑤ (한반도의) 관음의 저명한 성지의 대부분은 해변 절벽에 있는 암굴(바위

---

96) 林進, 〈高麗時代の水月觀音図について〉,《美術史》 102, 1977.

굴)에 만들어져 있으며, 사람들로부터는 '관음굴'이라 불려, 지금에 이르기
까지 민중의 신앙을 얻고 있다.

이처럼 관음보살의 성지로서 지녀야 할 지리적·지형적인 조건은, 첫째
바닷가에 접한 해상교통이 발달한 요지(③)면서 항해의 위험이 높은 곳(④)
에 있어야 하며, 둘째 연못을 연상시킬 정도로 풍도(風濤)의 영향을 받지
않는 내해(內海)를 끼고 있어야 하며(①·②), 셋째 절벽에 굴이 있어야
하는 것을 들 수 있다.

이 같은 관점에서 볼 때, 흥천사는 바닷가의 연못처럼 작은 내해(內海)와
인접하고, 지금도 '절골(寺谷)'이나 '흥천포(興天浦)', '구사동(舊寺洞)' 등과
같은 지명을 전하고 있음을 확인할 수 있다. 또한 중국의 동쪽에 위치하고
있으면서 고려 수도 개성의 외항인 예성강에 근접한 곳으로, 전국에서
모여드는 조운선은 물론 중국을 왕래하는 선박들이 빈번하게 왕래하는
교통의 요지면서 예성강과 한강의 하구에 위치해 조수의 흐름이 급해[97]
해난 사고의 위험성이 매우 높은 곳이라 할 수 있다. 현재 북한에 속해
있으므로 현지에 절벽과 굴이 있는지 그 여부는 확인할 수 없지만, 흥천사의
지리적·지형적인 조건으로 볼 때 관음보살의 성지로서의 입지조건은 충분
하다고 할 수 있다.

이상 앞에서 제시한 세 가지 공간적 조건과 시간적 조건을 근거로 해서
수월관음도가 원래 있었을 것으로 추정되는 장소를 그림으로 표시하면
다음과 같다.

---

97) 흥천포에서 가까운 벽란도에 대하여 《新增東國輿地勝覽》 卷4, 開城府(上)에는
다음과 같이 언급하고 있다. "권근의 기문에, 송도(松都) 서북쪽 여러 골짜기 물이
모여 긴 강이 되어서 흘러 바다로 들어가는데, 그 나루터를 벽란이라고 한다.
국도(國都)에 가까우므로 건너다니는 사람이 많고 산에 가까우므로 강의 흐름이
빠르며, 바다에 가까우므로 조수가 세게 밀려서 건너는 이들이 매우 괴롭게 여긴다."

〈수월관음도가 있었던 곳으로 생각되는 장소〉

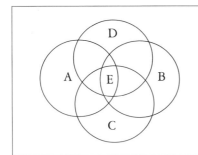

A: 사찰
B: 충선왕과 특별한 관계가 있는 곳
C: 관음보살의 성지로서의 입지적 조건을 구비한 곳
D: 1350~1391년 사이에 왜구가 침구한 곳
E: 흥천사

즉 이상과 같이 A·B·C·D의 네 가지 조건을 모두 충족시키는 곳이 바로 E(=흥천사)이며, 따라서 가가미 수월관음도는 사실 흥천사의 수월관음도였던 것이다.

6. 결론

일본 규슈의 가라쓰 시 소재 가가미 신사에 전해져 내려오는 고려의 수월관음도는 현존하는 그림 중에서 가장 크고 아름다운 그림으로 알려져 있다. 이 그림에 부서(付書)된 문장을 통해 당시 가가미 수월관음도를 그리게 한 원주가 충선왕의 부인 숙비 김씨였음을 알 수 있었다. 그런데 이 숙비 김씨의 행적을 《고려사》 기록을 따라 추적한 결과, 그림이 그려지게 된 배경에 숙비 김씨가 남편 충선왕을 둘러싸고 순비 허씨와 애정 다툼을 벌인 사실이 있었음이 드러났다.

1309년, 충선왕을 둘러싼 숙비 김씨와 순비 허씨의 총애 경쟁은 원나라 황실까지 끌어들여 숙비의 북경 소환이라는 형태로까지 발전하면서 더욱 복잡한 양상을 띠게 되었다. 특히 약 11년 전 충선왕의 왕위 박탈까지 초래한 조비 사건이라는 유사한 전례가 있었기에, 숙비 소환사건은 단순한

애정 다툼의 차원을 넘어 사건의 전개 여하에 따라서는 큰 정치적인 문제로
발전할 수도 있었다. 사건은 의외로 간단히 해결되었지만, 가가미 수월관음
도는 바로 이런 사건을 배경으로 하여 제작되었다.

가가미 수월관음도는 고려와 원나라만이 아니라 일본과도 뗄 수 없는
밀접한 관련을 지니고 있었다. 즉 가가미 수월관음도가 모셔져 있던 흥천사
는 원나라 진왕 가문의 원찰이면서 충선왕과 그 왕비인 한국공주의 원찰이었
다. 그리고 흥천사는 관음보살의 성지로서의 입지조건을 갖춘 바닷가에
위치하고 있었다. 그런데 1357년 9월에 왜구가 이 흥천사에 들어와 충선왕
부처의 초상화를 가지고 갔다는 기록이 남아 있다. 그때 가가미 수월관음도
도 약탈해 간 것으로 생각된다. 이것이 가가미 수월관음도가 일본에 전해지
게 된 배경이다. 그런데 충선왕은 여몽연합군의 일본 침공을 추진한 두
사람 즉, 원의 세조 쿠빌라이의 외손자였으며 또 고려 충렬왕의 아들이었다.

흥천사에 침구한 그 다음 해(1358)는 경인년(1350) 2월에 왜구가 재개된
이후 9년째에 해당하는 해다. 그런데 이해에 최초로 왜구가 원나라를 침구한
다. 이 사건과 전해에 왜구들이 흥천사에 침구한 것이 원나라에 대한 최초의
왜구 침구와 밀접한 관련이 있었을 것으로 생각된다. 만약 그렇다면 가가미
신사의 수월관음도는 고려와 원나라 그리고 일본 세 나라를, 그리고 **여몽연합
군의 일본 침공과 왜구**를 연결시켜 주는 매개자 같은 존재였다고 할 수
있다. 이 문제에 관해서는 다음 기회에 상론하기로 한다.

제10장

오호바루(大保原) 전투(1359)와 왜구

공민왕 6~8년(1357~1359)의 왜구를 중심으로

1. 서론

남북조 동란기(1335~1392)에 규슈에서 발생한 오호바루(大保原) 전투는 1359년(延文 4) 8월 6일부터 7일까지 이틀 동안 남조(宮方)와 북조(武家)의 무사들이 규슈 패권을 놓고 싸워 남조가 승리한 전투였다. 당시 무가 측의 대장(大將)은 쇼니 요리히사(少貳賴尙)였고 궁방(宮方)[1]의 대장은 가네요시 왕자(懷良親王) 및 기쿠치 다케미쓰(菊池武光)였다. 정서부는 그로부터 2년 뒤인 1361년 8월, 마침내 다자이후(大宰府)를 장악하는 데 성공한다. 그리고 1372년 8월 규슈탄다이(九州探題) 이마가와 료슌(今川了俊)에게 다시 다자이후를 빼앗길 때까지 11년 동안 정서부의 전성시대를 열었다. 반면, 쇼니 요리히사는 2년여 뒤인 1361년 말 일선에서 물러나 교토(京都)에서 은거한다.

이 전투는 남북조 내란기 규슈 지역에서 일어났던 최대 규모의 전투였다. 남북조 시대의 대표적인 사료이면서 아울러 군기문학(軍記文學) 작품인 《태평기(太平記)》는 정서부의 병력 4만 기(騎) 중 사상자가 대략 3천, 쇼니(少

---

1) 규슈의 남조세력. '정서부(征西府)'라고 하기도 한다. 본 장에서 '궁방', '정서부', 그리고 '기쿠치 씨'는 동일한 개념으로 이해해도 좋다. 이하 '정서부'로 통일하기로 한다.

貳) 측의 6만 기(騎) 중 사상자 2만 1천여 명이라고 기록하고 있다.[2] 이 전투의 현장인 지쿠고가와(筑後川)의 지류인 다치아라이가와(太刀洗川)와 호만가와(宝滿川)[3] 일대 유역 평야의 이름을 따서 '오호바루(大保原) 전투' 또는 '지쿠고가와(筑後川) 전투'라고도 한다. 또 당시 사료[4]에는 그 전장(戰場)을 오하라(大原)로 기록하고 있기 때문에 '오하라 전투(大原合戰)'라고도 한다.[5] 현재 이 지역에는 '대장총(大將塚)', '천인총(千人塚)', '오만기총(五万騎塚)' 등 당시 전사자들을 매장한 것으로 알려진 무덤들이 남아 있다. 또한 당시 부상당한 가네요시 왕자가 치료를 받은 신사 경내의 등나무(藤)를 지금도 '쇼군후지(將軍藤)'라고 부르고 있으며, 정서부의 대장 기쿠치 다케미쓰(菊池武光)가 야마구마바루(山隈原)의 작은 냇가(小川)에서 피 묻은 칼을 씻었다고 해서 '다치아라이가와(太刀洗川)'라고 불리는 하천도 있다.

그런데 지금까지 이 전투는 당시 동아시아 국제정세 특히 왜구와의 관련선상에서 단 한 차례도 고찰된 것이 없다. 필자는 고려 말, 즉 남북조 동란기에 왜구가 대거 침구해 온 배경으로 일관되게 소위 **경인년 왜구=쇼니 씨 배후**설을 주장해 왔다.[6] 그런데 앞에서 언급한 것처럼, 오호바루 전투의 무가 측 대장은 요리히사였다. '**경인년 왜구=쇼니씨 배후**'설이 타당하다면 오호바루 전투가 발생한 때를 전후해 고려에 침구한 왜구 역시 요리히사와 관련지어 설명할 수 있을 것이다. 만약 그렇지 못하다면, '쇼니 씨 배후'설은 설득력이 떨어진다고 해야 할 것이다. 본 장은 이러한 문제 시각에서 오호바루 전투와 왜구가 구체적으로 어떠한 관련이 있는지에 관해서 고찰하고자 한다.

---

2) 《太平記》卷33, 菊池と少貳と合戰の事, 小學館.

3) 도코가와(床河, 得川)라고도 한다.

4) 《志賀文書》;《太平記》卷33, 菊池と少貳と合戰の事.

5) 오하라(大原)란 오호바루(大保原), 오고오노(小郡野), 야마구마바루(山隈原)를 포함한 평야의 총칭이다. 杉本尙雄, 《菊池氏三代》, 吉川弘文館, 1966.

6) 이에 관해서는 본서 제1장 참조.

2. 관련 사료의 검토

오호바루 전투의 전말을 상세하게 기록하고 있는 것은《태평기》다.《태평기》는 문학작품이지만 남북조 동란기 중인 1371년에 서술된 것으로 이 시대의 사회를 이해하는 중요한 사료이기도 하다. 그러나 1차 사료가 아니며 복수(複數) 편자(編者)의 주관과 윤색 또 와전(訛傳) 등도 포함하고 있다. 또 무로마치 막부의 정치적 의도가 강하게 작용하고 있어서 충분한 사료 비판을 거쳐야 한다.[7] 다음에 이어지는 〈사료 1-A〉, 〈사료 1-B〉는 오호바루 전투가 일어나기 전의 상황을 묘사한 것으로 연속되는 내용이지만 지면 관계상 여기에서 다룰 내용과 직접 관련된 부분만을 발췌해 고찰하고자 한다.

---

7) 예를 들어 〈사료 1-A〉의 ⓐ에서 '이해 봄'이란 1358년(延文 3) 봄을 의미한다. ⓐ는 1355년 10월 규슈탄다이 잇시키 노리우지(一色範氏)가 규슈에서 쫓겨나 혼슈 나가토(長門)로 도주한 뒤의 상황을 묘사하고 있다. 그런데 ⓐ에서《태평기(太平記)》는 잇시키 씨가 교토로 돌아왔기 때문에 쇼니(少貳), 오토모(大友), 시마즈(島津), 마쓰라(松浦), 아소(阿蘇), 구사노(草野) 등 규슈의 무가 측 무사들이 모두 정서부(宮方)에 복종한 것으로 서술하고 있다. 그러나 1355년 당시 규슈에서 잇시키 씨를 나가토로 축출하는 데 가장 큰 역할을 한 것은 정서부 그리고 정서부와 연합한 쇼니 요리히사(少貳賴尙)였다(구체적인 내용에 관해서는 이영, 〈경인년(1350)-병신년(1356)의 왜구와 규슈 정세〉,《한국중세사연구》26, 2009. 4 참조). 그는 1352년 11월 24일부터 다음 해 2월 1일까지 약 60여 일에 걸쳐 자신의 거점인 다자이후에 인접한 고우라조(古浦城)에 농성해 잇시키 씨와 공방전을 벌였다(《北肥戰誌》3〈九州所々軍之事〉). 고우라조에 농성하면서 사투를 벌이던 그는 포위당해 곤경에 처하자 궁여지책으로 정서부의 핵심세력인 기쿠치 씨의 가독(家督) 다케미쓰(菊池武光)에게 원군을 요청했다. 다케미쓰는 대군을 이끌고 와서 포위당한 요리히사를 구출해 냈다. 위기에서 벗어난 요리히사는 너무 기쁜 나머지 다케미쓰에 대하여 "지금 이후 자손 7대에 이르기까지 기쿠치 집안 사람들을 향해 활을 쏘아서는 안 된다"라고 구마노(熊野)의 고오호인(牛王宝印)의 종이(料紙) 뒤에 피로 맹세문을 써서 건네주었다고《태평기》는 기록하고 있다(〈菊池合戰のこと〉, 山下宏明 校注,《太平記》5《新潮日本古典集成》, 新潮社 昭和 60). 이처럼《태평기》의 〈사료 1-A〉는 요리히사의 역할에 관해 틀리게 서술하고 있으며 인과관계(因果關係)가 전도(顚倒)된 것이라고 할 수 있다.

1-A. 이럴 때, 불가사의한 일이 일어났다. 그것은 ⓐ 이해 봄, 규슈탄다이(九州
探題)로서 쇼군이 지쿠시(筑紫)에 배치해 두었던 잇시키 사쿄노다이후
나오우지(一色左京大夫直氏)와 그 동생 슈리다이후노리미쓰(修理大夫範
光)가 교토로 돌아왔기 때문에, 쇼니(少貳), 오토모(大友), 시마즈(島津),
마쓰라(松浦), 아소(阿蘇), 구사노(草野)에 이르기까지 모두 궁방(宮方)에
복종해, 규슈의 9개 국 중에는 하타케야마 지부노다이후(畠山治部大輔)가
휴가(日向)의 무카사 성(六笠城)에 농성하고 있는 것이 유일하게 남아
있는 쇼군 측 병력이었다.

"하타케야마를 방치해 둔 채, 이제 쇼군이 사망하면 기쿠치가 더욱 기세를
올리고 반드시 교토를 공격하기 위해 상경할 것이라고 생각된다. 그렇게
되면 천하의 큰일이다. 서둘러 공격군 대장을 파견해야 할 것이다"라고
하고, 고(故) 호소카와 무쓰노가미 아키우지(細川陸奥守顯氏)의 아들,
ⓑ 시키부다이후(式部大輔) 시게우지(繁氏)를 이요노가미(伊予守)에 임
명해 규슈 대장으로 파견했다. 이 사람은 우선 사누키노구니(讚岐國)로
내려가 병선을 갖추고 군세를 모으고 있을 때에 ⓒ 엔분(延文) 4년 6월
2일 갑자기 병에 걸려 미쳐서 ⓓ 스스로 "나는 군대의 병량(兵糧)을
확보하기 위해 스토쿠인(崇德院)의 영지를 공격했기 때문에 그 벌로
중병에 걸리고 말았다." (중략) 병에 걸린 지 7일째 되던 날 오전 6시
경에, (중략) 이요노가미도 유키요시(行吉)도 동시에 죽고 말았다. 정말로
욕망으로 흐려진 말세(末世)라고는 하지만 불가사의한 일이었다.8)

우선 ⓑ를 검토해 보자. 여기서 '호소카와(細川) 시키부다이후(式部大輔)
시게우지(繁氏)'가 새로운 규슈탄다이로 임명되어 파견될 예정이었음을
알 수 있다. 호소카와 씨는 아시카가 쇼군 집안의 일족으로 헤이안 시대
말기경 분파된 서류(庶流) 중 하나다. 남북조 내란 당시 호소카와 씨 일족의
거점은 시코쿠(四國) 지방이었다.9) 시게우지는 시코쿠 중에서도 사누키노구
니(讚岐國)와 도사노구니(土佐國)의 슈고였다. 그는 사누키에는 슈고다이(守

---

8)《太平記》卷33,〈細川式部大輔靈魂の事〉(新編 日本古典文學全集57) 小學館, 1998.
9) 小川信,《人物叢書 細川賴之》, 吉川弘文館, 1972.

護代)로 아키쓰키 효에 뉴도 모리구니(秋月兵衛入道盛國)를 배치하고, 도사
(土佐)에는 1355년(文和 4) 9월부터 다음 해 10월경까지 직접 병력을 이끌고
가서 남조 병력과 싸우고 있었다.10) 그 후 일단 상경하여 '구국대장(九國(九州)
大將)'에 임명되어 규슈로 내려가기 위해 사누키로 돌아와 병력을 모으고
있었는데 1359년(延文 4) 6월에 사망했다고 전한다.11)

그가 정확히 언제쯤 규슈의 대장 즉 규슈탄다이에 임명되었는지 기록한
사료는 없지만, 전(前) 규슈탄다이 잇시키 나오우지(一色直氏)가 교토로 돌아
온 것이 1358년(延文 3) 봄이었음을 생각하면 시게우지의 임명은 나오우지의
귀경 이후의 일로 생각된다. 1358년(延文 3) 3월 10일경에 쇼군 다카우지가
서국(西國)으로 출정하겠다는 것을 요시아키라(義詮)가 말렸다고 하는 기사
가 보인다.12) 아마도 다카우지는 잇시키 나오우지의 귀경에 자극을 받고
이 같은 행동을 취했을 것으로 생각된다. 그러므로 그의 귀경도 3월 10일에서
부터 그리 오래 되지 않았을 것이다. 따라서 시게우지의 규슈탄다이 임명도
1358년(延文 3) 3월 10일 이후의 일로 생각된다. 그런데 그의 임명시기를
짐작할 수 있는 사료가 다음의 〈사료 2〉다.

2. 足利義詮御判御敎書
鎭西凶徒退治事, 已所差遣討手也, 相談同心之輩, 可致忠節之狀如件,
                              (足利義詮)
　　延文三年 六月卄一日   (花押)
　　(田原直貞, 正曇)
　　豊前藏人三郎入道殿13)

---

10) 小川信, 위의 《人物叢書 細川賴之》, 73쪽.
11) 주 8)의 《太平記》.
12) 《愚管記》同日條(《史料綜覽》 卷6)에 의함.
13) 〈延文三年六月卄一日 足利義詮御判御敎書〉, 《豊後竹田津文書》 南北朝遺文 九州
    編, 4049号.

이 문서는 무로마치 막부의 2대 쇼군 아시카가 요시아키라(足利義詮)가 1358년(延文 3) 6월 21일에 '진제이(鎭西)의 흉도(凶徒)'를 퇴치하기 위해 '이미 토벌부대(討手)를 파견하였으니 뜻을 같이하는 사람들과 협력하여 충절을 다할 것'을 명령한 문서다. 여기서 '진제이의 흉도'란 세이세이쇼군노미야(征西將軍宮) 가네요시(懷良) 왕자와 기쿠치 다케미쓰를 가리킨다. 그리고 이 명령서를 받은 사람인 부젠노구로도 사부로 뉴도도노(豊前藏人三郎入道殿)란 다와라 나오사다(田原直貞)로, 정담(正曇)은 그의 법명(法名)이다. 다와라 씨는 규슈의 웅족(雄族) 오토모(大友) 씨의 서가(庶家) 집안,[14] 즉 다시 말하자면 오토모 우지토키(大友氏時)는 다와라 씨의 소료(惣領)였다. 그리고 다와라 씨는 호코슈(奉公衆)로 불리는 막부의 직계 무사이기도 했다.

여기서 '토벌대(討手) 대장'을 새로운 규슈탄다이 호소카와 시게우지로 본다면 그는 1358년(延文 3) 3월 10일 이후 6월 21일 이전의 어느 시점에 규슈탄다이에 임명된 것으로 보인다. 그렇다면 〈사료 1-A〉에서 보듯이 그는 약 1년 뒤인 1359년(延文 4) 6월 2일에 병에 걸려 7일째 되던 날인 6월 8일 새벽에 사망하였으므로 규슈탄다이에 임명된 지 약 1년여 만에 사망한 것이라고 할 수 있다. 그런데 그가 규슈탄다이로 활동하였음을 보여주는 문서는 하나도 남아 있지 않다. 사망한 곳이 사누키(讚岐)인 것을 보더라도 아직 규슈에 진입도 하지 못한 채 사망한 것으로 보인다.

다음은 〈사료 1-A〉에 연속하는 부분인 〈사료 1-B〉를 보자.

> 1-B. 이요노가미가 스토쿠인(崇德院)의 영혼이 저주해 젊은 나이에 사망했다고 전해 왔기 때문에 사기가 꺾여서 거병할 기회를 찾지 못하고 있었다.[15] (중략)

---

14) 荒川良治, 〈今川了俊の失脚とその歴史的條件 — 大友親世との關係をめぐって〉,《九州史學》110, 1994. 6.
15) 앞의 주 8) 사료 참조.

여기서 "호소카와 시게우지가 사망했기에 사기가 꺾여서 거병할 기회를 찾지 못하고 있었다"고 했는데 그가 사망한 것은 1359년(延文 4) 6월 8일이다. 그런데 오토모 우지토키(大友氏時)가 거병한 것은 전년도 쇼헤이(正平) 13년, 즉 북조 1358년(延文 3)년 12월의 일이다. 다음 〈사료 3〉을 보자.

3. 足利義詮御判御教書
鎭西凶徒退治事, 令同心氏時, 致忠節之由, 被聞召候, 尤神妙, 向後彌可抽戰功之狀如件,

(足利義詮)

延文三年十二月廿七日　　　　(花押)
竹田津三郎殿16)

〈사료 3〉은 쇼군 요시아키라(義詮)가 규슈의 무사 다케다 쓰사부로(竹田津三郎)에게 보낸 문서로, 진제이(鎭西)의 흉도를 물리치기 위해 우지토키(氏時)와 협력한 것을 전해듣고 이를 격려하는 내용이다. 이와 같은 내용의 쇼군 요시아키라의 또 다른 미교쇼(御教書)도 전해지고 있다.17) 〈사료 3〉을 통해 오토모 우지토키는 이미 1358년(延文 3) 12월 27일 이전에 북조(막부) 측에 가세하였음을 확인할 수 있다. 그리고 1359년(延文 4) 2월 25일 쇼군 요시아키라는 오토모 우지토키가 보낸 보고서를 읽고 있다.18)

그런데 〈사료 1-A〉의 ⓒ "엔분(延文) 4년 6월 2일, 갑자기 병에 걸려 미치게 되었는데"라고 한 것과 〈사료 1-B〉의 "이요노가미가 스토쿠인(崇德院)19)의 영혼이 저주하여 젊은 나이에 사망했다고 전해 왔기 때문에 사기가

---

16) 〈延文三年十二月廿七日 足利義詮御判御教書〉,《豊後竹田津文書》南北朝遺文 九州編, 4083号.
17) 〈延文三年十二月廿七日 足利義詮御判御教書〉,《豊後竹田津文書》南北朝遺文 九州編, 4084号.
18) 〈延文四年六月八日 足利義詮御判御教書〉,《筑後大友文書》南北朝遺文 九州編, 4114号.
19) 스토쿠인(崇德院)은 도바(鳥羽) 천황의 첫째 왕자로 '호겐(保元)의 난'(1156년)에

꺾여서 거병할 기회를 찾지 못하고 있었다"고 한 것은 둘 다 1359년(延文 4) 6월의 일이다. 따라서 오토모 우지토키가 이요노가미가 사망하기 6개월 전인 1358년(延文 3)년 12월에 거병했다고 하는 〈사료 3〉과는 시기적으로 모순된다.[20]

어쨌든 우지토키가 거병하기 전에 이미 규슈탄다이 호소카와 시게우지를 중심으로 한 거병계획은 이미 차질을 빚고 있었던 것이 확실하다. 막부의 대(對) 정서부 작전은 1358년(延文 3) 6월 21일(〈사료 2〉) 이후, 같은 해 12월 27일(〈사료 3〉) 이전의 어느 시점에 바뀐 것으로 생각할 수 있다.

3. 쇼니 요리히사의 거병 시기

필자는 지금까지 남북조 내란기 당시 왜구의 고려 침구는 규슈 지역에서의 쇼니 씨를 중심으로 한 군사정세와 밀접한 관련이 있다고 일관되게 주장해 왔다. 그렇다면 오호바루 전투도 역시 이러한 관점에서 접근할 수 있을까? 여기서 우선 오호바루 전투를 전후한 왜구의 침구 상황에 대하여 살펴보기로 하자. 제1장의 〈경인(년) 이후의 왜구 침구표〉와 경인년(1350)에서부터 우왕 원년(1375)까지의 왜구 침구 상황에 대하여 살펴보기로 하자.

패배해 사누키노구니(讚岐國)로 유배당한 인물이다. 그는 가가와(香川) 현 사카이데 시(坂出市) 오미(靑海)의 백봉산(白峰山) 꼭대기에 매장되었다. 스토쿠인의 영지란 백봉사(白峰寺)의 사령(寺領)을 지칭하는 것으로 여겨진다. 山下宏明 校注,《太平記》5(新潮日本古典集成, 新潮社 昭和 60, 112쪽).

20) 이처럼 편찬사료 《태평기》와 1차 사료 '몬조(文書)'의 내용이 서로 일치하지 않을 때는 후자에 더 신빙성을 두어야 한다. 따라서 무가 측이 거병하지 못한 이유로 이요노가미(시게우지)가 '사망했기 때문'이라고 보는 것은 옳지 않다. 또 앞서 언급한 바와 같이 그가 규슈탄다이로서 활동한 흔적도 전혀 없다. 따라서 다른 이유, 예를 들면 1359년(延文 4) 6월 2일에 발병해 6월 8일에 사망한 것이 아니라, 훨씬 이전에 발병했거나 다른 이유로 규슈탄다이로서 활동하지 못했을 가능성이 있다. 호소카와 시게우지의 사망 시점은 오토모 우지토키의 거병보다 이전이어야 한다.

우선 제1장의 〈표 2. 경인(년) 이후의 왜구 침구표〉를 보면, 무로마치 막부가 규슈 지역에 대한 군사 개입을 강화하기 시작함으로써 내전이 격화되는 1372년을 전후로 하여 왜구의 침구 빈도에 큰 차이가 있음을 알 수 있다.[21)

그런데 1372년 이전의 시기에 한정해서 보더라도 왜구의 침구 상황에는 시기별로 차이가 있음을 알 수 있다. 즉 왜구의 침구 빈도가 높아지는 시기가 몇 차례 있는데, 첫째 시기가 경인년(1350)부터 1352년까지고, 둘째 시기가 1358년부터 1361년까지, 셋째 시기가 1364년에서 1365년까지다. 1364년에서 65년에 걸쳐 왜구의 침구 빈도가 높아지는 이유는 잘 알 수 없지만, 첫째 시기는 간노노조란(觀應の擾亂) 시기로 쇼니 요리히사가 주도권을 장악하고 적극적으로 군사활동을 전개하던 시기였다. 둘째 시기는 본 장에서 다루고자 하는 오호바루 전투와 그 후 정서부가 쇼니 씨의 본거지인 다자이후를 공격한 시점(1361년)에 해당한다. 이처럼 쇼니 요리히사의 군사활동과 왜구의 침구 빈도는 상호 비례관계에 있음을 알 수 있다. 이러한 문제의식을 가지고 이하에서 더 구체적으로 오호바루 전투와 왜구의 침구가 어떠한 관련이 있는지, 즉 쇼니 요리히사가 처한 군사적 상황이 당시 고려에 침구한 왜구와 어떠한 상관관계가 있는지에 대하여 생각해 보자. 우선 오호바루 전투가 개시되기 이전의 쇼니 씨 동향에 대하여 주목할 필요가 있다. 다음의 〈사료 4〉를 보자.

4. ⓐ 지금까지는 다자이쇼니(大宰少貳)와 아소다이구지(阿蘇大宮司)가, 궁방을 배반할 모습을 보이지 않았기 때문에 기쿠치는 그들과 연락을 취하면서 5천여 기를 이끌고 오토모를 퇴치하기 위해 분고(豊後)로 서둘러

---

21) 1372년에 규슈 현지에 부임한 규슈탄다이 이마가와 료슌이 다자이후 탈환작전을 전개하면서부터 규슈 지역에서의 내전이 격화된다. 이에 관해서는 이영, 〈14세기의 동아시아 국제정세와 왜구―공민왕 15년(1366)의 금왜 사절의 파견을 중심으로〉, 《한일관계사연구》 26, 2007 참조.

갔다. 이때에 다자이쇼니가 갑자기 마음이 변해서 다자이후에서 반(反) 기쿠치의 깃발을 들어올렸기 때문에, 아소다이구지는 쇼니(少貳) 편에 가세하여 기쿠치 세력의 배후를 차단하고자 오구니(小國)22)에서 9군데 성을 쌓아 기쿠치 세력을 한 명도 남기지 않고 토벌하고자 했다.

ⓑ 기쿠치는 병량(兵糧)을 수송할 길이 막혀 분고 지방으로 병력을 전진시키지도 못하고 또 다자이후(大宰府)로 나아갈 수도 없었기 때문에 "어떻게 해서라도 히고노구니(肥後國)로 철수해, 전투 준비를 하자"고 기쿠치로 철수한 것이었는데, 아소다이구지가 만든 9개 성을 차례차례로 공격해 함락하면서 통과했다. 아소다이구지가 믿고 의지하던 부하들 300여 명이 전사하였기에 아소다이구지는 적의 통로(通路)를 막지 못한 채, 목숨만 겨우 부지한 채 도주하고 말았던 것이다.23)

1358년(延文 3) 12월경에 거병한 우지토키에 대응해 ⓐ의 기쿠치의 군세가 분고(豊後)로 향한 것은 언제쯤일까? 1358년(延文 3) 12월에 이미 가네요시 왕자가 이끄는 군세가 하자마(狹間: 大分縣 大分郡 狹間町)를 공격한 사실이 1359년(正平 14) 4월의 〈시가 우지후사 군충장(志賀氏房軍忠狀)〉에서 확인된다.24)

이 문서는 오호바루 전투가 발생하기 이전의 정서부 움직임을 전해주는 사료다. 이에 따르면, 가네요시 왕자는 1358년(正平 13, 延文 3) 12월에 분고(豊後)의 하자마에서 아카마쓰(赤松: 別府市 赤松)로 공격해 들어가고 있다. 이는《태평기》(〈사료 1〉 ⓐ)에서도 서술하고 있듯이 11월에 남조에 등을 돌린 오토모 우지토키(大友氏時)를 치기 위한 것이다. 그러나 이 작전은 성공하지 못한 것 같다. 어쨌든 이미 오토모 우지토키와 정서부는 1358년 말경부터 군사적인 대치 상황에 있었던 것은 확실하다. 다음의 〈사료 5〉를

---

22) 구마모토 현(熊本縣) 아소 군(阿蘇郡) 오구니초(小國町).

23) 〈菊池合戰のこと〉, 山下宏明 校注,《太平記》5(新潮日本古典集成), 新潮社, 昭和 60.

24) 〈延文四年十月卄日 志賀氏房軍忠狀〉,《肥後志賀文書》南北朝遺文 九州編, 4146号 참조.

보자.

5. 足利義詮御判御敎書

(懷良親王)(菊池)

去二月廿五日, 注進狀披見了, 筑後宮幷武光等率鎭西凶徒等,
擬寄來豊後國云々, 早相催一族幷地頭御家人等, 可令退治,
且於抽軍忠之輩者, 就注進可抽賞之由, 各可相觸之, 戰場之
不審細々可馳申之狀如件,　　　　　　(足利義詮)

　　　　延文四年六月八日　　　　　　　　(花押)

　　　　　　(氏時)

　　　　　大友刑部大輔殿.[25]

쇼군 요시아키라는 1359년(延文 4) 2월 25일에, "지쿠고노미야(筑後宮)
가네요시 왕자와 기쿠치 다케미쓰가 군세를 이끌고 분고 지방으로 향하려
한다"는 오토모 우지토키의 보고를 받고 있었음을 알 수 있다. 이와 관련
있는 〈사료 6〉을 보도록 하자.

6. 木屋行實軍忠狀

(菊池武光)

〈加一見了, (花押)〉

　筑後國木屋彈正左衛門尉行實申軍忠狀事

　右, 去三月廿日, 爲對治大友刑部大輔氏時以下凶徒, 御發向豊後國之間,

　　　　　　　　　　(高)

　自最前屬御手, 於所所御陣, 致宿直, 同四月十二日御向同國竹崎城之時,

　　　　　　　　　　　　　　(大分郡)

　於麓近御陣, 日夜抽驚固之忠, 同五月十二日御歸國之時, 令御共候訖,
　然早下賜御判, 爲備龜鏡言上如件,

---

25)〈延文四年六月八日 足利義詮御判御敎書〉,《筑後大友文書》南北朝遺文 九州編,
　　4114号 참조.

正平十四年五月   日 26)

이 문서는 정서부의 대장 기쿠치 다케미쓰가 기야 유키자네(木屋行實)의 군공을 인정하는 내용의 군충장(軍忠狀)이다.27) 이 문서에 의하면 유키자네는 1359년(正平 14, 延文 4) 3월 20일에 분고를 향해 출발해 4월 12일에는 다카사키 성을 포위하기 위한 진영에 참진(參陣)했으며, 5월 12일에 분고의 오이타 군(大分郡)에서 귀향길에 오른 것으로 되어 있다.

그러면 〈사료 1〉의 ⓐ에서 보듯이, 쇼니 요리히사가 변심한 사실을 정서부가 알게 된 것은 언제쯤일까? 〈사료 6〉에서 알 수 있듯이 정서부에 속한 기야 유키자네가 오이타 군에서 귀향길에 오른 것은 1359년 5월 12일이었다. 따라서 정서부는 5월 12일 이전 어느 시점에 쇼니 요리히사의 배반을 알게 된 것 같다.

이 무렵 요리히사의 동향에 대해서는, 같은 해(延文 4, 1359) 쇼니 씨의 군세가 4월 16일에 다자이후를 출발했다고 하는 사료가 보인다.28) 이러한 병력 이동을 기쿠치 씨가 자기들을 공격하러 오는 것이라고 간주하자 5월 12일에 철수를 시작한 것이다. 이어서 다음 〈사료 7〉은 요리히사의 반(反)정서부 거병을 확실하게 보여준다.

---

26) 〈正平十四年五月日 木屋行實軍忠狀〉, 《筑後木屋文書》南北朝遺文 九州編, 4112号.

27) 규슈의 오고리 시(小郡市) 구로키조(黑木町)에는 '고야(木屋)'라는 집락이 있다. 소마(杣) 집락에서 연유한 지명이다. 이곳을 근거지(苗字地)로 하는 구로키(黑木) 씨 일족이 기야(木屋) 씨다. 기야 집안이 소장하고 있는 〈세이와 미나마토 씨 계도(淸和源氏系圖)〉에 의하면, 구로키 조젠(黑木定善)에서 5대째에 해당하는 구로키 주무다이유젠도(黑木中務大輔善統)의 아들, 유키자네(行實)를 조상으로 한다. 현재 지명은 '고야'라고 하지만 성의 경우에는 '기야'라고 부르고 있다. 기야 씨의 자손은 지금도 현지에 있으면서 《기야몬조(木屋文書)》를 소장하고 있다. 《오고리 시사(小郡市史)》 卷2, 通史編 中世, 平成 15(2003), 市史編纂委員會.

28) 〈(延文四年)八月日 龍造寺家貞軍忠狀〉, 《肥前龍造寺文書》南北朝遺文 九州編, 4130号.

7. 少貳賴尙軍勢催促狀

(五條) (五條) 〈凶〉   〈御〉   〈恐々〉

爲良氏, 良遠以下□徒對治打立候, □同心候者, 悅入候, □□愼言,

(延文四年)   (少貳)

五月十五日   賴尙(花押)

(久重, 妙圓)

香志田藤五入道殿29)

요리히사는 가시다도고뉴도(香志田藤五入道)에게 자기편에 가세할 것을
권유하면서,30) 자신이 궐기를 결심하게 된 이유가 고조 요시우지(五條良氏)
와 요시토(良遠) 이하 반역자들과 싸우기 위한 것이라고 쓰고 있다. 이들은
세이세이쇼군노미야 가네요시 왕자의 측근 공가(公家) 중에 대표적인 인물
인 고조 요리모토(五條賴元)의 아들이다.31) 요리히사는 1359년(延文 4) 5월
15일에는 확실하게 반(反) 정서부의 입장을 분명히 했다고 할 수 있다.
이러한 군세최촉장(軍勢催促狀)을 요리히사는 그 외에 확인되는 것만 해도
후카보리야타로(深堀弥太郞),32) 후카보리신구로도(深堀新藏人),33) 후카보
리고로사에몬노조(深堀五郞左衛門尉)34)에게 보내고 있다. 이것들은 모두
5월 15일에 작성되었다. 따라서 정서부는 요리히사의 1359년(延文 4) 4월의

29) 〈(延文四年)五月十五日 少貳賴尙軍勢催促狀〉,《豊前永弘文書》南北朝遺文 九州
編, 4108号.

30) 가시다도고뉴도(香志田藤五入道)가 막부 측에 가세해 참전한 사실은 〈延文四年九
月二日 香志田妙圓軍忠狀〉,《豊前永弘文書》南北朝遺文 九州編, 4132号에서 확인
된다.

31) 川添昭二,《九州の中世世界》, 海鳥社, 1994.

32) 〈(延文四年)五月十五日 少貳賴尙軍勢催促狀〉,《肥前深堀文書》南北朝遺文 九州
編, 4109号.

33) 〈(延文四年)五月十五日 少貳賴尙軍勢催促狀〉,《肥前深堀文書》南北朝遺文 九州
編, 4110号.

34) 〈(延文四年)五月十五日 少貳賴尙軍勢催促狀〉,《肥前深堀文書》南北朝遺文 九州
編, 4111号.

출병을 적대행위로 인식해 5월 12일부터 분고에서 철수가 시작되었고 5월 15일에는 요리히사도 반 정서부의 입장을 명백히 한 것이다.

그러면 요리히사는 1359년(延文 4) 4월이 되어서 비로소 무가 측으로 돌아설 결심을 한 것일까? 그가 다시 무가 측으로 전향하기 위해서는 막부에 대하여 자신이 반 정서부 거병의 중심이 되어야 한다는 것을 조건으로 내세웠을 것이다. 왜냐하면 무가 측이 새로운 규슈탄다이를 파견하고 요리히사가 그 휘하에서 싸운다면 승리한다 한들 결과는 규슈탄다이 잇시키 씨를 축출하기 전과 별다를 게 없기 때문이다. 즉 정서부와 연합해 겨우 눈엣가시 같은 잇시키 씨를 1355년에 축출했는데 또 다른 규슈탄다이(예를 들면 호소카와 시게우지 같은)가 내려온다면 그동안의 고투(苦鬪)와 일족들의 희생은 물거품이 되고 말 것이기 때문이다.

《오고리 시사(小郡市史)》는 "먼저 전투를 시작한 것은 정서부 측이며 쇼니 씨는 그것을 받아들인 형태였다"고 했다. 즉 "쇼니 요리히사에게 있어서 정서부 군의 다자이후 진공은 위협이고, 어떻게 해서든 저지해야 하는 자기 방위를 위한 전투이기도 했던 것이다"고 했다.[35] 그러나 기쿠치 다케미쓰가 분고의 다카사키 성에서 철수를 결정하게 된 것은 바로 쇼니 씨 군세의 움직임 때문이었다. 만약 정서부가 먼저 전투를 시작했다면 쇼니 측의 무가 측으로의 전향과 반 정서부 태도는 정당방위에 해당하며, 또 요리히사의 행동에 대하여 기쿠치 측이, 요리히사가 몇 년 전 구마노(熊野) 삼산(三山)의 고오(牛王) 보인(宝印)의 종이 뒤쪽에 피를 짜내서 쓴 기청문을 깃대에 걸고 비웃지도 않았을 것이다. 따라서 《오고리 시사》의 지적은 틀린 것이다.

그런데 앞서 언급한 것처럼, 호소카와 시게우지는 규슈탄다이로서 활동한 흔적이 전혀 보이지 않고 그의 사망 이유도 수상한 구석이 있다.[36] 어쨌든

---

35) 앞의 《小郡市史》 卷2, 通史編 中世 참조.

36) 시게우지는 병으로 사망했다고 한다. 그런데 심복부하 무사 유키자네도 함께 죽은 것으로 미루어 단순한 병이 아니라 무엇인가 배후에 다른 이유가 있는 것이

시게우지가 이른 시기에 규슈탄다이로서 역할을 수행하지 못한 것은 틀림이 없다. 전술한 바와 같이, 요리히사가 반(反) 정서부의 군사행동을 개시하기 시작한 것은 1359년(延文 4) 4월 16일부터다. 그리고 쇼니 씨를 중심으로 한 무가 측의 병력 6만여 기와 정서부 군세가 지쿠고가와를 경계로 하여 실제로 대치한 것은 약 두 달여가 지난 7월이다. 그렇다면 불과 두 달여의 시간으로 이 같은 대규모 전투를 준비할 수 있었을까? 그리고 4월 16일에 요리히사는 아무런 사전 준비 없이 갑자기 반 정서부의 군사행동에 나섰던 것일까? 만약 그렇지 않다면 언제부터 요리히사가 오호바루 전투를 준비하기 시작했을까? 이 문제와 관련하여 막부가 요리히사에게 무가 측으로의 전향을 종용했던 것은 언제쯤일까라는 문제를 생각해 보자.

여기서 〈사료 2〉로 다시 돌아가자. 1358년(延文 3) 6월 21일 다와라 나오사다(田原直貞)에게 호소카와 시게우지를 토벌대장으로 한 미교쇼(御教書)가 전달되었다면, 같은 내용의 문서가 다와라(田原) 씨의 소료(惣領) 오토모 우지토키(大友氏時)에게는 물론 가마쿠라 시대 이래 막부의 규슈 지배에서 중추적 역할을 한 쇼니 씨에게도 전달되었다고 생각하는 것이 자연스럽다. 그러나 실제로 요리히사에게 미교쇼가 전해졌다고 하더라도 그는 새로운 규슈탄다이를 절대 수용하지 않으려 했을 것이다. 또한 막부의 입장에서도 23년 동안이나 규슈에 체재했던 잇시키 씨가 실패한 정서부 퇴치를, 규슈탄다이에 막 임명된 호소카와 시게우지가, 그것도 규슈의 최대 명문 호족인 쇼니 씨가 정서부에 가세한 상황에서 성공을 할 수 있으리라고 기대하기는 어려웠을 것이다. 따라서 애초부터 호소카와 시게우지의 규슈탄다이 임명은 정서부의 눈을 속이기 위한 것이었든가, 아니면 임명된 다음에 1358년(延文 3) 6월 21일(〈사료 2〉) 이후, 같은 해 12월 27일(〈사료 3〉) 이전의 어느 시점에 쇼니 씨와 오토모 씨를 중심으로 하는 거병으로 변경된 것이 아닐까 생각된다.

아닌가 생각된다.

4. 오호바루 전투와 병량미

요리히사가 막부 측으로 다시 전향할 결심을 확고히 굳힌 것은 언제쯤이었을까? 이하 이 문제에 관하여 생각해 보기로 하자. 앞에서 언급한 바와 같이《오고리 시사》는 오호바루 전투를 정서부 공세에 대한 쇼니 씨의 자기 방어전으로 평가하고 다음과 같이 언급했다.

《태평기(太平記)》가 묘사하듯이 8천의 남조 군이 6만의 쇼니의 군세를 격파한 것이 아니라, 이 군세 규모는 처음부터 윤색된 것으로 사실은 다자이후를 향해 몰려드는 정서부(征西府) 군에 대하여 쇼니 군이 필사적으로 저항하여 대타격을 가하고 정서부의 다자이후 진입을 저지한 것이 이 오호바루(大保原) 전투가 아니었을까?[37]

이러한 견해가 타당하지 못하다는 것은 이미 앞에서도 확인하였지만, 또 다른 각도에서 고찰할 필요가 있다. 다음《태평기》의 기록을 보자.

8. 기쿠치와 쇼니의 전투(菊池と少貳と合戦の事)
같은 엔분(延文) 4년 7월에 세이세이쇼군노미야(征西將軍宮)를 대장으로 삼아 닛타(新田) 씨 일족, 기쿠치 씨 일족이 다자이후를 공격한다는 소문이 전해졌기 때문에 "진을 치고 적을 기다려라"고 다자이지쿠고노가미(大宰筑後守) 쇼니 요리히사(少貳賴尙)를 대장으로 하여, (중략) 이들 사무라이를 중심으로 하는 총 6만여 기(騎)가 모리노와타시(杜の渡)를 앞에 두고 아지사카노쇼(味坂庄)에 진을 쳤다. 궁방(宮方) 측은 우선 선제(先帝: 고다이고 천황)의 여섯째 아들, 세이세이쇼군노미야를 위시하여, (중략) 이상과 같은 사람들을 주요 무사로 하여 총 8천여 기가 고라산(高良山), 야나기자카(柳坂), 미나와야마(水縄山)의 세 군데에 진을 쳤다.
같은 해 7월 19일, 기쿠치는 제일 먼저 자기가 직접 지휘하는 군세 5000여

---

37) 앞의《小郡市史》卷2, 通史編 中世 참조.

기로 지쿠고가와(筑後川)를 기세 좋게 건너가 쇼니 군의 진영에 돌진해
갔다. 쇼니는 무슨 생각을 하였는지 이 장소에서 화살을 하나도 쏘지
않고 3000여 정(町)을 후퇴해 오호바루(大保原)에 진을 쳤다. 기쿠치는
계속해서 그대로 공격하고자 했지만, 쇼니 군과의 사이에 깊은 늪지대가
있고 좁은 길이 하나 있을 뿐 적이 세 군데에서 길을 차단하듯 땅을 파고
쓰기하시(継橋)[38]를 걸쳐놓았기 때문에 접근할 방법이 없었다. (중략)
8월 6일 야밤에 기쿠치는 처음으로 야습에 숙달된 병사 300여 명을 선발해
산을 넘고 강을 건너 적의 배후로 다가갔다.[39] (후략)

쇼니 요리히사의 군사적 동향이 사료에 최초로 확인되는 것은 앞에서
본 바와 같이 1359년(延文 4) 4월 16일 다자이후를 출발했다고 하는 사료에서
다. 그리고 위의 〈사료 8〉에서 보듯이 기쿠치 씨의 군세가 지쿠고가와
남쪽에 진을 친 것이 7월, 도하(渡河)한 것이 7월 19일인데, 실제로 전투가
시작된 것은 약 한 달 뒤인 8월 6일이었다. 즉 다자이후를 출발해 약 4개월
동안 군세(軍勢)의 이동과 대치가 지속되었음을 알 수 있다.

그동안 무가 측의 병력 6만 기의 병사와 말에 소요되는 병량(兵糧)은
지금까지의 전투와는 비교가 되지 않을 정도로 상당한 분량에 달하였을
것이다. 규슈 최대의 곡창지대인 지쿠고(筑後) 평야와 기쿠치 분지 일대를
근거지로 하고 있던 정서부와 달리, 요리히사는 본거지라고 할 수 있는
지쿠젠에서의 경제적 기반이 결코 풍부하지 못했다.[40]

당시 무가 측의 대장 요리히사는 그것을 어떤 방법으로 충당하였을까?
물론 요리히사가 병력이 사용할 모든 병량미를 조달해야 하는 것은 아니었을
것이다. 그러나 무가 측의 대장이 요리히사였던 점을 생각하면, 언제 시작해

---

38) 교각을 세우고 거기에다가 몇 장이나 되는 교판을 서로 연결해서 만든 다리.
39) 앞의 《太平記》 卷33, 〈細川式部大輔靈魂の事〉 참조.
40) 山口隼正, 〈南北朝期の筑前國守護について〉, 《中世九州の政治社會構造》, 吉川弘文
館, 1983, 28쪽. 이 문제에 관해서는 이영, 〈'庚寅年以降の倭寇'と內亂期の日本社
會〉, 《倭寇と日麗關係史》, 東京大學出版會, 1999, 155쪽 참조.

서 언제까지 지속될지 모를 전투를 승리로 이끌기 위해서는 병력을 결집시켜야 하고 또 병력의 이탈을 막기 위해서도 병량 조달은 필수불가결한 조건이었다.

아라이 다카시게(新井孝重)는 남북조 내란 당시의 병량미의 중요성을 다음과 같이 지적했다.[41] 첫째 전투에서 우세를 유지하기 위해서는 대규모 병력을 지녀야 하며 그 병력을 유지하기 위해서는 **병량미의 확보와 공급**이 필수적이다. 둘째, 병량을 매개로 하여 군세(軍勢)를 조직해야 한다. 셋째, 적의 병량 공급을 차단하기 위해 교통로를 장악해야 한다. 넷째, 교통로 장악은 군대의 존재 조건을 파괴하는 것이다.

내란중이던 당시에 병량미의 확보란 일차적으로 자기 세력의 군량미를 확보하는 것을 의미하지만, 크게 본다면 병량미는 남조와 북조 사이에서 갈팡질팡하며 유동적인 입장을 취하고 있던 현지의 중소 무사단을 자기 세력으로 끌어들일 수 있는 좋은 미끼 역할을 하였다. 북조 측이 실시한, 장원 수확의 반을 무사들에게 병량미로 주는 반제령(半濟令)의 시행 역시 바로 그러한 효과를 노렸던 것이다.

이렇게 생각하면 〈사료 1-A〉의 ⓓ 스스로 "나는 군대의 병량(兵糧)을 확보하기 위해 스토쿠인(崇德院)의 영지를 공격했기 때문에 그 벌로 중병에 걸리고 말았다"라고 한 부분은 호소카와 시게우지의 발병 원인이 사실인지 아닌지의 여부와 상관없이 당시 무장들에게 전투를 앞둔 시점에서의 '병량미 확보'가 얼마나 절실한 문제였는지를 보여준다. 또한 전투를 기획하고 지휘하는 대장이 병량 확보에 얼마나 큰 부담을 느끼고 있었는지도 잘 알 수 있다.

쇼군이 임명한 단다이(探題)조차도 병량미 확보에 고심할 정도였는데, 요리히사는 어떻게 해서 6만여 기의 군세를 끌어모으고 또 병력과 군마(軍馬)

---

41) 新井高重, 〈內亂の風景〉, 《惡党の世紀》(歷史文化ライブラリ), 吉川弘文館, 1997, 17쪽.

를 수개월 동안 먹일 막대한 양의 병량을, 그것도 정서부가 전혀 눈치채지 못하게 조달할 수 있었을까?

요리히사는 필자의 주장대로 경인년(1350) 이후 그러했듯이, 이때에도 고려를 침구하게 해 병량미를 조달한 것일까? 이 문제에 대하여 구체적으로 생각해 보기로 하자. 경인년 이후 정서부가 오호바루 전투까지의 왜구 침구 상황을 〈표〉로 표시하면 다음과 같다.

〈표 1〉 경인년(1350)~1359년의 침구 상황

	1월	2월	3월	4월	5월	6월	7월	8월	9월	10월	11월	12월	총계
50		●		●		●(2)					●		5회
51				●				★(2)			●		4회
52			★(6)			●(2)	●		●				10회
53									●				1회
54				●		●							2회
55			●	●									2회
56													0
57				★					★(2)				3회
58			●	★(2)	★(4)	●	●★	★(2)					12회
59		●		★(2) ●									4회
	0	2	8	7	7	6	3	4	4	0	2	0	43회

●은 남해안 지역, ★은 중부 서해안 지역에 대한 침구. ( ) 안의 숫자는 침구 횟수를, ( ) 안에 숫자가 없는 경우는 1회 침공을 의미하고, '윤'은 '윤달'을 의미한다. 이상의 내용은 《고려사》의 기록에 의거한다.

위의 〈표 1〉을 통해서 몇 가지 특징을 지적할 수 있다.

(1) 계절적으로 겨울에 해당하는 10~1월(양력으로 11~2월)의 약 4개월 동안에는 단 두 번(50년과 51년)을 제외하고, 10년 동안 왜구가 침구하지 않았다. 즉 이 기간중 겨울에 침구한 것은 전체 43회 중 2회로 약 4.6%에 불과하다. 이는 일본에서 고려로 항해할 경우 역풍(逆風)에 해당하는 북서풍 (北西風)이 부는 겨울에 대한해협을 건너는 일은 많은 위험이 수반되었기

때문으로 생각된다. 물론 한반도 연안지역에서는 겨울 동안에도 선박의 항해가 확인된다.[42]

(2) 왜구는 1352년 3월 이래 거의 5년 동안 중부 서해안을 침구하지 않았다. 그러다 1357년 5월에 남해안 일대는 침구하지 않고 갑자기 예성강 하구 바로 남쪽 코앞에 위치한 섬 교동도에 나타난다.[43] 그리고 같은 해 9월 26일에 승천부 흥천사에 침구해 충선왕과 한국공주의 초상화를 약탈한다.[44] 이어서 윤9월 24일에 또 다시 교동도를 침구한다.[45] 이처럼 5년이라는 짧지 않은 시간 동안 침구를 하지 않다가, 1357년에 들어서서 중부 서해안 일대에 침구한 것은 그 배후에 특수한 사정이 있었다고 생각해야 한다.[46]

(3) 1358년 왜구 침구의 특징은 침구한 총 12지역 중 9지역이 중부 서해안 지역이라는 점이다. 전체 침구지역의 약 75%에 해당한다. 이는 1352년 3월에 6차례나 중부 서해안 일대에 침구한 사례와 유사하다(전체의 60%). 1352년의 경우, 그해 1월에 아시카가 다다요시가 형 다카우지에게 항복한 뒤 2월에 가마쿠라에서 독살당하자, 다다후유와 요리히사 측은 최악의

---

42) 예를 들어 목은 이색은 "뱃머리 좌우측으로 방앗공이가 셋이 있어 밟으니 얼음 깨져서 쪽빛 같은 물이 보이네. 내포에서 출발할 땐 전장에 나가듯 했다가 서강 언덕에 닿아서는 즉시 닻을 내리누나"라고 노래하고 있다(《牧隱詩藁》卷27,〈沔州의 米船이 당도하다〉). 이 사실을 보더라도 당시 왜구가 일본에서 건너오고 있었음을 알 수 있으며, 왜구의 실체가 '고려인과 일본인이 연합한 세력'이었다고 하는 소위 **왜구=고려, 일본인 연합**설은 허구임을 잘 보여준다.

43)《高麗史》卷39, 恭愍王 6年 5月 戊子日條.

44)《高麗史》卷39, 恭愍王 6年 9月 戊戌日條.

45)《高麗史》卷39, 恭愍王 6年 閏9月 乙丑日條.

46) 침공하는 왜구의 입장에서 보면, 중부 서해안 일대를 침구하는 것은 남해안 지역과는 달리 일본에서부터의 거리가 배(倍) 이상 멀어짐을 의미한다. 이는 그만큼 항해의 위험과 고려군의 공격에 노출될 위험, 그리고 침구 이후 귀국까지 걸리는 시간이 더 증가한다는 것을 뜻한다. 반면에 남해안 지역에 비해 침구 목적을 달성할 수 있는 가능성은 훨씬 더 커진다. 즉 시간이 걸리고 위험이 배가되더라도 더 많은 물자를 확실하게 약탈하고자 할 때 중부 서해안 일대를 침구하는 것이라고 생각할 수 있다. 따라서 왜구들이 여러 가지 위험에도 불구하고, 중부 서해안 지역까지 침구해 오는 경우에는 그 배후에 특별한 이유가 있었다고 생각해야 할 것이다. 구체적인 내용에 관해서는 본서 제6장 참조.

위기 상황을 맞이하게 되었다. 그래서 앞으로 예상되는 대규모의, 그리고 장기간에 걸쳐 지속될 위기 상황에 대응해 보다 다량의 병량미를 확보하기 위해 3월에 중부 서해안 지역을 6군데나 침구[47]한 상황과 비슷하다. 따라서 필자의 추정이 타당하다면, 1358년의 왜구 침구는 1352년 쇼니 요리히사가 처한 것과 유사한 상황이 그 배경에 있었다고 생각할 수 있다.

즉, 위의 (2)와 (3)의 특징과 그 배경을 아울러 생각할 때, 1357~1358년 사이에 요리히사는 머지않은 장래에 다량의 병량미가 요구되는 상황이 초래할 것을 예상하고 있었다고 할 수 있다. 즉, 필자는 별고에서 "중앙의 정세 변화가 당장은 아니지만 머지않아 규슈의 요리히사에게 불리하게 전개될 것이 예상되는 경우, 왜구는 항해상의 위험과 고려군의 공격에 노출될 위험이 배가되지만 쓰시마에서 멀리 떨어진 고려의 중부 서해안 지역을 침구한다"고 했다.[48] 따라서 필자의 견해가 타당하다면, 왜구가 1357년에 중부 서해안 지역에 5년 만에 다시 침구한 것은 특별한 의미가 있다고 생각할 수 있다. 즉 이해(1357)에 왜구들이 중부 서해안 지역에 침구한 것은 요리히사가 조만간 다량의 병량미를 필요로 하는 군사적 위기 상황을 예견하고 파견하였음을 암시한다고 할 수 있다.

그런데 1357년 4월은 물론 9월에도 당시 요리히사가 군사적인 위기 상황에 직면하고 있었음을 보여주는 사료는 확인되지 않는다. 1355년에 규슈탄다이 잇시키 씨 일족이 규슈에서 축출당함으로써 요리히사와 규슈탄다이 잇시키 씨와의 군사적인 긴장관계는 해소되었다. 그리고 《태평기》에 "지금까지는 예전의 다자이쇼니와 아소다이구지(阿蘇大宮司)는, 궁방을 배반할 모습을 보이지 않았기 때문에"[49]라고 서술하고 있듯이, 1359년(延文 4) 4월 16일 이전까지 쇼니 씨가 기쿠치 씨와 군사적으로 대립하고 있었다는 별다른 징후가 보이지 않는다. 그렇다면 1357년의 서해안 지역에 대한

---

47) 본서 제6장 참조.
48) 본서 제6장 참조.
49) 《太平記》 卷33, 〈細川式部大輔靈魂の事〉 참조.

세 차례의 왜구는 쇼니 씨와 무관할까? 이러한 의문에 대해 필자는 1357년 9월 26일 승천부 홍천사에 침구한 왜구의 배후에 요리히사가 있었음을 입증하는 몇 가지 증거를 제시한 적이 있다. 즉 가가미 신사 소장《금자묘법연화경》과 쓰시마의 다구쓰다마 신사 소재의 고려제 청동 반자, 그리고 가가미 신사 소재 고려 수월관음도가 그것이다.50)

그러면 이해의 중부 서해안 지역에 대한 침공은 어떻게 해석해야 할까? 이는 역시 앞에서 언급한 바, 당시 쇼니 씨와 기쿠 치씨의 대립관계의 연장선상에서 생각해야 할 것이다. 남북조 내란기 당시 규슈 지역의 주요한 분쟁 상황은 다음 〈표 2〉와 같이 개략적으로 설명할 수 있다.51)

규슈 지역에서도 최남단에 위치한 사쓰마(薩摩)는 히고(肥後)와의 사이에 산맥으로 가로막혀 있어 오스미(大隅)·휴가(日向)와 더불어 남북조 내란 당시 규슈 정세를 결정짓는 대국면(大局面)에 관련되는 경우가 비교적 적었다.52) 후삼국(後三國)에서는 히고가 중심이고, 전삼국(前三國)에서는 지쿠젠이 중심인데, 이 두 지방을 장악하면 규슈는 거의 다 쟁패한 것이나 다름없었

---

50) 사가현립박물관(佐賀縣立博物館)이 소장하고 있는 칠권본(七卷本)《금자묘법연화경(金字妙法蓮華經)》은 1357년 9월 당시 침구한 왜구들의 약탈의 먹이사슬의 정점에 요리히사가 위치하고 있음을 보여준다. 즉 1357년 9월 26일에 왜구가 승천부 홍천사에 침구했는데, 그해 12월에 요리히사가 고려에서 제작된 지 17년이 된 위의 불경에다 소원성취를 위해 덴만구(天滿宮)에 기진한다고 새겨넣은 것이다. 구체적인 내용은 이영, 〈고려 말 왜구의 실상〉,《잊혀진 전쟁 왜구》, 에피스테메, 2007 참조. 그리고 쓰시마의 남단 쓰쓰에 있는 다구쓰다마 신사에 전해지는 고려의 청동제 초대형 반자에도 1357년 10월 16일 오쿠라 쓰네타네(大藏經種)라는 인물이 기진한다고 하는 명문이 확인된다. 요리히사의 배타적인 지배가 이루어지고 있던 쓰시마에 왜구의 홍천사 침구로부터 한 달도 채 지나지 않은 시점에, 그것도 쇼니 씨와 밀접한 관련이 있는 오쿠라 씨의 인물이 쓰시마의 신사에 기진한 반자가 존재한다는 것, 그리고 요리히사의 기진명(寄進銘)이 기록되어 있는 금자묘법연화경의 존재를 통해 1357년 9월 26일에 침구한 왜구가 요리히사 휘하의 쓰시마 세력에 의한 것이라는 필자의 추정은 충분한 타당성을 지닌다고 할 수 있다. 가가미 신사 소재 고려 수월관음도에 관해서는 본서 제9장 참조.

51) 이 〈표 2〉는 佐藤進一의《日本の歷史9－南北朝の動亂》(中公文庫, 1974)의 내용에 필자의 견해를 보완하여 작성하였다.

52) 藤田明,《征西將軍宮》, 熊本縣敎育會, 1915, 284쪽.

다. 이 두 지방을 장악한 자는 규슈 전역을 지배할 수 있고, 빼앗긴 자는 다시 세력을 회복하기 극히 어려웠다. 남북조 전반기의 규슈 역사에서 기쿠치 씨와 쇼니 씨의 싸움은 이 지방을 차지하기 위해 전개되었던 것이다.53)

<표 2> 남북조 시대, 규슈 지역의 대립구조

	대립구조	구체적 사례
1	진제이(규슈)탄다이와 슈고	ⓐ 잇시키(一色) 씨와 쇼니(少貳) 씨의 대립
2	슈고 상호간의 대립	
	① 가마쿠라 막부의 슈고 대(對) 아시카가(足利) 막부 쇼군의 일족 슈고	ⓑ 오스미(大隅), 사쓰마(薩摩)의 시마즈(島津) 씨 대(對) 휴가(日向)의 하타케야마(畠山) 씨의 대립
	② 쇼니 씨와 다른 슈고와의 대립	ⓒ 쇼니 씨와 오토모(大友) 씨, 시마즈(島津) 씨 등과의 대립
3	슈고(守護)·지토(地頭) 대(對) 토호의 대립	ⓓ 지쿠젠슈고(筑前守護) 쇼니 씨 대(對) 히고(肥後)의 토호 기쿠치(菊池) 씨의 대립
		ⓔ 사쓰마슈고 겸 시마즈쇼(島津庄)의 지토(地頭) 시마즈씨 대(對) 다니야마 군지(谷山郡司)와의 대립

남북조 동란기에 들어와 쇼니 요리히사는 줄곧 기쿠치 씨와 전투를 벌이지만 '간노노조란'을 계기로 전략을 수정한다. 일단 ⓐ 잇시키 씨와의 싸움에 주력하고, 그를 규슈에서 축출한 다음 다시 ⓓ 기쿠치 씨와 규슈의 패권을 놓고 자웅을 겨루는 식으로 순서를 정했다.

즉, 다자이쇼니의 적류(嫡流) 요리히사는 규슈탄다이 잇시키 씨를 쫓아내기 위해 고우라조 전투를 계기로 해서 이후 일시적으로는 손을 잡았다. 그러나 그 목적이 달성된 지금은 옛날의 가격(家格)과 권세(權勢)를 회복하는 데 기쿠치 씨는 최대의 장애가 되었다. 쇼니 씨나 기쿠치 씨는 자신들의 생존 기반을 위협할 수 있는 공동의 적, 예를 들면 규슈탄다이 잇시키 씨 또는 이마가와 료슌(今川了俊) 혹은 오우치 요시히로(大內義弘) 같은

---

53) 藤田明, 위의 《征西將軍宮》.

존재가 출현하지 않는 한, 화해 공존하기 어려운 숙명적인 대립관계였다고 할 수 있다.

1293년에 출생해 1357년 당시 이미 64세의 노령이었던 요리히사는 시간이 충분히 남아 있다고 여기지 않았을 것이다. 과거의 권세와 영광을 회복하고자 하는 강한 욕망에 사로 잡혀 있던 요리히사는 1357년부터 서서히 정서부와의 결전을 준비하고 있었다고 생각된다. 그는 타의 추종을 불허하는 해외 및 중앙정계에 대한 정보망과 정보 분석 능력, 그리고 신중함과 아울러 행동력을 갖춘 규슈 제일의 모사꾼이었다.[54] 요리히사는 언제, 어떤 방식으로 싸울 것인가에 대해 고민하고 있었을 것이다. 정서부에 대항하기 위해서는 다시 무가 측으로 전향해야 하지만, 요리히사로서는 또 다른 규슈탄다이를 받아들일 생각은 추호도 없었다. 그렇지만 어떤 형태가 되었든 간에 가네요시 왕자가 이끄는 정서부와의 싸움은 지금까지의 개별적이고 산발적인 전투와는 달리, 막대한 규모의 병력이 동원되어 장기간에 걸쳐 진행될 것이 틀림없었다. 1357년은 요리히사에게 있어서 싸움의 상대와 방법과 시기(時期) 선택, 그리고 그 준비를 위한 모색의 시간이었다고 생각된다.

이러한 그의 고뇌를 잘 엿볼 수 있는 것이 다음 〈사료 9〉다.

> 9. 奉寄進 天滿宮, 金字妙法蓮華經一部七卷, 右爲現當二世所願成就乃至法界有情同原種智者, 正平十二年(歲次丁酉)臘月二十五日. 從五位上行前大宰少貳兼筑後守藤原朝臣賴尙敬白[55]

---

54) 가와조에 쇼지(川添昭二)에 의하면, 다자이후가 정서부 치하에 있을 때조차 대외업무는 쇼니 씨가 관할하고 있었다고 한다. 따라서 해상(海商)과 선승(禪僧)들을 통해 전해지는 중국대륙의 정보 수집에 쇼니 씨가 깊숙이 관여하고 있었음을 알 수 있다(《九州の中世世界》, 海鳥社, 1994, 24쪽). 요리히사의 신중함과 과감한 행동성에 관해서는 《太平記》 卷11, 〈菊池入道寂阿打死の事〉 참조.

55) 〈少貳賴尙寄進狀〉, 《肥前佐賀內庫所所藏法華經)奧書》 南北朝遺文 九州編, 4019号.

이것은 1357년 9월 26일 고려의 승천부 흥천사에 침구한 왜구들이 약탈해 온《금자묘법연화경(金字妙法蓮華經)》을 그해(正平 12년) 12월 25일에 요리히사가 덴만구(天滿宮)에 기진하면서 새긴 기진명(寄進銘)이다. 여기에서도 요리히사는 '大宰少貳兼筑後守' 즉 이미 헤이안 시대 말 이래로 유명무실해진 다자이후의 '쇼니' 직에 집착하고 있음을 볼 수 있다.

그런데 이 기진명을 작성한 지 세 달여가 지난 1358년 4월에 상황이 급변하였다. 바로 쇼군 다카우지가 54세의 나이로 사망한 것이다. 은원(恩怨)의 대상인 다카우지가 사망하고[56] 그 아들 요시아키라가 쇼군의 지위를 계승함으로써 막부의 분위기는 일신되었다. 요리히사로서도 다카우지와의 불편한 관계가 자연스레 해소되고 2대 쇼군 요시아키라와 새로운 출발을 할 수 있다는 기대를 품게 되었을 것이다. 그리고 〈사료 2〉·〈사료 3〉·〈사료 5〉에서 보듯이 요시아키라도 규슈의 북조세력을 다시 규합하기 위해 적극적으로 움직이기 시작한다.

요리히사는 다타라하마(多々良浜) 전투 때처럼 다카우지가 직접 토벌대를 이끌고 내려오고 또 자신이 협조하지 않는 한, 규슈에서의 '남조의 우세'라는 정세를 역전시키기 어렵다고 생각했을 것이다. 그렇지만 다카우지가 사망하

---

56) 그에게 있어서 다카우지는 은원(恩怨)이 공존하는 대상(對象)이었다. 겐무(建武) 3년(1336) 2월, 중앙에서 패하여 효고(兵庫)에서부터 해로(海路)를 통해 규슈로 쫓겨 내려왔다. 그때 요리히사는 지쿠젠(筑前)의 다타라하마(多々良浜: 현재의 福岡市)에서 기쿠치 씨의 대군을 격파하고 한 달이라는 단시일 동안에 다카우지가 다시 상경해 고다이고 천황의 군대를 물리치고 막부를 세우는 데 결정적인 역할을 했다. 그런데 다카우지는 동상(東上)하기 전에 일족인 잇시키 도유(一色道猷=範氏)를 규슈탄다이로 임명해 규슈에 남겨놓았다. 이는 쇼니(少貳), 오토모(大友), 시마즈(島津)와 같은 소위 '규슈 삼인중(九州三人衆)'의 입장에서 보면 예전의 호조(北條) 씨의 진제이탄다이(鎭西探題)의 부활과 다를 바 없었다. 그렇지만 다카우지의 입장으로서는 이들 슈고들이 요구하는 '구(舊) 영토의 회복'을 무조건 거부만 할 수도, 그리고 또 이를 전면적으로 용인할 수도 없었다. 그들의 요구를 다 들어준다면 막부의 존재는 유명무실해질 것이기 때문이다. 그래서 자신의 친족인 잇시키 씨와 하타케야마 씨(畠山氏)를 각각 북규슈와 남규슈에 남겨 소위 '규슈 삼인중'을 견제하게 한 것이다. 그렇지만, 요리히사의 입장에서 보면 다카우지의 조치는 배신으로 느껴졌을 것이다. 佐藤進一, 앞의《日本の歷史9－南北朝の動亂》참조.

고 이제 막 권력을 물려받은 2대 쇼군 요시아키라도 교토를 비우고 규슈까지 토벌대를 끌고 올 만한 상황이 아니었다. 따라서 23년 동안 규슈에 체재한 잇시키 씨조차 규슈를 포기하고 귀경한 지금에 와서, 규슈 지역의 북조 측 무사들을 규합해서 정서부와 싸울 수 있는 존재는 자기밖에 없다고 판단했을 것이다. 이에 1358년(延文 3) 6월 21일(〈사료 2〉)을 전후하여 막부와 요리히사 사이에 모종의 약속(요리히사 자신이 거병의 중심이 된다)이 성사되었을 가능성이 크다.

그것이 1357년에 3지역밖에 침구하지 않았던 왜구들이 1358년에 들어와 침구지역이 그 4배인 12지역으로 증가한 이유일 것이다. 더욱이 다카우지가 사망한 1358년 4월과 5월에는 집중적으로 중부 서해안 지역을 침구하고 있다. 특히 주목해야 할 것은 바로 이해가 중국에 최초로 왜구가 침구하였다는 사실이다.[57] 이처럼 1358년의 총 12지역 중 75%에 달하는 9지역이 중부 서해안 지역이라는 점, 그리고 중국에 침구하였다는 점 또한 1359년의 오호바루 전투를 예상한 것이었다고 생각된다. 즉 이는 정서부와의 대규모 전투를 예견한 요리히사 측이 보다 많은 병량을 확보하기 위한 행동이었던 것으로 추정된다.

5. 결론

남북조 동란은 이미 1330년대 말경에 이미 요시노(吉野) 조정을 중심으로 한 긴키(近畿) 남부지역 일부를 제외하고 거의 대부분 북조의 세력권에 들어간다. 그런 상황 속에서도 규슈 지역은 1362년부터 약 11년 동안 남조가 압도적인 우세를 점하고 있던 특수 지역이었다. 이러한 규슈의 남조 우세를

---

57) 《元史》卷46, 本紀44 至正 23年 8月, "八月丁酉朔, 倭人寇蓬州, 守將劉瑄擊敗之. 自十八年以來, 倭人連寇瀕海郡縣, 至是海隅遂安." 여기서 "지정 18년부터 왜구가 연해주군에 침구해 오기 시작했다"고 하는데 지정 18년은 1358년에 해당한다.

결정지은 전투가 바로 규슈 최대 규모의 싸움인 **오호바루 전투**였다.

이 전투의 북조 측 대장은 바로 필자가 **경인년 왜구**의 배후로 지목해 온 쇼니 요리히사였다. 사료상에서 볼 때 그는 1352년 겨울에 다다후유 측에서 남조로 귀순한 뒤 표면적으로는 1359년 4월까지 약 6년여 동안 정서부의 일원(一員)이었다. 그렇지만 1357년 4월에 약 5년 만에 중부 서해안 지역을 왜구가 침구한 것을 볼 때, 그는 이미 이 무렵부터 정서부와의 일대 결전을 예상하고 은밀히 그 준비에 착수하였던 것으로 보인다. 1358년 아시카가 다카우지의 사망, 그리고 요리히사에 대한 2대 쇼군 요시아키라의 적극적인 회유도 그의 변신에 적지 않은 영향을 주었을 것이다.

그리고 마침내 쇼니 요리히사는 1359년 8월 6일 6만 기(騎)에 달하는 많은 병마(兵馬)를 거느린 규슈 북조의 총대장이 되어 오호바루 전투를 지휘한다.

정서부와의 결전을 앞둔 규슈의 막부 측에는 다타라하마 전투 당시(1335) 의 쇼군 아시카가 다카우지, 간노노조란 당시(1350)의 아시카가 다다후유와 같은 규슈 무사의 구심점 역할을 해줄 존재(貴種)가 없었다. 이번 싸움은 어디까지나 요리히사가 대장이었다. 그래서 그는 규슈의 무사들에게 자기에게 승산이 있다는 확신을 심어줌으로써 대규모 병력을 결집시켜야 했다. 그러기 위해서는 다량의 병량미가 필요했다. 그것도 정서부가 눈치채지 못하게 은밀하게 준비해야 했다.

이를 위해 쓸 수 있는 가장 효율적인 방법이 '경인년(1350)' 이후 줄곧 해 왔던 '왜구'였다. 즉 규슈 본토에서도 멀리 떨어진 국경(國境)에 위치한 낙도(落島) 쓰시마를 기지(基地)로 삼아 고려를 침구해 병량미를 조달해 오는 방법이었다. 공민왕 6년(1357)~8년(1359) 5월 26일까지의 왜구 침구는 바로 오호바루 전투에서 사용할 병량미를 조달하기 위한 것이었으며, 1358 년에 최초로 중국에 침구한 왜구 역시 같은 목적으로 고려의 중부 서해안 지역까지 침구한 왜구들이 황해를 건너간 것으로 생각된다.

오호바루 전투를 계기로 왜구는 고려만이 아니라, 처음으로 중국에도 침구한다고 하는 새로운 단계에 접어들게 되었다. 중국에 대한 최초의 왜구에 관해서는 요리히사를 중심으로 한 일본 국내정세만이 아니라, 중국 국내상황의 변화도 고찰의 대상으로 삼아야 할 것이다. 이 문제는 금후 구체적으로 고찰하기로 한다.

보론(補論)

동아시아의 파이렛츠와 코르세어

1. 서론

해적은 동서양을 막론하고 존재해 온 인류의 보편적인 역사현상이라고
할 수 있다. 21세기에도 소말리아 해적들이 많은 국가의 선박을 나포해
국제적인 문제가 되고 있으며, 이에 대항해 다국적군이 파견되어 해적
소탕에 노력하고 있지만 쉽게 해결될 것 같지 않다. 그런데 서양사에서는
해적을 다음과 같이 이해하고 있다.

원래 '해적(pirate)'이라는 용어는 지금으로부터 2000년 이상 거슬러 올라간
고대 그리스 때에 생겨난 말로 '공격자' 또는 '침략자'라는 의미를 지니고
있다. 오늘날에는 '선박을 공격하거나 연안지방을 약탈하는 뱃사람'을
의미한다. 해적을 의미하는 단어로 다음과 같은 것들이 있다. 코르세어
(Corsaires)·부카니에(Boucaniers)·프리뷔스티에(Flibustiers)·포르방
(Forbans) 등이다. ⓐ 때로는 정부가 사선주(私船主)들로 하여금 전쟁 상태중
인 적국의 상선들을 공격하도록 권한을 부여하기도 했다. 자국민들에게
적대국 선박에 대한 해적 행위를 부추긴 것이다.
ⓑ '코르세어'라고 불린 합법적 해적들은 노획물을 정부 당국과 분배했다.
수많은 뛰어난 뱃사람, 예를 들면 영국의 프랜시스 드레이크 같은 사람들이
때때로 해적 행위를 했다. 그리고 많은 국가들이 노획물을 나누어 가지는

조건으로 이런 해적들에게 비밀리에 활동자금을 지원했다.

국가만이 아니라 ⓒ 부유하고 유력한 인사들도 자주 이런 해적들을 재정적으로 지원했다. 그리고 해적활동을 통해 이익을 거둘 경우에는 노획물을 분배했으며 해적들이 체포당했을 경우에는 자신들은 모른 척했고 아무런 관련이 없는 것처럼 꾸몄다.[1]

우리가 해적에 관해 가지고 있는 일반적인 인식과는 달리, 서양사에서는 해적의 배후에 국가나 부유하고 유력한 인사들이 있어 해적 활동을 재정적으로 지원하고 노획물을 나누어 가졌다. 따라서 잔인하고 난폭한 '해적들의 행위' 그 자체만 보고 모든 해적을 '단순히 재화(財貨)와 인간의 약탈을 목표로 하는 도적들'로 이해해서는 안 된다. 이 같은 점은 시오노 나나미의 '서양 해적'에 관한 다음 서술을 보면 더욱 확실해진다. 다시 말해 왜 해적을 '단순히 도적 무리'로만 이해해서는 안 되는지 분명해지는 것이다.

　　서양사에서는 해적을 '파이렛츠(pirates)'와 '코르세어(corsairs)'로 구별한다. 전자는 '비공인(非公認) 해적'이고, 후자는 '공인된 해적'이었다. 다시 말하면 전자는 개인적인 이익을 얻으려는 목적으로 해적 행위에 종사하는 해적이고, 후자는 똑같이 해적 행위를 했어도 그 배후에 공인이든 묵인이든 국가나 종교가 버티고 있었던 자들을 가리킨다. 따라서 '코르세어'는 공익(公益)을 가져오는 해적으로 여겨지고 있었다. 근세에 들어오면 영국 여왕 엘리자베스 1세 시대의 프랜시스 드레이크의 예가 유명하다.

　　팍스 로마나 시대의 로마제국에서는 해적이라면 '파이렛츠'밖에 존재하지 않았고 따라서 단순 범죄자로 엄벌에 처하면 그만이었다. 법치국가를 자처한 로마인으로서는 설령 국익과 연결된다 해도 무고한 사람들을 납치하거나 그들의 재산을 빼앗는 행위는 용서 받을 수 없는 일이었기 때문이다. 일본어에는 '파이렛츠'와 '코르세어'의 구별이 없이 해적이라는 말밖에 존재하지 않는데, 일본인이 로마인 같은 법치 민족이라고는 도저히 말할

1) Philip Steele, *Les Pirates*, Nathan (France), 2010.

수 없는 이상, 그것은 코르세어와 같은 해적에 시달린 역사가 일본에는
없었기 때문이 아닐까 생각한다.

이 두 종류의 해적은 명확히 구별할 수 없는 경우가 많았다. 코르세어로서
해전(海戰)에 참전하고 돌아오는 길에는 파이렛츠로 돌변하여 해안도시나
마을을 습격하고 거기서 약탈한 물건이나 사람을 가득 싣고 본거지로
귀환한 예는 헤아릴 수 없을 만큼 많았다.[2]

위의 시오노 나나미의 언급에서 보듯이, 코르세어나 파이렛츠는 약탈
행위만 본다면 서로 다를 것이 없었다. 그러나 코르세어의 배후에 국가나
종교가 있다는 관점에서 생각하면 해적을 단순한 약탈 행위만이 아니라,
그 배후에 있는 보다 복잡한 시대 상황에 대하여 이해할 필요가 있다.
그런 점에서 서양사의 해적 분류는 **고려 말 왜구**를 이해하는 데 있어서
다음과 같은 주요한 시점(視點)을 제기해 주고 있다.

첫째, 서양사에서와 마찬가지로 동양사에서의 해적(왜구)도 '파이렛츠'
와 '코르세어'의 개념으로 파악할 수 있지 않을까?

둘째, 코르세어와 같은 해적에게 시달린 역사가 일본에는 없었다고 하지
만, 일본의 코르세어가 이웃 나라를 괴롭힌 역사는 없는가?

셋째, 로마와 같은 강력한 법치국가의 경우, 해적은 단순 범죄자라고
할 수 있는 파이렛츠만 존재하지만, 그렇지 않을 경우에는 코르세어와
같은 해적의 존재를 상정할 수 있지 않을까?

넷째, 로마제국의 멸망이 이슬람 해적의 활발한 활동을 초래했듯이,
고려 말 왜구도 예전의 국제질서, 즉 **팍스 몽골리카(원나라의 군사력에 의한
평화)의 동요 및 붕괴**와 관련이 있지 않을까?

이상과 같은 문제제기는 왜구를 새로운 각도에서 고찰하는 시점(視點)을
제공해 준다. 이하, 왜구를 파이렛츠와 코르세어라는 관점에서 검토해 보기
로 하자.

---

2) 시오노 나나미(塩野七生), 《로마 멸망 이후의 지중해 세계》, 한길사, 2009.

2. 한국사에서의 파이렛츠와 코르세어

필자는 한국사에서의 왜구를 '13세기의 왜구', '경인년 이후의 왜구(고려
말 왜구)', '조선시대의 왜구'로 각각 분류한 바 있다.[3] 그런데 이러한 왜구를
서양사의 해적 구분, 즉 파이렛츠와 코르세어로 분류할 수 있을까? 고려
고종(高宗) 10년(1223) 최초의 침구 이후, 여몽연합군이 일본을 침공(이하
'여몽군의 침공')하기 직전인 원종(元宗) 6년(1265)까지, 왜구는 소규모였지
만 단속적(斷續的)으로 발생하고 있었다. 이 기간 중에 발생한 왜구를 '13세기
왜구'라고 한다. 이는 여몽군이 침공하기 전에 발생한 왜구를 지칭하는
것이기도 하다.

그리고 두 차례에 걸친 여몽군의 침공을 경계로 하여 14세기 중엽의
경인년(1350)까지 사료에 거의 등장하지 않게 된다. 이 기간을 '왜구의
공백기'라고 한다. 그러다가 경인년(1350) 2월에 갑자기 다시 모습을 나타낸
왜구는 13세기 때와는 비교가 안 될 정도로 대규모화되어 있었다. 또 매년
수회 이상의 빈도(頻度)로 고려 연안을 습격해 온다. 경인년 2월 이후 고려
멸망에 이르는 기간 중에 발생한 왜구를 13세기의 왜구와 구별하여 '경인(년)
이후의 왜구(고려 말 왜구)'라 하자. 13세기의 왜구와 경인년 이후의 왜구의
양자 사이에는 다음과 같이 큰 차이가 있다.[4]

〈표 1〉 13세기 왜구와 경인(년) 이후의 왜구

분류	선박수	인원	발생수	활동지역	조직화
13세기 왜구	1~2척	수십 명	11건	남해안 연해도서	단순 해적
경인(년) 이후의 왜구	20~ 500척	수십~수백 명(최대 2700)	578건	한반도 전역과 중국	중층조직과 작전계획에 입각한 군사행동

---

3) 이영, 〈전환기의 동아시아 사회와 왜구〉, 《한국사연구》 123, 2003 참조.
4) 이영, 〈庚寅年以降の倭寇と內亂期の日本社會〉, 《倭寇と日麗關係史》, 東京大學出
版會, 1999.

이처럼 이질적인 두 왜구 사이에 소위 **왜구의 공백기**가 있었다. 즉, **13세기 왜구**의 마지막 왜구 발생년도인 1265년부터 경인년(1350)까지 약 85년 동안에는 불과 2건밖에 왜구가 발생하지 않았다. 따라서 이 기간을 **왜구의 공백기**라고 할 수 있다.[5] 이러한 '왜구의 공백기'가 있기 때문에 《고려사》 편자는 고종 10년(1223)이 아니라 경인년(1350)을 '왜구가 시작된 해'로 기술한 것으로 생각된다. 그러면 왜 이러한 '왜구의 공백기'가 나타나게 되었을까?

그것은 여몽군의 침공에 따른 고려-일본 간의 군사적인 긴장관계의 출현 때문이다. 두 차례에 걸친 여몽군의 침공으로 일본이 겪은 충격과 공포는 엄청난 것이었다.[6] 그리고 그 영향은 오래 지속되었다.[7] 이러한 군사적인 긴장 때문에 일본의 가마쿠라 막부는 권력을 전제화(專制化)하고 국내 해적들을 철저히 단속한 뒤, 자기의 수군으로 삼았다.[8] 결과적으로 '여몽군의 일본 침공'이 '13세기 왜구'를 금압하는 역할을 하였던 것이다.

이상 살펴본 것처럼 **13세기의 왜구**와 **경인(년) 이후의 왜구**는 왜구의 규모·빈도·활동 지역과 조직화의 정도 등 모든 점에서 큰 차이가 확인된다. **13세기 왜구**의 경우 단순히 경제적 재화를 약탈하기 위한 해적 행위였다면 **경인(년) 이후의 왜구**도 경제적 재화의 약탈이라는 점에서는 다르지 않다. 그러나 이처럼 다수의 선박과 인원을 갖춘 대규모 해적을 조직하기 위해서는 상당한 정치력이 필요했을 것이다. 그 해적들의 규모나 침구 빈도와 시기, 그리고 지역을 당시 일본 국내 상황과 대조해 볼 때, 그 배후에 모종의

---

5) 13세기 중엽의 '여몽군의 침공' 이전까지, 고려는 왜구가 발생할 때마다 무력으로 쫓아내고 또 세 차례나 사절을 파견해 해결을 시도하였지만, 이를 완전히 금압할 수는 없었다. 그런데 '여몽군의 침공' 직전인 1265년 이후, 경인년에 이르기까지의 85년간에는 거의 발생하지 않았던 것이다.

6) 이 문제에 관해서는 海津一朗, 〈元寇〉, 倭寇, 日本國王〉, 《日本史講座4－中世社會の構造》, 東京大學出版會, 2004 참조.

7) 海津一朗, 위의 〈元寇〉, 倭寇, 日本國王〉.

8) 網野善彦, 〈鎌倉末期の諸矛盾〉, 《惡党と海賊》, 法政大學出版局, 1995 참조.

정치권력의 존재가 도사리고 있었다고 생각하지 않을 수 없다. 즉 경인(년) 이후의 왜구 중에 코르세어의 존재 가능성을 고려해야 하는 것이다.

또한 앞에서 코르세어에 관해 "ⓒ 부유하고 유력한 인사들도 자주 이런 해적들을 재정적으로 지원했다. 그리고 해적활동을 통해 이익을 거둘 경우에는 노획물을 분배했다"고 했다. 이와 유사한 것이 왜구의 경우에도 확인된다. 그것은 '高麗公事(かうらいくうじ)'라는 쓰시마에만 보이는 특별세금이다. 다음 사료를 보자.

1.   (宗經茂, 宗慶)
        (花押影)
  くちきのたんところの下人のかうらいくうじの事, へちのき
  としてさしおくところなり, そのむねをそんぢすへき也,

                          貞治四 十一月十三日

  うえのつかいよさう
        (對馬國)
  ミネのきた人等中(貞治4(1365)年十一月十三日 〈宗宗慶書下〉,《對馬御判物寫》
                          (南北朝遺文九州編, 4603号)

이것은 쓰시마의 '구치키노단도코로'의 게닌(下人)들이 고려로 건너갈 때 부과하는 세금(かうらいくうじ=高麗公事)을 특별히 면제할 것을, 쓰시마의 슈고다이(守護代) 소 쓰네시게(宗經茂: 법명은 宗慶)가 조치(貞治) 4년(1365) 11월 13일에 미네(ミネ)의 사타닌(きた人[9])들에게 알리는 내용이다. 1365년은 공민왕 14년으로 왜구는 고려를 크게 위협하고 있었다. 즉 이해 3월에 왜적이 교동도와 강화도를 침범하였고[10] 또 왜적이 창릉(昌陵)에 들어와 태조 왕건의 부(父)인 세조(世祖)의 초상화를 훔쳐서 돌아갔으며[11] 4월에도

---

9) 미네(ミネ)는 현재의 쓰시마 시 미네초(峰町)의 미네(三根)에 해당하고 '사타닌'이란 마을의 제반 사안에 대해 결정을 내릴 수 있는 위치에 있는 사람, '유지'를 의미한다.

10)《高麗史》卷41, 世家41 恭愍王 14年 3月 庚申日條.

교동과 강화를 침범했다.[12] 이듬해(1366) 5월에는 왜구가 심악현(경기도 파주시 교하면 심학산 밑의 옛 고을)에 침구하고[13] 이어서 교동도에 침입해 주둔하면서 떠나지 않으므로 개경이 크게 진동했다.[14]

이처럼 왜구들이 전국의 조운선(漕運船)이 모여드는 강화도 근방을 활발하게 침구하고 있던 1365년 당시, 소 쓰네시게는 무슨 이유에서인지 모르지만 쓰시마의 '구치키노단도코로의 게닌'들의 세금(かうらいくうし)을 면제해 주고 있다. 왜구가 횡행하던 당시에 쓰시마 사람들이 무역 등 정상적인 교류를 위해 고려로 건너갔을 리는 없다. 따라서 그들은 왜구의 일원으로 참가한 것인데, 그런 그들로부터 쓰시마의 행정책임자인 슈고다이 소 쓰네시게가 평상시에 세금을 거두고 있었음을 알 수 있다. 이는 "서양의 부유하고 유력한 인사들이 해적활동의 결과 얻은 이익을 분배하고 있었다"는 것과 비슷한 사례라고 할 수 있다.

시오노 나나미는 "이 두 종류의 해적(파이렛츠와 코르세어)은 명확히 구별할 수 없는 경우가 많았다"고 했다.[15] **경인(년) 이후의 왜구** 역시 사료에 보이는 행위 자체만 본다면 파이렛츠와 다르지 않았다. 그러나 그 뒤에는 다자이쇼니(大宰少貳) 직책을 계승한 쇼니 씨(少貳氏: 원래는 武藤氏)와 정서부(征西府)라는 공권력이 있었다.[16]

'13세기의 왜구'가 단순한 약탈 행위였던 데 반해 '경인(년) 이후의 왜구'는 일본 국내에서의 전투에 대비해 병량미를 확보하기 위해 고려를 침공했으며 또 규슈 지역에서의 전투에서 패배하면 국경을 넘어 고려와 중국으로 침구해 약탈과 납치를 한 다음 일본으로 귀국했다. 이러한 점은 서양사의 경우와

---

11)《高麗史》卷41, 世家41 恭愍王 14年 3月 己巳日條.
12)《高麗史》卷41, 世家41 恭愍王 14年 4月 己亥日條.
13)《高麗史》卷41, 世家41 恭愍王 15年 5月 初一日 壬午日條.
14)《高麗史》卷41, 世家41 恭愍王 15年 5月 乙巳日條.
15) 시오노 나나미, 앞의《로마 멸망 이후의 지중해 세계》참조.
16) 이 문제에 관해서는 본서 제2장 참조.

거의 일치한다고 할 수 있다.

《고려사》의 편자는 '경인년 이후의 왜구'가 '13세기의 왜구'처럼 단순한 약탈 행위에 그치지 않고 사회나 국가의 지배체제를 근저에서부터 붕괴시키는 파괴력을 지닌 것으로 보았다. 그래서 왜구가 최초로 침구한 것은 고종 10년(1223)이었지만, 경인년(1350)을 "왜구의 침구가 시작되었다"(倭寇之侵始此)고 기록한 것이다.[17] 이 사실은 《고려사》 편자가 두 왜구를 각각 이질적인 것으로 인식하였음을 보여준다. 이것을 서양사의 개념을 활용한다면 **13세기의 왜구와 경인(년) 이후의 왜구 중에 '완고한 백성'은 파이렛츠로, 그리고 '난신'은 코르세어라고** 정의할 수 있을 것이다.

3. 동아시아 삼국 간 외교문서에 보이는 '코르세어'적 왜구-'포도(逋逃)'

1) 14세기 말~15세기 초 동아시아 삼국 사료 속의 '포도'

한·중·일 삼국의 문헌사료에는 왜구의 실체가 다양하게 표현되고 있다.[18] 그 중에서도 지금까지 일본의 왜구 연구자들이 단 한 번도 연구에 활용하지 않았던 사료용어로서 '포도(逋逃)'가 있다. 이 용어가 누구에 의해, 어떤 의미로 사용되었는지 구체적으로 검토해 보기로 한다.

여기에서 제시한 것은 한국(고려와 조선)·중국(明)·일본(室町幕府) 삼국의 왜구 관련 사료들을 시대에 따라 정리한 것이다. 그런데 이 세 나라의 문헌사료 속에 공통적으로 '포도'라는 표현이 보인다. 즉 '포도배(逋逃輩)' (〈사료 2〉), '포도간귀(逋逃奸宄)'(〈사료 3〉), '포도망명(逋逃亡命)'(〈사료

---

17)《高麗史》卷37, 世家37 忠定王 2年 2月條.

18) 이에 관해서는 이영,〈경인년 이후의 왜구와 마쓰라토-우왕 2년(1376)의 왜구를 중심으로〉,《일본역사연구》24, 2006 참조.

6〉), ‘포도지도(逋逃之徒)’(〈사료 7〉)가 그것이다.

〈표 2〉 동아시아 삼국의 사료 속에 보이는 ‘포도’

사료	내용	출전
2	일본국이 승려 신홍을 파견해 서신을 통해 전하기를 “좀도둑(草賊)들은 체포를 피해 도주한 무리들로, 우리들의 명령에 따르지 않으니 아직 이를 금할 수가 없다”고 했다.	《高麗史》19)
3	형벌을 피해 숨은 간사한 도둑들을 용서하지 말라.	〈明建文帝詔書 源道義(足利義滿)充〉20)
4	간사한 백성들이 주토(誅討)를 피하여 외딴 섬(絶島)에 도망가 숨어 있으면서 해상(海上)에 자주 나와 상선(商船)을 표략(剽掠)하는 지 오래 되었는데, 지금 또 다시 이 같은 잘못을 저질렀습니다. 저희 나라에서 어찌 강구(討究)하는 데 뜻이 없겠습니까?	《太宗實錄》21)
5	왕은 곧바로 군대를 파견하여 그들을 붙잡아 그 선박을 파괴하고 그 무리들을 살육하고 도적의 두목을 붙잡아 사자를 파견해 경사(京師)로 압송했다. 그러나 수괴(渠魁)는 먼바다 섬으로 도주해 숨으니, 해적(魚蝦)이 출몰해 그 지방의 명령에 따르지 않는다. 배를 동원해 급습할 수도 없고 무기도 또한 갑자기 사용할 수 없다.	〈永樂帝勅書 日本國王源道義(足利義滿)充〉22)
6	형벌을 피하여 숨은 자들이 망명해 때로는 몸을 먼 바다의 섬에 숨기고 때때로 나와서 변경의 백성들을 해치는 자가 있을 것이다.	〈足利義持書 元容周頌充〉23)
7	(귀국의) 변경을 약탈하는 것은 곧 (우리나라에서) 도주한 무리들(逋逃之徒)이 바다 섬(海島)에 숨어서 하는 짓이다. 이를 토벌하려고 하면 번개처럼 재빠르게 몸을 숨기고 토벌대가 귀환하면 곧바로 또 다시 모여서 나의 명령에 따르지 않는다. 그들을 붙잡아 죽여도 좋다. 일본으로 데려올 필요가 없다.	〈足利義持書 元容周頌充〉24)

19) 《高麗史》卷133, 列傳46 禑王 3年(1377) 8月條, “日本國遣僧信弘來報聘書云, 草竊之賊, 是逋逃輩, 不遵我令, 未易禁焉.”
20) 《善隣國寶記》卷中, 建文 4年(1402) 2月 初六日付, “毋容逋逃姦宄.”
21) 《太宗實錄》卷21, 太宗 11年(1404) 1月 26日條, “黠民逃誅, 竄伏絶島, 屢出剽掠商船久矣. 今復致此曲, 陋邦豈無意討究焉耶.”
22) 《善隣國寶記》卷中, 永樂 5年(1407) 5月 26日付, “而渠魁遠竄海島, 偸息鯨波, 魚蝦出沒, 莫適其鄕. 舟楫猝不能及, 鋒鏑猝不能加.”

〈사료 2〉 즉《고려사》우왕 3년(1377) 조에 최초로 '포도배'라는 용어가 보인다. 그런데 그로부터 20여 년 뒤인 1402년에 명(明)의 건문제가 일본의 무로마치 막부 3대 쇼군에게 보내온 외교 문서(〈明建文帝詔書 源道義(足利義滿)充〉)에서도 逋逃姦宄라는 용어가 나온다.[25] 또 그로부터 17년 뒤인 오에이(應永) 26년(1419)에 일본 막부 4대 쇼군 아시카가 요시모치가 명나라 사신에게 보낸 서신에도 '逋逃亡命', '逋逃之徒'가 확인된다.

'형벌을 피하여 숨은 자들이 망명해'(逋逃亡命)라고 한 것은 일본이 작성한 문서다.[26] '(귀국의) 변경을 약탈하는 것은 곧 (우리나라에서) 도주한 무리들(逋逃之徒)이 바다 섬(海島)에 숨어서 하는 짓이다'라고 표기한 것도 있다.[27]

여기서 '귀국의 변경을 약탈하는 자'와 '체포될 것을 피하여 도주한 무리'(逋逃之輩)는 동일한 집단이었음을 확인할 수 있다.

그리고 〈사료 4〉의 "간사한 백성들이 주토(誅討)를 피하여 외딴 섬(絶島)에 도망가 숨어 있으면서"도 '포도'와 같은 의미라고 생각할 수 있다. 또 〈사료 5〉는 영락(永樂) 5년(應永 14, 1407) 5월 26일에 명에 파견한 사신 겐추게이미쓰(堅中圭密) 등이 일본국왕 아시카가 요시미쓰(源道義)에게 전달한 영락제(永樂帝)의 칙서(勅書)다.[28] 여기서 "진짜 수괴가 먼 바다 섬으로

---

23) "雖然逋逃亡命, 或竄身於夐絶之海島, 時時出害邊民者."

24)《善隣國寶記》卷中, 應永 26年(1419) 7月 23日付, "至夫寇掠邊圍, 則逋逃之徒, 竄於海島之間者之所爲也, 欲土電滅颷逝, 師還則烏合蟻聚, 而不受吾命者也, 捕而戮之可也, 奚必帶而來哉."

25) 이것은 명나라 제2대 황제인 건문제(建文帝)가 1402년(建文 4, 應永 9) 2월 초6일에 명나라 사신 천륜도이(天倫道彝) 등을 통해 미나모토노 미치요시源道義(=아시카가 요시미쓰 足利義滿)에게 보낸 조서(詔書)다. 그 주요 내용은 아시카가 요시미쓰를 일본국왕에 책봉한다는 것이었다.

26) 오에이(應永) 26년(永樂 17, 1419) 7월 20일 쇼군 아시카가 요시모치(足利義持)가 효고(兵庫)의 후쿠곤지(福嚴寺)에 있던 명나라 사신과의 절충을 앞둔 접반사의 역할을 하던 겐요슈쥬(元容周頌)에게 준 서신이다.

27) 이것은 오에이 26년 7월 23일 효고의 후쿠곤지에서 명나라 사신과 만난 겐요슈쥬(元容周頌)가 베껴 쓴 영락제의 칙서를 본 쇼군 아시카가 요시모치가 대명외교(對明外交)의 단절 의지를 명나라 사신에게 전할 것을 지시한 서신이다.

도주해 숨었다"(渠魁遠竄海島)의 '찬(竄)'은 '숨다, 달아나다'의 뜻이므로 '포도'와 같은 의미라 할 수 있다. 이상과 같이 '포도'라는 용어 및 같은 의미로 사용된 사례는 모두 6건 확인된다.[29]

지금까지 고려(조선)·명·일본 삼국의 문헌사료가 마치 약속이라도 한 듯이 왜구의 실체를 '포도'로 표현하고 있는 것은 무엇 때문일까? 그것은 '포도'가 '왜구'처럼 고려(조선)나 명이 지어낸 표현이 아니라, 일본의 무로마치 막부가 만들어낸 조어(造語)였기 때문이다. 즉 무로마치 막부는 고려와 명에 대하여 왜구의 실체를 '포도'라고 해명한 것이었고 그것은 고려(조선)와 명에서 '왜구'라고 불리던 존재가 일본 국내에서는 '포도'로 표현되고 있었음을 의미한다.

그러면 그들이 막부의 체포를 피해 조선과 중국으로 도주해야 했던 이유는 무엇이었을까? '포도'라는 사료가 최초로 확인되는 것은 앞의 〈표 2〉에서 보듯이, 고려 우왕 3년(1377) 8월이었다. 즉 당시 왜구의 빈번한 침구에 대응해 고려가 사절을 파견해 항의하자,[30] 일본국(규슈탄다이 이마가와 료슌)이 사자 신코(信弘)를 파견해 해명한 것이었다. 즉 고려 우왕 2년(1376) 11월에서부터 우왕 3년(1377)에 걸쳐 침구한 왜구는 정서부의 군세가 규슈 사가 현(佐賀縣) 사가 시(佐賀市) 교외에 위치한 지후(千布)·니나우치(蜷打)에서 1377년 1월 13일에 일어난 결전을 전후하여 병량을 확보하기 위해 침구했던 것이었다.[31] 그래서 일본이 고려에 보낸 외교문서에 그들을

---

28) 오에이 13년(1406)에 명나라 사신 반사(潘賜) 등의 귀국길에 동행한 견명사 겐추게이미쓰(堅中圭密) 등은 다음 해인 14년 명나라 수도에 도착해 방물을 바치고 붙잡아 온 왜구 도금(道金) 등을 바쳤다(《明實錄》 永樂 5年 5月 己卯條). 田中健夫 編, 《善隣國寶記》 참조.

29) 《선린국보기(善隣國寶記)》를 편집하고 주석을 단 다나카(田中健夫)는 자신의 왜구 연구에 단 한 번도 '포도'라는 사료용어를 활용하거나 검토하지 않았다.

30) 같은 해 6월 을묘일에 판전객시사(判典客寺事) 안길상(安吉祥)을 일본으로 보내 해적(海賊)의 단속을 요구한 것에 대응하여 이마가와 료슌이 파견한 것으로 생각된다.

31) 이에 관해서는 이영, 〈경인년 이후의 왜구와 마쓰라토─우왕 2년(1376)의 왜구를

'포도'라고 불렀다.

그러면 15세기 초에 무로마치 막부로부터 '포도'라고 불렸던 그들은 고려 우왕대의 정서부와 같이 무로마치 막부에 반항하던 세력이었을까? 또 그들이 조선이나 명나라로 침구해 간 이유도 우왕대의 침구와 유사한 것이었을까? 아니면 15세기 초의 '포도'는 실체도 또 침구 이유도 우왕대의 왜구와 달랐을까? 또 이들 '포도'와 '해도(海島)'는 어떤 관계가 있을까? 이러한 문제에 대하여 생각해 보기로 하자.

2) 포도(逋逃)와 해도(海島)의 관계

여기에서는 15세기 초, 명나라와 일본 양국 사이에 오간 외교문서를 근거로 하여 무로마치 막부가 왜구를 '포도'라고 지칭했던 이유에 대하여 생각해 보기로 하자. 이 책 제2장 제4절〈쇼군(將軍) 아시카가 요시미쓰(足利 義滿)의 서신〉에서 검토한 바 있는 다음의〈사료 8〉을 보자.

8. 오에이(應永) 5년(1398), 조선에 알리는 글.
오우치사쿄다이후(大內左京大夫)에게 알린다. ⓐ 조선국의 사자가 멀리 나라의 명령을 받들어 바다를 건너 찾아왔다. 예물(幣)이 아주 많고 예의 또한 지극 정성을 다하였다. 아주 가상(嘉尙)하게 여길 만하다. ⓑ 이제 자기 나라로 돌아가 귀국 보고를 하려고 한다. 예물을 주어서 돌아가게 해 조금이나마 (조선의) 후의에 답하고 우호를 증진하도록 하라.
ⓒ 요즈음 규슈(九州)의 명령을 어긴(違命) 소추(小醜)는 이미 그 죄를 받았다.
ⓓ 이어서 이제 편사(偏師: 군대)를 보내어 해도(海島)의 남은 도적(殘寇)들을 섬멸해 왕래하는 배들을 통하게 해 양국의 환심(歡心)을 연결하도록 해야 한다. 그대가 이를 위해 노력하라. (후략)
오에이(應永) 5년 8월일[32]

중심으로〉,《일본역사연구》24, 2006 참조.
32) 足利義滿書 大內義弘充 應永 5年 8月日付. 田中健夫 編,《譯注 日本史料〈善隣國宝

제2장에서 검토한 것처럼, ⓒ 요즈음 규슈(九州)의 명령을 어긴(違命) 소추(小醜)는 막부의 쇼군 아시카가 요시미쓰(足利義滿)에게 대항한 쇼니 사다요리(少貳貞賴)와 기쿠치 다케토모(菊池武朝)였다. 그리고 '해도의 남은 도적들'(海島殘寇)의 '남은(殘)'이라는 표현에서 ⓑ 해도의 남은 도적은 쇼니와 기쿠치의 군세(軍勢) 즉 동일한 집단이었음을 알 수 있었다. 또 '삼도지경(三島之境)'과 '삼도의 도적', '규슈의 소추'와 '규슈'는 모두 '쇼니와 기쿠치의 군세'라고 하는 동일한 실체에 대한 각각 다른 표현이었다 는 사실을 통해서 '규슈의 명령을 어긴 소추'와 '해도의 남은 도적'이 동일한 집단이었음이 입증된다. 즉 규슈 본토의 반 막부 세력과 쓰시마와 이키 등 해도의 도적들은 같은 집단이었다.

물론 위의 〈사료 8〉에서는 '포도'라는 용어가 사용되고 있지 않지만, '해도의 남은 도적'이라는 표현을 통해 쓰시마와 이키 등의 해도에 남아 있던 도적들이 '규슈의 명령을 어긴 소추'의 휘하 세력으로, 본토에서 도주해 왔음을 짐작할 수 있다. '규슈의 명령을 어긴 소추'는《고려사》우왕 3년 8월 조에 보이는 '포도'처럼 막부에 반항하는 세력(정서부)이었던 것이다. 즉 〈사료 8〉을 통해서도 '막부에 반항하는 규슈의 토착 호족세력이 막부 측의 공격을 받고 쫓겨서(逋逃) 바다 섬(海島)으로 도주한다'고 하는 구조가 확인된다.

이처럼 '포도'라고 표현된 왜구들이 바다 섬으로 도피한 뒤, 해적(왜구) 행위를 저지르는 사례는 이외에도 다음과 같이 확인된다. 다음의 〈표 3〉을 보자.

記, 新訂 續善隣國宝記〉》, 集英社, 1995.

〈표3〉 포도(逋逃)와 해도(海島)의 관계

사료	주어부(主語部)	술어부(述語部)
9	반란을 일으킨 사람들이…	대마(對馬)·일기(一岐) 등 여러 섬에 근거지를 두고… 무시로 침범해 온다.[33]
8	구주(九州)의 명령을 어긴 소추(小酋)는 이미 그 죄를 받았다.	해도(海島)의 남은 도적을 섬멸해…
4	간사한 백성들이 주토(誅討)를 피하여 외딴섬(絶島)에 도망가 숨어 있으면서	해상(海上)에 자주 나와 상선(商船)을 표략(剽掠)하는 지 오래 되었는데
5	수괴는 먼 바다 섬으로 도주해 숨으니,	해적이 출몰해…
6	형벌을 피하여 숨은 자들이 망명해 몸을 먼 바다의 섬에 숨기고…	(먼 바다의 섬에서) 때때로 나와서 변경의 백성을 해치는 자가 있을 것이다.
7	(우리나라에서) 도주한 무리들이 바다 섬에 숨어서…	(귀국의) 변경을 약탈하는 것은… 바다 섬(海島)에 숨어서 하는 짓이다.

위 사료들의 공통점은 "(본토에서 막부의 명령을 어긴 죄로 받아야 할) 형벌을 피하여 해도(먼 바다 섬)로 도주해 숨어서 해적질을 행한다"는 것이다. 위의 〈사료 9〉는 고려 우왕대의 기사이지만 15세기 초에 명나라와 일본이 주고받은 외교문서에서도 왜구는 《고려사》에서처럼 '포도'로 표현되고 있었음을 알 수 있다. 거기서 '포도'란 쇼군(막부)의 명령에 따르지 않으며 그 지배에 반항하던 세력들이었다. 즉 '포도'란 규슈 본토에서의 전투에서 패하면 해도(이키 섬과 쓰시마)로 도주친 무리를 의미했다.

정치적인 성향을 띤 반란세력(포도)이 바다 섬을 근거로 삼아 해적 행위를 자행한다는 왜구의 양면성은, 본서 제2장 단종 3년(1455)의 사료에서 중국 강남으로 약탈하러 간 왜구가 쇼니 씨의 휘하 전력이었던 데서 보았다.

그런데 앞서 언급한 '구주 위명 소추'와 '해도 잔구'의 관계가 동일한 실체라고 하는 사실에서 왜구가 지닌 양면성, 즉 '정치성을 띤 집단'과 '해적'이라고 하는 성격을 잘 보여주고 있다. 이와 관련 있는 사료 용어를 정리하면 다음과 같다.

---

33) 《高麗史》 卷113, 列傳26 鄭地傳.

<표 4> 왜구 용어의 양면성(정치적 집단과 해적)

	사료상의 표현
1	난신(亂臣)과 해적(海賊)34)
2	포도(逋逃)와 초적(草賊)35)
3	포도(逋逃)와 간구(姦宄)36)
4	반민(叛民)과 도적(盜賊)37)
5	포도망명(逋逃亡命)과 해도소민(海島小民)38)
6	포도지도(逋逃之徒)와 귀국변경을 약탈(貴國邊境掠奪)39)
7	수괴(渠魁)와 해적40)
8	구주 위명 소추(九州違命小醜)와 해도 잔구(海島殘寇)41)

왜구는 '반(反) 공권력적인 활동을 하는 정치적 집단(난신·포도·반민·포
도망명·포도지도·수괴·구주 위명 소추)'과 쓰시마·이키 등 변경의 섬을
근거지로 삼은 해적(초적·간구·도적·해도 소민·귀국 변경을 약탈·해도
잔구)'이라고 하는 양면성을 지니고 있었던 것이다.

---

34) "나흥유가 가지고 온, 귀국(일본)의 서신에 의하면, (고려를) 침구하고 있는 해적들은
우리 서해 일로(西海一路) 규슈의 난신(九州亂臣)들이 서쪽 섬에 할거하여 행하고
있는 것이지, 우리 소행이 아니다. (따라서) 아직 감히 즉시로 금지시킬 수 있다고
약속할 수 없다"(其國僧周佐寄書曰, ㉠惟我西海道一路九州亂臣割據, 不納貢賦,
且二十餘年矣, ㉡西邊海道頑民觀釁出寇, 非我所爲, ㉢是故朝廷遣將征討, 架入其
地, 兩陣交鋒, 日以相戰, ㉣庶幾克復九州, 則誓天指日, 禁約海寇", 《高麗史》卷133,
列傳46 禑王 2年(1376) 10月).
35) 앞의 주 19) 사료 참조.
36) <표 2>의 (3) <明建文帝詔書>.
37) 앞의 주 33) 사료 참조.
38) <표 2>의 (6) <足利義持書信>.
39) <표 2>의 (7) <足利義持書信>.
40) <표 2>의 (5) <明永樂帝勅書>.
41) <사료 8> <足利義滿書信>.

4. 결론

해적은 동서고금(東西古今)을 막론하고 인류 역사상 존재해 왔던 역사 현상이다. 그리고 서양사에서 해적은 파이렛츠와 코르세어로 분류되고 있는데 한국사 및 중국사에서도 서양사에서와 같은 분류가 가능하다. 즉 한국사의 왜구 범주 중에서 '13세기의 왜구'와 '경인(년) 이후의 왜구' 중에서 도 '완고한 백성'이 파이렛츠로, 그리고 '난신'은 코르세어로 분류 가능하다.

이러한 코르세어적인 왜구를 표현하는 사료 용어로서 '포도'가 있다. 이 '포도'는 피해자의 입장에서 사용된 '왜구'와 달리, 가해자의 입장인 일본의 공권력(무로마치 막부)이 고려(조선)와 명(중국)나라 조정에 대하여 사용한 공식적인 외교용어라는 점에서 신뢰도가 높다. 아울러 이 시기 왜구가 지닌 양면성을 가장 적확하게 표현해 주고 있다. 즉 정치직 성격을 띤 반란세력(포도)이 바다 섬을 근거로 해서 해적 행위(왜구)를 자행하고 있었다고 하는 것이다.

지금까지 일본의 대표적인 왜구 연구자 다나카 다케오는 이 '포도'라는 사료 용어의 존재를 일찌감치 인지(認知)하고 있었음에도 불구하고 단 한 차례도 연구에 활용한 적이 없다. 그리고 '삼도 해민'설을 제시하면서 왜구라고 하는 역사 현상을 의도적으로 일본 국내의 정치문제와는 무관한, 단순한 지역적 문제로 제한시킴으로써 원명 교체기라고 하는 동아시아 전환기에 나타난 역사 현상인 왜구가 담당했던 역할을 축소·왜곡시켜 왔다. 일본의 왜구 연구가 무엇 때문에 이렇게 왜구를 왜곡시켰는지에 관해서는 조만간 별도의 기회를 빌려 구체적으로 밝히고자 한다.

참고문헌

1. 기본사료

한국 사료

《高麗史》,《高麗史節要》,《牧隱集》,《益齋集》,《宣和奉使高麗圖經》,《太祖康獻大王實錄》,
《定宗恭靖大王實錄》,《太宗實錄》,《世宗實錄》,《端宗實錄》,《世祖實錄》,《成宗實錄》,
《宣祖實錄》,《海東諸國記》,《新增東國輿地勝覽》

중국 사료

《元史》

일본 사료

《太宰府市史》(中世資料編, 太宰府市史編纂委員會, 2002).
《太平記》5(山下宏明 校注,《新潮日本古典集成》新潮社, 昭和 60)
佐藤進一·池內義資 編,《中世法制史料集 1卷》, 鎌倉幕府法, 追加法 253條.
田中健夫 編,《譯注 日本史料〈善隣國宝記, 新訂 續善隣國宝記〉》, 集英社, 1995.
《迎陽記》,《百鍊抄》,《伯家雜記》,《鶴岡社務記錄》,《東海一漚集》,《鶴岡社務記錄》,《園太
曆》,《建武三年以來記》,《南北朝遺文》九州編,《古文雜纂》〈征西將軍宮譜〉8,《薩藩旧記》,
《重富文書》,《木屋文書》,《曆朝要紀》,〈13. 一井氏藏書〉《北肥戰誌》),〈3. 九州所々軍之事〉
(《祇園執行日記》),《阿蘇文書》,《詫磨文書》,《祇園執行日記》,《吉川家什書》,《吉川家譜》,
《三刀屋文書》,《萩薩藩関錄》,《肥前深堀文書》,《深堀家文書》,《正閏史料》,《園太曆目錄》,
《觀應二年日次記》,《松浦文書》,《歷代鎭西志》,《建武三年以來記》,《伊藤家古文狀》,《肥後
國志》,《龍造寺文書》,《史料總覽》,《大友家文書錄所收》,《薩藩旧記》,《野上文書》,《深堀記
錄証文》,《有浦文書》,《斑島文書》,《入江文書》,《龍造寺文書》,《竹田津文書》,《椿葉記》,
《皇代記》,《皇代曆》,《續神皇正統記》,《田代文書》,《入江文書》,《麻生文書》,《正閏史料》,
《祢寝文書》,《嚴原町史》,《對馬風土記》,《資治通鑑》,《扶桑略記》,《伊能忠敬測量日記》,
《歷朝要紀所收一井文書》,《肥後相良家文書》,《新田八幡宮文書》,《深堀文書》,《豊後竹田

津文書》,《筑後大友文書》,《肥前龍造寺文書》,《豊前永弘文書》,《肥前佐賀內庫所所藏法華
經奧書》

2. 단행본

이영,《倭寇と日麗關係史》, 東京大學出版會, 1999. 11 /《왜구와 고려·일본 관계사》, 혜안,
　　2011. 11.

이영,《잊혀진 전쟁 왜구》, 에피스테메, 2007.

김순자,《한국 중세 한중 관계사》(연세국학총서76), 혜안, 2007.

김문경,《장보고 연구》, 연경문화사, 1997.

김용선,《역주 고려묘지명집성(상)》, 한림대학교출판부, 2001.

김윤곤,《한국 중세 영남 불교의 이해》, 영남대학교출판부, 2001.

박용운,《고려시대사(하)》, 일조각, 1987.

윤훈표,《여말선초 군제개혁 연구》, 혜안, 2000.

佐藤進一,〈倭寇の後援者〉,《南北朝の動亂》, 中央公論社, 1965.

《日本史講座 第4卷, 中世社會の構造》, 東京大學出版會, 2004. 9.

佐藤和彦·小林一岳,〈解說·南北朝內亂をめぐる硏究史と課題の追求〉,《展望 日本歷史 10-
　　南北朝內亂》, 2000.

宮澤常一,《旅の民俗と歷史》, 八坂書房, 1987.

森茂曉,《南朝全史-大覺寺統から後南朝へ》, 講談社, 2005.

山口隼正,〈對馬國守護〉,《南北朝期九州守護の硏究》, 文獻出版, 1989.

《對馬嚴原町史》中世の歷史(南北朝時代).

森克己,《日宋貿易の硏究》, 國立書院. 1948.

熊遠報,〈倭寇と明代の海禁-中國學界の視点から〉, 大隅和雄·村井章介 編,《中世後期にお
　　ける東アジアの國際關係》, 山川出版社, 1997.

三田村泰助,《中國文明の歷史 8-明帝國と倭寇》, 中公文庫. 2000.

壇上寬,《中國歷史人物選 9-明の太祖 朱元璋》, 白帝社, 1994.

佐藤和彦,《日本の歷史 11-南北朝內亂》, 小學館, 1974.

瀨野精一郎,《人物叢書 足利直冬》, 吉川弘文館, 2005.

石井進 外,《詳說 日本史》, 山川出版社, 2009.

시오노 나나미,《로마 멸망 이후의 지중해 세계》, 한길사, 2009.

永原慶二,《日本の歷史 10-下剋上の時代》, 中公文庫., 1964.

川添昭二,《今川了俊》, 吉川弘文館, 1964.

日本人文科學會 編,《人文》(1 特集 對馬調査), 1953 / 九學會連合對馬共同調査委員會 編,

　　《對馬の自然と文化》, 古今書院, 1954.

宮本常一, 《私の日本地図 15－壹岐·對馬紀行》, 同友館, 1976.

《嚴原町史》, 1997.

對馬鄕土硏究會, 〈(長崎縣立對馬歷史民俗資料館開館二十周年記念)シンポジウム'對馬と韓
　　國との文化交流史'〉, 《對馬風土記》 34, 1998.

杉山正明, 《モンゴル帝國の興亡(下)》(講談社現代新書), 1996.

杉本尙雄, 《菊池氏三代》, 吉川弘文館, 1966.

小川信, 《人物叢書 細川賴之》, 吉川弘文館. 1972.

《小郡市史》 第2卷 通史編 中世, 市史編纂委員會, 2003.

《對馬嚴原町史》

川添昭二, 《九州の中世世界》, 海鳥社, 1994.

藤田明, 《征西將軍宮》, 熊本縣敎育會, 1915.

Philip Steele, *Les Pirates: Nathan* (France), 2010.

3. 논문

이영, 〈경인년 이후의 왜구와 내란기의 일본 사회〉, 《倭寇と日麗關係史》, 東京大學出版會,
　　1999.

이영, 〈전환기의 동아시아 사회와 왜구〉, 《한국사연구》 123, 2003.

이영, 〈경인년 이후의 왜구와 마쓰라토－우왕 3년(1377)의 왜구를 중심으로〉, 《일본역사연
　　구》 24, 2006.

이영, 〈14세기의 동아시아 국제정세와 왜구－공민왕 15년(1366)의 금왜 사절의 파견을
　　중심으로〉, 《한일관계사연구》 26, 2007.

이영, 〈손자병법을 통해 살펴본 왜구사 최대의 격전(황산전투)〉, 《잊혀진 전쟁, 왜구－그
　　역사의 현장을 찾아서》, 에피스테메, 2007.

이영, 〈고려 말 왜구와 남조－경신년(1380)의 왜구를 중심으로〉, 《한일관계사연구》 31,
　　2008.

이영, 〈고려 말 왜구의 허상과 실상〉, 《대구사학》 91, 2008. 5.

이영, 〈'왜구=다민족·복합적 해적'설의 허구와 문제점－식민사관과 관련하여〉, 《동북아
　　역사논총》 28, 동북아역사재단, 2010. 6.

이영, 〈오호바루 전투(1359년)와 왜구－공민왕 6-8년(1357-59)년의 왜구를 중심으로〉,
　　《일본역사연구》 31, 2010. 6.

이영, 〈일본 중세 대외관계사의 문제점과 영향〉, 《동아시아 속의 한일관계사(하)》, 제이엔
　　씨, 2010.

이영, 〈원명(元明)의 교체와 왜구－공민왕 15년(1366) 금왜사절에 대한 일본의 대응을

중심으로〉,《일본역사연구》 33, 2011. 6.

이영, 〈게릴라 전 이론을 통해서 본 왜구—조선 왕조의 대마도의 영유권 주장을 중심으로-〉, 《일본연구》 31, 2011. 8.

이영, 〈'여말-선초의 한반도 연해도서=다민족 잡거 지역'설의 비판적 검토〉,《동북아문화연구》 29, 2011.

이영, 〈왜구의 단계별 침구 양상과 고려의 대응〉,《동북아문화연구》 31, 2012.

이영, 〈남북조 내란기 일본 무사와 왜구의 전술〉,《일본문화연구》 47, 2013.

이영, 〈민중사관을 가장한 식민사관—일본 왜구 연구의 허구와 실체〉,《일본문화연구》 45, 2013.

권영국, 〈고려말 지방군제의 변화〉,《한국중세사연구》 1, 1994.

權憙耕, 〈至元六年銘紺紙金字妙法蓮華經について〉,《佛敎藝術》 113, 1977.

김당택, 〈최씨무인정권과 修禪社〉,《고려의 무인정권》, 국학자료원, 1999.

김상기, 〈원의 간섭과 충선왕의 이국(離國)〉,《신편 고려시대사》, 서울대학교출판부, 1986.

김일우, 《고려시대 제주사회의 변화》(서귀포문화원 연구총서 I), 2005.

金翰奎, 〈高麗崔氏政權의 晋陽府〉,《東亞硏究》 17, 서강대학교, 1989.

김형우, 〈강화 선원사의 역사와 가람 구성〉,《불교미술》 17, 동국대학교박물관, 2003.

문명대, 〈고려관경변상도의 연구〉,《불교미술》 6, 동국대학교박물관, 1981. 9.

문명대, 〈고려불화의 양식변천에 대한 고찰〉,《고고미술》 통권184호, 한국미술사학회, 1989. 12.

민현구, 〈고려후기 권문세족의 성립〉,《호남문화연구》 6, 1974.

박한남, 〈공민왕대 왜구 침입과 우현보의 '上恭愍王疏'〉,《軍史》 34, 1997.

유마리, 〈고려 아미타불화의 연구—좌상을 중심으로〉,《불교미술》 6, 동국대학교박물관, 1981.

유홍렬, 〈고려의 원에 대한 공녀(貢女)〉,《진단학보》 18, 1957.

이재창, 〈麗代飯僧考〉,《佛敎學報》 1, 동국대불교문화연구소, 1963.

이은희, 〈고려사경서체에 대한 고찰〉,《불교미술》 6, 1981.

이혜옥, 〈여성의 경제관념, 부의 추구, 가정관리〉,《고려시대 사람들의 삶과 생각》, 혜안, 2007.

정용숙, 〈고려 후기의 異姓后妃〉,《고려시대의 후비》, 민음사, 1992.

진성규, 〈고려 후기 원찰에 대하여〉,《역사교육》 36, 1984.

최응천, 〈高麗時代 靑銅金鼓의 硏究—특히 주조방법과 명문 분석을 중심으로〉,《불교미술》 9, 동국대학교박물관, 1988.

황수영, 〈新羅·高麗在銘 禁口考〉,《海圓黃義敦先生古稀記念史學論叢》, 1960. 12.

허흥식, 〈고려의 왕릉과 사원과의 관계〉, 《고려시대 연구》 1, 한국정신문화연구원, 2000.

高橋公明, 〈海域世界の交流と境界人〉, 《日本の歴史 14-周緣から見た中世日本》, 講談社, 2001.

海津一朗, 〈元寇·倭寇·日本國王〉, 《日本史講座 第4卷-中世社會の構造》, 歴史學研究會·日本史研究會·東京大學出版會, 2004.

森茂曉, 《南朝全史-大覺寺統から後南朝へ》, 講談社, 2005.

橋本雄·米谷均, 〈倭寇論のゆくえ〉, 桃木至朗 編, 《海域アジア史研究入門》, 岩波書店, 2008.

橋本雄, 〈書評: 李領著《倭寇と日麗關係史》〉, 《歴史學研究》 758, 2002. 1.

橋本雄, 〈肥後地域の國際交流と僞使問題〉, 《中世日本の國際關係-東アジア通交圏と僞使問題》, 吉川弘文館, 2005.

藤田明良, 〈中世東アジアの島嶼觀と海域交流-島嶼論への歴史學的アプローチのために〉, 《新しい歴史學のために》 222, 1996. 6.

藤田明良, 〈蘭秀山の亂と東アジアの海域世界〉, 《歴史學研究》 698, 1997. 6.

藤田明良, 〈東アジアにおける海域と國家——四~一五世紀の朝鮮半島を中心に〉, 《歴史評論》 575, 1998.

中村榮孝, 〈《太平記》に見える高麗人の來朝〉, 《日鮮關係史の研究(上)》, 吉川弘文館, 1964.

海津一朗, 〈'惡党'に關する基礎的考察〉, 《日本史研究》 178, 1977.

海津一朗, 《中世の變革と德政》, 吉川弘文館, 1994.

小林一岳, 〈惡党と南北朝の戰爭〉, 《歴史評論》 583, 1998.

網野善彦, 〈鎌倉末期の諸矛盾〉, 《惡党と海賊》, 法政大學出版局, 1995.

秋山謙藏, 〈倭寇の進出と農民の掠取〉, 《日支交涉史研究》, 岩波書店, 1939.

田村洋幸, 〈倭寇はなぜこの時期から起こったか〉, 兒玉幸多·豊田武·齋藤忠 編, 《日本歴史の視点 2-中世》, 日本書籍, 1974.

田中健夫, 〈朝鮮との通交關係の成立〉, 《中世對外關係史》, 東京大學出版會, 1959.

田中健夫, 〈土地制度の整備と軍制の擴充〉, 《海の歴史, 倭寇》, 教育社. 1982.

田中健夫, 〈十四~十五世紀の倭寇と武家外交の成立〉, 《日本歴史大系 2-中世》, 山川出版社, 1985.

田中健夫, 〈倭寇と東アジア通交圏〉, 《日本の社會史 1-列島內外の交通と國家》, 岩波書店, 1987.

村井章介, 〈建武·室町政權と東アジア〉, 歴史學研究會·日本史研究會 編, 《講座日本歴史 4-中世2》, 東京大學出版會, 1985.

村井章介, 〈庚寅以來之倭賊と日麗交涉〉, 《アジアのなかの中世日本》, 校倉書房, 1988.

村井章介, 〈日明交涉史の序幕-幕府最初の遣使にいたるまで〉, 《アジアのなかの中世日本》,

校倉書房, 1988.

村井章介 編,《日本の時代史 10－南北朝の動亂》, 吉川弘文館, 2003. 3.

村井章介 編,《日本の中世 10－分裂する王權と社會》, 中央公論新社, 2003. 5.

村井章介,〈倭寇とはだれか〉,《日本中世境界史論》, 岩波書店, 2013.

本多美穗,〈室町時代における少貳氏の動向－貞賴, 滿貞期〉,《九州史學》91, 1988.

荒川良治,〈今川了俊の失脚とその歷史的條件－大友親世との關係をめぐって〉,《九州史學》
　　　110, 1994. 6.

松岡久人,〈應永の亂〉,《日本の武將 20－大內義弘》, 人物往來社, 1976.

長節子,〈十四世紀後半の二度の政變〉,《中世日朝關係と對馬》, 吉川弘文館, 1988.

荒木和憲,〈對馬島主宗貞盛の政治的動向と朝鮮通交〉,《朝鮮學報》189, 2003. 10.

佐伯弘次,〈室町時代における大內氏と少貳氏－蜷川家文書〈大內敎弘條書案〉の檢討〉,《史
　　　淵》130, 九州大學文學部, 平成 5.

佐藤和夫,《海と水軍の日本史(上卷)》, 原書房, 1995.

外山幹夫 外,〈戰國時代の少貳氏〉,《九州の名族興亡史》, 新人物往來社, 1989,

川添昭二,〈澁川滿賴の博多支配及び筑前, 肥前經營〉,《續庄園制と武家社會》, 竹內理三博
　　　士 古稀記念會・吉川弘文館, 1979.

川添昭二,〈今川了俊の對外交涉〉,《九州史學》75, 1982. 10.

川添昭二,〈鎌倉南北朝時代における少貳氏の所領〉,《九州中世史の研究》, 吉川弘文館,
　　　1983.

川添昭二,〈南北朝動亂期の九州〉,《九州の中世世界》, 海鳥社, 1994.

川添昭二,〈九州探題今川了俊の對外交涉〉,《對外關係の史的展開》, 文獻出版, 1997.

陳高華,〈元朝與高麗的海上交通〉,《震檀學報》71・71. 1991.

黑田智,〈對馬豆酘の村落景觀と祝祭空間〉,《海のクロスロード對馬》, 雄山閣, 2007.

安田純也,〈高麗時代の在地寺院と仏事－資福寺を中心として〉,《アジア文化交流研究》2,
　　　2007.

藤野秀子,〈大宰府府官大藏氏の研究〉,《九州史學》53・54合, 1974.

平田寬,〈鏡神社所藏楊柳觀音畵像〉,《奈良國立文化財研究所年報》, 1968.

林進,〈高麗時代の水月觀音図について〉,《美術史》102, 1977.

菊竹淳一,〈朝鮮の仏像〉,《對馬の美術》, 西日本文化協會, 1978.

菊竹淳一,〈高麗時代觀音畵像の研究〉,《東アジアの考古と歷史(上)》(岡崎敬先生退官記念論
　　　集), 同朋舍出版, 1987.

楠井隆志,〈高麗朝鮮佛敎美術傳來考〉,《高麗・朝鮮の仏敎美術展》, 山口縣立美術館, 1996.

新井高重,〈內亂の風景〉,《惡党の世紀》(歷史文化ライブラリ), 吉川弘文館, 1997.

저자 후기

필자는 1999년에 도쿄 대학 출판회에서 《倭寇と日麗關係史》라는 제목의 연구서를 출간하였다(2011년에 《왜구와 고려·일본 관계사》로 도서출판 혜안에서 번역 출간). 그리고 2007년에는 국내의 왜구 관련 사적지 답사를 바탕으로 하여 《잊혀진 전쟁 왜구》(에피스테메)라는 연구서이면서 대중들도 쉽게 이해할 수 있는 책을 출판하였다.

필자 최초의 연구서 《倭寇と日麗關係史》는 출간된 직후 일본의 중세 대외관계사와 고려사 연구자들의 관심과 비평의 대상이 되었다. 이 책은 1986년부터 1995년까지 약 10년 동안 도쿄 대학에서 유학한 결과물, 즉 박사학위논문을 수정한 것이었다.

두 번째 연구서 《잊혀진 전쟁 왜구》는 국내의 왜구 관련 사적지를 현지 답사함으로써 왜구 문제에 접근하고자 한 것으로, 그동안 왜구 문제를 전문적으로 다룬 연구서나 대중서가 국내에 없었기 때문인지 비교적 많은 사람들의 관심을 받았다.

그로부터 6년여의 시간이 흘러 본 연구서를 출간하게 되었는데, 여기에 이르기까지는 여러 사람의 도움이 컸다. 우선 2009년부터 4년 동안, 현재 성균관대학교 사학과 박사과정에 있는 한윤희 씨가 개인 조교로 있으면서 큰 도움이 되었다. 그녀는 연구에 필요한 자료와 사료를 신속하게 그리고 빠짐없이 구해주었다. 컴퓨터에 익숙하지 않은 나로서는 그녀가 《선린국보기(善隣國寶記)》를 구해 주지 않았더라면 결코 '포도(逋逃)'라고 하는 중요한 사료를 발견할 수 없었을 것이다. 그랬더라면 본서 전편에 걸쳐 필자가 일관되게 주장해 온 논지(論旨) 또한 설득력이 부족한 결과에 그치고 말았을 것이다. 한윤희 씨는 본서에 수록된 여러 연구를 수행하는 데 많은 도움을 주었던 최고의 도우미였다.

또한 2012년에 도쿄 대학에서 박사 학위를 취득하고 귀국한 이세연 씨(현 한양대학교 비교역사연구소 HK 연구교수)가 2013년 7월에서 8월까지 약 두 달 동안, 한여름의 더위에도 불구하고 본서에 수록된 논문들을 꼼꼼히 읽고 유익한 조언을 아끼지 않았다. 그의 일본 문헌사료에 대한 뛰어난 독해 능력과 일본 중세사에 대한 해박한 지식에 배운 바 컸다. 지면을 빌려 그의 도움에 감사드린다.

본서 도처에서 필자가 적극적으로 비판하고 있는 무라이 쇼스케(村井章介)·후지타 아키요시(藤田明良) 등, 일본 중세 대외관계사 연구자들은 모두 나의 유학 시절 존경하는 선배 연구자, 동료였다. 그들의 학문적 주장에 대해서는 공감할 수 없지만, 학문적인 열정에 대해서는 머리가 숙여지지 않을 수 없다. 오래 전, 일본 문부성의 연구비로 그들과 함께 규슈 서북부에 위치한 한 낙도를 답사할 기회가 있었다. 그때, 참가한 모든 연구자들은 미리 준비한 자신의 논문을, 항해 도중에 배의 로비에서 발표하기로 되어 있었다. 그러나 막상 승선하고 보니, 배의 엔진과 로비에 있는 TV에서 나오는 소음 때문에 상대방의 목소리도 잘 들리지 않았다. 이런 상태에서 발표회를 계속 하는 것은 무의미하다고 여긴 나는, 그 자리에서 빠져나와 창밖의 바다 풍경을 즐기고 있었다. 그러나 외국인인 나를 제외한 다른 일본인 연구자들은 배가 목적지의 부두에 도착할 때까지 4시간 이상이나 열심히 발표회를 지속해 끝까지 최선을 다하였다. 이것을 목격한 나는 당시에는 융통성 없는 사람들이라고 생각했지만, 시간이 지나면서 '문부성의 연구비=국민들의 세금'이라는 생각으로 발표회에서 끝까지 진지한 자세를 보였던 일본의 동료 연구자들에게 부끄럽다는 생각이 들었다.

몇 년 전, 오랫동안 방문하고 싶었던 거문도에 가기 위해 여수항에서 배를 탔지만 파도가 너무 높아 겁이 난 필자는 도중에 고흥반도에서 하선(下船)한 적이 있었다. 그런데 후지타 씨는 자신의 가설을 확인하기 위해 거문도는 물론 우리나라의 여러 낙도를 여러 차례 방문하였다고 한다.

왜구를 연구했기 때문에 이처럼 좋은 동료들이면서 훌륭한 연구자들을 한국과 일본의 여러 학회에서 적극적으로 비판해야 하는 필자의 처지와 입장이 때로는 난처하기도 하고 후회스럽기도 했다. 그러나 나에게 가장 중요한 것은 왜구의 민족적 출자(出自)가 일본인으로만 구성되었는가, 아니면 고려(조선)인과 중국인까지 포함한 다국적·복합적 민족으로 구성된 해적이었는가 하는 것이 아니다. 또 고려 말 왜구의 발호가 고려정부의 쇠락과 무능함에서 기인하는가 여부(與否)도 아니다. 다시 말해 민족주의자적 입장에서 일본 연구자들과 왜구 논쟁을 전개하는 것이 필자 연구의 핵심 목표가 아닌 것이다.

필자가 가장 중요하게 생각하는 것은, 13세기 후반 두 차례에 걸친 여몽연합군의 일본 침공(일본에서는 이를 '元寇'라고 한다)으로 인해 성립한 '팍스 몽골리카'와 왜구 현상이 상호 밀접한 인과관계를 지니고 있다는 점이다. 즉 다시 말해 '팍스 몽골리카의 성립=왜구의 공백기', '팍스 몽골리카의 동요=고려 말 왜구의 재침', '팍스 몽골리카의 붕괴=왜구의 발호'와 시기적으로 그리고 역사 현상으로서 완전히 부합한다는 점이다.

고대에서부터 현대에 이르기까지 중국대륙의 정세변동은 항상 주변국의 정치 사회 변동에 큰 영향을 미쳐 왔음은 주지(周知)의 사실이다. 더욱이 역사상 세계 최대의 판도를 이룩했던 몽골제국의 성립과 대외팽창, 그리고 동요와 몰락 과정은 멀리 동유럽은 물론 한반도와 일본 열도에 엄청난 충격과 혼란을 초래했다. 왜구 문제도 거시적으로는 이러한 '원명(元明)의 교체'라고 하는 동아시아 국제질서 변동의 스펙트럼 속에서 재조명하고 재인식되어야 했으며 또 그래야만 한다. 그런데 '삼도 해민'설이나 '다민족·복합적 해적'설로는 14세기 후반~15세기 전반의 동아시아 국제질서 및 교류의 역사는 물론, 동양 삼국의 정치사회적 변혁을 합리적으로 설명하기 불가능할 뿐만 아니라, 오히려 이를 방해하고 차단하고 있는 것이다. 이런 점에서 이 두 설은 가장 우선적으로 극복되어야 할 명제(命題)라 할 수 있다.

필자의 학문적 요람은 도쿄 대학이다. 10년 동안 그것도 인생에서 가장 의미있는 청년기를 고맙게도 일본 최고의 수재들이 모여 있는 최고의 지적(知的) 환경 속에서 배우고 성장할 수 있는 기회를 부여받았다.

일본 땅에 최초로 발을 디딘 1982년 당시의 일본사회는, 가치관이 전도된 군사독재정권 하에서 교육받고 살아온 나에게는 풍족한 물질과 성숙한 민주주의를 겸비한 그야말로 유토피아로 보였다. 그런 일본이 1990년대 중반 이후 변하기 시작했고 지금은 30년 전과 비교하면 격세지감이 느껴질 정도로 우경화(右傾化)되었다.

잘못된 역사의식을 지닌 우익 정치가들에 의해 일본사회가 오도(誤導)되어 과거역사의 전철을 되풀이한다면 한반도가 누구보다도 먼저, 그리고 가장 크게 피해를 당할 것임은 자명하다. 그리고 그것은 몇 배, 몇 십 배의 고통이 되어 일본열도로 되돌아갈 것이다. 20세기의 역사가 잘 보여주듯이…

일개 역사 연구자에 불과한 필자가 할 수 있는 것은 잘못된 역사인식의 출발점이 되고 있는 역사왜곡의 원점(原點)을 밝히고 널리 알려서 시정해 나가는 일이 되어야 한다고 믿는다. 아울러 과거 역사의 연구를 통해 동양 삼국이 함께 평화롭게 번영할 수 있는 길을 모색하는 일이 되어야 할 것이다. 이것이 연구자로서의 자질은 물론 자세도 갖추지 못했던 필자를 학문의 길로 이끌어 주신 두 분 은사(恩師) 고바야시 요시히코(小林善彦), 요시에 아키오(義江彰夫) 도쿄 대학 명예교수께 온가에시(恩返し)하는 길이라고 믿는다.

찾아보기

ㄱ

가라산(加羅山)　117
가라쓰(唐津) 가가미 신사(鏡神社)　7, 9
가와조에 쇼지(川添昭二)　49
가이즈 이치로(海津一朗)　26
간노노조란(觀應の擾亂)　6, 83
《감지금자묘법연화경(紺紙金字妙法蓮
　　華經)》　295
갑산창(甲山倉)　220
강절(江浙)의 도적　102
겐무 신정(建武新政)　24
경상도 주군화(州郡化)　113
경인년(1350) 왜구　23, 204
경인년 왜구=쇼니 씨 배후설　24
경인년 왜구의 배후 조종세력　33
경인(년) 이후의 왜구　10
계국대장공주(薊國大長公主: 후의
　　한국장공주)　248
고노 모로나오(高師直)　205
고다이고(後醍醐) 천황　24
고대 일본의 남한경영설　13
고려 말 왜구　331
고려 수월관음도　7, 9
고려 해도민(海島民)=왜구의
　　일원(一員)설　133
고우라조(古浦城) 전투　226
고쿠가 령(國衙領)　255
공도화(空島化)　113
공민왕의 반원자주 개혁　6

공백기(空白期)　167
교동도　252
구국대장(九國(九州)大將)　305
구사동(舊寺洞)　247
국가적인 여과장치를 거친 통제(統制)
　　표어(標語)　29
규슈 내전　7
규슈의 난신(亂臣)　191
규슈탄다이(九州探題)　64, 324
금왜요구사절(禁倭要求使節)　47
《금자묘법연화경(金字妙法蓮華經)》
　　260, 325
기쿠치 뉴도자쿠아(菊池入道寂阿)　162
기쿠치 다케토모(菊池武朝)　71
기쿠치 다케토시(菊池武敏)　24
기타카타 겐조(北方謙三)　11

ㄴ

나흥유(고려 사신)　48
난산(蘭山)　33
난수산(蘭秀山)의 난　33, 86
〈난수산(蘭秀山)의 난과 동아시아
　　해역세계〉　6
난신(亂臣)　344

ㄷ

다구쓰다마 신사(多久頭魂神社)　236, 253
다국적 해적집단　102

다나카 다케오(田中健夫)의
    민족연합설(民族連合說) 27
다다요시의 항복 220
다민족 복합적인 해적 209
다민족 복합적인 해적들의 산발적이고
    자의적인 약탈 행위 9
다민족·복합적 해적설 8
다민족 잡거지역설 86
다민족 잡거 현상 111
다자이후(大宰府) 146
다카야마 히로시(高山博) 15
다타라하마(多々良浜) 전투 24, 325
덴류지(天龍寺) 48
덴만구(天滿宮) 260
덴쿄(天慶)의 난 255
도도웅와(都都雄瓦) 116
도요토미 히데요시(豊臣秀吉) 27
도쿠소 슈사(德叟周佐) 48
동아시아 해역사(海域史)의 변동 28

ㅁ

마쓰우라(松浦) 지방 176
《목은시고(牧隱詩藁)》 102
몽골계 목호(牧胡) 90
무군(無軍) 상태 208
무라이 쇼스케의 경계적(境界的)인
    집단(集團)설 27
무사단 207, 254
《무왕의 문(武王の門)》 11
무토 스케요리(武藤資賴) 147
미즈시마의 변(水島の變) 52
민중사관(民衆史觀) 198

ㅂ

바다 섬(海島) 116
〈바다의 평화령(海賊停止令)〉 27
반원자주(反元自主) 개혁 6

반제령(半濟令) 318
방국진(方國珍) 33
병량미 190
병량미 확보 7, 213, 227
병량미 확보와 공급 318
북노남왜(北奴南倭) 172
분고(豊後)의 오토모(大友) 씨 42, 230

ㅅ

사대주의(事大主義) 정책 14
사민(徙民)정책 110, 125
삼도(三島) 176, 177
삼도(쓰시마·이키·마쓰우라) 해민설 8,
    169
서변 해도의 완고한 백성 48
서해도 일로(一路)의 구주(九州) 지역 48
소 사다모리(宗貞盛) 76
소 사다시게(宗貞茂) 58, 82
소 소코(宗宗香) 42
소 쓰네시게(宗經茂) 42
소 히코로쿠(宗彦六) 76
쇼니 노리요리(少貳敎賴) 77
쇼니 요리히사(少貳賴尙) 7, 23, 142, 312
쇼니 요리히사와 기쿠치(菊池) 씨를
    중심으로 한 정서부의 연합세력
    50
쇼니 후유스케(少貳冬資)의 유살(誘殺)
    52
수산(秀山) 33
수월관음도(水月觀音圖) 267
숙창원비(淑昌院妃) 269
순비 허씨 275
시응계도(時應界都) 116
식민사관(植民史觀) 11
《신증동국여지승람(新增東國輿地勝
    覽)》 124
13세기의 왜구 10
쓰시마(對馬島) 쓰쓰(豆酘) 236

쓰시마 쓰쓰 다구쓰다마 신사 7

ㅇ

아소(麻生) 227
아시카가 다다요시(足利直義) 142
아시카가 다다후유(足利直冬) 24, 142
아시카가 다카우지(足利尊氏) 24, 142
아시카가 요시미쓰(足利義滿) 67, 82, 340
아시카가 요시아키라(足利義詮) 163, 306
아시카가 요시히사(足利義尙) 182
아쿠토(惡党) 28, 29
양유(良柔, 고려 출신의 일본 승려) 48
에미시(蝦夷) 28
여말선초 왜구=다민족·복합적 해적설 25
여말선초 왜구 발생의 메커니즘 7
여말선초 왜구=삼도 지역민의 소행설 169
여몽연합군 47
여몽연합군의 일본 침공 5
역사적 인과관계(因果關係) 10
연해도서민(沿海島嶼民) 91
《오고리 시사(小郡市史)》 314
오닌의 난(應仁の亂) 182
오에이노란(應永の亂) 60
오우치 씨(大內氏) 190
오우치 요시히로(大內義弘) 192
오쿠라 쓰네타네(大藏經種) 9, 251
오토모 뉴도구칸(大友入道具簡) 162
오토모 우지토키(大友氏時) 315
오호바루(大保原) 전투 7, 9, 301
완고한 백성 10, 344
왜구 발생의 원인=고려의 토지 문란설 38
왜구의 공백기(空白期) 5, 332
요시나리 친왕(良成親王) 52
요해처(要害處) 115

원·명 교체기(元明交替期) 95
《원사(元史)》 134
《원사(元史)》의 "日本國白, 高麗賊過海剽掠, 身稱島居民" 8
원(元)의 도주(逃走) 5
윤진(尹珍) 97
이마가와 나오사다(今川直貞) 207
이마가와 료슌(今川了俊) 44, 59
이색(李穡) 91
일시적 도피 7
임나일본부설 13
잇시키 노리우지(一色範氏)의 귀경 50

ㅈ

자력구제(自力救濟) 27
장사성(張士誠) 33
장원 255
장인보(張仁甫) 104
재상지종(宰相之宗) 275
전기 왜구 32
전라북도 고부(古阜) 87
정당문학(政堂文學) 106
정동행중서성(征東行中書省) 51
정서부(征西府) 230, 312
제주도 89
조비(趙妃) 사건 281
《조선왕조실록(朝鮮王朝實錄)》 168
조운선 104
조자쿠안(釣寂庵) 154
지쿠고가와(筑後川) 전투 42
진양부(晉陽府) 243
진제이탄다이(鎭西探題) 164
진포(鎭浦) 100

ㅊ

창복사(昌福寺) 244
창씨개명(創氏改名) 12

청동 반자 295
청동제 대형 반자(飯子) 236
충선왕(충선왕) 273

_ ㅋ

코르세어 7, 329

_ ㅌ

타율성론 13
《태평기(太平記)》 155

_ ㅍ

파이렛츠 7, 329
팍스 몽골리카 5, 331
팍스 몽골리카의 동요(기) 5, 6, 7
《팍스 몽골리카의 동요와 고려 말 왜구》
    5
《팍스 몽골리카의 붕괴와 왜구의 발호》
    5
팍스 몽골리카의 성립기간 5
팔관회 280
평화령(神領興行法) 30
포도(逋逃) 10, 336

_ ㅎ

한국장공주 248
한인 군웅(漢人群雄) 5
해금(海禁)정책 111
해도(海島) 340
《해동제국기(海東諸國記)》 176, 181
해역세계(海域世界)의 왜구 문제 27
호조 히데토키(北條英時) 24
홍건(紅巾)의 난 138
홍무제(洪武帝) 주원장(朱元璋) 6
황국사관(皇國史觀) 198
후지타 아키요시(藤田明良) 8, 25

홍천사 9, 297
홍천포 247
히고(肥後) 미즈시마(水島) 49

지은이 **이 영 (李領)**

1982년 고려대학교 문과대학 중문학과 졸업
1986년 일본으로 건너감
1990년 도쿄 대학 총합문화연구 대학원 지역문화(일본 중세 역사 전공) 석사과정 수료
1995년 동 대학원 박사과정 수료
1997년 ~ 2013년 현재 방송통신대학교 일본학과 교수
2005년 7월 ~ 2006년 8월 캐나다 밴쿠버 소재 UBC 대학 연구원

저서
《倭寇と日麗關係史》(東京大學出版會, 1999)
[《왜구와 고려·일본 관계사》(혜안, 2011) 번역 출간]
《잊혀진 전쟁 왜구》(에피스테메, 2007)

팍스 몽골리카의 동요와 고려 말 왜구
동아시아의 파이렛츠(PIRATES)와 코르세어(CORSAIRS)

이 영 지음

2013년 11월 29일 초판 1쇄 발행

펴낸이·오일주
펴낸곳·도서출판 혜안
등록번호·제22-471호
등록일자·1993년 7월 30일

주 소·⑭ 121-836 서울시 마포구 서교동 326-26번지 102호
전 화·3141-3711~2 / 팩시밀리·3141-3710
E-Mail·hyeanpub@hanmail.net

ISBN 978-89-8494-479-4 93910

값 28,000 원